합격으로 가는 하이패스

토마토패스

기본서 반영 최신 개정판

변액보험
판매관리사

FINAL 핵심정리
+ 실전모의고사

유창호 편저

예문사

PROFILE
저자약력

유창호

서강대학교 경제학과 졸업
동부증권 조사부/리테일
이토마토투자자문 투자자문팀장
아이낸스닷컴 금융공학프로그램 개발
한국투자증권 리테일

(전) YTN코스닥투데이, 머니라인 고정게스트 출연
(전) 노사공동전직지원센터 재무회계 특강강사
(전) 한국금융학원 전임강사
(전) 취업아카데미 윈스펙 금융권 강사
(전) 대구카톨릭대학교, 경남정보대학 금융자격증 출강
(현) 시대고시기획, 서울고시각, 신지원, 예문사 금융 · 보험수험서 저자
(현) 와우패스 NCS채용부문 강사
(현) NCS기업활용컨설팅 활동(채용부문, 금융투자협회ISC)
(현) 토마토패스 보험심사역 강사, AFPK · AFIE 보험분야 강사
(현) 금융단기 은행FP · 투자자산운용사 · 신용분석사 강사
(현) 삼성화재연수원 보험심사역 출강
(현) KB손해보험연수원 보험심사역 출강
(현) 삼성화재연수원 보험심사역 출강
(현) 배재대학교 기업컨설팅학과 외래강사

변액보험 판매관리사 FINAL 핵심정리 + 실전모의고사로 여러분을 만나 뵙게 되어 가슴 벅찬 기쁨과 보람을 느낍니다.

낮은 수익률로 고전했던 변액보험이 다시 인기를 얻고 있는 이유는 두 가지입니다.

첫째 2021년부터 국제보험회계기준 2단계(IFRS 17)가 적용됩니다. 2단계 적용의 핵심은 '부채의 시가평가'입니다. 이 경우 국내 보험사는 과거 고금리로 판매했던 저축성보험에서 부채가 대폭 증가하여(부채 증가는 전체 40조 규모 예상), 자기자본규모의 확충이 시급한 상황입니다. 이러한 배경에서 변액보험의 판매 증가(보험사의 리스크 회피)와 보장성상품의 판매 증가(저축성보험 판매 시 부채부담 증가)라는 두 가지 현상이 나타나고 있습니다.

둘째 변액보험은 주식시장의 동향과 상관성이 매우 높은 바, 최근 주식시장이 장기 횡보 국면을 탈피하여 상승하고 있는 점도 큰 호재임에 분명합니다.

물론 보험산업 전체의 성장성 한계는 있지만, 변액보험에 대한 확고한 강세요인(IFRS 17의 시행과 주식시장의 강세)으로, 변액보험 판매가 오랜 침체 국면을 탈피할 것은 확실시됩니다. 2021년 현재 생명보험의 모집에 종사하시는 분들의 확고한 현실 인식과 자기확신에 찬 활동이 필요한 때입니다!

본서는 이러한 중요한 시기에 모집종사자 여러분의 의욕적인 출발을 돕고자 출간되었습니다. '15년간의 금융기관 현장 경력', '금융보험수험서 분야 국내 최대 수준의 수험서 출간 및 강의 경력'을 본서와 동영상 강의에 녹여낸 만큼, 본서가 강력한 합격은 물론 금융전문가로 도약하는 데 있어 의미 있는 수험서가 되기를 소망합니다.

본서는 시중에 판매되고 있는 타 교재와는 분명한 차이점이 있습니다.

본서는 '이론+단답형 문제'의 세트가 반복되는 구조로 구성되었습니다. 단답형 문제를 풀다 보면 이론의 어떤 부분이 중요한지를 바로 이해할 수 있습니다. 다년간 다수의 수험서 교재를 집필하면서 검증받은 방식이므로 믿고 학습하시길 바랍니다. 추가하여 파트별 실전예상문제와 최종모의고사를 제공하여 고득점이 가능하도록 하였습니다.

변액보험 강의 현장에서 느낀 점은 시험 합격에 어려워하시는 분들이 의외로 많다는 것입니다. 금융 실무 경력이 없는 분, 비전공자인 분, 학업 현장에서 오랫동안 떨어져 지낸 분들, 특히 이러한 분들께 더 도움이 되고자 풍부한 해설을 실었습니다.

아무쪼록 본서를 통해 변액보험 판매관리사 시험을 조기에 취득하시고 영업력을 마음껏 발휘하시길 기원합니다.

끝으로 본서가 나오기까지 물심양면으로 격려와 배려를 아끼지 않으신 예문사 임직원 여러분께 진심으로 감사의 말씀을 드립니다.

편저자 유창호

변액보험이란?

변액보험은 "보험"과 "펀드"를 결합한 상품으로 보험료(적립금)를 펀드에 투자하고 그 펀드 운용실적에 따라 수익률이 결정되어 저금리, 인플레이션에 대비할 수 있는 대표적인 생명보험 상품이다.

변액보험은 장기적(10년 이상)으로 유지할 수 있다면 물가 상승이나 저금리에 대비하는 좋은 투자처가 될 수 있어요!

하지만 단기에 해지한다면 해지환급금을 이미 납입한 보험료 이상으로 보증해 주지는 않기 때문에 원금을 많이 잃을 수 있어요.

가입 전에는 사업비, 펀드 수익률 등을 보험회사 및 생명보험협회 홈페이지(www.kliq.or.kr)에서 비교해보고 가입하는 것이 좋아요!

가입 후에는 펀드자동배분 등 다양한 기능을 통해서 운용수익률을 높일 수 있도록 노력해야 해요.

장기간 유지할 수 있는지(출산 예정, 주택 마련 등) 꼭 생각해보고 가입하세요! 변액보험 7년 평균 유지율은 30%도 안 된다고 합니다!

급한 자금이 필요하면 해지하는 대신 중도인출이나 보험료납입중지 기능을 이용할 수 있어요.

일반적인(非변액) 보험상품은 공시이율 등으로 저축보험료 부분을 확정 운용해 주지만, 변액보험은 여러분이 선택, 변경한 펀드의 투자성과에 따라 보험금(해지환급금 등)이 달라지고, 상품마다 투자할 수 있는 펀드의 종류 및 편입비율, 수수료가 다르기 때문에 상품의 내용을 최대한 잘 파악한 후 신중하게 가입을 결정할 필요가 있어요.

※ 출처 : 금융감독원(http://www.fss.or.kr)

1. CBT 시험

① CBT 시험은 연중 상시(매월 15회)

② 생명보험협회 자격시험센터에서 확인 및 신청 가능

③ 좌석수는 시험이 개설된 날에 시험기간(잔여좌석수/총좌석수) 형식으로 표시

④ 원하는 시험일정과 시간을 확인한 후 잔여좌석을 클릭하면 시험신청이 가능

⑤ 시험일자를 기준으로 3주 전부터 1주일 전까지 응시신청이 가능

⑥ 응시완료한 시험(PBT시험 포함)이 있는 경우 그 시험의 앞뒤 7일 이내에 있는 시험은 추가 신청이 불가

⑦ 응시완료된 시험은 시험일자 및 시험시간의 변경, 취소기간 만료 후 취소가 불가

⑧ 합격자발표 : 시험 다음날 10:00

⑨ 응시신청 : 시험일 기준 3주 전 09:00~1주 전 23:59

⑩ 신청취소 : 시험일 기준 1주 전 23:59까지

2. 시험실시지역

① 전국 21개 지역(지역별 응시신청인원 규모에 따라 일부 조정 가능) : 서울, 부산, 대구, 인천, 수원, 대전, 청주, 천안, 서산, 울산, 진주, 창원, 포항, 광주, 전주, 순천, 목포, 원주, 강릉, 춘천, 제주

② 단, CBT 시험은 서울, 광주, 부산, 대전에 한함
- 서울 : 서울시 종로구 김상옥로 30 (연지동), 한국기독교연합회관 7층
- 광주 : 광주시 서구 천변좌로 268 (양동), KDB생명빌딩 7층
- 부산 : 부산시 부산진구 중앙대로 640 (범천동), 알리안츠생명빌딩 8층
- 대전 : 대전시 서구 한밭대로 755 (둔산동), 삼성생명빌딩 14층

3. 응시자격

보험업법 제83조(모집할 수 있는 자)에 규정된 모집종사자 중 생명보험계약의 체결을 대리 또는 중개할 수 있는 자

4. 응시신청

응시예정자의 소속 회사를 통한 생명보험협회 전산시스템을 통해 일괄신청(개인별 응시신청 불가)

5. 응시신청서류

응시신청서, 임·직원 재직증명서 1부

6. 응시신청수수료

회사는 자사 소속 응시신청자의 응시신청수수료(1인당 2만원)를 협회에서 지정하는 금융기관에 소속회사 명의로 일괄 납부

7. 시험안내

① **시험시간 :** 75분(단, CBT는 60분)

② **시험문항수 :** 40문항

③ **시험문제형태 :** 진위형(O, X), 4지 선택형

④ **합격기준 :** 100점 만점 기준 70점 이상

⑤ **시험범위 :** 변액보험교재 및 모집종사자의 직업윤리, 경제·일반상식 등

8. 출제경향 및 유의사항

과목	출제문항	출제비중
제1장 금융시장의 이해	16문항	40%
제2장 생명보험의 이해	4문항	10%
제3장 변액보험의 이해	16문항	40%
제4장 보험공시 및 예금자보호제도	4문항	10%
합격기준	**40문항 중 28문항 이상 득점 시 합격**	

※ 출제문항수는 과목별로 1~2 문항 정도의 차이가 발생할 수 있으며, 제4장에는 상식 2문항이 포함되어 있음

9. 시험의 특징

① 합격률이 낮아지고 있다.

변액보험 판매 증가에 따른 전문성의 강화, 불완전판매 지양을 위한 금융당국의 의지가 반영되어 합격률이 낮아지는 추세이다(2001년 1회 시험에서 79.4%의 합격률을 보인 이후로 지속적으로 낮아져서 현재 합격률은 25% 내외로 추정됨).

② 합격기준이 70점이다.

합격기준 60점과 70점은 합격률에서 큰 차이가 있다. 합격기준 70점의 시험은 충분한 이해과정 없이는 합격이 어렵다. 합격에 필요한 기본서 이해 수준에 반드시 도달해야 하는 바, 문제 풀이와 오답 정리 그리고 반복 학습이 좋은 학습 방법이다.

③ 변액보험 판매관리사 표준 교재의 분량이 많지 않다(300쪽 이내).

범위가 좁다는 것은 세밀한 출제가 가능함을 말한다. 기본 교재의 한 문장도 놓치지 않겠다는 자세로 학습을 해야 한다.

④ 제1장과 제3장의 비중이 전체의 80%를 차지한다.

변액보험의 완전판매와 성공적인 관리를 위해서는 '금융시장의 이해'와 '변액보험의 이해'가 꼭 필요하므로 두 파트의 비중이 전체의 80%에 달한다. 즉, 합격을 위해서는 두 과목에 대한 마스터가 필수적이다.

CONTENTS
차례

PART 01
금융시장의 이해

금융시장의 이해

변액보험의 완전판매를 위해서는 첫째 변액보험상품의 구조(3장)와, 둘째 변액보험의 보험료 일부가 투자되는 금융시장의 메커니즘(1장)을 잘 이해해야 한다. 이러한 중요성을 반영한 결과, 동 시험에서 차지하는 두 파트(1장과 3장)의 비중은 80%에 달한다. 따라서 이 두 파트의 마스터 없이는 합격이 어렵다고 해도 과언이 아니다.

'1장 금융시장의 이해'는 비전공자나 금융시장의 경험이 없는 응시자의 입장에서는 매우 어려울 수 있지만, 시험합격뿐 아니라 영업력을 키우기 위해서도 반드시 이해해야 하는 이론들이 많으므로 문장 하나하나를 놓치지 않겠다는 자세로 학습해야 한다.

금융시장, 금융기관, 금융상품, 주식시장이론, 채권시장이론, 세제 등 세부과목도 많은 편인데, 변액보험상품의 특성상 금융상품 중에서는 '펀드'가 가장 중요하며, 주식시장과 채권시장의 이해도 중요하지만 주식시장의 이해가 더 중요하다고 할 수 있다. 다만, 부분적으로 중요도의 차이는 있을지라도 1장과 3장의 중요도를 감안할 때, 모든 내용이 시험에 나올 수 있다는 각오로 학습하는 것이 좋다.

본서는 기본서보다도 설명이 풍부하며, 중요한 부분을 찾아낼 수 있는 예제가 본문 중간 중간에 수록되어 있으며, 단원을 정리하는 필수이해문제도 풍부하므로, 이를 정독하고 2회 이상 반복한다면, 금융시장의 초보자라도 충분히 마스터할 수 있다.

SECTION 1 금융시장의 구조

(1) 금융과 금융시장

① 금융이란 돈(자금)의 융통, 즉 돈을 빌려주고 빌리는 행위를 말한다.

② 돈을 맡길 곳을 찾는 자금공급자(자금대여자)와 돈을 빌릴 곳을 찾는 자금수요자(자금차입자)가 모여서 거래가 형성되는 시장을 금융시장이라고 한다.

※ 금융시장의 정의 : 기업, 가계, 정부, 금융기관 등 경제주체들이 금융상품을 거래하여 필요한 자금을 조달하고 여유자금을 운용하는 조직 또는 비조직화된 장소

명/품/해/설 금융이란?

• 금융(金融)은 영어로 'finance' 혹은 'circulation of money'로 표현한다. 역시 자금의 융통, 순환 등을 의미한다.

• '금융은 경제의 핏줄이고, 돈은 혈액'이라는 말이 있다. 훌륭한 기술이나 훌륭한 사업 아이디어가 있더라도 돈이 있어야 투자할 수 있고, 금융시스템(시장과 제도)이 없다면 적시에 자금조달이 어려워 사업을 시작하기 어려울 것이다. 즉 금융시장의 발전 여부는 그 나라의 전체 경쟁력에 지대한 영향을 미친다고 할 수 있다.

---

(2) 금융기관

① 금융기관은 적절한 정보와 금융상품을 제공함으로써 자금공급자와 자금수요자 사이에 자금이 원활하게 유통되도록 하는 역할을 수행한다.

② 금융기관은 자기의 경험과 전문성 및 신뢰를 바탕으로 자금공급자에게 자금을 받아서 자금수요자에게 자금을 제공하는 중개의 역할을 수행하기도 하고(간접금융), 공급자와 수요자가 서로 자금을 융통하도록(직접금융) 주선하기도 한다.

③ 간접금융을 중개하는 금융기관은 은행이, 직접금융을 중개하는 금융기관은 증권회사가 대표적이다.

명/품/해/설 간접금융과 직접금융의 차이

구분	간접금융	직접금융
자금의 수요자	은행에서 차입	주식 또는 채권 발행
자금의 공급자	은행예금자	주주 또는 채권자
	기대수익은 낮은 편이나 안전하고 확정적 수익에 만족	다소 위험은 있어도 은행이자보다 높은 수익을 기대
자금중개기관	은행	증권사

[예제01] 돈을 빌려주고 빌리는 행위를 (   ), 자금공급자와 자금수요자가 모여서 거래가 형성되는 시장을 (   ), 적절한 금융상품을 통해 자금공급자와 자금수요자 간에 자금이 원활하게 유통되도록 하는 역할을 수행하는 자를 (   )이라 한다.

> **정답** | 금융, 금융시장, 금융기관

[예제02] 은행에서 차입을 하면 간접금융이 되고 증권을 발행하면 직접금융이 된다. (O/×)

> **정답** | ○
>
> **해설** | 자금공급자와 자금수요자와 자금공급자 간의 관계가 직접적이면 직접금융, 자금공급자와 자금수요자 간의 관계가 간접적이면 간접금융이다.
> ※ A회사가 증권을 발행하고 이 증권에 투자하는 경우는 양자 간 직접적 관계이며, 은행에 예금을 맡기고 은행으로부터 대출을 받는 경우는 예금자와 대출자의 관계가 간접적이다.

━ SECTION 2   금융시장의 기능

(1) 자금중개

금융시장의 가장 중요한 기능은 자금잉여 부문의 여유자금을 흡수하여 자금부족 부문, 특히 투자효율이 높은 기업에 투자자금을 저렴하게 공급함으로써 거시적 측면에서 국민경제의 후생을 증대시키는 것이다.

(2) 금융자산 가격의 결정

수요자와 공급자 간에 끊임없이 적정가격을 찾아가는 과정을 거쳐 금융자산의 가격을 결정하는 기능을 수행한다.

(3) 유동성 제공

금융시장이 발달하면 투자자들이 필요할 경우 언제든지 시장에 보유자산을 매각하여 자금을 회수할 수 있다.

(4) 거래비용 절감

금융시장은 탐색비용이나 정보비용 등 금융거래에 따라 발생하는 비용과 시간을 줄여준다.
① 탐색비용 : 금융거래 의사를 밝히고 거래 상대방을 찾는 데 드는 비용
② 정보비용 : 금융자산의 투자가치를 평가하기 위하여 필요한 정보를 얻는 데 소요되는 비용

(5) 위험관리

금융시장의 다양한 자산에 분산투자하여 위험을 분산시키거나 파생상품 등을 이용하여 위험을 헤지(hedge)할 수 있다.

(6) 시장규율

금융시장은 시장에 참가하는 기업과 정부를 감시하고 평가하는 규율 기능을 제공한다.

※ 기업의 주식이나 회사채는 금융시장에서 거래되므로 이를 발행할 때 시장에서 형성된 가격을 바탕으로 하게 되는데, 만일 기업의 사업 확장이 시장에서 나쁘게 받아 들여진다면 그 기업의 주가는 하락하고 자금조달비용은 높아지게 된다.

[예제03] (금융시장/금융기관/금융)의 기능은 '자금중개, 금융자산 가격의 결정, 유동성 제공, 거래비용 절감, 위험관리, 시장규율'이 있다.

정답 ┃ 금융시장

[예제04] 잘 조직된 금융시장이 없다면 자금이 필요한 사람은 수많은 경제주체 가운데 어떤 사람이 자금에 여유가 있는지를 일일이 찾아다녀야 하는데, 이때 소요되는 비용이 바로 (탐색비용/정보비용)이다.

정답 ┃ 탐색비용

해설 ┃ 그리고 정보비용은 금융자산의 투자가치를 평가하기 위해 필요한 정보를 얻는 데 소요되는 비용을 말한다.

[예제05] 금융시장의 기능 중 하나로서 파생상품과 관련이 깊은 것은 (   )이다.

정답 ┃ 위험관리

해설 ┃ 예를 들어 현물(주식 등) 보유자의 입장에서 파생상품 매도를 통해 위험을 회피할 수 있다.

SECTION 3 **금융시장의 유형**

(1) 단기금융시장(화폐시장)과 장기금융시장(자본시장)의 구분

만기 1년 미만의 금융자산이 거래되는 시장을 단기금융시장이라 하고, 만기 1년 이상의 장기채권이나 만기가 없는 주식이 거래되는 시장을 장기금융시장이라 한다.

① 단기금융시장(화폐시장, money market) : 단기자금을 운용하거나 부족자금을 조달하는 데 활용된다.

※ 단기금융상품 : 콜(call), 기업어음(CP), 양도성예금증서(CD), 환매조건부매매채권(RP), 표지어음, 통화안정증권 등

② 장기금융시장 : 주로 기업, 정부 등의 자금 부족 시 장기적으로 자금을 조달하는 데 활용되며 자본시장(capital market) 혹은 증권시장(security market)이라 하고 주식시장과 채권시장을 포함한다.

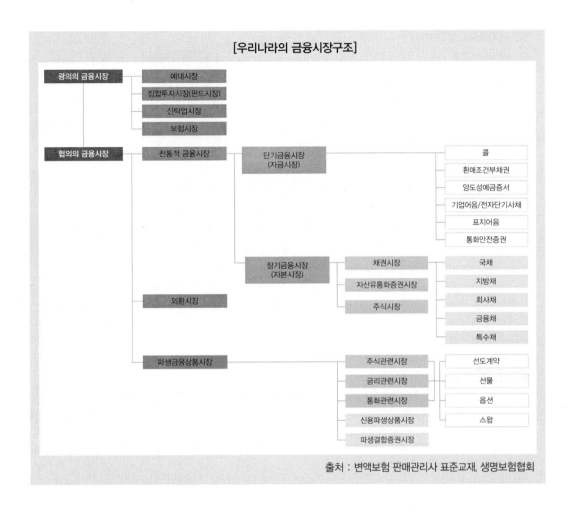

[우리나라의 금융시장구조]

출처 : 변액보험 판매관리사 표준교재, 생명보험협회

[예제06] 단기금융시장과 장기금융시장을 구분하는 만기기준은 6개월이다. (○ / ×)

정답 | ×
해설 | 만기 1년 미만이 단기금융시장, 1년 이상이 장기금융시장이다.

[예제07] '화폐시장, 자본시장, 증권시장' 중 단기금융시장을 말하는 것은 (   )이다.

정답 | 화폐시장
해설 | 단기금융시장은 단기자금 운용이나 부족자금의 조달 등에 활용된다.

(2) 단기금융시장의 이해

통상 만기가 1년 이하인 금융상품이 거래되는 시장을 단기금융시장이라 한다. 그 규모는 매우 크지만, 일반 개인이 아닌 금융기관이나 연기금 또는 일부 기업 위주의 시장이다.

① 콜시장 : 금융기관이 초단기로 일시적인 여유자금을 대여(콜론)하거나 부족자금을 차입(콜머니)하는 금융기관 간 자금시장이다. 콜거래의 최장기간은 90일 이내로 제한되며 만기가 1일인 익일물 거래가 전체 거래의 대부분을 차지하고 있다.

② 기업어음시장

기업어음(CP : Commercial Paper)은 기업이 단기자금을 조달할 목적으로 상거래와 관련 없이 발행하는 융통어음이다. 이들이 거래되는 시장을 기업어음시장이라고 한다.

　ㄱ 무담보 거래가 원칙이므로 신용도가 우량한 기업이 CP를 발행하고, 증권회사와 종금사가 이를 할인하여 매출하며, 주로 은행·보험사·자산운용사 등이 매입하여 만기까지 보유한다.

　ㄴ CP는 만기 제한이 없으나 통상 2주 이내의 초단기물과 3개월 이내의 만기물이 주로 발행된다.

　ㄷ 전자단기사채시장 : 전자단기사채는 전자발행하는 기업어음(CP)을 말하며(2013.1), 공시강화 등 기존 CP의 단점을 보완한 것이다. CP와 달리 발행금액 최소 1억원 이상, 만기 1년 이내의 발행요건이 있다.

명/품/해/설　융통어음이란?

- 매출하고 받은 어음을 진성어음이라 하고, 신용만으로 자금을 차입하기 위해 발행하는 것이 융통어음이다.
- 기업이 발행하는 융통어음을 기업어음(CP)이라 하고, 이는 무담보거래가 원칙이므로 일정한 신용등급이 요구된다. 즉, 2개 이상의 신용평가기관으로부터 적격 이상의 등급을 받은 기업이 발행할 수 있다.
- 일반기업이 발행한 융통어음을 기업어음이라 하고, 종금사가 자체신용으로 발행한 융통어음을 발행어음이라 한다(발행어음은 원금보장형으로 예금자보호대상이 됨).

---

③ 양도성예금증서시장 : 은행의 정기예금에 양도성을 부여한 증서(CD : Negotiable Certificate of Deposit)가 거래되는 시장이다.

　ㄱ 한국수출입은행을 제외한 모든 은행이 CD를 발행하고 일반개인, 법인 및 금융기관이 매입하는데, 유통시장에서는 증권회사와 종금사 및 자금중개회사가 중개업무를 담당한다.

　ㄴ 최단만기가 30일 이상으로 제한되어 있으나 실제로는 3개월, 6개월 만기가 주종을 이루고 있으며 만기 전 중도환매는 허용되지 않는다(유통시장에서 거래가 잘 되기 때문에 중도환매 불가의 의미가 없음).

　ㄷ 무기명 할인식으로 거래된다.

④ 환매조건부채권매매시장 : 일정기간 경과 후 일정한 가격으로 동일 채권을 다시 매수하거나 매도한다는 조건(RP : Repurchase Agreement)으로 채권이 거래되는 시장이다.

　ㄱ RP 매도자는 자금의 차입자이고 RP 매수자는 자금의 운용자(저축자)이다.

　ㄴ RP거래의 장점 : RP 매도자는 자금 필요 시 채권을 담보로 손쉽게 자금을 조달할 수 있고, RP 매수자는 미리 확정된 금리(RP금리)로 매도할 수 있으므로 채권 가격 변동과 관계없이 안전하게 자금을 운용할 수 있다.

⑤ 통화안정증권시장 : 한국은행이 통화량을 조절하기 위하여 금융기관 또는 일반을 대상으로 발행하는 통화안정증권(MSB : Monetary Stabilization Bond)이 거래되는 시장이다.

⊙ 한국은행은 경상수지 흑자나 외국인의 주식투자자금 유입 등으로 시중 유동성이 과다하게 공급되어 일정 기간 이상 유동성을 흡수할 필요가 있는 경우 은행, 종금사, 자산운용사, 보험사 등을 상대로 증권을 발행하는데 이들 증권은 증권회사를 중개기관으로 하여 유통시장에서 거래된다.

ⓛ 통상 특수한 약정이 되어 있는 금융기관을 상대로 하는 경쟁입찰 외에 일반인을 상대로 매수자에 대한 제한 없이 한국은행 본지점 창구를 통해 일반매출도 이루어진다.

ⓒ 만기는 14일(2주)에서 2년까지의 13종으로 정형화되어 있다.

⑥ 표지어음시장 : 금융기관이 보유하고 있는 상업어음, 무역어음 또는 팩토링어음을 분할·통합하여 새롭게 발행한 약속어음의 일종인 표지어음(cover bill)이 거래되는 시장이다.

ⓐ 기업이 영업활동에 필요한 자금을 조달하기 위해 상업어음 등을 만기가 되기 전에 금융기관에 할인을 의뢰하고, 은행·종금사·상호저축은행은 이를 근거로 표지어음을 발행함으로써 원어음 할인에 따른 자금 부담을 줄임과 동시에 두 어음 간 금리차이를 이용한 차익을 얻게 된다.

ⓛ 이때 금융기관은 원어음의 부도 여부와 관계없이 표지어음을 지급할 의무를 부담하므로 매수자는 안정적인 단기자금 운용수단을 얻게 된다(예금자보호대상 상품).

ⓒ 표지어음은 최장만기에 대한 제한 없이 원어음의 잔존만기 이내로 발행되며 3개월 만기가 대부분을 차지한다.

[예제08] 단기금융시장에 주로 참여하는 자는 (일반투자자/금융기관 또는 기업)이다.

> **정답 ┃** 금융기관 또는 기업
> **해설 ┃** 단기간 거액의 자금을 운용하므로 기관투자자 위주의 시장이다.

[예제09] 콜거래는 최장만기가 (   ) 이내로 제한되며, 양도성예금증서는 최단만기가 (   ) 이상으로 제한된다.

> **정답 ┃** 90일, 30일

[예제10] (기업어음/전자단기사채)의 발행금액은 최소 1억원 이상이어야 한다.

> **정답 ┃** 전자단기사채

[예제11] 양도성예금증서는 (   )을 제외한 모든 은행이 발행한다.

> **정답 ┃** 한국수출입은행

[예제12] RP 매도자는 자금의 (   )이고, RP 매수자는 자금의 (   )이다.

> **정답 ┃** 차입자, 운용자

[예제13] 시중의 통화량을 조절하기 위해 한국은행이 발행하는 증권은 (   )이다.

정답 | 통화안정증권
해설 | 통안채라고도 한다.

[예제14] 표지어음은 최장만기 1년으로 제한된다. (O / ×)

정답 | ×
해설 | 표지어음은 최장만기에 대한 제한 없이 원어음의 잔존만기 이내로 발행된다.

(3) 외환시장의 이해

① 외환시장 개요 : 외환의 수요자와 공급자 간에 외환거래가 정기적 또는 지속적으로 이루어지는 시장이며, 대고객시장(일반고객 ↔ 외국환은행)과 은행 간 시장(외국환은행 ↔ 외국환은행)으로 나누어진다(일반적으로 말하는 외환시장은 은행 간 시장을 말함).

② 외환시장의 종류

　㉠ 현물환 및 선물환시장
　　• 현물환(spot)거래란, 외환거래 계약일로부터 2영업일 이내에 외환의 인수도와 결제가 이루어지는 거래(T, T+1일, T+2일 결제물)를 말함
　　※ 현물환기래는 외환거래의 가장 일반적인 형태이며, 현물환율은 여타 환율 산출 시의 기본환율이 된다.
　　• 선물환(forward)거래는 2영업일 이후에 결제가 이루어지는 거래를 말함
　㉡ 외화자금시장 : 금리를 매개변수로 하여 대출과 차입 등 외환의 대차거래가 이루어지는 시장
　㉢ 외화파생상품시장 : 통화선물시장, 통화옵션시장, 통화스왑시장 등이 있다.
　　• 우리나라 외환시장에서는 거래소시장보다 장외시장의 거래가 더 활발한 편이다.
　　• 스왑에는 외환스왑(FX Swap)과 통화스왑이 있는데 둘 다 원금교환이 이루어지나 통화스왑은 이자교환까지 수반된다는 점에서 차이가 있다(스왑은 자금대차의 수단이 됨).
　　※ 외환스왑은 현물환과 선물환의 교환, 통화스왑은 이종통화 간의 교환을 말함

[예제15] 일반적으로 말하는 외환시장이란 (대고객시장/은행 간 시장)을 말한다.

정답 | 은행 간 시장

[예제16] 현물환(spot)거래는 계약일로부터 (   ) 이내에 결제가 이루어지는 거래를 말한다.

정답 | 2영업일
해설 | 결제가 2영업일 이후에 이루어지는 거래는 선물환거래가 된다.

(4) 파생금융상품시장의 이해

자금의 차입과 대출이 주된 업무인 금융기관이나 외국과의 교역에 종사하는 기업의 경우 금리나 환율 변동으로부터 예상외의 손실이 발생할 가능성이 크다. 이러한 위험을 회피하기 위해 고안된 것이 파생금융상품이다.

① 파생상품(deriatives)의 의미 : 그 가치가 주가, 금리, 환율, 상품(commodity), 신용(credit) 등의 기초자산(underlying assets)으로부터 파생되는(derive) 것을 파생상품(deriatives)이라 한다.

② 파생상품의 종류

분류	종류
기초자산에 따른 분류	주식 · 채권 · 통화 · 상품(실물자산) · 신용 파생상품
거래장소에 따른 분류	장내파생상품, 장외파생상품
거래형태에 따른 분류	선도(forward)/선물(futures), 옵션(option), 스왑(swap)

㉠ 5대 기초자산 : 주식, 채권, 통화, 상품(실물자산), 신용

㉡ 우리나라의 장내파생상품 : KOSPI200지수선물/옵션, 개별주식선물/옵션, 국채선물, 통화선물(달러/유로/엔), 상품선물(금/돈육) 등

㉢ 거래형태에 따른 분류

구분	내용
선도/선물	매매계약 체결 후 일정 기간이 경과한 뒤에 미리 결정된 가격에 의해 그 상품의 **인수도**가 이루어지는 거래를 말한다. ※ 선도(forwards)는 장외거래, 선물(futures)은 장내거래이다.
옵션	장래 특정일 또는 일정 기간 내에 미리 정해진 가격으로 상품이나 유가증권 등의 특정 자산을 사거나 팔 수 있는 **권리** 즉, 선택권을 가지되 의무를 지지 않는 계약을 말한다.
스왑	통화나 금리 등의 거래조건을 서로 **교환**하는 것을 말하는데, 오늘날에는 두 채무자가 각자의 금리 지급 조건을 교환하는 금리스왑과 서로 다른 통화의 원리금 상환을 교환하는 통화스왑이 대표적인 스왑이다.

> **예시** 배추유통업자가 겨울용 김장배추 확보를 위해 산지의 농가와 봄에 미리 계약을 하는 것이(일명 '밭떼기 계약') 파생상품의 전형적인 예이다. 농가는 배추 가격의 하락을 염려하고 유통업자는 배추 가격의 상승을 염려해서 서로의 위험을 전가할 필요에 따라 거래가 성립된다. 예를 들어 봄에 포기당 3천원에 1,000포기를 인수도하기로 계약을 했다면, 실제 인수도 시점에 배추 한 포기의 가격이 1천원이든 1만원이든 관계없이 1,000포기를 주고받는 것이다.
>
> → 미래 인수도(delivery)하므로 선도(forward)나 선물(futures)이며, 장내파생상품이 아니므로 '선도거래'에 해당한다.

[예제17] 파생상품은 그 자체로 가치를 지니는 상품이다. (O / ×)

정답 | ×

해설 | 기초자산으로부터 그 가치가 파생되기 때문에 파생상품이라 한다(그 자체로는 가치가 없음).

[예제18] 장래 특정일 또는 일정 기간 내에 미리 정해진 가격으로 상품이나 유가증권 등의 특정 자산을 사거나 팔 수 있는 권리를 가지는 계약을 (선도·선물/옵션/스왑)이라 한다.

정답 | 옵션

해설 | 키워드로 암기한다. 인수도는 선도 또는 선물, 권리는 옵션, 교환은 스왑이다.

━━ SECTION 4   금리의 이해

(1) 의의

금리(金利)란 금융시장에서 자금수요자가 자금공급자에게 돈을 빌린 대가로 지급하는 이자율을 의미한다.

※ 금리는 기본적으로 자금에 대한 수요(demand)와 공급(supply)으로 결정된다.

(2) 중앙은행의 금리정책

금리가 오르면 이자수입이 늘어나므로 가계저축이 늘어나지만 기업 입장에서는 자금조달비용이 올라가므로 투자는 위축된다. 이와 같이 금리의 변화는 경제 전반에 큰 영향을 미치게 된다.

① 중앙은행은 금리의 급격한 변동을 통제하면서 과열된 경기를 진정시키거나 침체된 경기를 부양시킬 수 있는 정책수단으로 금리를 이용하고 있다.

② 우리나라는 1980년대까지만 해도 각종 금리를 직접적으로 규제하는 금리정책에 의존해 왔으나, 외환위기 후에는(금융시장 개방과 시장경제의 확대로 금리자유화가 사실상 완결됨) 시장원리를 근간으로 하여 금리를 조절하는 금리정책 메커니즘이 정착되었다.

③ 금융통화위원회의 금리정책

　㉠ 한국은행은 '물가안정목표제'를 통화정책의 운영체계로 삼고 있으며, 매월 한국은행의 최고의사결정기구인 금융통화위원회는 그 달의 금리정책 운용방향을 결정한다.

　㉡ 기준금리의 목표수준을 전월수준으로 유지할지 아니면 변경(0.25%p 또는 그 배수 단위로 인상 또는 인하)할지를 공표한다.

　㉢ 2008년 3월 7일부터 한국은행의 기준금리로 7일물 환매조건부채권(RP) 금리가 사용되고 있다(2020년 10월 기준 0.5%).

　㉣ 정책에 의한 금리효과는 중앙은행이 공개시장조작으로 RP 등 단기금융시장에 공급하는 자금의 양을 조절할 수 있으므로 콜금리 및 단기금융시장금리가 변동하고, 이는 점차 장기금리로 파급되어, 결국에는 기업 등 경제주체의 의사결정에 영향을 미쳐 실물경제를 바람직한 방향으로 끌어갈 수 있다는 메커니즘을 전제로 한다(금리 인하 → 경기 부양, 금리 인상 → 경기 진정).

　㉤ 한국은행의 기준금리 변경은 금리 경로, 자산가격 경로, 환율 경로, 신용 경로 등을 통해 실물경제에 영향을 미치며, 파급시차는 6~12개월 정도이다.

(3) 금리의 종류

금리는 추상적으로 한 가지 개념(금리는 자금을 사용하는 대가)이나, 실제로는 금융시장의 종류에 따라 다양한 종류가 존재한다.

① 명목금리와 실질금리 : 돈의 가치, 즉 물가변동을 고려하느냐의 여부

※ 실질금리 = 명목금리 − 물가 상승률

㉠ 명목금리(名目金利, nominal interest rate) : 일반적인 거래대상 금리. 물가 변동이 고려되지 않음

㉡ 실질금리(實質金利, real interest rate) : 명목금리에서 물가 상승률을 뺀 금리수준을 의미. 여기서 물가 상승률은 일반적으로 소비자물가 상승률지수(CPI)를 사용함

명/품/해/설　실질금리 이해

- 은행금리가 몇 %인지, 채권수익률이 몇 %인지 고려하며, 이때 사용하는 금리는 모두 명목금리이다.
- 실질금리는 물가 상승률을 감안했을 때의 금리를 말하는데 '눈에 보이지 않는 금리'이다. 예를 들어, 은행에 정기예금을 했다고 했을 때, 정기예금금리가 3.5%, 소비자물가 상승이 4.0%라고 하면 실질금리는 '3.5% − 4.0% = − 0.5%'가 된다. 즉 실질적으로는 손해를 보는 상태지만 이것이 당장 '피부에 와 닿지는' 않는다. 그러나 시간이 흘러가면 '어느 순간에' 돈의 가치가 '1/2'로 줄어들어 있는 것을 느끼게 된다. 물가 상승률이 높을수록 돈의 가치가 줄어드는 속도가 빠르다.
- 인플레이션(물가가 높은 상태)은 '경제의 암'이라 불린다. 적정물가를 유지해야 경제가 안정적인 성장을 할 수 있게 된다.

---

② 표면금리와 실효금리 : 표면금리란 겉으로 나타난 금리를 말하며 실효금리는 실제로 지급하거나 부담하게 되는 금리를 말한다.

※ 실효금리는 이자계산방법, 대출금회수방법, 대출과 연계된 예금의 유무 등에 따라 다르게 나타난다.

명/품/해/설　실효금리 이해

두 상품 모두 연 10%의 이자를 지급하나 A상품은 단리로 지급하고 B상품은 복리로 지급한다. 만일 2년 만기라면, A상품의 이자는 20만원이고 B상품의 이자는 21만원이 된다. 즉, 표면금리는 10%로 동일하나, 두 상품의 실효금리는 서로 다르다.

---

③ 이자계산방법에 따른 만기수령액

※ r = 연이율, k = 경과연수, n = 납입 개월수

㉠ 단리 : 원금×(1+ r × k), 연복리 : 원금×(1 + r)^k, 6개월 복리 : 원금×$(1 + \dfrac{r}{2})^{k \times 2}$

→ 원금 100만원, 3년만기, 연이율 10%일 때 일시납 정기예금의 만기수령액은?

• 단리 계산 시 : 100만원(1 + 0.1 × 3) = 130만원

• 연복리 계산 시 : 100만원(1 + 0.1)^3 = 133만 1천원

• 6개월복리 계산 시 : 100만원$(1 + \dfrac{0.1}{2})^{3 \times 2}$ = 134만원

㉡ 월납 적금 이자 : 월납입금 × $\dfrac{n(n+1)}{2}$ × $\dfrac{r}{12}$

→ 월납입액이 100만원, 연이율이 10%인 적립형 정기적금을 2년(24개월) 동안 유지하였을 경우 만기수령액은?

• 원금 = 100만원 × 24개월 = 2,400만원

• 이자 = 100만원 × $\dfrac{24(24+1)}{2}$ × $\dfrac{0.1}{12}$ = 250만원

즉, 만기수령액은 2,400만원 + 250만원 = 2,650만원이다.

[예제19] 금리가 하락하면 기업의 자금조달비용이 감소하여 사업의 기회가 늘어나므로 투자가 늘어나게 된다. (○/×)

정답 | ○

해설 | 금리 하락은 투자 증가, 금리 상승은 투자 감소로 연결된다.

[예제20] 한국은행 기준금리는 한국은행과 금융기관 간 거래의 기준이 되는 금리로 주로 7일물 환매조건부매매채권(RP) 금리를 사용한다. (○/×)

정답 | ○

해설 | 2003년에 콜금리에서 7일물 RP금리로 기준금리가 바뀌었다.

[예제21] 한국은행이 기준금리를 결정하거나 변경하면 실물에 미치는 효과는 즉각적으로 나타난다. (○/×)

정답 | ×

해설 | 통상 6개월이 지나야 실물에 미치는 효과가 나타나며, 국제 금융 환경의 변화와 맞물려 그 효과가 제대로 나타나지 않을 수도 있다.

[예제22] 명목금리가 5%이고 물가상승률(CPI : 소비자물가상승률)이 4%라면 실질금리는 1%이다. (○ / ×)

정답 | ○

해설 | 실질금리 = 명목금리 − 소비자물가상승률

[예제23] 물가가 올라가면 (실질금리/실효금리)가 하락하게 된다.

정답 | 실질금리

해설 | 물가 상승분을 뺀 금리를 실질금리라고 한다.

[예제24] 이자율이 동일해도 복리횟수가 많아지면 원리금이 증가하는데 이는 복리횟수가 많아지면 (실질금리/실효금리)가 상승하기 때문이다.

정답 | 실효금리

해설 | 표면금리가 4%가 하더라도 연복리보다 3개월 복리상품의 원리금이 더 많아지는데, 이때 적용되는 금리개념은 실효금리이다.

[예제25] 명목금리의 반대 개념은 (   ), 표면금리의 반대 개념은 (   )이다.

정답 | 실질금리, 실효금리

■■■■ SECTION 5   금융기관의 역할

(1) 유동성 제고를 통한 자산 전환

금융기관은 자금공급자의 요구에 맞는 예금증서와 같은 간접증권의 발행을 통해 자금공급자의 잉여자금을 흡수하고 이를 자금수요자가 발행한 직접증권과 교환하는데, 자금수요자의 채무를 자금공급자의 요구에 맞는 자산 형태로 바꾸는 것을 자산 전환 과정이라 한다.

① 간접증권 : 금융기관이 예금을 받고 증표로 발행하는 것. 예금증서, 통장 등

② 직접증권 : 필요한 자금의 유치를 위해 발행하는 주식이나 채권

(2) 거래비용 절감 및 위험분산

① 거래비용의 절감 : 금융기관은 직접증권과 간접증권을 계속해서 매매하고 또한 많은 증권을 대량으로 거래하므로 자금의 수요자나 공급자 개개인에게 존재하지 않는 '규모의 경제'와 '범위의 경제'가 가능하여 거래비용을 낮출 수 있다.

② 위험 분산 : 금융기관은 많은 투자자의 자금을 흡수하여 이를 다양한 종류의 직접 증권에 투자함으로써 잘 분산된 포트폴리오를 구성하고, 이를 고객에게 제공함으로써 소액의 자금을 집중 투자하는 경우에 비해 위험을 현저하게 낮출 수 있게 된다(예 펀드, ETF 상품 등).

(3) 지급결제제도 등 금융서비스 제공

지급결제서비스의 발달은 현금보유에 따른 불이익을 제거함으로써 원활한 거래를 촉진시키고 나아가 생산과 소비를 조장하여 국민경제에 큰 이익을 가져온다.

※ 현금보유에 따른 불이익 : 無이자, 분실 · 도난 · 훼손 등의 위험을 말함

[예제26] A은행이 양도성예금증서를 발행하여 예금을 받고 그 돈을 K회사가 발행하는 채권에 투자하였다면, 이는 금융기관의 기능 중 (   )에 해당된다.

정답 | 유동성 제고를 통한 자산 전환

해설 | 간접증권(예금통장, 예금증서)을 발행하고 이렇게 확보한 자금으로 직접증권(자금수요자가 발행한 주식이나 채권)을 매입하는 것을 말하는데, 이것을 간접증권과 직접증권 간의 자산 전환이라고 한다.

[예제27] 자금의 최종수요자가 발행하는 증권을 간접증권이라 한다. (O / ×)

정답 | ×

해설 | 직접증권(주식이나 채권)이다. 간접증권은 중개기관이 고객(자금의 공급자)으로부터 잉여자금을 받으면서 그 증표로 발행하는 증권이다(예금증서, 예금통장 등).

[예제28] 금융기관은 직접증권과 간접증권을 무수히 거래하면서 달성한 '규모의 경제'와 '범위의 경제'를 통해 거래비용을 절감하는 기능이 있다. (O / ×)

정답 | ○

해설 | 개개인의 거래에서는 규모의 경제와 범위의 경제 효과가 달성될 수 없다.

[예제29] '유동성 제고를 통한 자산 전환, 거래비용절감 및 위험분산, 지급결제제도 등 금융서비스 제공'은 (금융시장/금융기관)의 기능이다.

정답 | 금융기관

해설 | 금융시장의 기능과 금융기관의 기능은 반드시 구분해야 한다.

(1) 은행

① 은행은 가계나 기업 등 일반 국민으로부터 예금 · 신탁을 받거나 채권을 발행하여 조달한 자금을 자금수요자에게 대출해 주는 업무를 주로 취급한다.

② 만기전환 기능 : 은행은 단기로 예금을 받고 장기로 대출을 제공할 수 있는데(만기전환 기능), 이는 단기예금자들이 한꺼번에 자금을 인출하지는 않기 때문에 가능하다.

③ 광범위한 점포망과 전국적인 온라인망으로 어디서든 자유로운 입출금을 할 수 있고 다양한 금융상품을 취급하는 등의 장점이 있다.

④ 은행은 저축상품의 수익률이 낮은 편이나 대출금리 또한 타금융기관에 비해 낮고 신용카드, 타행환, 인터넷뱅킹, 야간금고 등 다양한 부대서비스를 제공한다.

⑤ 은행업무의 구분

업무의 종류	내용
고유업무	예금 · 대출, 어음의 할인, 채무증서발행, 내외국환업무 등
겸영업무	신용카드업, 신탁업, 펀드판매업, 파생결합증권매매업무, 파생상품매매 및 중개업무, 유가증권의 인수 · 매출, 투자자문업, ISA에 대한 투자일임업 등
부수업무	채무보증, 어음 인수, 팩토링, 보호예수, 수납 및 지급대행 등

⑥ 특수은행 : 일반은행이 재원이나 채산성의 제약으로 필요한 자금을 공급하기 어려운 특정 부문에 자금을 공급하는 업무를 담당한다(한국산업은행, 수출입은행, 기업은행, 농 · 수협중앙회의 신용사업부문).

※ 은행은 은행법에 의해 설립되는 일반은행과 개별 특수은행법으로 설립되는 특수은행으로 구분됨

[예제30] 어음의 할인은 은행의 (고유업무/부수업무)이며, 어음의 인수는 (고유업무/부수업무)이다.

　　정답 | 고유업무, 부수업무

　　해설 | 어음의 할인이 고유업무이다(참고로 할인한 어음을 묶어서 은행의 이름으로 발행하는 새로운 어음을 표지어음이라고 함).

[예제31] 은행은 ISA(개인종합자산관리계좌)에 한해서 투자일임업을 할 수 있는데 이는 은행의 (고유업무/겸영업무/부수업무)이다.

　　정답 | 겸영업무

　　해설 | 참고로 겸영업무에는 '신용카드업, 펀드판매, 방카슈랑스, 유가증권의 인수 · 매출, 파생상품의 매매 · 중개 등'이 있다.

[예제32] 일반은행이 재원이나 채산성의 제약으로 필요한 자금을 공급하기 어려운 특정 부문에 자금을 공급하는 업무를 담당하는 금융기관을 특수은행이라 한다. (○/×)

정답 │ ○
해설 │ 특별법에 의해 설립되었다 하여 특수은행이라 한다.

(2) 금융투자업자

금융투자업자는 주식, 국·공채, 회사채 등 증권의 매매, 인수, 매출 등을 전문적으로 취급하는 기관이다(직접금융시장의 중개기관). **참고** 간접금융시장의 중개기관 : 은행

① 금융투자업의 여섯 가지 종류
  ㉠ 투자매매업 : 누구의 명의로 하든지 자기의 계산으로 금융투자상품의 매도·매수, 증권의 발행·인수 또는 그 청약의 권유, 청약, 청약의 승낙을 영업으로 하는 것을 말한다.
  ㉡ 투자중개업 : 누구의 명의로 하든지 타인의 계산으로 금융투자상품의 매도·매수, 그 청약의 권유, 청약, 청약의 승낙 또는 증권의 발행·인수에 대한 청약의 권유, 청약, 청약의 승낙을 영업으로 하는 것을 말한다.
  ㉢ 집합투자업 : 2인 이상에게 투자권유를 하여 모은 금전 또는 여유자금을 투자자로부터 일상적인 운용지시를 받지 아니하면서 재산적 가치가 있는 투자대상자산을 취득·처분, 그 밖의 방법으로 운용하고 그 결과를 투자자에게 배분하여 귀속시키는 것을 말한다.
  ㉣ 투자자문업 : 금융투자상품의 가치 또는 금융투자상품에 대한 종류, 종목, 취득·처분, 취득·처분의 방법·수량·가격 및 시기 등에 대한 투자판단에 관한 자문에 응하는 것을 말한다.
  ㉤ 투자일임업 : 투자자로부터 금융투자상품에 대한 투자판단의 전부 또는 일부를 일임받아 투자자별로 구분하여 금융투자상품을 취득·처분, 그 밖의 방법으로 운용하는 것을 말한다.
  ㉥ 신탁업 : 신탁을 영업으로 하는 것을 말한다.

> **명/품/해/설** **투자매매업과 투자중개업의 차이**
>
> 투자매매업은 '자기의 계산으로' 투자중개업은 '타인의 계산으로' 일정 업무 영위. 투자매매업은 증권의 발행·인수업을 할 수 있으나 투자중개업은 발행·인수를 직접 할 수 없고 그 청약 관련 업무를 할 수 있다(발행·인수업을 영위하기 위해서는 타금융투자업에 비해 큰 규모의 자기자본이 요구됨).

② 자본시장법의 의의
  ㉠ 포괄주의 규율체제
    • 금융투자상품을 추상적으로 정의함(투자성이 있는 모든 금융상품은 금융투자상품임)
    • 이는 기존 열거주의하에서의 비효율성을 극복하고자 하는 차원임
  ㉡ 기능별 규율체제
    • '금융투자업, 금융투자상품, 투자자'를 경제적 실질에 따라 분류하고, 취급기관을 불문하고 경제적 실질이 동일한 금융기능에 대해서는 동일한 규제를 적용하는 것
    • 기존의 '기관별 규제'의 폐단(규제차익 발생 등)을 극복하는 차원

ⓒ 업무범위의 확대
- 조건을 갖추면 6개 금융투자업무를 모두 영위할 수 있음
- 기존의 규제체제인 '독과점 방지'로는 대형화된 글로벌 금융사와의 경쟁이 어렵기 때문에 이를 극복하고자 하는 차원에서 겸영이 허용됨. 다만, 겸영이 허용되면서 6개 금융투자업 상호 간에 이해상충이 발생할 여지가 확대되어 이를 막기 위한 '이해상충방지체계'를 갖출 것이 요구됨
ⓔ 투자자보호제도의 선진화 : 투자권유제도 도입(설명의무의 강화, 적합성의 원칙, 적정성 원칙의 신규 도입)

(3) 생명보험회사 및 손해보험회사

보험회사는 다수의 보험계약자로부터 보험료를 받아 이를 대출, 유가증권, 부동산에 투자하여 보험계약자의 노후, 사망, 질병 또는 재산상의 사고 등에 대한 보험금을 지급하는 업무를 영위하는데 생명보험회사, 손해보험회사가 여기에 해당한다.

① 생명보험 : 보험사고 발생 시 실제 손해액과 관계없이 미리 정해진 금액으로 보상

② 손해보험 : 실제 손해액만큼을 보상하는 실손보상이 특징(생명보험은 정액보상)

※ 손해보험사는 화재, 자동차사고, 해상사고 등에 따른 사람의 신체에 관한 손해, 재산상의 손해, 배상책임에 의한 손해를 대비한 보험의 인수·운영을 주된 업무로 하는 금융기관이다.

(4) 비은행예금취급기관

비은행예금취급기관이란 은행법에 의해 설립된 은행이 아니면서 예금을 취급할 수 있는 기관을 말하며 '상호저축은행, 신용협동조합, 새마을금고, 상호금융, 우체국예금, 종합금융회사'가 이에 해당된다.

① 상호저축은행은 특정 행정구역 내에서 소재하는 서민 및 영세 상공인에게 금융편의를 제공하도록 설립된 대표적인 지역밀착형 서민금융기관이다.

ⓐ 상호신용금고로 불리다가 2002년 3월부터 상호저축은행으로 명칭이 바뀌었음

ⓑ 은행보다 그 종류와 범위가 상대적으로 적고 금융기관으로서의 신용도도 열세이며 점포 수가 적고 대출금리도 높은 편임. 반면 저축금리가 상대적으로 높고 대출 절차가 간편하고 신속하다는 장점이 있음

② 신용협동기구 : 조합원에 대한 저축편의 제공과 조합원 상호 간 상부상조를 목적으로 조합원에 대한 여·수신업무를 취급하는 금융기관이며 신용협동조합, 새마을금고 및 농·수협 단위조합의 상호금융이 이에 해당한다.

③ 우체국예금 : 국영 금융기관으로 원칙적으로 예금수취 업무만 하고(원리금은 정부에서 전액 지급보증) 수집된 자금은 다른 금융기관에의 위탁 또는 정부회계에의 대여 등의 방법으로 운용되며, 대출업무는 취급하지 않고 있다.

④ 종합금융회사 : 1970년대에 민간부문의 외자도입을 원활히 하고 기업의 다양한 금융수요를 충족시키기 위해 도입되었으나 IMF금융위기를 거치면서 회사 수가 크게 감소하였다.

(5) 자산운용회사(집합투자업자)

① 다수의 고객으로부터 위탁받은 장·단기자금을 공동기금으로 조성하고 이를 주로 채권, 주식 등 증권에 투자함으로써 발생한 수익을 고객들에게 되돌려 주는 투자대행기관이다.

② 주식, 채권 등의 투자에 전문지식이 부족하거나 시간적 여유가 없는 투자자, 또는 직접적인 투자가 어려운 소액 투자자들이 이용하기에 적합한 금융기관이다.

③ 채권형, 주식형, 혼합형 수익증권, MMF 등이 대표적 상품이다.

④ 자산운용회사도 2006년 1월 5일부터 자신이 운용하는 집합투자상품을 직접 판매할 수 있게 되었다 (2007년 12월에는 판매한도제한－4천억원－도 폐지됨).

(6) 기타 금융기관

① 여신전문금융회사 : 수신기능 없이 여신 업무만을 취급하는 금융기관으로 리스회사, 신용카드사, 할부금융사 및 신기술사업금융회사로 구분

② 선물회사 : 일반상품, 금융상품 및 지수를 대상으로 거래소에서 선물거래 영업을 하는 회사

③ 증권금융회사 : 금융투자업자와 일반투자자에게 증권의 취득, 인수, 보유 및 매매와 관련한 자금을 공급하거나 금융기관 간 자금거래의 중개를 전문으로 하는 회사

④ 자금중개회사 : 금융기관 간 자금중개를 전문으로 하는 회사

⑤ 유동화전문회사 : 소유자로부터 자산을 양도 또는 신탁받아 이를 기초로 유동화증권을 발행하고 당해 자산의 관리·운용·처분에 의한 수익을 유동화증권의 원리금·배당금·수익금으로 지급하는 자산유동화업무를 전문으로 하는 회사

⑥ 한국주택금융공사 : 장기주택금융 공급을 확대하기 위해 2004년 3월 설립된 공적기관으로 금융기관으로부터 주택저당채권을 매입하여 이를 기초로 주택저당채권을 발행하고, 투자자에게 판매하는 주택저당채권 유동화업무와 전세자금대출 보증 등 주택관련 보증업무를 취급하는 주택금융전문 금융기관

⑦ 금융보조기관 : 직접 금융중개활동을 하는 것은 아니나 금융중개와 밀접한 연관이 있는 활동을 주로 하는 기관으로 신용보증기관, 예금보험공사, 한국자산관리공사, 한국수출보험공사, 금융결제원, 한국거래소, 금융지주회사, 투자자문회사, 신용평가회사 등이 있음

[예제33] 금융투자업(금융투자회사의 고유업무)의 6가지는 '투자매매업, 투자중개업, 집합투자업, (   ), 투자자문업, (   )'이다.

정답 | 투자일임업, 신탁업

[예제34] 누구의 명의로 하든지 자기의 계산으로 일정한 업무를 영위하면 투자중개업이 되고 타인의 계산으로 일정한 업무를 영위하면 투자매매업이 된다. (O / ×)

정답 | ×
해설 | 투자매매업과 투자중개업이 바뀌었다.

[예제35] 자본시장법의 기본방향 4가지는 포괄주의 규율체제, 기관별 규제체제, 업무범위의 확대, 투자자보호제도의 선진화이다. (O / ×)

정답 | ×
해설 | 기관별 규제가 아니라 기능별 규제이다. 경제적 실질(금융투자업 + 금융투자상품 + 투자자)에 의해 동일한 기능을 분류하고 동일한 기능에 대해 동일한 규제를 한다는 것이 기능별 규제이다.

[예제36] 기능별 규율체제에서 말하는 동일 기능이란 경제적 실질이 동일한 금융기능을 말하는데, 이는 '금융투자업, (   ), 투자자'의 3가지 축을 기준으로 분류한 것이다.

정답 | 금융투자상품

[예제37] 생명보험은 정액보상으로 중복보상이 가능하나 손해보험은 실손보상으로 중복보상이 되지 않는다. (O / ×)

정답 | ○
해설 | 실손보상이란 실제 손해액만큼만 보상함으로써 보상이익이 생기지 않도록 하는 것이다.

[예제38] 비은행예금취급기관에는 (   ), (   ), (   ), (   )의 4가지가 있다.

정답 | 상호저축은행, 신용협동기구, 우체국예금, 종합금융회사

[예제39] 비은행예금취급기관 중에서, 특정 행정구역 내에 소재하는 서민 및 영세상공인에게 금융편의를 제공하기 위해 설립된 지역밀착형 서민금융기관은 (상호저축은행/신용협동기구)이다.

정답 | 상호저축은행
해설 | 신용협동기구(신협, 새마을금고, 상호금융)는 '조합원에 대한 저축 편의제공과 조합원 상호간 상부상조'를 목적으로 한다.

[예제40] 신용협동기구는 신협, 새마을금고, 농·수협중앙회를 포함해서 이르는 말이다. (O / ×)

정답 | ×
해설 | 농·수협중앙회는 특수은행에 속하고 농수협단위조합(상호금융)이 신용협동기구에 속한다.

[예제41] 펀드의 위탁자(집합투자업자)에 해당하는 금융기관은 (   )이다.

정답 | 자산운용회사

[예제42] 자산운용회사는 자신이 운용하는 집합투자상품을 직접 판매할 수는 없다. (O / ×)

정답 | ×
해설 | 직접판매가 가능하며, 과거 존재하던 판매한도제한도 없어졌다.

[예제43] 우체국예금은 대출 업무를 취급하지 않는다. (O / ×)

정답 | ○

해설 | 예금수취 업무만 한다.

[예제44] 수신기능 없이 여신 업무만을 취급하는 금융기관을 여신전문금융회사라 하며, (   ), (   ), 할부금융사, 신기술사업금융회사가 이에 해당된다.

정답 | 리스회사, 신용카드사

[예제45] 기타 금융기관 중에서, 금융투자업자와 일반투자자에게 증권의 취득이나 인수 등과 관련한 자금을 공급하는 등의 업무를 하는 금융기관은 (   )이다.

정답 | 증권금융회사

SECTION 7 　**금융상품의 이해**

(1) 수신상품

　수신상품에는 가장 대표적으로 은행의 예금과 이와 유사한 예수금, 그리고 실적배당상품인 신탁상품, 집합투자기구(펀드)가 있다.

※ 수신상품은 투자자에게 자금운용상 어떤 이점을 제공하느냐는 관점에서 판단되는데, 투자자들은 높은 수익(수익성), 낮은 위험(안전성), 언제든지 인출할 수 있는(유동성) 상품을 가장 선호한다. 그러나 이들 3가지 선택 기준은 동시에 모두 충족될 수 없다.

① 예금상품 : 은행이 전통적으로 취급하는 수신상품으로, 요구불예금과 저축성예금이 있다(이를 수시입출식상품과 저축성상품으로 구분하기도 함).

　㉠ 요구불예금 : 고객이 직접 인출(계좌이체, 송금 등 포함)하거나 수표 발행 후 그 결제대금으로 쓰기 위해 언제든지 인출할 수 있도록 유동성이 가장 중요한 선택의 기준이 되는 상품이다. 은행 입장에서는 빈번한 입출금에 따른 부대비용이 큰 데다 지급준비율이 높아 지급하는 금리는 매우 낮다. 보통예금, 당좌예금, 가계당좌예금, 별단예금이 있다.

　　• 보통예금 : 대표적인 요구불예금으로, 예치 금액·예치 기간·입출금 횟수 등에 아무런 제한 없이 자유롭게 거래할 수 있는 예금종목이며, 은행 측에서는 저리의 자금조달재원이 됨

　　• 당좌예금, 가계당좌예금 : 기업과 가계가 당좌수표 또는 가계수표를 발행할 때 결제계좌로 쓰기 위해 개설되는 예금의 종류(당좌는 이자가 없으나 가계당좌예금에는 이자가 지급되는 차이가 있음)

　　• 별단예금 : 현금이 아닌 자기앞수표로 인출할 경우 수표가 교환해 회부되어 돌아올 때까지 임시로 해당 자금을 계리해 두는 계정이며 공탁금, 사고수표 신고담보금 등 특수한 계정 처리에 쓰임

ⓛ 저축성 상품 : 결제서비스 또는 단기예치보다는 상당 기간 동안의 저축을 통하여 높은 수익을 기대
하는 자금의 운용에 적합한 수신상품을 말한다. 정기예금, 정기적금, 저축예금, MMDA, 시장성상품
(CD, RP, 표지어음 등), 특수목적부상품(주택청약저축 등)이 있다.

- 정기예금, 정기적금
  - 정기예금은 일시금을 예치해 장기간 운용하는 것이고 정기적금은 매월 또는 매 분기와 같이 정기적으로 정해진
    금액을 불입하여 목돈을 마련하는 상품이다.
  - 정기적금의 경우 최저가입기간이 6개월이고 정기예금의 경우 1개월 이상 예치하도록 하고 있으나 실질적으로
    이러한 규제는 큰 의미가 없어 거래 조건은 사실상 자유화되었으며, 금리도 고정금리 대신에 변동금리를 적용할
    수 있도록 설계된 다양한 상품들이 출시되어 예금자의 선호도에 맞게 판매되고 있다.
- 요구불예금이 아니면서도 수시입출 기능이 있는 상품 : 저축예금과 MMDA
  - 저축예금 : 보통예금처럼 예치금액, 예치기간에 아무런 제한이 없고 입출금이 자유로우면서도 보통예금보다 다
    소 높은 이자를 받을 수 있다.
  - MMDA(Money Market Depository Account) : MMF(Money Market Fund)와 CMA(Cash Management Account)
    에 대한 경쟁상품으로서 개발한 MMDA는 시장실세금리에 의한 고금리와 자유로운 입출금 및 각종 이체, 결제기
    능이 결합된 상품으로 단기간 목돈을 운용할 때 유리한 상품이다.

명/품/해/설 MMDA의 개발배경

투신권에서 개발한 MMF는 안전하면서(국공채 위주의 운용), 편리하고(수시입출 기능), 그러면서 보통예금보다 이율이 높
아(실세이율을 보유일수 기준으로 지급) 선풍적인 인기를 끌었다. 2000년대 중반 저금리가 본격화되면서 시중부동자금은
대부분 MMF를 찾았다. 따라서 자금유출에 직면한 은행권이 이에 대한 대항 상품 차원에서 개발한 것이 MMDA이다(CMA
는 MMF의 진화된 형태).

- 시장성 상품 : 시장성 상품은 단기금융시장에서 거래되는 유가증권과 같은 금융상품을 매개로 예
  금거래가 발생하는 것을 말하는데 양도성예금증서(CD), 환매조건부매매채권(RP), 표지어음 등이
  해당된다.
  - 금리 : 유통시장에서 결정되는 수익률을 감안하여 금융기관이 제시한다(실세연동확정금리형).
  - 중도해지 : 시장형 상품은 단기상품으로서 중도해지가 불가한 것이 대부분인데, 이는 유통시장에서 거래가 활발
    하므로 시장수익률로 매도하여 언제든지 자금을 회수할 수 있기 때문이다.
- 특수목적부 상품 : 일반 수신상품에 정부정책적 차원에서 특수한 조건을 부가한 상품을 말하는데
  정기예·적금에 세제혜택이나 아파트청약권이 부여된 것을 말한다. 📌 아파트청약권이 있는 주택
  청약종합저축

② 비은행금융기관의 예수금

ⓐ 의미 : 비은행금융기관에서도 다양한 종류의 수신상품을 취급하고 있는데 대부분 명칭만 금융기관에
   따라 조금씩 차이가 있을 뿐 그 기능이나 취급조건은 은행의 수신상품과 유사하다.

ⓑ 종류 : 상호저축은행의 각종 예·적금 및 부금, 신용협동기구 및 우체국에서 취급하는 예수금은 물론
   종합금융사나 증권회사 등에서도 단기예치 목적의 수신상품을 취급하고 있다.

ⓒ 신용협동기구의 경우 상호부조적 금융기관으로서 예금주들이 통상 자본금에 해당하는 출자금을 적립
   하고 결산 후 배당을 수령하고 있는데 넓은 의미에서 이러한 출자금도 수신상품의 하나로 취급된다.

예수금(豫受金)이란?

금융기관이 일반 대중 또는 기업, 공공기관 등 불특정 다수로부터 일정한 이자 지급 등의 조건으로 보관 · 위탁을 받아 운용할 수 있는 자금을 말한다. 은행이 취급하는 것은 예금(預金)이며, 비은행금융기관이 취급하는 것을 예수금이라고 보면 된다.

③ 실적배당형 상품
　㉠ 신탁상품 : 신탁이란 위탁자(투자자)가 주식, 채권 등에 직접 투자하기보다는 투자를 전문적으로 하는 수탁자(회사)에게 자신의 재산을 대신 관리 · 운용해 줄 것을 위탁하는 상품이다(대표적인 상품은 특정금전신탁).
　　• 신탁재산 운용대상으로 특정 주식이나 대출 등을 고객이 구체적으로 정하는 것이 특정금전신탁이고, 불특정금전신탁은 이를 수탁자인 은행 또는 증권회사에 일임하고 신탁종료 시에 금전으로 환급할 것을 약정하는 것을 말한다.
　　• 수탁금융기관은 고유계정과 신탁계정을 분리해서 운용 · 관리한다.

고유계정과 신탁계정
• 우리나라에는 신탁업무를 전업으로 하는 신탁회사가 없으며 은행의 겸영업무 또는 금융투자업의 6개 본질적 업무의 하나로 운영된다.
• 고유계정은 수탁회사의 자기 재산을 나타내는 계정이며 신탁계정은 투자자들이 수탁회사에 맡긴 재산을 나타내는 계정이다. 따라서 이들 두 계정은 엄격히 구분 · 관리되어야 한다(신탁재산 구분관리의 원칙).

　㉡ 단기 실적배당상품
　　• MMF(Money Market Fund) : 여러 고객이 투자한 자금을 모아 주로 양도성예금증서(CD), 기업어음(CP), 국채 및 통화안정증권 등 금융자산에 투자하여 얻은 수익을 고객에게 배당하는 초단기형(보유상품의 가중평균 잔존기간이 75일 이내)의 채권투자신탁상품으로 환매수수료가 없어 은행의 보통예금처럼 자유로운 입출금이 가능하다.
　　• CMA(Cash Management Account) : 고객으로부터 예탁금을 받아 단기고수익 상품으로 운용하여 높은 수익을 지급함과 동시에 수시입출 및 자금결제 기능 등 부가서비스를 제공하는 복합금융상품이다.
　　※ CMA는 증권사형 CMA(연결투자대상에 따라 MMF형 CMA와 RP형 CMA로 구분)와 종금사형 CMA로 구분되는데 종금사형 CMA는 증권사형 CMA와는 달리 예금자보호대상이 된다(CD, 발행어음, 국공채 등 주로 원금보장형 상품을 편입하기 때문).
　㉢ 변액보험 : 고객이 납입한 보험료를 모아 펀드(기금)를 구성한 후 주식, 채권 등 유가증권에 투자하여 발생한 이익을 배분하여 주는 실적배당형 보험을 말하며, 그 종류에는 변액연금(Variable Annuity), 변액종신보험(Variable Life Insurance), 변액유니버설보험(Variable Universal Life Insurance)이 있다.
　㉣ 집합투자기구 : 집합투자기구(펀드)는 다수의 투자자로부터 자금을 모아 유가증권 등에 투자하고 이를 투자자에게 투자비율만큼 분할하여 지분을 나누어주는 상품으로 투자신탁과 투자회사 및 상장지수 집합투자기구 등이 이에 속한다.
　　• 투자신탁 : 집합투자업자가 투자신탁을 설정하고 수익증권의 발행을 통해 투자자금을 확보하며, 투자자는 수익증권을 가진 수익자가 된다.

- 투자회사(뮤추얼펀드) : 발기인이 주식회사인 투자회사를 설립하고 투자회사는 주식을 발행해 투자 자금을 확보하며 투자자는 주식을 가진 주주가 된다.
  - 자금의 운용은 집합투자업자가 법인이사의 자격으로 하며, 투자자는 배당의 형태로 수익금을 받는다.
  - 그리고 투자회사는 상법상 회사이므로 운용수수료 외에도 등록세, 임원보수, 회계감사보수 등 비용을 투자자가 추가로 부담해야 하는 단점이 있다(M&A 펀드 등을 제외한 펀드 대부분은 비용부담을 고려, 투자신탁형으로 설정함).
- 투자신탁과 투자회사의 비교

구분	투자신탁(수익증권)	투자회사(뮤추얼펀드)
설립형태	신탁계약에 의한 신탁관계	법인 형태의 주식회사
발행 유가증권	수익증권	주식
투자자의 법적지위	수익자	주주
통제제도	감독기관의 감독	주주의 자율규제
환매방법	판매사를 통해 환매청구	• 폐쇄형 : 주식매도(대부분) • 개방형 : 환매청구
관련법률	신탁법, 자본시장법	상법, 자본시장법

명/품/해/설 **집합투자기구의 구조**

- 집합투자기구는 위탁자, 수탁자, 수익자의 3면 관계로 구성된다. 위탁자(자산운용사 = 집합투자업자)는 펀드를 설정 · 설립하고 투자자로부터 모은 투자자금을 수탁자에게 운용 · 지시한다. 펀드의 재산을 별도로 보관 · 관리하는 수탁자(은행)는 위탁자로부터 운용의 지시를 받아 관리하고 그 결과에 대해서 수익자(투자자)에게 배당한다. 이러한 3면의 투자 관계를 통해 이루어지는 투자시스템, 투자도구(vehicle)를 집합투자기구라 한다.

- 신탁업도 '3면 관계'라는 점에서 집합투자기구와 동일하나 신탁업에서는 위탁자가 투자자와 동일한 경우가 많다는 점과 수탁자(은행 혹은 신탁업자)가 재산을 직접 운용한다는 점이 다르다.
- '집합투자기구'라는 용어는 2009년 자본시장법이 시행되면서 이전의 '펀드(fund)'에서 변경되었다.

- 상장지수집합투자기구(ETF : Exchange Trades Fund)
  - 거래소에 상장되어 주식과 같이 자유롭게 거래되는 인덱스펀드이다.
  - 인덱스펀드는 특정 지수에 연동하여 수익률이 결정되는 펀드로 개별종목으로 구성된 펀드보다는 훨씬 안전하다는 장점이 있지만, 대부분의 일반펀드와 마찬가지로 실시간 거래를 할 수 없다는 단점이 있다.
  - ETF는 이러한 인덱스펀드의 단점인 유동성 문제를 해결한 상품으로 인덱스펀드 시장의 활성화를 도모하고 소액으로도 탁월한 분산투자 효과를 누릴 수 있도록 한 상품이다.
ⓜ 부동산투자신탁(REITs) : Real Estate Investment Trusts)은 불특정 다수인으로부터 금전을 수탁 또는 납부받아 이 금전으로 부동산을 매입, 개발, 관리, 처분하거나 부동산 관련 채권, 유가증권 등에 투자하고 그 수익을 투자자에게 교부(배당의 형태)하는 투자상품이다.
※ 리츠는 부동산투자회사법에, 부동산펀드는 자본시장법에 근거한다.

ⓑ 저금리 지속으로 인기를 얻고 있는 금융상품
- 주가연계상품 : 고정금리형인 ELD(Equity Linked Deposit)와 실적연계형인 ELS(Equity Linked Securities)로 구분되며 '채권 + 옵션'의 형태이다. 손실을 일정 수준으로 제한할 수 있으면서 시중 금리보다 높은 수익을 얻을 수 있는 상품이다.
- 기타 펀드 : 실물자산펀드(금펀드, 원유펀드 등), 선박펀드, 배당주펀드, 경매펀드, 영화펀드 등

(2) 여신상품(대출상품)

대출은 일반은행의 주된 신용공여수단이다. 통상 기업이 주요 차입자로서 상업어음 할인, 무역금융 등 단기운전자금과 장기시설자금을 취급하고 있으며 점차 대출 비중이 높아지고 있는 가계의 경우 부동산담보대출, 예·적금담보대출, 주택관련대출과 일부 신용대출이 있다.

① 고정금리와 변동금리가 있으며 장기대출의 경우 일반적으로 이자만 납부하고 원금 상환이 유예되는 거치기간을 두고 있다(최근에는 변동금리대출의 비중이 높은 편).

② 장기대출에서는 최초 3~5년간 고정금리를 사용하다가 이후부터 변동금리를 적용하는 경우가 일반적이다.

③ 변동금리는 자금조달비용지수(COFIX)를 기준으로 일정폭의 가산금리를 더한다.

④ COFIX(Cost Of Funds Index : 자금조달비용지수) : 예금은행의 자금조달비용을 반영하여 산출된 지수로 2010년 2월 이후 금융기관의 주택담보대출 기준금리로 사용(종전의 기준금리인 CD금리를 대체)

[예제46] 금융상품은 수신상품과 여신상품으로 구분되며, 수신상품은 다시 예금(또는 예수금)과 실적배당상품(신탁 또는 펀드)으로 구분된다. (O / ×)

정답 | ○

해설 | 수신상품의 종류에 따라 금융기관도 구분된다. 예를 들어 예금을 받으면 은행, 예수금을 받으면 비은행예금기관, 실적배당상품으로 자금을 받게 되면 금융투자회사, 자산운용회사 등(제2금융권)이 된다.

[예제47] 은행의 요구불예금의 종류로는 (   ), (   ), (   )이 있다.

정답 | 보통예금, 당좌예금, 별단예금

[예제48] 저축성예금 중에서, (   )는 시장실세금리에 의한 고금리와 자유로운 입출금 및 각종이체, 결제 기능이 결합된 상품으로 단기간 목돈을 운용할 때 유리한 상품이다.

정답 | MMDA

해설 | Money Market Deposit Account. 자산운용사의 MMF와 증권사 CMA에 대항하기 위해 은행에서 판매하는 저축성예금상품이다.

[예제49] 은행의 요구불예금 외에 입출금이 자유로운 상품으로는 은행의 저축예금과 (   ), 자산운용사의
(   ), 증권사의 (   )가 있다.

정답 | MMDA, MMF, CMA

[예제50] 시장성 상품이란 단기금융시장에서 거래되는 금융상품을 매개로 발행되는 예금상품인데, 그 종류로는
(   ), (   ), (   ) 등이 있다.

정답 | 양도성예금증서(CD), 환매조건부채권(RP), 표지어음
해설 | 이러한 시장성 상품의 금리는 유통시장에서 결정되는 수익률을 감안하여 금융기관이 제시한다.

[예제51] CD나 표지어음 등 시장성 상품은 중도환매가 불가해서 목돈이 필요할 경우 금리손실을 감수하면서 계
약을 해지해야 하는 단점이 있다. (O / ×)

정답 | ×
해설 | 둘 다 유동성이 풍부한 편이다(CD는 중도환매가 불가하지만, 시장에서 거래가 활발하여 언제든지 환금이
가능하며, 표지어음도 배서에 의한 양도가 가능하다).

[예제52] 신탁상품 중에서 고객이 직접 운용대상이나 방식을 정하는 것을 특정금전신탁이라 한다. (O / ×)

정답 | ○
해설 | 고객(위탁자)이 은행 등(수탁자)에게 운용을 구체적으로 지정하는 신탁이다.

[예제53] 신탁업에서의 수탁자(신탁업자)는 위탁자가 맡긴 재산의 운용을 직접 한다는 점이 집합투자업의 수탁
자(신탁업자)와 다른 점이다. (O / ×)

정답 | ○
해설 | 집합투자업자의 수탁자는 재산의 보관 · 관리가 주 업무이며, 재산의 운용은 위탁자인 집합투자업자가 담당
한다.

[예제54] MMF의 가중평균 잔존만기는 (   ) 이내이어야 한다.

정답 | 75일
해설 | 그만큼 만기가 짧기 때문에 유동성이 풍부하고 따라서 수시입출 기능이 제공된다고 할 수 있다.

[예제55] 종금사 CMA, 증권사 CMA는 모두 예금자비보호이다. (O / ×)

정답 | ×

해설 | 종금사 CMA만 예금자보호가 된다(CMA는 MMF, RP 등에 투자되므로 실질적으로 예금자보호가 필요하지 않을 정도로 매우 안전한 상품이다).

[예제56] 투자신탁과 투자회사는 집합투자기구라는 본질은 같으나 법적인 설립 형태가 다르다. (O / ×)

정답 | ○

해설 | 투자신탁은 신탁계약으로 설정하고 투자회사는 주식회사의 형태로 설정한다.

[예제57] 투자신탁에서 투자자는 (   )가 되며, 투자회사에서 투자자는 (   )가 된다.

정답 | 수익자, 주주

[예제58] 집합투자기구에서 고객이 맡긴 자산의 운용주체인 집합투자업자가 (   )가 되며, 고객재산의 보관 관리주체인 신탁업자가 (   )가 된다.

정답 | 위탁자, 수탁자

해설 | 위탁자, 수탁자, 수익자를 집합투자기구의 3면 관계라고 한다.

[예제59] 우리나라의 집합투자기구에서 가장 많은 형태는 (투자신탁/투자회사)이다.

정답 | 투자신탁

해설 | 투자회사의 경우 설립 절차가 더 복잡하고, 주식회사로서 설립비용과 운영비용이 있기 때문에 비용적인 측면에서 투자신탁이 유리하다(투자회사로 설립해야 하는 M&A펀드를 제외하면 대부분은 투자신탁의 형태이다).

[예제60] 집합투자기구는 환매 여부에 따라 개방형과 폐쇄형으로 구분되는데, 환매되지 않는 폐쇄형(투자회사의 주 설립형태)의 경우 (   )로 투자자금을 회수할 수 있다.

정답 | 주식매도

해설 | 폐쇄형은 환매가 불가하므로 투자자의 환매장치를 제공하기 위해 주식시장에 상장할 의무가 있다(90일 이내).

[예제61] 상장지수집합투자기구(ETF)는 인덱스펀드와 기본 성격이 같으나 주식시장에서 상장되어 실시간으로 거래할 수 있다는 장점이 있다. (O / ×)

정답 | ○

해설 | ETF는 개별종목보다는 시장전체 또는 특정 포트폴리오의 주가지수를 투자성과로 하려는 투자자에게 유용한 상품이다.

[예제62] 소액으로도 탁월한 분산투자 효과를 얻을 수 있는 펀드는 (개방형/폐쇄형/투자신탁/투자회사/MMF/ETF)라 한다.

정답 | ETF

해설 | 예를 들어 KOSPI200을 추종하는 ETF인 'KODEX200'을 1주(2018년 3월 기준 약 32,000원) 매입하면, KOSPI200에 분산투자한 효과를 얻을 수 있다.

[예제63] 주가연계증권인 ELD, ELS, ELF는 모두 원금보장이 되지 않는다. (O / ×)

정답 | ×

해설 | 주가연계증권은 채권(대출)에 옵션을 포함해서 투자결과에 따라 일정한 수익률을 지급하는 상품이다. 기본적으로 투자형 상품이나 은행에서 취급하는 ELD(주가연계예금)은 원금보전상품이며 증권사에서 취급하는 ELS(주가연계증권)는 원금보장형 설계가 가능하나 법적인 원금보장은 불가하고, 자산운용사에서 취급하는 ELF(주가연계펀드)는 원금보장설계 자체가 불가하다.

[예제64] 변액보험은 비금융투자상품이다. (O / ×)

정답 | ×

해설 | 변액보험상품은 원본손실 가능성이 있으므로 금융투자상품이 된다. 자본시장법상 변액보험의 분류는 금융투자상품으로서 '투자성이 있는 보험'이다.

[예제65] 향후 금리가 상승할 것으로 예상이 되면 변동금리로 차입하는 것이 유리하다. (O / ×)

정답 | ×

해설 | 금리상승이 예상되면 고정금리로 차입하는 것이 유리하다.

[예제66] (   )는 예금은행의 자금조달비용을 반영하여 산출된 지수로 2010년 2월 이후 금융기관 주택담보대출의 기준금리로 사용되고 있는 금리지수이다.

정답 | COFIX

해설 | COFIX 또는 자금조달비용지수이다.

SECTION 1 | **주식의 개념 및 종류**

---

(1) 주식의 개념

주식회사란 여러 사람(투자자)이 자본을 모아 회사를 설립하면서 그 회사의 소유권(주식)을 나누어 가지는 형태의 회사이다.

① 주식회사의 3대 요소 : 자본, 주식, 주주

ㄱ 주식회사는 사업에 투자하고 운영에 소요되는 자본이 필요하고, 자본은 주주가 주식을 인수하면서 형성된다(자본금 = 액면가×주식수). 그리고 주식은 자본금에 대한 주주의 출자지분을 나타내는 것으로 단순한 재산권을 나타내는 채권과 달리 주주권을 행사할 수 있다(최대주주는 경영권 행사 가능).

ㄴ 회사는 채권에 대해서는 원리금의 지급의무가 있지만, 주식은 원리금 지급의무가 없으므로 안정적인 자금조달수단이 된다(대신 배당금 지급의 부담은 있음).

② 주식회사의 2대 근간 : 유한책임과 주식양도의 자유

ㄱ 유한책임 : 회사가 실패할 경우 주주의 경제적 책임은 출자한 자본에 한정된다. 만일 실패에 대해 연대책임을 묻는다면 출자가 크게 위축될 것이다. 즉 실패 시의 위험부담을 제한하여 기업활동을 조장하는 제도이다.

ㄴ 주식양도의 자유 : 주식양도에 제한을 두지 않음으로써 언제든지 출자한 자본을 회수할 수 있다. 이와 같이 주식회사제도는 주주의 유한책임과 주식양도의 자유를 기반으로 비약적으로 발전해 왔다고 할 수 있다.

(2) 주식의 종류

① 배당 및 잔여재산의 분배기준

ㄱ 보통주 : 이익배당이나 잔여배산 분배 등에서 표준이 되는 주식(일반적으로 말하는 주식에 해당됨)

ㄴ 우선주 : 이익배당이나 잔여재산 분배 등에서 우선적 지위가 인정되는 주식

• 참가적 우선주와 비참가적 우선주 : 일정의 우선배당을 받은 후 남은 이익에 대하여 보통주와 같이 배당에 참가할 수 있는가에 따라 구분

• 누적적 우선주와 비누적적 우선주 : 회계연도의 배당이 정해진 배당률에 미치지 못한 경우 그 부족액을 다음 회계연도에 추가로 우선배당 받을 수 있는지에 따라 구분

• 후배주 : 이익배당이나 잔여재산분배에 등에서 보통주보다 후위에 있는 주식

• 혼합주 : 이익배당은 보통주에 우선하고 잔여재산분배에 있어서는 열등한 지위에 있는 주식

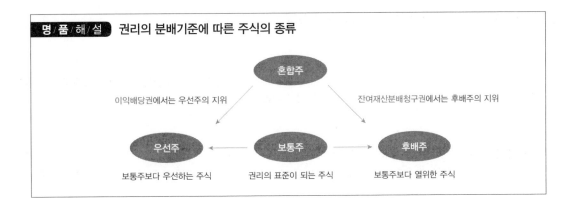

명/품/해/설 권리의 분배기준에 따른 주식의 종류

② 의결권 기준
  ㉠ 의결권주 : 주주총회에 상정하는 다수의 안건에 대해 주주별로 의사결정에 관한 권리가 부여된 주식
  ㉡ 무의결권주 : 주주총회에 상정하는 다수의 안건에 대해 주주별로 의사결정에 관한 권리가 부여되지 않은 주식(일반적으로 우선주를 무의결주로 발행함)

명/품/해/설 의결권의 가치

현실적으로 우선주(무의결권 우선주)의 주가는 보통주의 70% 내외의 수준을 보인다. 이는 주식의 경우 우선배당의 가치보다 의결권의 가치가 훨씬 크다는 것을 보여준다. 예를 들어 삼성전자 보통주의 주가가 100만원이고 우선주(무의결권 우선주)가 70만원이라면 의결권의 가치는 30만원이라고 할 수 있다.

③ 액면표시 기준
  ㉠ 액면주 : 주권에 주식의 액면가액이 기재되어 있는 주식
  ㉡ 무액면주 : 주권에 주식의 액면가액이 기재되어 있지 않은 주식(2011년 상법개정으로 우리나라도 무액면주발행을 허용함)
④ 기명 여부 기준(우리나라는 대부분 기명주로 발행함)
  ㉠ 기명주 : 주주의 성명이 주권과 주주명부에 표시되는 주식으로 주주로서의 권리 행사자를 구분하여 알 수 있고 통지에도 편리한 이점이 있음(권리 행사에 편리)
  ㉡ 무기명주 : 주주의 성명이 주권과 주주명부에 표시되지 않는 주식(양도에 편리)
⑤ 자본시장법상 증권의 정의 : '투자성이 있으나 추가지급의무는 없는 것'으로 정의한다. 즉 투자성이 있는 것 가운데 원본 대비 손실률이 100% 이하이면 증권, 100%를 초과하면 파생상품이 된다.
  ※ '투자성이 있다'의 의미 : '원본 대비 손실이 가능함'을 의미

[예제01] 회사의 자금조달수단 중 상환 필요성이 없어서 가장 안정적인 조달수단으로 평가받는 것은 (은행차입/채권발행/주식발행)이다.

정답 | 주식발행
해설 | 주식발행은 이자지급 의무가 없다. 은행차입과 채권발행분은 타인자본이 되지만, 주식발행분은 자기자본이 된다.

[예제02] 주식회사가 파산할 경우 주주는 무한책임을 져야 한다. (○/×)

정답 | ×

해설 | 파산 시 주주는 각자가 보유한 지분만큼에 대해 유한책임을 진다(→ 유한책임은 실패 시의 위험부담을 통제함으로써 기업활동을 장려하는 중요한 역할을 함).

[예제03] 이익배당이나 잔여재산 배분에 있어 보통주보다 우선하면 (　　　), 열위하면 (　　　), 이익배당에서는 보통주보다 우선하나 잔여재산 배분에 있어서는 보통주보다 열위한 주식을 (　　　)라고 한다.

정답 | 우선주, 후배주, 혼합주

[예제04] 의결권이 없는 주식을 무기명주라고 한다. (○/×)

정답 | ×

해설 | 무의결권주이다. 액면 유무에 따라 '액면주 – 무액면주', 의결권 유무에 따라 '의결권주 – 무의결권주', 주주 이름의 주주명부 등재 여부에 따라 '기명주 – 무기명주'로 분류한다.

SECTION 2 ─ **기업공개와 증자**

(1) 기업공개

① 기업공개(IPO : Initial Public Offering)란 자본시장법 등에 따라 주식회사가 발행한 주식을 일반투자자에게 똑같은 조건으로 공모하거나(신규공모) 이미 발행된 대주주가 소유하고 있는 주식 일부를 매출하여(구주매출), 주식을 분산시키고 재무내용을 공시함으로써 명실상부한 주식회사의 체제를 갖추는 것을 말한다.

② 상장(listing)은 한국거래소와 같은 공인된 거래소에서 거래가 될 수 있도록 하는 것으로 기업단위가 아니라 기업이 발행한 증권 종목별로 이루어지지만, 기업공개는 거래소에 상장되지 않더라도 일정 기준에 맞추어 다수의 투자자에게 주식을 분산하는 것을 말하며 기업공개는 반드시 기업단위로 이루어진다는 점에서 차이가 있다.

③ 일반적으로 기업공개는 상장과 동시에 이루어지는 경우가 많다. 그리고 기업공개와 증자는 주식발행에 국한된 것으로서 유통시장과 채권발행과는 관련이 없다.

(2) 증자(增資)

증자란 회사가 자본을 늘리기 위해 주식을 추가 발행하는 것으로, 일반적으로 신주의 발행을 통한 자금조달을 의미한다.

① 기업의 자금조달 방법

　　㉠ 내부조달방법 : 영업이익을 통해 자금을 조달. 이자지급과 같은 지출이 없다는 장점이 있으나 대규모의 자금을 조달하는 데에 한계가 있다.

　　㉡ 외부조달방법 : 은행차입, 채권발행, 신주발행(유상증자) 등이 있는데 은행차입과 채권발행은 차입이자와 채권쿠폰(지급이자)이 지급되지만, 주식발행은 이들과 달리 이자지급에 대한 의무적 부담은 없다는 것이 장점이다.

② 증자의 종류

　　㉠ 유상(有償)증자 : 자본금의 증가와 함께 실질적인 재산의 증가를 가져온다.

　　　• 주주배정방식 : 새로 발행되는 주식의 인수권을 기존 주주들의 보유지분에 비례하여 인수권리를 부여하는 방법으로 가장 일반적인 유상증자의 형태

　　　　예시 A의 보유주식 100주, 해당 기업이 신주배정비율 20%, 발행가 주당 10,000원, 주주배정방식으로 증자할 경우 A의 신주 인수량과 청약금액은?

　　　　　→ 배정받는 신주의 수는 20주. 청약 시 청약금액은 20주×10,000원 = 200,000원

　　　• 주주우선공모 : 기존 주주에게 우선청약의 기회를 부여하고 실권주가 발생하였을 경우 그 실권주에 대해 일반공모를 하는 방식

　　　　예시 B기업이 100만주를 주주배정방식으로 유상증자를 실시하였는데 30만주의 실권주(청약되지 않은 신주)가 발생했다. 이때 해당 30만주를 B기업의 이사회가 인수하면 '주주배정방식(혹은 구주주배정방식)'이 되고, 만일 30만주를 일반공모한다면 '주주우선공모방식'이 된다.

　　　• 제3자 배정 : 제3자에게 신주인수권을 부여하는 것으로 회사의 협력관계나 거래처, 특별한 관계에 있는 자 등에게 신주인수권을 배정하는 방식. 이 방식은 기존 주주의 증자 참여가 불가능하기 때문에 남용되어서는 안 되며 회사의 정책상 특별한 경우로 제한되어야 함

　　　• 일반공모 : 제3자 배정방식과 같이 신주발행 시 기존의 주주에게 배정하지 않고 일반 불특정 다수인을 대상으로 공개모집방식에 의해 유상증자를 실시하는 방식

　　　• 직접공모 : 인수기관을 통하지 않고 직접 자기의 책임과 계산하에서 신주를 공모하는 방식으로 기업 스스로가 모집능력이 있는 경우에 활용되는 방식(소규모 기업에서 소규모 증자를 할 경우에만 사용, 상장기업은 거의 사용하지 않음)

　　㉡ 무상(無償)증자 : 자본금은 증가하지만 실질재산은 증가하지 않는다(잉여금의 자본전입). 현금배당 대신 실시하는 주식배당의 경우도 실질적인 자금유입이 없으므로 무상증자의 한 형태라고 할 수 있다.

(3) 감자(減資)

증자와 반대되는 것을 감자라 한다. 이는 자본금을 줄이는 행위로서 누적된 부실을 해소하기 위해 실시된다. 예를 들어 자본금 100억원인 회사가 기존주식 10주를 1주로 줄이는 감자를 실시하면, 주식의 액면금액에는 변동없이 자본금이 10억원으로 줄어든다. 나머지 90억원은 누적손실금과 상계하는 결과가 된다(부실경영에 대한 경영권의 책임을 물어 감자하는 것).

(4) 자사주(自社株)

① 회사가 보유하고 있는 자기주식을 말함. 회사가 자사주를 매입하게 되면 시중유통 주식수를 감소시켜 주가상승효과를 얻을 수 있다.

② 자사주를 매입하는 행위는 회사의 자본금을 주주에게 돌려주는 형태가 되어 '자본의 공동화'를 초래한다. 따라서 자사주매입에는 상법상 금지되지만, 상장기업의 경우 자사주는 종업원에 대한 공로주 부여, 스톡옵션 등의 활용도가 있어 제한적으로 예외가 인정된다.

> **참고** 실질자본의 공동화(空洞化) : 자본금이 100억원인 기업이 자사주는 40억원 매입을 했다면, 매출창출을 위한 실질투자금이 60억원으로 줄어든다. 즉 40억원 만큼 자본이 공동화되었다고 볼 수 있다.

[예제05] 기업공개란 주식회사가 신규로 발행한 주식을 일반투자자에게 동일한 조건으로 공모하는 (   ) 또는 이미 발행한 주식 일부를 일반투자자에게 매출하는 (   )을 통하여, 주식을 분산시키고 재무내용을 공시하여 주식회사의 체계를 갖추는 것을 의미한다.

정답 | 신규공모, 구주매출

해설 | 참고로, 생명보험협회 기본교재에서는 신규공모를 '신주공모'로 표현하고 있다(참고 : 신주공모는 이미 상장한 기업이 발행하는 신주에 대한 공모를 말하므로 기업공개 시에는 '신규공모'가 옳다).

[예제06] 기업공개와 상장은 같은 것이다. (○/×)

정답 | ×

해설 | 기업공개(Public Offering)는 기업의 지분을 공모 혹은 매출하게 함으로써 일정 지분 이상(참고로 25% 이상)의 지분을 분산시키는 행위로 일반에게 기업을 공개한다는 의미이며, 상장은 장내시장에서 거래될 수 있는 자격을 얻는 것을 말한다.

[예제07] 기업공개는 종목단위로, 상장은 기업단위로 한다. (○/×)

정답 | ×

해설 | 기업공개는 기업단위로, 상장은 종목단위이다.

[예제08] 기업공개와 증자는 채권발행에도 해당된다. (○/×)

정답 | ×

해설 | 기업공개란 지분을 분산시키는 것인데 채권은 지분과 관계없다. 즉 기업공개는 주식발행에 국한된다.

[예제09] 회사의 자본을 늘리는 것을 증자라 하고 반대로 자본을 줄이는 것을 감자라 한다. (○/×)

> **정답 |** ○
>
> **해설 |** 증자(增資)와 감자(減資)이다. 증자보다 감자의 절차가 더 까다롭다.

[예제10] 증자는 자본금이 늘어나는 것을 말하므로 회사의 재산도 반드시 늘어나게 된다. (○/×)

> **정답 |** ×
>
> **해설 |** 유상증자는 회사 외부로부터 실질적인 자금이 유입되지만, 무상증자는 실질자금의 유입이 없다(준비금의 자본전입).

[예제11] 새로 발행되는 주식을 기존 주주들의 보유지분에 비례하여 인수권리를 부여하는 증자방법을 (   )이라 한다.

> **정답 |** 주주배정방식
>
> **해설 |** 또는 구주주배정방식이라 한다.

[예제12] 주주배정방식과 일반공모방식이 결합된 증자방식은 주주우선공모방식이다. (○/×)

> **정답 |** ○
>
> **해설 |** 주주우선공모방식은 주주배정방식으로 청약을 한 후 실권주가 발생하면 이사회가 인수하지 않고 일반공모를 한다.

[예제13] 인수기관을 통하지 않고 발행회사가 직접 자기의 책임과 계산하에 신주를 공모하는 방식을 직접공모라고 한다. (○/×)

> **정답 |** ○
>
> **해설 |** 인수기관을 통하게 되면 간접공모가 된다. 보통 공모 규모가 소규모이거나 기업 스스로 모집능력이 있는 경우에 직접공모를 한다.

[예제14] 잉여금의 자본전입을 주식배당이라 한다. (○/×)

> **정답 |** ×
>
> **해설 |** 무상증자이다. 비교하여 주식배당은 현금으로 지급하는 이익배당을 주식으로 바꾸어주는 것이므로 '이익의 자본화'라고도 한다.

[예제15] 자사주의 매입은 상법상 허용되지 않고 있으나 종업원에 대한 복지 증진으로 많이 활용될 수 있어 자본시장법에서는 적극적으로 권장되고 있다. (O / ×)

정답 | ×

해설 | 자본시장법에서는 자사주 매입이 허용되고 있으나, 조달한 자금으로 사업에 투자하지 않고 자사주를 매입한다는 것은 주식회사의 원리를 거스르는 측면이 있어 엄격히 제한하고 있다(일부 예외 인정).

SECTION 3 **주식의 유통**

(1) 상장(上場)

① 상장(listing)의 개념 : 거래소가 개설하고 있는 유가증권시장과 코스닥시장에서 매매할 수 있는 자격을 부여하는 것을 상장이라 하고 상장된 회사를 상장회사, 상장된 증권을 상장증권이라 한다.

　㉠ 상장심사 요건 : 유가증권의 원활한 유통과 공정한 가격형성으로 투자자를 보호하기 위해 엄격한 상장심사를 거치게 되는데, 설립경과요건·자본규모·주식분산·재무상태 등이 그 요건이다. 코스닥시장과 코넥스시장의 경우 성장성이 높은 기업을 육성하기 위해 유가증권시장보다 완화된 기준을 적용하고 있다.

　㉡ 인수기관 : 증권의 발행자와 투자자 사이에서 증권과 자금이 적절하게 배분될 수 있도록 증권발행에 따른 제반업무를 수행하고 발행에 따른 위험부담 및 판매 기능을 담당하는 전문기관을 말하며, 주로 금융투자업자가 담당한다.

② 상장 효과

　㉠ 장점 : 회사의 공신력 제고, 주식의 유동성 증가에 따른 주가의 상승과 담보가치의 향상, 기업자금조달 용이, 회사의 홍보 및 지위 향상, 종업원 사기진작 등 여러 가지 긍정적 효과가 있다.

　㉡ 단점 : 다수의 소액투자자들의 경영 간섭, 외부에서의 경영권 위협, 공시의무 및 위반 시 제재, 적정배당에 대한 압력, 기업비밀의 노출 위험 등과 시장에서의 기업평가가 예상보다 못하게 될 경우 회사경영에 심각한 장애가 나타날 수도 있다.

③ 상장과 한국거래소 : 한국거래소 시장에서 거래될 수 있는 자격을 부여하는 것을 상장이라고 한다.

　㉠ 2005년 1월 기존의 증권거래소, 코스닥위원회, 코스닥시장, 선물거래소의 4개 기관을 통합한 한국거래소(주식회사)가 출범했으며, 2014년 기준 한국거래소가 개설하고 있는 시장은 '유가증권시장, 코스닥시장, 코넥스시장, 파생상품시장'이 있다.

　㉡ 2015년 말 기준 유가증권시장에는 887개 종목(770개 회사)이, 코스닥시장에는 1,152개 종목(1,150개 회사)이, 코넥스시장에는 108개 종목(108개 회사)가 상장되어 있다.

[예제16] 거래소가 개설하고 있는 시장에서 매매할 수 있는 자격을 부여하는 것을 (　　　)이라 한다.

정답 | 상장

해설 | 영어로 listing이라 한다.

[예제17] 코스닥시장과 코넥스시장의 상장심사 요건은 유가증권시장의 요건보다 엄격하다. (O/×)

> **정답 |** ×
> **해설 |** 유망 중소기업의 성장을 돕는 차원에서 완화된 심사 요건을 적용한다.

[예제18] 기업이 상장하게 될 경우 회사의 공신력 제고 등 다양한 효과가 있어 상장을 반대하는 대주주는 거의 없다. (O/×)

> **정답 |** ×
> **해설 |** 다양한 상장효과가 있어 많은 대주주는 상장을 선호하고 있지만, 부작용도 적지 않다. 소액투자자의 경영간섭, 배당압력, 공시의무 등의 부정적 효과도 있어 자금의 여유가 있을 경우는 상장을 회피할 수도 있다.

(2) 매매거래

① 매매결제방법 : 보통결제(매매계약을 체결한 날로부터 3영업일째 되는 날 = T + 2일 결제)

② 매매거래시간 : 정규시장(09:00~15:30)과 시간외시장(07:30~9:00, 15:40~18:00)으로 나누어진다.

③ 매매호가단위 : 유가증권시장은 가격대별로 7단계(1~1,000원), 코스닥시장은 5단계(1~500원)이다.

④ 매매수량단위 : 유가증권시장 1주(2014.6 거래소규정 개정), 코스닥시장 1주

   ※ 외국인투자자의 경우 금융감독원의 외국인투자관리시스템을 경유해야 한다.

⑤ 위탁증거금 : 금융투자업자가 매매거래의 위탁을 받고 고객의 주문이 진실하다는 증표 혹은 원활한 결제이행을 위해 결제일 전에(거래일에) 징수하는 금액을 위탁증거금이라 한다.

⑥ 위탁수수료와 증권거래세

   ㉠ 위탁수수료 : 매매거래가 체결되었을 때 금융투자업자가 징수하는 수수료이며, 이는 금융투자업자가 투자자에게 서비스를 제공한 대가이다. 현재 요율은 자율화되었는데 금융투자업자 직원의 보조가 불필요한 경우는(인터넷거래 등) 수수료율이 훨씬 낮게 적용된다.

   ㉡ 증권거래세 : 매매거래가 이루어진 경우 매도자에게만 부여되는 세금이다(국세). 기본세율은 0.45%이지만 자본시장육성 차원에서 상장증권의 경우 할인 혜택이 있는데 코스닥시장의 경우 0.25%이며 유가증권시장은 0.10%(농특세 0.15% 추가)가 적용된다.

⑦ 매매체결의 일반원칙

   ㉠ 가격우선의 원칙 : 매수자의 경우 비싸게 사려는 사람에게 우선권이 있다.

   ㉡ 시간우선의 원칙 : 동일한 가격으로 주문이 접수되었을 경우 먼저 주문한 사람에게 우선권이 있다.

   ㉢ 위탁매매우선의 원칙 : 단일가 매매시간에 접수된 호가가 동시호가일 경우, 고객의 주문인 위탁매매가 금융투자업자의 상품거래인 자기매매에 앞서 체결된다.

   ㉣ 수량우선의 원칙(또는 대량우선의 원칙) : 단일가 매매시간에 접수된 호가가 동시호가일 경우, 동시호가에서는 시간우선이 적용되지 않으므로 수량이 많은 주문이 수량이 적은 주문에 우선한다.

⑧ 시간외 매매

  ㉠ 시간외 종가매매 : 하루 두 번(07:30~09:00, 15:40~16:00), 각각 전일종가와 당일종가로 거래가 이루어진다. 종가로만 거래되기 때문에 시간우선의 원칙만 적용된다.

  ㉡ 시간외 단일가매매 : 장 종료 후(16:00~18:00)에 단일가매매 방식으로 거래가 이루어지며 시간외 종가매매와는 달리 가격변동이 가능하다(±10%).

⑨ 매매결제와 명의개서

  ㉠ 매매결제 : 거래 성립일로부터 3영업일째 되는 날에 증권회사에서 결제가 이루어진다(보통결제 또는 T+2일 결제). 매수한 사람은 위탁증거금을 뺀 자금과 소정의 위탁수수료를 지불한 후 주식을 받고, 매도한 사람은 위탁수수료와 증권거래세를 공제한 후 매도대금을 받게 된다.

  ※ 주식매수 시 결제흐름 예시(1,000만원으로 주식 1,000주×10,000원 매수 시, 위탁증거금율 40%로 가정)

구분		T일	T+1일	T+2일
결제		(−)400만원	0	(−)600만원
잔고	현금잔액	600만원	600만원	0월
	주식잔고	0주	0주	(+)1,000주

  → 주식매수 시 T+2일에 결제된다(보통결제). 첫날에 위탁증거금이 출금되고 결제일(T+2)에 잔액이 결제된다. 위탁수수료는 매수·매도 체결 시 각각 징수되며, 증권거래세는 매도 시에만 징수된다. 만일 T+2에 600만원을 결제하지 않을 경우 '미수'거래가 되어 다음날 아침 반대매매를 통해서 강제결제된다.

  → 이러한 결제는 한국거래소의 결제기구를 통해서 이행되며, 증권 실물의 이동 없이 이용자 간의 계좌 간 대체(집중예탁기관인 한국예탁결제원을 통함)로 결제 종료한다.

  ※ 한국예탁결제원을 통한 계좌 간 대체결제는 유가증권의 실물수수에 따른 인력 및 시간의 절약, 유통과정에서는 분실, 도난 등의 예방과 결제 업무 처리의 신속성 및 정확성을 확보할 수 있는 이점이 있다.

  ㉡ 명의개서 : 주식을 산 사람은 발행회사가 지정한 기관에서 명의개서를 해야 주주의 권리를 갖게 된다. 증권회사를 통한 매수·매도의 경우 주식을 인출하지 않는 한 실질주주명부제도에 의하여 별도의 지시가 없더라도 자동으로 명의개서가 이루어진다.

  ※ 명의개서 : 증권의 명의인의 표시를 고쳐 쓰는 일

(3) 매매거래의 관리

① 가격폭 제한 : 전일종가 대비 상하 30%(2015.6 이후부터 적용)

  ※ 가격폭 제한이 적용되지 않는 증권 : 신주인수권증서 · 증권, ELW, 정리매매 종목

② 매매거래 중단제도(Circuit Breakers) : 종합주가지수(KOSPI)가 전일보다 8%, 15%, 20% 이상 하락한 상태가 1분 이상 지속되면 모든 주식의 매매거래가 20분간 정지되고 이후 10분간의 단일가호가 접수를 거쳐 매매거래가 재개된다.

  ㉠ 1단계 매매거래 중단 발동 : KOPSI가 전일보다 8% 이상 하락한 경우 발동

  ㉡ 2단계 매매거래 중단 발동 : 1단계 CB가 발동된 이후 KOSPI가 전일종가 대비 15% 이상 하락하면 2단계 CB가 발동됨

  → 1, 2단계 CB가 발동되면 20분 동안 매매거래를 중단하고 10분간 단일가호가 접수를 거쳐 매매를 재개한다. 그리고 1, 2단계 CB는 각각 1일 1회로 한정하고 장종료 40분 전 이후에는 중단하지 않는다.

  ㉢ 3단계 매매거래 중단 발동 : 2단계 C.B 이후 KOSPI가 전일 대비 20% 이상 하락하면 3단계 CB가 발동되는데, 이 경우 유가증권시장의 모든 매매거래가 종료된다. 또한, 3단계 CB는 장종료 40분 전 이후에도 발동할 수 있다.

③ 프로그램매매호가관리제도(Sidecar) : 선물가격이 전일종가 대비 ±5%(코스닥은 6%) 이상 등락하여 1분 이상 지속되면 프로그램매매호가의 효력을 5분간 정지시킨다. 서킷브레이커와 마찬가지로 장종료 40분 전 이후에는 발동되지 않으며 1일 1회로 제한된다(프로그램매매가 시세 변동에 주는 과도한 영향력을 방지하려는 차원).

④ 개별종목의 매매거래정지 : 풍문 등에 의해 가격이 급등락하는 경우 매매거래를 중단시키고 조회공시를 요구하며, 중요 사실 등의 공시나 부도 등 관리종목 지정사유가 발생할 때도 거래를 정지시킨다.

⑤ 배당락 : 배당기준일이 지나 배당을 받을 수 있는 권리가 없어진 것을 말하고, 배당기준일 하루 전에 배당락 조치가 된다.

⑥ 권리락 : 기업이 증자하는 경우 새로 발행될 주식을 인수할 수 있는 권리를 확정하기 위한 신주배정기준일을 정하는데 그 기준일의 익일 이후에 결제되는 주식에는 신주인수권이 없어지는 것을 말한다(신주배정기준일 하루 전에 권리락 조치됨).

명/품/해/설 **권리락(權利落)과 배당락(配當落)의 개념**

- 권리락의 개념 : 증자를 하면 기업의 발행주식수가 늘어난다. 그런데 발행주식수가 늘어나면 주가는 그에 해당되는 만큼 하락해야 한다. 재무활동만으로 실제 기업가치가 늘어날 수 없기 때문이다(합리적인 주가 형성을 위함).

  예시 증자 전 기업의 발행주식수는 10,000주, 주가는 20,000원이다. 만일 50% 증자를 한다면 발행주식수는 15,000주가 된다. 이때 주가는 얼마가 되겠는가?

  → 10,000주×20,000원 = 15,000주×증자 후의 주가 = 2억/15,000주 ≒ 13,333.33이 된다. 즉, 증자 후의 주가는 13,300원이 되므로 권리락은 6,700원이 된다(20,000 − 6,700 = 13,300원. 즉, '10,000주×2만원(권리락 전 주가) = 15,000주×13,300원(권리락 후 주가)'이다.

- 배당락 : 권리락과 같은 방식이라 할 수 있다. 배당으로 주식이 늘어난 만큼(주식배당) 혹은 현금배당으로 현금이 지급된 만큼 배당락을 하게 된다.
- 권리락 · 배당락의 조치일 : 권리락은 신주배정기준일 하루 전에, 배당락은 배당기준일 하루 전에 이루어진다. 이는 주식결제가 보통결제(T+2결제)이기 때문이다. 신주배정기준일(배당기준일)에 주식의 보유상태가 되려면 이틀 전까지는 매수해야 한다. 따라서 신주배정기준일(배당기준일) 하루 전이면 신주(배당)를 받을 수 없는 상태가 되므로 권리락(배당락)은 기준일 하루 전에 이루어지는 것이다.

[예제19] 금융투자업자가 매매거래의 위탁을 받고 고객의 주문이 진실하다는 증표로써 고객에게 징수하는 것은 (위탁증거금/위탁수수료)이다.

정답 ┃ 위탁증거금

해설 ┃ 위탁수수료는 매매거래가 성립되었을 때 금융투자회사가 투자자로부터 받는 수수료이다(매매거래서비스 세공에 대한 대가).

[예제20] 증권거래세는 비상장주식은 (　　　), 유가증권시장에서는 농어촌특별세를 포함하여 (　　　), 코스닥시장은 (　　　)이다.

정답 ┃ 0.45%, 0.25%, 0.25%

해설 ┃ 유가증권시장의 증권거래세는 0.10%(농특세 0.15% 포함하면 0.25%), 코스닥시장은 0.25%이다. 그리고 비상장주식은 0.45%이다(단, 2020년 기본서에서는 0.50%로 반영되어 있음).

[예제21] 매매계약체결 원칙 4가지가 적용되는 순서는 (　　　　　) → (　　　　　) → (　　　　　) → (　　　　　)이다.

정답 ┃ 가격우선의 원칙, 시간우선의 원칙, 위탁매매우선의 원칙, 대량우선의 원칙

[예제22] 시간외종가시장(07:30~09:00, 15:40~16:00)에서 적용되는 매매거래체결 원칙은 (   )이 유일하다.

> **정답** | 시간우선의 원칙
> **해설** | 동일한 가격(종가)으로 거래되므로 가격우선원칙이 적용되지 않고 시간우선원칙만 적용된다(선착순 매매).

[예제23] 2020년 현재 우리나라 거래소시장의 가격제한폭은 (   )이며, 신주인수권증서·증권과 (   ), (   )에는 가격제한폭이 적용되지 않는다.

> **정답** | 30%, 주식워런트증권(ELW), 정리매매종목

[예제24] 한국종합주가지수(KOSPI)가 전일종가 대비 (   ), (   ), (   ) 이상 하락한 경우 매매거래중단의 발동을 예고할 수 있으며, 이 상태가 1분간 지속되는 경우 주식시장의 모든 종목의 매매거래를 중단한다.

> **정답** | 8%, 15%, 20%

[예제25] 매매거래중단조치(CB)의 3단계는 KOSPI가 전일 대비 (   )이상 하락하고, 2단계 발동지수 대비 1% 이상 추가 하락한 경우 당일 발동 시점을 기준으로 유가증권시장의 모든 매매거래를 종료한다.

> **정답** | 20%
> **해설** | 1단계 CB는 8% 이상, 2단계 CB는 15% 이상, 3단계 CB는 20% 이상 하락할 때 적용된다.

[예제26] 1단계, 2단계, 3단계 단계별 서킷브레이커의 발동은 1일 1회로 한정되고, 모든 단계에서 장종료 40분 전 이후에는 발동되지 않는다. (○ / ×)

> **정답** | ×
> **해설** | 3단계 CB는 장종료 40분 전 이후에도 발동이 된다.

[예제27] 사이드카(sidecar) 제도는 선물가격이 전일종가 대비 5% 이상 하락한 상태가 1분 이상 지속되는 경우 프로그램호가에 대해 5분간 효력을 정지시키는 제도를 말한다. (○ / ×)

> **정답** | ×
> **해설** | 5% 이상 하락한 상태가 아니라 5% 이상 등락한 상태이다.

[예제28] 프로그램매매에 의한 주식시장의 과도하고 급격한 등락 방지를 목적으로 하는 시장안정화제도는 (서킷브레이커/사이드카)이다.

> **정답 |** 사이드카
> **해설 |** 서킷브레이커제도는 프로그램매매와는 관계없이 KOSPI 하락률을 기준으로 발동한다.

[예제29] 12월 결산법인이고 12월 28일이 마지막 거래일이라고 한다면, 배당기준일은 (　　　　　)이고, 배당을 받기 위해서는 (　　　　　)까지 매수해야 하며, 배당락조치는 (　　　　　)에 이루어진다.

> **정답 |** 12월 28일, 12월 26일, 12월 27일
> **해설 |** 배당락은 배당기준일(12/28)의 하루 전인 12/27에 이루어진다.

[예제30] (　　　)은 배당기준일 하루 전에, (　　　)은 신주배정기준일 하루 전에 이루어진다.

> **정답 |** 배당락, 권리락

(4) 공시제도

주식을 발행한 기업이 그 회사의 과거, 현재, 미래의 경영 및 재무에 관한 사항, 장차 사업계획 등 중요한 기업내용을 공개하도록 의무화하여 투자자가 합리적으로 투자 판단하고 증권시장의 공정한 거래질서가 형성되도록 하기 위한 것이다.

① 상법상의 공시 : 주주와 채권자의 권리 보호를 위한 것으로 정관, 이사회의사록, 영업보고서, 대차대조표, 손익계산서, 감사의견서 등을 비치·공시하고 소수주주의 회계장부 열람권을 허용하고 있다.

② 자본시장법상의 공시 : 미래의 투자자들을 위한 공시로 발행시장공시와 유통시장공시가 있다.
　　㉠ 발행시장공시 : 신주발행 시 일회성으로 하게 되는 공시, 증권신고서, 투자설명서
　　㉡ 유통시장공시 : 사업보고서, 주요사항보고서, 수시공시, 특수공시(공개매수신고서·주식대량보유상황보고서 등).

[예제31] 재무상태표는 상법상의 공시이다. (O/×)

> **정답 |** ○
> **해설 |** 현재의 채권자와 주주를 위한 공시가 상법상의 공시이며 미래의 주주를 위한 공시가 자본시장법상의 공시이다. 재무제표, 감사의견서 등은 상법상의 공시이고 사업보고서, 수시공시, 공개매수신고서 등은 자본시장법상의 공시이다.

[예제32] 사업보고서는 자본시장법상의 공시이다. (○/×)

> **정답 |** ○

[예제33] 증권신고서, 사업보고서, 수시공시, 공개매수신고서는 모두 자본시장법상의 공시에 속하는 데, 이 중에서 발행시장의 공시는 (   )이다.

> **정답 |** 증권신고서
> **해설 |** 나머지는 유통시장의 공시이다.

(5) 불공정거래행위 방지제도

① 미공개중요정보 이용행위의 규제 : 회사의 내부자가 자신의 지위를 이용하여 회사의 미공개중요정보를 바탕으로 증권을 거래하는 것은 불공정한 거래로서 불특정다수의 피해가 발생하므로 자본시장법상 엄격히 규제된다.

② 단기매매차익반환제도 : 회사의 내부자가 회사증권을 6개월 내에 매매하여 얻은 이익은 내부정보의 이용 여부와 관계없이 그 이익을 회사에 반환하도록 하는 제도이다.

※ 당해회사의 유가증권뿐 아니라 타상장사가 발행한 금융투자상품에도 적용됨

③ 임원·주요주주의 소유상황 보고제도 : 상장법인의 임원 또는 주요주주는 특정 증권 등의 소유상황에 변동이 있는 경우, 그 변동이 있는 날로부터 5일 이내에 그 내용을 금융위원회와 거래소에 보고해야 한다.

④ 공매도 규제 : 누구든지 증권시장에서 소유하지 아니한 상장증권을 매도할 수 없다(단, 결제 전 매도나 대차거래 등 일정 요건하에서 예외가 허용됨).

⑤ 시세조종행위 규제 : 위장거래에 의한 시세조종, 현실거래에 의한 시세조종, 허위표시에 의한 시세조종, 가격고정·안정조작에 의한 시세조종 등 가격이나 거래동향을 인위적으로 변동시켜 재산상 이익을 얻고자 하는 조작행위는 엄격히 규제된다.

⑥ 사기적 행위 금지 : '일반사기금지규정'에 따라 누구든지 금융투자상품의 매매 또는 그 밖의 거래와 관련하여 부정한 수단, 계획 또는 기교를 사용하는 행위를 금지하고 있다(열거주의하에 있는 '⑤의 규제'를 강화하기 위해 포괄주의를 적용하는 것).

⑦ 역외적용 : 국외에서 이루어진 행위라도 그 효과가 국내에 미치는 경우에는 자본시장법을 적용하여 규제할 수 있다는 것이다.

[예제34] 단기매매차익반환제도는 회사의 내부자가 내부정보를 이용하여 6개월 내에 회사의 증권을 매매함으로써 얻은 수익은 회사에 반환하도록 하는 제도이다. (○/×)

> **정답 |** ×
> **해설 |** 내부정보의 이용 여부와 관계없이 적용된다.

[예제35] 불공정거래행위를 방지하기 위한 제도의 하나로 임원이나 주요 주주의 주식 소유상황에 변동이 있을 경우 그 변동이 있는 날로부터 5일 이내에 금융위와 거래소에 보고해야 한다. (○/×)

정답 | ○

해설 | 주식 소유상황 보고제도는 대부분이 변동일로부터 5일 이내이다.

SECTION 4　투자분석

(1) 주가지수

① 주가지수 산정방식

주가평균식	시가총액방식
단순주가의 합을 대상종목수로 나누어 산출 (증자, 액면분할 등 시장 외적 요인이 발생할 경우 분모의 대상종목수를 조정함)	비교시점의 시가총액을 기준시점의 시가총액으로 나누어 산출함 (우리나라의 모든 주가지수는 시가총액식이다)
다우지수, 니케이225지수	KOSPI, KOSDAQ, 나스닥지수, S&P500 등

② 한국종합주가지수(KOSPI)
　㉠ 유가증권시장에 상장된 전 종목의 주가변동을 종합한 우리나라의 대표적인 주가지수이다.
　㉡ 기준시점의 시가총액과 비교시점의 시가총액을 비교하는 시가총액식 주가지수로서 거래소가 산출하며 1980년 1월 4일을 100으로 정하고 이에 대비한 매일의 주가지수가 발표되고 있다.

③ KOSPI200지수
　㉠ 유가증권시장에 상장되어 있는 주식 중 시장대표성, 유동성 및 업종대표성 등을 고려해 선정된 200종목을 대상으로 산출되는 지표이다.
　㉡ 1990년 1월 3일의 기준지수를 100으로 하고, 매년 6월에 지수 구성종목을 정기적으로 심의·변경한다.
　㉢ 파생상품인 KOSPI200지수선물, 지수옵션의 기초자산으로 이용되고 있다.

(2) 주식의 투자수익

① 주식의 투자수익률$(r) = \dfrac{(P_1 - P_0) + D}{P_0}$ (여기서, $P_1 - P_0$: 매매차익, D : 배당수익)

　㉠ 주식투자로 인한 수익은 매매차익과 배당수익으로 구성된다.
　㉡ 매매차익은 싸게 사서 비싸게 팔 때 발생하는 것인데 반대의 경우 매매손실이 된다. 주식투자를 할 경우 기대수익은 이러한 매매손실 위험을 부담하는 만큼 은행이자나 채권이자에 비해 높은 것이 당연하다.
　　• 채권투자는 주식투자보다 매우 안전하지만(장점) 수익이 한정되어 있고(단점), 반면 주식투자는 채권투자보다 훨씬 위험하지만(단점) 이익의 가능성이 무한하다(장점).
　　• 투자자는 기업이 창출한 이익에 대하여 이익분배를 받을 권리가 있는데 이에 따른 수익이 배당수익이다. 배당은 기업이 거둔 세전이익에서 내부유보금을 제외한 나머지 금액의 일부로 정해지고, 최근 액면배당률($\frac{배당금}{액면가}$)보다 시가배당률($\frac{배당금}{시가}$)이 중시되면서 시가배당률을 공시토록 하고 있다.

명/품/해/설 **액면배당률과 시가배당률**

※ 액면배당률(%) = $\dfrac{\text{배당금}}{\text{액면가}}$ ×100, 시가배당률(%) = $\dfrac{\text{배당금}}{\text{시가}}$ ×100

예시 액면가 5,000원인 C주식의 현재 주가는 2만원, 이번 결산기에 지급한 배당금이 1,000원이라면 액면배당률과 시가배당률은 얼마인가?

→ 액면배당률 = $\dfrac{1,000}{5,000}$ ×100 = 20%. 시가배당률 = $\dfrac{1,000}{20,000}$ ×100 = 5%. 시가배당률은 무위험수익률과 비교되어 중요한 투자수익률 지표가 되기도 한다. C주식의 경우 (시가)배당수익률이 5%인데 현재 무위험이자율(은행의 정기예금금리)이 3%라면 C주식에 대한 배당투자 메리트가 있다고 할 수 있다.

② 선진국에서는 주식의 매매차익에 대해서 과세하는 것이 일반적이나 우리나라에서는 현재까지 주식의 매매차익에 대해서 비과세하고 있다(단, 세법상 대주주에게는 양도소득세를 과세함).

[예제36] KOSPI(한국종합주가지수)는 1980년 1월 4일을 기준시점, 기준지수를 100으로 하고 산출하는 시가총액방식이다. (○/×)

정답 | ○
해설 | KOSDAQ지수는 1996년 7월 1일을 1,000으로 하여 계산하고 있고, KOSPI200지수는 1990년 1월 3일을 기준시점, 기준지수 100으로 하여 산출하고 있다.

[예제37] KOSPI와 KOSPI200, KOSDAQ지수는 모두 시가총액식으로 산출한다. (○/×)

정답 | ○
해설 | 우리나라 지수는 모두 시가총액식이다.

[예제38] 미국의 다우지수와 니케이225지수는 주가평균식으로 지수를 산출하고 있다. (○/×)

정답 | ○
해설 | 주가평균식 지수를 다우식 지수라고도 한다. 반면 S&P500과 NASDAQ지수는 시가총액식이다.

[예제39] 우리나라에서 파생상품의 기초자산이 되는 지수는 KOSPI이다. (○/×)

정답 | ×
해설 | KOSPI200지수이다.

[예제40] 주식의 투자수익은 매매차익과 이자수익으로 구분된다. (O / X)

> **정답 |** ×
>
> **해설 |** 주식의 투자수익은 매매차익과 배당수익으로 구분된다.

[예제41] 채권의 투자수익은 이자수익으로만 구성되며 매매차익은 없다. (O / X)

> **정답 |** ×
>
> **해설 |** 채권투자에서는 만기까지 보유하면 이자수익만 있으나 중도에 매도해서 매매차익을 얻을 수도 있다. 매입할 때의 만기수익률보다 매도할 때의 만기수익률이 낮으면 매매차익을 얻게 된다.

[예제42] $\dfrac{배당금}{액면가} \times 100$을 ( )이라 하고, $\dfrac{배당금}{시가} \times 100$은 ( )이라 한다.

> **정답 |** 액면배당률, 시가배당률

[예제43] 유가증권시장에서 주식을 매도할 때 0.3%의 세금을 내는데 이것은 증권거래세일 뿐 양도소득세가 아니다. (O / X)

> **정답 |** ○
>
> **해설 |** 소액주주가 상장주식을 매매할 경우 양도소득세는 비과세된다.

[예제44] 주식을 보유하고 있으면 배당금을 받게 되는데, 배당금을 받을 때 증권거래세를 징수한다. (O / X)

> **정답 |** ×
>
> **해설 |** 배당을 받을 때는 배당소득세가 부과된다(배당소득세는 주민세 포함 15.4%).

(3) 주가 및 주식투자수익률의 변동요인

① 주가 및 주식투자수익률의 변동요인 정리

구분		변동요인
시장 전체요인	경제적 요인	경기/물가/금리/무역수지/환율/기술 혁신/해외 요인 등
	경제외적 요인	국내 정세/국제 정세
	주식시장 내부요인	투자자 동향/신용거래 규모/규제 변화/지분 이동 등
기업의 개별요인		생산 · 수익 동향/신제품 개발/주주구성 변화/인수 · 합병/증자 등

② 주요 변동요인

　　⊙ 물가 : 일반적으로 완만한 물가 상승은 경기회복과 기업실적 향상을 도와 주가를 상승시키지만 급격
　　　한 물가 상승은 소비심리 위축 또는 원가 상승으로 기업의 수익을 감소시켜 주가 하락을 초래한다.

　　⊙ 금리 : 금리 상승은 기업의 이자 부담을 상승시켜 투자를 위축시킨다. 투자 위축은 기업실적의 악화
　　　로 이어져 주가가 하락하게 된다.

　　ⓒ 환율 : 환율이 상승하면(1$ = 1,000원에서 1$ = 1,200원으로 상승 → 원화가치 하락) 수출은 유
　　　리하고 수입은 불리해진다. 따라서 수출기업의 수출 증가, 실적 호전으로 이어져 수출기업의 주가
　　　는 상승하게 된다.

　　　※ 환율이 상승하면 수출제품의 달러표시가격이 하락하게 되어 가격경쟁력이 상승한다. 만일 달러표시가격을
　　　　 그대로 유지할 경우 수출제품의 수익성(채산성)이 올라가서 다양한 판촉활동을 할 수 있다. 즉 수출회사의
　　　　 경우 환율 상승 시 수출의 증가로 주가가 상승하는 것이 일반적이다.

　　ⓔ 원자재가격 : 대표적으로 유가가 상승하면 기업의 원가부담이 상승하여 실적 악화, 주가 하락으로 이
　　　어진다.

　　　참고 ⊙~ⓔ까지의 설명은 주요 변수가 주가에 영향을 미치는 일반적인 추세나 경향을 말하며 현실적으로 복
　　　　합적인 요인에 의해 상이한 결과가 나타날 수도 있다.

[예제45] 기업매출이 증가한 것은 주가변동요인 중 (시장전체요인/개별기업요인)에 해당한다.

　　　정답 ┃ 개별기업요인

　　　해설 ┃ 시장전체요인은 금리, 물가, 환율, 국내외 정세, 주식시장 동향 등이다(이들 요인은 개별기업 차원에서 통제
　　　　할 수 없다).

[예제46] 생산 증가가 수반된 완만한 물가 상승에는 주가가 (　　)하고, 생산이 수반되지 않는 급격한 물가 상승
　　　에는 주가가 (　　)하는 것이 일반적이다.

　　　정답 ┃ 상승, 하락

[예제47] 환율이 상승하면 (수출기업/수입기업)에 유리하다.

　　　정답 ┃ 수출기업

　　　해설 ┃ 환율이 상승하면(예를 들어, 1$ = 1,000₩ → 1$ = 1,200₩) 수출기업은 수출단가가 낮아져서 유리해지고
　　　　수입기업은 수입단가가 올라가서 불리해진다.

(4) 주식시장의 상승신호

증권회사의 고객예탁금의 증가, 외국인의 매수 증가, 경상수지 호전, 경기선행지수의 상승, 기업경기실사지수(BSI)의 상승(기준점 100을 돌파하는 상승) 등이 있다.

① 경기선행지수 : '선행지수 상승 → 실물경기 호전 → 주가 상승'

현실의 경기보다 한발 앞서가는 것들을 모아서 만든 지수이다. 이러한 선행지수로는 주가지수, 건설수주액, 순상품교역조건, 소비자기대지수, 기계류내수출하지수(구 기계수주액), 장단기금리차 등이 있다.

※ 경기후행지수 : 선행지수와 반대되는 개념. 회사채유통수익률(금리), 이직자수, 상용근로자수, 생산자제품재고지수 등으로 경기의 위치를 사후적으로 판단하는 데 이용된다.

② 기업경기실사지수(BSI : Business Survey Index) : 기업가들의 경기에 대한 판단, 투자 확대, 장래전망 등을 설문을 통해 조사한 것으로 단기적으로 중요한 경기예측지표로 사용된다.

$$BSI = \frac{(긍정적\ 응답\ 업체\ 수 + 부정적\ 응답\ 업체\ 수)}{전체\ 응답자\ 수} \times 100 + 100$$

→ 만일, 전체 응답 업체 수 100명 가운데 긍정적 응답 업체 수가 80명, 부정적 응답 업체 수가 20명이라면 BSI는 160[= (80 − 20)/100×100 + 100]이 된다. 즉 경기상승 국면이다(100을 상회하면 경기상승 국면, 100을 하회하면 경기하강 국면).

[예제48] '주식시장의 고객예탁금 증가, 외국인 매수의 증가, 수출의 증가, 경기선행지수의 상승, 기업경기실사지수의 상승(100을 상회), 원자재가격의 상승' 중 주식시장의 상승 신호가 아닌 것은 (   )이다.

정답 | 원자재가격의 상승

해설 | 원자재가격 상승 → 생산비용 증가 → 기업의 수익성 하락 → 주가 하락

[예제49] '구인구직비율, 건설수주액, 기계류내수출하지수, 재고순환지표, 국제원자재가격지수, 소비지기대지수, 종합주가지수, 장단기금리차, 회사채유통수익률, 이직자수, 상용근로자수, 생산자제품재고지수' 중 경기를 예측할 수 있는 지표가 아닌 것은, (   ), (   ), (   ), (   )이다.

정답 | 회사채유통수익률, 이직자수, 상용근로자수, 생산자제품재고지수

해설 | 경기 예측을 할 수 없는 것이므로 선행지표가 아닌 것을 말한다. 나머지는 모두 선행지표이다.

[예제50] 주가는 선행지수이며 금리는 후행지수이다. (O / ×)

정답 | ○

해설 | 종합주가지수는 통상 경기에 6개월 선행한다고 보며, 금리는 GDP나 국제수지 등의 종합적인 자금사정이 반영되어 형성되므로 후행이 된다.

[예제51] '구인구직비율'은 경기선행지수이며 '이직자 수'는 경기후행지수이다. (○/×)

> **정답 |** ○
>
> **해설 |** 구인(求人)은 미래 개념이므로 선행지수이며 취업(就業)은 현재 개념이므로 동행지수이다. 또한, 이직(移職)은 사후적 개념이므로 후행지수이다.

[예제52] 기업가들에 대한 경기 판단, 투자 확대, 장래 전망 등을 설문을 통해 조사해서 구하는 경기예측지표를 기업경기실사지수(BSI)라고 한다. (○/×)

> **정답 |** ○
>
> **해설 |** BSI가 100을 상회하면 경기가 상승 중인 것으로 본다.

(5) 주식의 가치평가 : 주가수익비율(PER : Price Earning Ratio)

① 주가수익비율(PER)은 수익가치를 평가하는 대표적인 지표로서 기본적인 분석(fundamental analysis)에 널리 활용되고 있다.

※ 자산가치평가에는 주가순자산비율(PBR), 성장성평가에는 주가매출액비율(PSR) 등이 사용되고 있음

② PER의 계산

ㄱ $PER = \dfrac{주가}{주당순이익(EPS)}$ ($EPS = \dfrac{당기순이익}{발행주식수}$)

> **예시** 당기순이익이 100억원, 발행주식수 100만주, 주가가 70,000원인 주식의 PER는 얼마인가?
>
> → $EPS = \dfrac{100억원}{100만주} = 10,000원$, $PER = \dfrac{70,000원}{10,000원} = 7배$

- PER 7배의 의미 : 7년 동안의 이익으로 투자원금을 회수할 수 있다는 것이다.
- PER가 높다는 것은 해당 주식에 대한 투자자들의 기대가 큼을 말하는데, 향후 수익성이 기대치에 못 미치면 주가가 급락할 여지가 있다.
- PER가 낮다는 것은 현재 내재가치 대비 저평가된 것으로 보지만, 현재 시장의 관심도가 낮아 주가가 언제 상승할지는 불투명하다.

ㄴ 내재가치를 안다면, 예상 PER를 추정하면 해당기업의 적정 주가를 구할 수 있다. 예를 들어, D기업의 EPS가 5천원이고 예상 PER가 10배라면, 적정 주가는 5만원(주가 = EPS×PER = 5천원×10배)이다. 예상 PER는 시장평균, 업종평균 등을 주로 이용한다.

ㄷ 다만, PER에는 과거 · 현재 · 미래의 모든 시간에 걸쳐 주가와 기업수익을 결정하는 모든 요소가 반영된 것이기 때문에 정확하게 적정 배수(multiple)를 규정한다는 것은 매우 어려운 일이다.

ㄹ PER의 역수는 채권수익률과 유사한 성격이 있다.

PER = 5(저PER)	PER = 10(시장평균)	PER = 20(고PER)
PER의 역수, 1/5 = 20% (기대수익률이 20%로 시장평균보다 매우 높음)	PER의 역수, 1/10 = 10% (시장평균금리 10%)	PER의 역수, 1/20 = 5% (기대수익률이 5%로 시장평균보다 매우 낮음)
즉, 성장성이라는 측면을 빼고 본다면 저PER주를 매수하는 것이 절대 유리하다.		

[예제53] 주가가 20,000원이고 주당순이익(EPS)이 2,000원이면 PER는 10이 된다. (○/×)

> **정답 |** ○
>
> **해설 |** PER = 주가/EPS = 20,000/2,000 = 10. 10배라고 한다.

[예제54] 한국주식시장의 평균 PER가 15배이고 미국주식시장의 평균 PER가 25배라면, 한국의 주식시장은 미국보다 상대적으로 저평가된 것으로 평가된다. (○/×)

> **정답 |** ○
>
> **해설 |** PER가 낮을수록 내재가치가 저평가된 것으로 본다. 과거 한국시장의 평균 PER는 미국 등 선진국보다 현저하게 낮았다. 이를 '코리아 디스카운트'라고 하였다.

SECTION 5 | **주식 관련 용어 정리**

(1) 손절매(損切賣, stop-loss 혹은 loss-cut)

잘못된 매수로 인해 손실을 보고 있을 때 추가적인 손실을 막기 위해 손실을 보고 있는 상태에서 매도하는 것을 말한다.

(2) 레버리지 효과(leverage effect)

차입금 등 타인자본을 지렛대 삼아 자기자본이익률을 높이는 것을 레버리지 효과라고 한다. 레버리지가 높을수록 투자 성공 시 수익률은 높아지지만, 반대로 투자 실패 시 손실폭도 커지게 된다.

> **예시** 투자금이 100만원이고 주가 10,000원인 A주식을 매수하고자 한다. A주식의 위탁증거금이 100%라면 100주를 매수할 수 있다(1만원×100주 = 100만원). 그러나 위탁증거금이 40%라면 250주까지 매수할 수 있다(1만원×250주 = 250만원. 250만원×40% = 100만원). 주가가 만일 1,000원 상승한다면 '100주 매수'의 경우 수익이 10만원이지만(1,000원×100주), '250주 매수'의 경우 수익은 25만원이다(1,000원×250주).
>
> 이렇게 부채를 활용할 경우 수익률이 더 올라가는 효과를 '레버리지 효과'라고 한다(물론 하락 시는 하락률도 레버리지리만큼 커진다).
>
> ※ 위탁증거금이 40%일 때의 레버리지효과는 2.5배이다. 주가지수선물의 경우 증거금은 15% 정도여서 100%일 때보다 6.6배의 레버리지 효과가 나게 된다.

(3) 관리종목

기업의 경영상태가 크게 악화되어 상장폐지기준에 해당하는 종목 가운데 거래소가 특별히 관리종목으로 지정한 종목을 말한다(일반적으로 관리종목 편입 후 1년 이내 편입 사유가 해소되지 않으면 상장폐지된다).

※ 관리종목 편입 사유 : 회사정리절차 개시, 50% 이상의 자본 잠식, 거래량·주가수준·시가총액의 기준치 미달, 사업보고서 미제출 등이다.

(4) 액면분할과 액면병합

① 액면분할 : 주식의 액면가를 일정 비율로 나눈 것으로 상장사들은 주주총회의 의결을 거쳐 액면가를 '100원/200원/500원/1,000원/2,500원/5,000원' 중 하나로 정할 수 있다.

※ 액면분할은 주당 가격이 과도하게 높아 소액투자가 힘들 경우 또는 유통물량이 과소하여 원활한 매매가 어려워지는 경우에 실시하는 것이 일반적이다.

② 액면병합 : 액면분할과 반대로 액면가를 높이는 것을 액면병합이라 한다.

(5) 분식결산(粉飾決算)

기업이 회사의 실적을 좋게 보이기 위해 고의로 자산이나 이익을 크게 부풀려 회계장부를 조작하는 것을 말한다(법적으로 엄격히 금지됨).

(6) 시가총액

'시가총액 = 주가×발행주식총수', 즉 시가(현재의 주가)를 기준으로 평가한 기업의 가치이다. 한 나라의 증권시장 시가총액은 주가지수 산출의 기준이 되며, GDP 등과 비교하여 자본시장의 발전 정도를 나타내는 지표가 되기도 한다.

※ 우리나라에는 액면가제도가 있는데 액면가는 자본금을 구성하는 단위 이상의 의미는 없으며, 기업의 가치 판단에 결정적인 지표가 되는 것은 시가이다(예 삼성전자의 경우 액면가는 5천원이지만, 시가는 254만원(2017.12.1 기준)인데, 삼성전자의 기업가치 판단에 중요한 것은 시가이다).

(7) 프로그램매매

일반적으로 시장 분석, 투자분석 판단, 주문 제출 등의 과정을 컴퓨터로 처리하는 거래 기법을 통칭한다. 프로그램매매는 주로 차익거래에 활용되는데 매매기회를 포착했을 때 동시적으로 대량의 매매량을 처리해야 하므로 컴퓨터로 처리하는 프로그램매매가 필요하다.

(8) 우리사주조합

종업원이 자기 회사의 주식을 보유하여 기업의 경영과 이익분배에 참여하게 함으로써 종업원의 근로의욕을 고취시키고 재산 형성을 촉진하기 위해 만든 종업원지주제의 일환으로 결성된 조직을 말한다.

(9) 스톡옵션(Stock Option : 주식매입선택권)

기업에서 임직원에게 자사의 주식을 일정 한도 내에서 일정한 가격으로 매입할 수 있는 권리를 부여한 뒤 일정 기간이 지나면 임의로 처분할 수 있는 권한을 부여하는 것이며, 임직원의 근로의욕을 고취시킬 수 있는 수단으로 활용된다.

[예제55] 기업의 경영상태가 크게 악화되어 상장폐지기준에 해당하는 종목 가운데 거래소가 특별히 지정한 종목을 (　　　　)이라 하며, 통상 1년의 유예기간 동안 사유를 해소하지 못하면 상장폐지가 된다.

정답 | 관리종목

[예제56] 액면가 5,000원인 주식을 액면가 500원으로 바꾸는 것을 액면병합이라 한다. (○/×)

정답 | ×

해설 | 액면가 5,000원을 500원으로 바꾸면 주식 1주는 10주로 늘어난다. 이를 액면분할이라 하고 그 반대를 액면병합이라 한다.

[예제57] 기업이 회사의 실적을 좋게 보이기 위해 고의로 자산이나 이익 등을 크게 부풀려 회계장부를 조작하는 것을 분식결산이라 한다. (O/X)

정답 | ○

해설 | 또는 분식회계(粉飾會計)라 한다(粉飾 : 화장한다는 뜻).

[예제58] 상장주식수에 시가를 곱해 이를 합계하면 (자본금/시가총액)이 되며, 이는 GDP나 예금액 등과 비교하여 자본시장의 발전 정도를 나타내는 지표가 되기도 한다.

정답 | 시가총액

해설 | 자본금 = 액면가×상장주식수, 시가총액 = 시가×상장주식수

[예제59] 상장기업이 향후 경영 성과에 연동하여 자수 주식에 대한 매수가격이나 취득 가능 수량을 정함으로써 임직원의 근로의욕을 진작시킬 수 있는 수단이 되는 것은 (우리사주조합/스톡옵션)이다.

정답 | 스톡옵션

해설 | 우리사주조합은 회사가 증자를 할 때 신주의 일정 수량(20% 이내)을 우리사주조합에 먼저 배정하는 것을 말한다(임직원의 자산 형성 수단 및 주인의식 함양을 위한 수단).

SECTION 6 주식시세표 이해

① KOSPI지수 : 1,000.50(▲8.53)
　KOSPI200 : 104.45(▲1.40)
　배당지수(KODI) : 1,501.70(▲24.47)
② 거래량(천주) : 490,000
③ 고객예탁금(천만원) : 1,047,542
　(전일대비) : ▲8,173
④ ▲상승 ▽하락 ↑상한가 ↓하한가
⑤ ×기세 ★권리락 ☆배당락 ●이상등급 ⊙신규상장, 신주상장
⑥ 액면가액 : A = 100, B = 200, C = 500, D = 1,000, E = 2,500, F = 무액면, 무표시 = 5,000

(단위 : 원, 10주)

⑦ 종목	종가	전일 대비	거래량	시가	고가	저가	최근 60일	
							최고	최저
○○산업E	11,900	▽250	2,104	12,100	12,150	11,750	14,400	40,700
○○전자	58,500	▲1,000	183	57,000	58,500	56,600	59,900	50,600
○○물산C	11,350	↑1,450	4,145	9,910	11,350	9,910	11,500	6,270

출처 : 생명보험협회 표준교재

① 오늘의 KOSPI지수는 1,000.50포인트로 전일 대비 8.53포인트 상승하였다. 파생상품의 기초자산이 되는 KOSPI200지수는 전일 대비 1.40포인트 상승하였다. 배당지수(Korea Dividend Stock Price Index)는 장기주식투자 활성화를 위해 개발한 것으로 배당실적이 높으면서도 안정된 50개 기업으로 구성하여 2001년 7월 2일의 주가지수를 1,000으로 보고 산정한다. 즉, 오늘의 배당지수는 배당실적이 높은 해당 기업 50개의 현재 시점 주가지수가 2001년 7월 2일에 비해 50% 정도 상승하였음을 나타낸다.

② 거래량은 당일에 매입 또는 매도된 총수를 의미한다. 거래대금(거래대금 = 거래량 × 거래가격)은 거래량과 더불어 시장에너지를 판단할 때에 사용되는 투자지표의 하나이다(주가는 거래량의 그림자이다).

③ 고객예탁금이 늘어날수록 그만큼 잠재적인 주식수요가 늘어나고 있음을 말한다.

④ 해당 주식종목의 종가 뒤에 붙는 기호이며, 전일 대비 상승 또는 하락, 상한가 또는 하한가를 의미한다.

⑤ 해당 주식종목의 종가 앞에 붙는 기호이며, 기세(×)는 매수 및 매도거래가 전혀 없으면 전일 종가보다 가장 높은 매수호가 또는 가장 낮은 매도호가를 실제가격에 준하여 사용하는 것을 말한다. 이상급등종목(종전의 감리종목)은 주가가 단기간 내에 크게 올라서 거래소가 투자자의 주의를 환기하기 위한 요주의주식으로 분류한 종목을 말한다. 이상급등종목에 대해서는 가수요를 억제하기 위해 신용융자대상에서 제외하는 등의 제한이 따른다.

⑥ 해당 주식종목의 영문자 A(100원), B(200원), C(500원), D(1,000원), E(2,500원)로 액면가를 구분하고 영문자가 없는 종목은 5천원이 액면가이다.

⑦ 종목은 해당 주식회사의 명칭이며, 종가는 당일 최종 가격, 시가는 당일 최초 시작 가격, 고가는 하루 중 가장 높은 가격, 저가는 하루 중 가장 낮은 가격을 의미한다.

[예제60] 'OO산업E, OO전자, OO식품C'로 표시되어 있다면, 각각의 액면가는 (   ), (   ), (   )이다.

정답 | 2,500원, 5,000원, 500원
해설 | A = 100원, B = 200원, C = 500원, D = 1,000원, E = 2,500원, 무표시 = 5,000원, F = 무액면

SECTION 1 채권의 개념과 종류

(1) 채권의 개념

① 채권은 정부, 공공기관, 특수법인과 민간기업이 비교적 장기로 불특정 다수로부터 거액의 자금을 조달하기 위하여 정해진 이자와 원금의 지급을 약속하면서 발행하는 유가증권으로서 일종의 차용 증서이다.

② 채권표면에는 이자가 미리 확정되어 표시되고, 채권을 보유한 자에게 돈을 돌려주어야 할 기간도 1년, 3년 등으로 정해져 채권표면에 표시된다.

> 예시 채권액면 10,000원, 표면이자 8%, 만기 3년, 3개월 단위 이자지급 이표채라면 → 3개월마다 이자 200원을 지급받고 만기에 이자와 원금(10,000원)을 수령하게 된다.

③ 채권에 대한 법적인 제약과 보호

  ㉠ 정부, 공공기관, 특수법인과 상법상의 주식회사가 채권을 발행할 수 있다.

  ㉡ 발행자격이 있더라도 정부는 국회에 동의를 받아야 하고, 회사가 공모할 경우 증권신고서를 통해 금융위의 허락을 얻어야 한다.

  ㉢ 채권은 어음, 수표 등과 달리 유통시장에서 자유로운 거래가 가능하다.

④ 채권관련 주요 용어

  ㉠ 액면(Face) : 채권 1장마다 권면에 표시된 '1만원' '10만원' '1억원' 등의 금액을 지칭하며 이자금액 산출을 위한 기본단위가 된다.

  ㉡ 단가 : 1만원 단위의 가격을 '단가(單價)'라고 한다. 채권은 비교적 유통금액이 크기 때문에 1만원 단위로 단가를 계산하고 액면금액만큼 곱해주는 방식으로 가격을 정한다. 예를 들어 액면 1억원 채권의 가격은 '단가×10,000'으로 구할 수 있다.

  ㉢ 표면이율(발행금리) : 액면에 대한 1년당 이자율(연이율)을 의미한다. 할인채의 경우 할인율로 표시한다.

  ㉣ 잔존기간 : 기 발행된 채권의 중도매매 시 매매개시일로부터 만기일까지의 기간을 잔존기간이라 한다. 만일 5년 만기 채권을 3년이 경과한 시점에서 매입하였다면 이 채권의 잔존기간은 2년이 된다[만기(5년) = 경과기간(3년) + 잔존만기(2년)].

  ㉤ 채권수익률 : '이율'은 액면에 대한 이자의 비율이고, '수익률'은 투자원본에 대한 수익의 비율로서 통상 만기수익률을 의미하며 투자자가 최종상환일까지 채권을 보유할 경우 받게 되는 1년당 전체 수익을 투자원본으로 환산하였을 때의 비율을 말한다.

  ㉥ 경과이자 : 발행일(매출일) 또는 직전 이자지급일로부터 매매일까지의 기간 동안 표면이율에 의해 발생한 이자를 말하고, 과세표준이 된다.

[예제01] 개인투자자도 채권을 발행할 수 있다. (○/×)

> **정답 |** ×
>
> **해설 |** 채권을 발행할 수 있는 주체는 법률로 정해져 있다. 국가, 지자체, 특수법인, 주식회사 등이다. 개인은 채권을 발행할 수 없다. 개인 간은 차용증으로 거래를 할 수 있지만, 차용증과 법적으로 발행하는 채권은 다른 것이다. 채권은 보통의 차용증서와는 달리 법적인 보호를 받는다.

[예제02] 채권 1만원 단위의 가격을 (액면/단가)라고 한다.

> **정답 |** 단가

[예제03] 액면 100만원인 B채권의 단가가 9,500원이라면 B채권의 가격은 950,000원이다. (○/×)

> **정답 |** ○
>
> **해설 |** 채권은 액면이 모두 다르므로 매매의 편리를 위해 단가 계산을 한다. 단가는 1만원 단위의 가격이므로 단가를 구한 다음 액면가만큼 곱해주면 된다. 즉 B채권의 가격은 '단가 9,500원×100 = 95만원'이다.

[예제04] 채권액면 10만원, 표면이율 8%, 연단위 후급 이표채라면 채권보유자가 매년 지급받는 이자금액은 (   )이다.

> **정답 |** 8,000원
>
> **해설 |** 100,000원 × 8% = 8,000원. 만일 3개월 단위 후급 이표채라면 매 3개월이 경과할 때마다 2,000원(10만원× 8% × $\frac{1}{4}$ = 2,000원)의 이자를 지급받는다.

(2) 채권의 종류

① 발행주체에 따른 분류

    ㉠ 국채 : 정부가 발행하는 채권. 우리나라 국채는 '국고채, 재정증권, 국민주택채권, 외국환평형기금채권(외평채)' 등 총 4종류로 발행하고 있음

    ㉡ 지방채 : 지방자치단체가 발행한 채권. 지역개발공채, 도시철도채권, 도로공채, 상수도공채 등

    ㉢ 특수채 : 정부투자기관 및 공기업 등이 발행하는 채권. 전력공사채권, 지하철공사채권, 도로공사채권, 수자원공사채권, 가스공사채권, 통화안정증권, 한국산업은행채권 등

    ㉣ 회사채 : 일반 주식회사가 발행하는 채권. 특히 금융기관이 발행하는 채권을 금융채라 하는데, 금융채에는 은행채, 카드채, 할부금융채 등이 있는데 특수채(금융특수채)로 분류하기도 함

② 이자지급에 따른 분류

    ㉠ 할인채 : 이자를 할인의 형태로 먼저 지급하는 채권. 만기가 길 경우 액면금액에 비해 실제 조달하는 자금규모가 너무 작아지므로 통상 1년 이내의 단기채를 대상으로 할인발행을 함 ⓓ 통화안정증권, 산업금융채권 등

ⓛ 복리채 : 누적된 이자를 만기에 원금과 함께 일시에 지급하는 형태인데 이자가 복리로 지급되면 복리채, 단리로 지급되면 단리채라 함 ⓔ 국민주택채권, 금융채 일부 등

ⓒ 이표채 : 분기나 반기 등 일정한 주기에 따라 금리를 지급받는 형태 ⓔ 국고채, 회사채, 금융채 일부 등

③ 신용등급에 의한 분류 : 'AAA – AA – A – BBB – BB – B – CCC – CC – C – D'
발행주체의 신용등급에 따라 투자적격등급 또는 투자부적격등급으로 구분되며 신용등급이 낮은 채권을 정크본드(Junk Bond)라 부른다.

※ 신용등급 : 투자적격은 'AAA – AA – A – BBB'의 4개 등급이며, 투기등급은 'BB – B – CCC – CC – C – D'의 6개 등급이다.

④ 만기에 의한 분류 : 일반적으로 단기채(1년 이하), 중기채(1~5년), 장기채(5년 이상)로 구분한다. 우리나라의 경우 선진국보다 10년 이상의 장기물은 적고, 3년에서 5년 정도의 중기물이 많다.

ⓖ 단기채 : 통안채 등

ⓛ 중기채 : 국민주택 1종(5년), 대부분의 금융채, 회사채 등

ⓒ 장기채 : 국민주택 2종(20년), 서울시도시철도공사채권(7년) 등

※ 영구채(consol) : 영국의 국채 중 하나로, 만기 없이 이자만 지급되는 채권

⑤ 기타의 분류

ⓖ 만기 전 이자의 변동여부 : 고정금리부채권, 변동금리부채권

ⓛ 원리금에 대한 제3자의 지급보증여부 : 보증채권, 무보증채권

ⓒ 채권의 변제순위 : 선순위채권, 후순위채권

※ 후순위채는 금융기관들의 자본확충수단으로 발행된다(상환순서상 후순위채는 주식에 가깝기 때문).

ⓔ 채권보유자의 확인여부 : 기명채권, 무기명채권

[예제05] '국채, 지방채, 이표채, 회사채' 중 발행주체에 따른 분류가 아닌 것은 (   )이다.

정답 | 이표채

해설 | '이표채, 복리채, 할인채'는 이자지급 방식에 따른 분류이다.

[예제06] 국채의 4가지 종류로는 (   ), 국민주택채권, 재정증권, 외국환평형기금채권이 있다.

정답 | 국고채

해설 | 국채 중에서 국고채(이표채 방식)의 발행규모가 가장 크다.

[예제07] '만기가 1년인 통화안정증권'에 대한 분류를 나열하면 (국채/특수채), (복리채/할인채), (단기채/중기채)이다.

정답 | 특수채, 할인채, 단기채

해설 | 통안채는 한국은행에서 발행하므로 특수채로 분류되고 만기 1년은 할인채(드물게 만기 2년의 통안채가 있는데 이 경우는 이표채이다)이며, 단기채이다.

[예제08] 정부가 발행하는 채권을 지방채라고 한다. (○ / ×)

정답 | ×
해설 | 정부가 발행하면 국채이고 지방자치단체가 발행하면 지방채이다.

[예제09] (주)현대자동차가 채권을 발행하면 회사채가 된다. (○ / ×)

정답 | ○
해설 | 주식회사가 발행하는 채권을 회사채라고 한다.

[예제10] 액면 100만원 채권(할인채)을 90만원에 인수하면 이 채권으로부터 발생하는 총 이자는 10만원이 된다. (○ / ×)

정답 | ○
해설 | 할인채는 이자를 미리 지급하는 형태라고 할 수 있다. 즉 100만원짜리 채권을 90만원에 인수하는 것이므로 10만원의 이자를 미리 받는 것이 된다. 보통 할인채는 1년 이내의 단기채에 많이 사용된다.

[예제11] 채권의 신용등급은 'AAA, AA, A, BBB, BB, B, CCC, CC, C, D'으로 분류되는데, 투자적격은 (   ) 등급 이상을 말한다.

정답 | BBB
해설 | BB등급 이하로는 투기등급에 속한다.

[예제12] 후순위채는 선순위채보다 이자는 높지만, 기업이 청산될 경우에 변제순위가 선순위보다 늦어서 안정성 면에서 매우 취약한 단점이 있다. (○ / ×)

정답 | ○
해설 | 후순위채는 변제순위가 늦기 때문에 금융기관의 입장에서 후순위채를 발행하면 자본을 확충하는 것으로 인정되고 있다.

(3) 채권과 주식의 차이

채권은 주식에 비해 위험이 작지만 이익이 이자수익으로 한정되어 있다. 주식은 채권에 비해 위험이 훨씬 크지만, 기대수익도 훨씬 높다. 즉, 주식은 채권에 비해 '하이리스크 하이리턴(high risk, high return)'이 된다.

채권을 사면 채권자가 되고 주식을 사면 주주가 된다. 주주는 주총에서 의결권을 행사할 수 있다. 이러한 의결권이 가장 많은 주주(최대주주)는 경영권을 행사할 수 있다.

① 채권과 주식의 차이점

구분	채권	주식
발행자	정부/지자체/특수법인/주식회사	주식회사
조달자금의 성격	타인자본(부채)	자기자본
증권의 존속 기간/상환 의무	한시적/상환 의무 있음	영구적/상환 의무 없음
증권소유자 지위/경영 참가권	채권자/없음	주주/있음
소유 시 권리	확정이자 수취/채권단 참여	배당금 수취/의결권 행사
청산 시 권리	(주식에 비해) 선순위	(채권에 비해) 후순위

② 채권시장

　㉠ 발행시장과 유통시장

　　• 투자자들을 대상으로 채권(또는 주식)을 발행하고 자금을 조달하는 시장을 발행시장, 발행된 증권이 거래되는 시장을 유통시장이라 한다.

　　• 발행시장은 1차시장(primary market)이며 추상적이고, 유통시장은 2차시장(secondary market)이며 구체적이다.

　　• 발행시장의 참여자 : 발행자, 투자자, 증권사(간접발행 시 중개역할)

　　※ 국고채발행의 경우 인가받은 국고채전문딜러(primary dealer) 간의 경쟁입찰을 통해서 발행된다.

　　• 유통시장은 거래소에서의 거래 여부에 따라 장내시장과 장외시장으로 구분된다.

　㉡ 채권은 주식과 달리 장외 비중이 압도적으로 높다(90% 이상).

　　• 채권유통시장은 개인보다는 기관투자자들을 중심으로 거래가 형성된다(기관의 대규모 자금 운용차원에서 채권시장이 필요하기 때문).

　　• '일반적으로 100억원이 기본단위'라고 할 정도로 대규모로 거래된다.

　　• 채권의 장내거래는 국고채전문딜러시장(IDM)을 중심으로 점진적으로 증가하고 있다.

[예제13] 채권발행으로 자금을 조달하면 (타인자본/자기자본)이 되며, 주식발행으로 자금을 조달하면 (타인자본/자기자본)이 된다.

정답 | 타인자본, 자기자본

해설 | 채권발행금액은 부채가 되고 이자지급의무가 있다(주식은 자기자본이므로 이자지급의무가 없다).

[예제14] 확정이자를 받지 못하지만 배당금을 받을 수 있으며 주주총회에서 의결권을 행사할 수 있는 것은 (채권/주식)이다.

> **정답 |** 주식
> **해설 |** 배당금은 이자 지급과 같이 의무는 아니지만 통상적으로 회사가 주주에게 매년 지급한다.

[예제15] 채권을 처음 발행되는 시장은 발행시장(Primary Market), 발행된 채권이 유통되는 시장은 유통시장(Secondary Market)이며, 유통시장은 다시 거래소에서 거래되는가에 따라 (   ), (   )으로 구분된다.

> **정답 |** 장내시장, 장외시장
> **해설 |** 거래소 내에서 거래되면 장내, 아니면 장외이다.

[예제16] 채권은 주식과 달리 90% 이상이 장외에서 거래된다. (O/×)

> **정답 |** ○
> **해설 |** 채권은 종류가 다양해서 주식처럼 표준화해서 거래하기가 어렵다. 따라서 장외 비중이 훨씬 높다.

SECTION 2 채권투자분석

(1) 채권투자의 매력

채권은 기본적으로 금융기관의 예치금보다 금리가 높고(수익성), 주식에 비해서는 투자 위험이 매우 낮은 데다(안전성), 유동성도 어느 정도 확보된 투자대상이라는 점에서 투자의 3요소를 고루 만족시킨다.

※ 주식은 'T+2일' 결제이지만, 채권은 익일 또는 당일 결제가 가능하다는 점에서 유동성도 양호하다고 평가된다. 단, 채권은 장외거래비중이 높아서 장내거래비중이 높은 주식보다는 유동성이 떨어진다.

※ 종목이 많고 조건이 표준화되어 있지 않아 소액거래를 원하는 개인의 접근성이 다소 떨어지는 편이나, 환매조건부채권매매(RP)는 활발하며 증권회사에 예탁할 경우 이자 수령 등 관련 업무를 증권사가 무료로 대행해주고 있다.

① 투자의 3요소 : 수익성, 안전성, 유동성

② 채권투자수익률(r) = $\dfrac{(P_1-P_0)+I}{P_0}$ (여기서, P_1-P_0 : 매매차익, I : 이자수익)

채권을 매입한 후 투자 자금을 회수하는 방법은 두 가지이다. 하나는 만기까지 보유하여 원리금을 수령하는 것이다. 나머지 하나는 유통시장에서 매도하여 회수하는 방법인데, 이 경우는 매매차익이 될 수도 있고 매매손실이 될 수도 있다.

㉠ 매매차익의 경우 : 채권매입 → 채권수익률 하락 → 채권가격 상승(보유채권의 가치 상승) → 매도 시 매매차익 가능

ⓒ 매매손실의 경우 : 채권매입 → 채권수익률 상승 → 채권가격 하락(보유채권의 가치 하락) → 매도 시 매매손실 가능

※ 만일 매매손실을 보게 될 경우는 굳이 시장에서 매도할 필요가 없고, 만기까지 보유하게 되면 발행조건의 원리금을 수령할 수 있다. 이 점이 주식과 확실히 비교되는 채권의 장점이다.

※ 채권수익률과 채권가격의 역의 관계

> **예시** 발행시장에서 표면이율 8%의 채권을 매입했다. 이후 시장의 채권수익률(만기수익률, 유통수익률, 시장수익률)이 5%로 하락했다. 그렇다면 보유하고 있는 채권의 가치(가격)는 상승한 것이다. (○/×)
>
> → (○) 표면이율 8%라는 것은 채권을 보유함으로써 액면대비 받을 수 있는 이자율을 말한다. 그런데 시장수익률이 5%로 하락했다는 것은 더 이상 8%이자를 받을 수 없다는 것이므로 '표면이율 8% 채권'의 가치는 상승한다. 거꾸로 시장수익이 12%로 상승했다면 지금 채권을 매수하면 12%의 이자를 받을 수 있는데 이미 8%의 채권을 매입한 것이므로 '표면이율 8% 채권'의 가치는 하락한다.
> [약식설명] 채권수익률 8%는 92원(100 − 8%)이라고 할 수 있다. 수익률 12%는 88원(100 − 12%)이다. 즉 '8% → 12%'는 가격이 하락한 것이다(92원 → 88원).

[예제17] 채권에 투자했을 때 확정이자수익 외에 채권시장에서 채권을 매입한 후 수익률이 하락하여 다시 매각하는 경우 상당한 시세차익을 얻을 수 있고, 반대로 수익률이 상승하여 손실이 발생하게 되면 만기까지 보유함으로써 매입 당시의 수익률을 계속 누릴 수 있다. (○/×)

정답 ｜ ○
해설 ｜ 주식과 비교되는 채권의 확실한 장점이다(주식의 경우 손실이 나면 채권처럼 기다려도 원리금이 보장되지 않음).

[예제18] 채권매입 후 채권수익률이 하락하면 채권가격이 (　　)하고, 채권수익률이 상승하면 채권가격이 (　　)한다.

정답 ｜ 상승, 하락
해설 ｜ 채권수익률과 채권가격은 역의 관계이다(원리는 본문 참조).

(2) 채권수익률의 개념과 의의

① 채권수익률이란 시장의 자금수요와 자금공급으로 결정되는 금리로서, 경제상황에 따라 수시로 변한다. 유통수익률, 시장수익률은 모두 같은 개념이다.

※ 채권수익률은 첫째는 채권가격을 나타내는 수단, 둘째는 예금이자율(몇 %의 이자를 받을 수 있는가) 등 두 가지 의미를 내포한다.

② 채권의 발행기업(자금의 수요자)은 시장의 수익률(채권수익률)을 보고 자신의 신용등급을 감안해서 발행금리(이자지급 금리)를 결정한다.

③ 채권수익률은 만기수익률로도 표현된다. 채권투자에서 얻어지는 미래현금흐름의 현재가치와 채권가격을 일치시키는 할인율을 만기수익률이라고 하는데, 이는 채권에 투자했을 때 일정기간에 발생된 투자수익을 투자원본으로 나누어 투자기간으로 환산하는 것을 말한다.

$$P = \frac{S}{(1+r)^n} \text{ (S : 만기상환금액, P : 채권가격, r : 만기수익률)}$$

④ 채권수익률의 종류 : 채권수익률이란 '투자원금에 대한 1년 단위의 수익률'을 말하며 그 종류로는 표면수익률, 발행수익률, 보유기간수익률(또는 연평균수익률), 실효수익률 등이 있다.

　㉠ 표면수익률 : 표면수익률(표면이율)은 채권의 표면에 기재된 수익률로 재투자 개념이 없고 단리로 총 수령하는 이자의 연이자율을 말한다.

$$\text{표면수익률} = \frac{\text{1년간 지급총이자}}{\text{액면가액}} \times 100 \left(CR = \frac{\text{이자총액}}{F} \times 100 \right)$$

　예시 채권의 액면금액 1억원, 1년간 지급이자가 800만원이라면 표면수익률은?

　→ $\frac{800만원}{1억원} \times 100 = 8\%$

　이 경우 발행 시 채권 표면에 액면 1억, 발행이율(= CR. 표면금리) 8%로 인쇄된다.

　㉡ 발행수익률 : 전체 투자기간(n년)동안 발생된 최종수입인 채권의 최종가치(FV)를 발행 시 취득가격(P_i) 대비 수익성을 일정기간단위 복리방식으로 측정한 수익률이다.

$$r_i = \sqrt[n]{\frac{FV}{P_i}} - 1 \text{(FV : 최종총수입의 현재가치, } P_i \text{ : 발행 시 매입가격, } r_i \text{ : 발행수익률)}$$

　참고 실효수익률과의 차이점은 취득가격이다. 발행 시의 취득가격은 채권이 처음으로 매출될 때에 매출가액으로 매입한 가격을 말하며, 매출에 응모한 사람이 얻을 수 있는 수익률이라는 뜻에서 '응모자수익률'이라고도 한다.

　※ 발행시장에서의 매입가격(P_i)은 유통시장에서의 매입가격보다 싸므로(아파트 청약가격이 시장매입가격보다 싼 것처럼), 일반적으로 발행수익률은 실효수익률보다 높다.

　예시 표면금리 9.61%, 만기 3년 할인채의 발행수익률은?

　→ ・ 매출가액(P_i) = 10,000 − [10,000×0.0961×3] = 7,117원

　　・ 발행수익률 $r_i = \sqrt[3]{\frac{10,000}{7,177}} - 1 = 0.120$, 즉 12.0%

ⓒ 연평균수익률 : 만기가 1년 이상인 채권에서 만기까지의 총수익을 원금으로 나눈 후 단순히 해당연수로 나눈 단리수익률을 의미한다. 이는 실효수익률과 다른 연단위 산출평균수익률이다.

$$r_s = \frac{1}{n} \times [\frac{FV}{P} - 1] (FV : 최종총수입의 현재가치, P : 채권원금, r_s : 연평균수익률)$$

참고 연평균수익률은 '전체 투자기간(n년) 동안 발생된 총수입인 채권의 최종가치(FV)의 투자원금(P) 대비 수익성을 해당 기간의 연수로 나눈 수익률'이며, 실효수익률은 '전체 투자기간(n년) 동안 모든 투자수익요인(표면이자수익, 재투자 수익 등)들에 의해 발생된 최종총수입(FV)의 투자원금(P : Principle) 대비 수익성을 일정 기간 단위 복리방식으로 측정한 수익률'로 표현할 수 있다. 즉, 실효수익률은 복리 개념에 근거하고, 연평균수익률은 단리의 개념에 근거한다.
※ 연평균수익률 ≥ 실효수익률 : 같은 최종수입(FV)에 대해 복리단위로 나눈 것이 실효수익률이고 단리단위로 나눈 것이 연평균수익률이므로 항상 연평균수익률이 더 크게 나타난다.

예시 표면금리 11.7%, 5년 복리인 산업금융채권의 만기상환금액은 17,800원이다. 매출가액(투자원금)이 10,000원일 경우 연평균수익률은 얼마인가?
$$\rightarrow r_s = \frac{1}{n} \times [\frac{FV}{P} - 1] = \frac{1}{5} \times [\frac{17,800}{10,000} - 1] = 15.6\%$$

ⓓ 실효수익률 : 채권의 수익을 측정하는 데 있어서 채권의 원금, 표면이자, 재투자수익 등 세 가지 모두를 계산하여 투자수익의 증가율을 나타내 주는 지표이다. 이 지표는 일정 투자기간 중에 실제로 실현된 이자수입, 이자의 재투자수입분과 자본수익의 합계액인 실현총이익에 대한 매입가격의 비율을 의미한다.

$$실효수익률 = \frac{(표면이자수입 + 중도이자의 재투자수익) - (채권매입비용)}{채권매입비용} \times \frac{365}{보유일수}$$
$$또는 r_e = \sqrt[n]{\frac{FV}{P_1}} - 1 (FV : 최종총수입의 현재가치, P : 채권원금, r_e : 실효수익률)$$

[예제19] (   ) 두 가지 의미는, 첫째 채권가격을 나타내는 지표이며 둘째 얼마만큼의 이자를 받는가, 즉 수취하는 이자율의 개념이다.

정답 ┃ 채권수익률

[예제20] 발행시장에서 채권이 발행될 때 매출가액으로 매입하는 경우 이 매입가격으로 산출된 채권수익률은 (   )이다.

정답 ┃ 발행수익률
해설 ┃ 응모자수익률이라고도 한다.

[예제21] (   )은 만기가 1년 이상인 채권에서 만기까지의 총수익을 원금으로 나눈 후 단순히 해당 연수로 나눈 단리수익률을 말한다.

정답 ┃ 연평균수익률
해설 ┃ 연단위 산출 평균수익률이다.

[예제22] 연평균수익률이 실효수익률보다 높게 나타난다. (○/×)

> **정답** | ○
> **해설** | 연평균수익률은 단리수익률, 실효수익률은 복리수익률이므로 연평균수익률이 더 높게 나타난다.

(3) 채권수익률의 결정요인

채권은 유통시장에서 매일 가격(수익률)이 변하고 있는데 시중금리, 경제 상황과 같은 외적 요인과 채권의 만기, 발행주체의 지급불능위험과 같은 내적 요인이 복합적으로 작용한다.

① 외적(外的) 요인
  ㉠ 채권의 수급사정
    • 채권의 공급은 기업의 투자계획에 의해 결정되는데 이는 단기간에 변동하기 어려우므로 채권의 수요가 채권수익률을 결정하는 결정적인 요인이 된다.
    • 채권의 수요는 시중자금사정과 밀접히 연관되어 있다.
      시중자금 풍부 → 채권수요 증가 → 채권가격 상승 → 채권수익률 하락
  ㉡ 경기 : 경기상승국면 → 기업의 투자수요 증가 → 채권공급 증가 → 채권가격 하락 → 채권수익률 상승
  ㉢ 물가 : 물가 상승 → 실질구매력 감소 → 자금의 대여자는 구매력 감소 부분을 보전하기 위해 더 높은 기대수익률을 요구 → 채권수익률 상승(물가와 금리는 정의 관계)
  ㉣ 중앙은행의 통화정책 : 확대통화정책 → 통화량 증가 → 시장자금 풍부 → 채권수요 증가 → 채권가격 상승 → 채권수익률 하락

② 내적(內的) 요인
  ㉠ 채권의 잔존만기가 길수록 수익률이 높아진다. → 만기가 길수록 유동성이 떨어지므로 이를 보상하는 차원에서 더 높은 수익률을 원하기 때문이다.
  ㉡ 채무불이행위험이 올라가면 수익률이 높아진다. → 기업의 신용등급이 낮을수록 부도 위험이 올라가므로 이에 대한 보상으로 더 높은 수익률을 원하기 때문이다.
  ㉢ 유동성위험이 높을수록 수익률이 올라간다. → 환금성이 부족하면 현금화가 어렵기 때문에 그에 대한 보상 차원에서 더 높은 수익률을 원하기 때문이다.

[예제23] 채권수익률은 경제 상황, 통화 및 재정정책과 같은 (   )과 채권의 만기, 발행주체의 지급불능위험과 같은 (   )이 복합적으로 작용하여 결정된다.

> **정답** | 외적 요인, 내적 요인
> **해설** | 외적 요인은 거시변수이며, 내적 요인은 기업 내부적인 요인을 말한다.

[예제24] 시중자금사정이 좋아지면 채권수익률은 상승한다. (○/×)

> **정답** | ×
> **해설** | 시중자금사정의 호전 → 투자자의 채권수요 증가 → 채권가격 상승 → 채권수익률 하락

[예제25] 경기가 좋아지면 채권수익률은 상승한다. (○/×)

> **정답 |** ○
>
> **해설 |** 경기 호전 → 기업의 투자 확대 → 기업의 투자자금 수요 확대 → 채권공급 증가 → 채권가격 하락 → 채권수익률 상승

[예제26] 채권수익률은 채권의 수요와 공급에 의해 영향을 받는데, (채권수요/채권공급)이 주된 변동요인이 된다.

> **정답 |** 채권수요
>
> **해설 |** 채권공급물량은 단기간 변동이 어렵고, 채권수요는 시중자금사정에 따라 변동하므로 채권수익률은 채권수요에 의해 결정된다고 볼 수 있다.

[예제27] 잔존만기가 길어지면 채권수익률이 (상승/하락)하며, 채무불이행위험이 높아지면 채권수익률이 (상승/하락)하고, 유동성위험이 높아지면 채권수익률이 (상승/하락)한다.

> **정답 |** 상승, 상승, 상승
>
> **해설 |** 모두 채권수익률 변동의 내적요인에 해당된다.

(4) 채권의 유통수익률 변동에 따른 채권가격변동(→ '말킬의 가격정리'에 해당)

① 채권가격과 채권수익률은 역(逆)의 관계이다.

→ 예를 들어, 채권수익률이 10%에서 11%로 상승할 경우 채권가격은 9,847원에서 9,542원으로 하락하고, 반대로 수익률이 9%로 하락할 경우 채권가격은 9,740원으로 상승한다.

② 채권의 잔존만기가 길수록 채권수익률 변동에 따른 채권가격변동은 확대된다.

→ 예를 들어, 채권(액면 1만원, 표면금리 8%)의 채권수익률이 10%에서 9%로 하락할 경우 만기가 각각 1, 2, 3년인 채권가격은 각각 0.95%, 1.85%, 2.67%로 상승하여 만기가 길수록 크게 상승한다(변동성이 커진다).

③ 표면금리가 낮은 채권이 표면금리가 높은 채권보다 채권수익률 변동에 따른 가격변동폭이 크다.

[예제28] 채권수익률이 8%에서 9%로 상승한다면 채권가격은 (상승/하락)한다.

> **정답 |** 하락
>
> **해설 |** 채권수익률과 채권가격은 반대 관계이다.

(1) 개요

합성채권이라 함은 일반사채를 기본성격으로 하되 별도의 기능을 부가하여 자금수요자와 투자자 간의 자금거래가 더욱 원활하게 이루어질 수 있도록 한 채권을 말한다.

(2) 전환사채(CB : Convertible Bond)

전환사채는 발행 당시에는 이자가 확정된 보통 사채로 발행되지만 미리 정해진 일정 조건에 의해 보유 채권을 일정 시점에서 일정한 수의 발행기업 주식으로 전환하여 취득할 수 있는 권리(전환권)가 부여된 사채이다. 채권의 안정성과 주식의 수익성을 고루 갖추어 투자자들로부터 인기가 높은 상품이다.

① 투자자 입장 : 주가가 전환가격보다 상승하면 주식으로 전환하여 수익을 실현하면 채권보다 훨씬 높은 수익을 달성할 수 있다는 것이 장점이다. 그렇지만 주가가 전환가격보다 낮으면 전환이 불가하여 일반 채권보다 낮은 수익을 실현하게 된다는 것이 단점이다. 그렇다 하더라도 최소 수익이 보장되기 때문에 높은 인기를 지니고 있는 상품이다.

② 발행자 입장 : 전환권이라는 메리트를 주기 때문에 일반채권보다 낮은 금리로 채권을 발행할 수 있다(⑩ 일반채권의 발행금리가 8%라면 전환사채는 4%로 발행이 가능함). 따라서 자금조달비용이 절감되는 장점이 있다. 그러나 전환사채를 많이 발행하고 모두 주식으로 전환이 되면 주식수가 늘어나고 대주주지분율이 하락해서 경영권이 약화될 수 있다는 것이 단점이다.

(3) 신주인수권부사채(BW : Bond with Warrant)

신주인수권부사채란 발행 시에 미리 정해진 일정한 조건에 근거해 그 회사의 주식을 인수할 권리가 붙은 사채이다. 투자자와 발행기업 입장에서의 장·단점은 전환사채와 유사하다.

① 전환사채와 신주인수권부사채의 차이점

  ㉠ 전환사채는 주식으로 전환할 경우 사채권이 소멸되나, 신주인수권부사채는 신주인수권을 행사한 후에도 사채권은 존속된다.

  ㉡ 전환사채의 경우 주식으로 전환하면 회사입장에서 신규자금의 유입이 없다(부채감소 – 자본증가). 그러나 신주인수권부사채는 신주인수권 행사를 위해 신규자금을 납입해야 하므로 회사입장에서 신규자금이 유입된다.

② 신주를 인수할 수 있는 권리를 워런트(Warrant)라고 하며, 우리나라에서는 주로 분리형으로 발행되고 신주인수권증권이 따로 분리되어 거래가 가능하다.

(4) 교환사채(EB : Exchangeable Bond)

교환사채는 사채소유자에게 소정의 기간 내에 사전에 합의된 조건으로 동사채를 발행한 상장기업이 소유하고 있는 다른 회사 발행 상장유가증권으로 교환을 청구할 수 있는 권리(교환권)가 부여된 사채이다.

① 교환사채는 교환권청구 시 추가적인 자금 부담이 없다는 점에서 신주인수권부사채와 다르고 자본금의 증가가 수반되지 않는다는 점에서 전환사채와 다르다.

② 교환사채권의 발행이율은 CB, BW와 마찬가지로 보통사채보다는 낮게 책정된다.

③ 전환사채는 전환권을 행사하면 발행기업의 주식을 받게 되지만, 교환사채는 교환권을 행사하면 발행기업이 보유하고 있는 타 상장법인의 주식을 받게 된다.

④ 전환사채, 신주인수권부사채, 교환사채 비교

구분	전환사채(CB)	신주인수권부사채(BW)	교환사채(EB)
사채에 부여된 권리	전환권	신주인수권	교환권
대상 유가증권	발행회사 주식	발행회사 주식	발행사보유 타상장주식
행사 후 사채권	소멸	존속	소멸
실질자금유입	×	○	×
주식의 취득가격	전환가격	행사가격	교환가격
대차대조표 변화	부채 감소, 자본 증가	부채 변화×, 자본 증가	부채 감소, 자산 감소

[예제29] 합성채권(전환사채 등)은 별도의 기능이 첨가되어 있어 발행자의 입장에서는 보통 사채보다 낮은 금리로 발행이 가능하다. 따라서 발행자 입장에서는 금리부담을 덜 수 있고 투자자 입장에서는 다양한 투자욕구를 만족시킬 수 있는 장점이 있다. (○/×)

정답 | ○

해설 | 전환사채(CB), 신주인수권부사채(BW), 교환사채(EB) 등을 합성채권이라 하는데, 신종사채, 주식관련부사채 등의 용어로도 사용된다.

[예제30] 전환사채는 전환권을 행사하고 나면 기존의 사채권은 소멸된다. (○/×)

정답 | ○

해설 | 전환사채가 주식으로 바뀌면서 기존의 사채는 없어진다. 따라서 부채가 감소하고(사채권의 소멸), 자본이 증가(주식전환)한다.

[예제31] 신주인수권부사채는 신주인수권을 행사하고 나면 기존의 사채권이 소멸된다. (○/×)

정답 | ×

해설 | 전환사채와 달리 신주인수권부사채는 기존의 사채권은 존속한 가운데 신규자금을 투입하여 신주를 인수한다.

[예제32] 합성채권을 행사했는데(발행자가 현대자동차), 현대자동차가 보유한 기아자동차의 주식을 받게 되었다. 그렇다면 이 합성채권은 신주인수권부사채이다. (○/×)

정답 | ×

해설 | 교환사채이다. 교환사채는 발행기업이 보유하고 있는 타상장주식을 받게 되는 권리가 있는 합성채권이다.

(1) 자산유동화증권과 자산담보부기업어음

① 자산유동화증권(ABS)은 부동산, 매출채권, 유가증권, 주택저당채권(mortage) 등과 같이 유동성이 낮은 자산을 기초로 하여 발행되는 증권을 의미한다.

② 자산담보부기업어음(ABCP)는 매출채권, 리스채권, 회사채 등의 자산을 근거로 발행하는 기업어음을 말한다.

③ ABS(자산유동화증권)는 자산유동화법률에 따라, ABCP(자산담보부기업어음)는 상법에 근거하여 발행한다.

(2) 자산유동화의 과정

① 일반적으로 자산보유자(originator)는 자산유동화를 위한 서류상의 회사(paper company)인 특수목적기구(SPC : Special Purpose Company)를 설립하고, 동 법인에 유동화자산을 양도하면 이를 기초로 하여 증권을 발행·매각함으로써 자금을 조달한다.

② 자산관리자(servicer)는 채권을 추심하여 증권의 원리금 등을 상환하는 업무를 수행하는데, 보통 자산보유자가 자산관리자의 기능을 담당한다.

③ 초기에는 주택저당대출을 대상으로 한 MBS(Mortage-Backed Security : 주택저당채권)가 주종이었으나 이후 자동차할부금융, 신용카드대출, 리스대출까지 그 대상이 확대되고 있다.

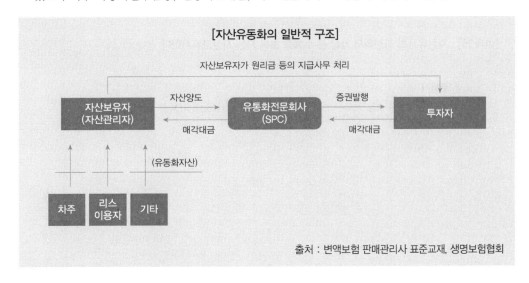

[자산유동화의 일반적 구조]

출처 : 변액보험 판매관리사 표준교재, 생명보험협회

(3) 자산유동화의 이점(자산보유자와 투자자의 'win – win' 관계)

① 자산보유자 : 자금조달비용을 줄이고, 재무상태를 개선할 수 있다. 예를 들어 금융기관은 현금화가 어려운 보유자산을 매각하여 BIS자기자본비율을 올릴 수 있고, 기업은 부채비율을 높이지 않고 자금을 조달할 수 있게 된다.

② 투자자 : 신용평가기관의 엄밀한 평가와 신용 보강을 거쳐 발행되므로 상대적으로 안전하거나 수익률이 더 높은 양호한 투자대상을 확보하게 된다.

[예제33] 자산담보부기업어음(ABCP)은 (자산유동화에 관한 법률/상법)에 근거하여 발행한다.

　　　정답 | 상법
　　　해설 | ABS는 자산유동화에 관한 법률에 따라 발행한다.

[예제34] 자산유동화증권은 유동성이 부족한 자산을 유동화하여 투자자에게 판매하는 것을 말한다. (○/×)

　　　정답 | ○
　　　해설 | 자산유동화증권(ABS)은 유동성이 부족한 자산을 특수목적기구(SPC)가 양도받고 그 기초자산을 바탕으로 새로운 증권을 발행하여 유동화하는 것을 말한다.

[예제35] 자산유동화 과정에서 가장 큰 수혜를 보는 자는 자산보유자이다. (○/×)

　　　정답 | ○
　　　해설 | 유동성 보강, 재무구조 개선 등 자산보유자(originator)가 가장 큰 수혜자이다.

SECTION 1 세법의 종류별 과세형태 및 이론

(1) 소득세의 의의와 과세원칙

'소득세'는 개인소득세와 법인소득세로 구분된다. 개인소득세(individual income tax)는 자연인이 얻는 소득에 부과하는 조세이며, 법인소득세(corporation income tax)는 법인의 소득에 부과되는 조세이다.

(2) 개인소득세 열거주의 과세

① 소득의 종류 : 현행 소득세법은 개인의 소득을 (1) 이자소득, (2) 배당소득, (3) 근로소득, (4) 사업소득, (5) 연금소득, (6) 기타소득, (7) 퇴직소득, (8) 양도소득의 8가지로 나눈다.

② 과세체계

이자소득	배당소득	근로소득	사업소득	연금소득	기타소득	양도소득	퇴직소득
종합과세 (경상소득이므로)						분류과세 (비경상소득이므로)	

ⓐ 종합과세 : '(1) 이자소득~(6) 기타소득'까지의 6개 소득은 매년 경상적으로 발생하는 소득으로서 1월 1일부터 12월 31일까지의 소득을 합산하여 종합소득으로 과세한다(단, (1) 이자소득, (2) 배당소득은 금융소득으로서 2천만원 초과분에 대해서 종합과세를 적용함 → 금융소득종합과세).

   ※ 합산하여 과세하는 것은 우리나라의 세제가 '누진세제'를 택하고 있기 때문이다. 종합과세율은 소득구간별 6~42%이다.

ⓑ 분리과세 : 일정한 요건을 충족하는 경우 종합소득에 합산하지 않고 분리과세로 과세를 종결한다.

   • 이자·배당소득이 개인별 2천만원 이하일 경우는 15.4%로 원천징수하여 과세를 종결한다[소득세 10% + 주민세(소득세의 10%) = 15.4%].

   • 발행일로부터 10년 이상의 장기채권으로부터의 이자소득 : 30%로 분리과세

   • 직장공제회의 초과반환금은 기본세율(6~42%)로 분리과세

ⓒ 분류과세 : '(7) 퇴직소득, (8) 양도소득'은 종합소득에 합산하지 않고 별도로 분류과세한다.

   ※ 퇴직소득과 양도소득의 경우 매년 경상적으로 발생하지 않고 장기간에 걸쳐 형성된 소득이므로 이를 종합과세할 경우 불합리한 면이 있어 분류과세를 하는 것이다.

③ 유형별 포괄주의 : 우리나라 소득세법 체계는 열거주의를 기본으로 한 가운데 이자·배당소득에 대해서 유형별 포괄주의를 도입하고 있다.

   ⓐ 유형별 포괄주의란 과세대상과 유사한 것이면 구체적으로 열거하지 않은 경우에도 과세하는 방식이다. 예를 들어 파생결합증권인 ELS에 투자하고 받은 소득에 대해서는 배당소득으로 과세한다.

   ⓑ 열거주의를 채택하고 있는 경우에는 비열거소득에 대해서는 과세할 수 없는데 그 대표적인 예가 '소액주주가 상장주식을 양도할 경우의 차익에 대한 비과세'이다.

   • 단, 대주주의 양도분과 소액주주라도 비상장주식을 양도할 경우는 과세가 된다.

   • 비상장주식 중 벤처기업 주식을 소액주주가 양도하는 경우에도 비과세가 된다.

(3) 법인세의 순자산증가설

법인소득세(법인세)는 순자산증가설에 의해 법인이 얻은 모든 소득에 대해서 과세가 된다. 이는 상속 · 증여세에 대해서 완전포괄주의가 적용되는 것과 같다.

> **예시** 개인이 변액연금에 가입하고 10년 이상 유지했다면 그 보험차익에 대해 비과세이다. 그러나 법인이 변액연금에 가입하고(계약자 · 수익자가 법인일 경우) 10년 이상 유지해 보험차익이 발생했다면 이는 법인의 순자산증가설에 의해 과세가 된다.

(4) 상속세와 증여세의 완전포괄주의

'완전포괄주의'란 과세물건을 법률에 명백하게 규정하지 않고 그 종류나 원천에 불구하고 경제적 이익이 발생하면 이를 모두 과세소득으로 보고 세금을 부과하는 것을 말한다.

명/품/해/설 소득세 과세이론

열거주의	유형별 포괄주의	포괄주의
이자 · 배당소득을 제외한 모든 소득세	이자소득, 배당소득(금융소득)	상속 · 증여세, 법인세
소득원천설	열거주의 + 일부포괄주의	순자산증가설

[예제36] 개인소득세의 과세대상인 소득의 종류는 8가지인데, 이 중 분류과세되는 것은 (   ), (   )이다.

정답 | 퇴직소득, 양도소득
해설 | 퇴직소득과 양도소득은 매년 반복적으로 발생하는 경상소득이 아니므로 별도로 분류하여 과세한다.

[예제37] 이자 · 배당소득이 2천만원 이하일 경우 15.4%로 (   )한다.

정답 | 분리과세
해설 | 소득에 대한 과세방법 3가지(종합과세, 분리과세, 분류과세) 중 분리과세에 해당한다(2천만원 초과분에 대해서는 종합과세함).

[예제38] 우리나라 소득세의 과세체계는 열거주의를 기본으로 하고 일부 유형별 포괄주의를 도입하고 있다. (O / ×)

정답 | ○
해설 | 유형별 포괄주의를 적용하는 일부는 이자소득, 배당소득이다.

[예제39] 소액주주가 상장주식을 매매하여 얻은 양도소득은 소득세의 과세대상으로 열거되지 않았기 때문에 비과세이다. (○/×)

> **정답** | ○
>
> **해설** | 이와 같은 방식은 열거주의 과세방식이다.

[예제40] 법인이 얻은 모든 소득에 대해서는 법인세가 과세되는데 이는 (소득원천설/순자산증가설)을 따른 것이다.

> **정답** | 순자산증가설
>
> **해설** | 상속세와 증여세에 적용되는 완전포괄주의와 같은 개념이다.

[예제41] 과세 대상을 따로 정하지 않고 경제적 이익이 발생하면 이를 모두 과세소득으로 보아 세금을 부과하는 것을 완전포괄주의라고 한다. (○/×)

> **정답** | ○
>
> **해설** | 완전포괄주의(상속·증여세)의 개념이다. 반대 개념은 열거주의(소득세)가 된다. '법인세의 순자산증가설'도 완전포괄주의와 같은 개념이다.

SECTION 2 **과세세율**

(1) 소득세의 세율

① 금융소득에 대해서는 2005년 1월 1일부터 15.4%가 원천징수된다(소득세 14% + 주민세 1.4% = 15.4%).

② 종합소득 과세표준별 소득세율(지방소득세 별도)

과세표준	세율
1,200만원 이하	6%
1,200만원 초과 ~ 4,600만원 이하	72만원 + 1,200만원 초과금액의 15%
4,600만원 초과 ~ 8,800만원 이하	582만원 + 4,600만원 초과금액의 24%
8,800만원 초과 ~ 1억 5천만원 이하	1,590만원 + 8,800만원 초과금액의 35%
1억 5천만원 초과 ~ 3억원 이하	3,760만원 + 1억 5천만원 초과금액의 38%
3억원 초과 ~ 5억원 이하	9,460만원 + 3억원 초과금액의 40%
5억원 초과	1억 7,460만원 + 5억원 초과금액의 42%

2020년 소득세법 개정안(참고) : '10억원 초과 45%'을 구간을 신설함. 즉 법안 통과시 '5억원 초과 10억원 이하'는 42%, '10억원 초과'는 45%가 과세됨

③ 금융소득 과세방법(지방소득세 별도)

> 금융소득이 2천만원 이하인 경우 → 14% 분리과세로 과세 종료

> 금융소득이 2천만원 초과인 경우 → 종합소득과 합산하여 기본세율(6~40%)로 과세. 단, 비교과세를 함
> ※ 비교과세[주1] : Max(종합과세방식, 분리과세방식)

> ※ 주1 : 비교과세를 하는 이유는 어떤 경우라도 원천징수세율(14%)보다 낮아질 수 없도록 하기 위함이다.

(2) 법인세의 세율(지방소득세 별도)

과세표준	2억원 이하	2~200억원 이하	200억원 초과~3천억원 이하	3천억원 초과
세율	10%	20%	22%	25%

※ 법인세율(2018.1.1 이후 개시하는 사업연도부터 적용)

(3) 상속세와 증여세의 세율

과세표준	세율
1억원 이하	과세표준의 10%
1억원 초과~5억원 이하	1천만원 + 1억 초과 금액의 20%
5억원 초과~10억원 이하	9천만원 + 5억 초과 금액의 30%
10억원 초과~30억원 이하	2억 4천만원 + 10억 초과 금액의 40%
30억원 초과	10억 4천만원 + 30억 초과 금액의 50%

> 예시 상속세의 과세표준이 100억원일 경우 상속세액은 얼마인가?
> → 10억 4천만원 + (70억원×50%) = 10억 4천만원 + 35억원 = 45억 4천만원이다.

(4) 금융소득 종합과세

① 개념 : 금융소득은 개인별 연간 금융소득(이자소득, 배당소득)의 합계액이 2천만원 이하인 경우에는 해당 소득세를 원천징수함으로써 납세의무가 종결된다(분리과세). 그러나 2천만원 초과분에 대해서는 종합소득에 해당하는 다른 소득과 합산하여 누진세율을 적용하여 종합과세한다.

> 예시 금융소득이 5천만원인 경우 → 2천만원은 15.4%로 원천징수하고 나머지 3천만원은 다른 종합소득과 합산하여 종합소득세율을 적용한다.

② 분리과세 가능 상품

⊙ 만기 10년 이상 & 보유기간 3년 이상의 장기채권의 이자(2017년말까지의 발행분에 한함): 신청 시 분리과세율 30% 적용

ⓒ 세금우대종합저축에서 발생하는 이자, 배당(2014년 말까지의 판매분) : 분리과세율 9.5%

명/품/해/설 분리과세 신청의 유불리

• 분리과세는 분리과세 대상 소득을 '종합소득에 합산하지 않는다'는 것이다. 만일 종합소득이 '8,800만원 초과' 구간에 있는 사람이 분리과세를 신청해서 '8,800만원 이하' 구간이 된다면 소득세율이 35%에서 24%로 낮아진다. 이럴 경우는 분리과세 신청이 유리하다.

• 그렇지만 분리과세 신청이 무조건 유리한 것은 아니다. 소득세율 구간이 15%에 있는 사람은 '10년 이상 장기채권의 이자소득(분리과세율 30%)'에 대해서 굳이 분리과세를 신청할 필요가 없다. 분리과세율이 본인의 과세율보다 더 높기 때문이다.

③ 비과세저축상품 신설(2015.1.1.~) : 기존 생계형비과세저축의 대체상품으로 전 금융기관통합 5천
만원까지 비과세 적용

　　※ 가입대상 : 만 65세 이상 거주자, 장애인, 기초생활수급자, 유공자 등

④ 비과세보험 : 일정 요건을 충족한 저축성보험의 보험차익

[예제42] 종합과세 기본세율의 최저 구간과 최고 구간의 과세표준금액과 세율은 각각 (　　　　　　　),
(　　　　　　)이다.

정답 ┃ 1,200만원 이하까지 6%, 5억원 초과 시 42%

해설 ┃ 기본세율은 6~42%이다(2018.1.1부터).

[예제43] 금융소득종합과세란 금융소득이 2천만원 이하일 경우는 (　　　)의 세율로 분리과세를 하며, 2천만원
을 초과할 경우는 그 초과분을 종합소득에 합산하여 종합과세하는 것을 말한다.

정답 ┃ 14%

해설 ┃ 지방소득세포함 시 15.4%

[예제44] 법인세의 과세표준이 50억원일 경우 법인세율은 (　　　)이다.

정답 ┃ 20%

해설 ┃ 지방소득세 포함 시 22%
- 2억원 이하 10%
- 2억원 초과 200억원 이하 20%
- 200억원 초과~3천억원 이하 22%
- 3천억원 초과 25%

[예제45] 상속세와 증여세의 최고세율은 50%이다. (○ / ×)

정답 ┃ ○

해설 ┃ 10~50%이다. 과세표준이 30억원을 초과하면 50%의 세율이 적용된다.

CHAPTER 05

금융상품의 선택기준과 요령

SECTION 1　개요

일반적으로 금융상품을 선택할 때에는 상반관계(risk-return profile)에 있는 안전성, 수익성, 환금성의 3가지 요소를 고려하는데 이 3요소는 동시에 충족될 수 없으므로 기준요소별 고객의 니즈에 맞는 상품을 추천해야 한다.

SECTION 2　선택기준

(1) 목적을 고려한 선택(저축기관별 주요 금융상품)

저축목적	주요 금융상품
주택자금마련	주택청약종합저축
노후생활자금마련	(변액)연금보험, 개인연금신탁, 노후생활연금신탁, 역모기지론 등
자녀교육비마련	장학적금, 교육보험 등
생활안정성확보	종신보험, 암보험 등
대출을 받기 위한 저축	상호부금, 신용부금 등

※ 노후생활연금신탁과 개인연금신탁은 신규가입이 중단되었다.
※ 상호부금은 은행상품, 신용부금은 상호저축은행상품이다.

(2) 기간을 고려한 선택(저축기관별 주요 금융상품)

구분	은행	자산운용사	금융투자회사
초단기(1개월 이내)	저축예금/MMDA	MMF	CMA/RP
1~3개월 이내	표지어음/RP/CD/정기예금	MMF/단기수익증권(채권형)	RP/CMA/단기수익증권(채권형)
3~6개월 이내	표지어음/RP/CD/정기예금/맞춤형금전신탁	단기수익증권(채권형)	RP/CMA/단기수익증권(채권형)
6개월~1년 이내	표지어음/정기예금/맞춤형금전신탁	중기수익증권(채권형/주식형)	중기수익증권(채권형/주식형)
장기(1년 이상)	정기예금/금융채/연금신탁/맞춤형금전신탁/주택관련저축	장기수익증권(채권형/주식형)/연금투자신탁/뮤추얼펀드	증권저축/회사채/국공채/장기수익증권(채권형/주식형)

※ 저축예금과 MMDA가 초단기상품의 대상이 되는 것은 보통예금과 같은 기능(수시입출금 기능)이 있으면서도 이자는 보통예금보다 높기 때문이다.
※ 수익증권(펀드상품)은 자본시장법 시행으로 다양한 판매회사(은행, 증권사, 보험사, 자산운용사 등)에서 가입할 수 있게 되었다.

(3) 안전성을 고려한 선택(저축기관별 주요 금융상품)

① 우량금융기관 판단지표

구분	주요경영지표	공통사항
보험회사	지급여력비율	• 경영공시사항
은행	BIS비율, 자기자본비율	• 감독당국의 경영평가 결과
증권회사	영업용순자본비율	• 국제신용평가 기관이 신용등급
자산운용회사	위험대비 자기자본비율	• 최근의 주가수준

㉠ BIS비율은 BIS(Bank for International Settlement : 국제결제은행)가 정한 은행의 위험자산(부실채권) 대비 자기자본비율을 말한다. 1988년 7월 각국 은행의 건전성과 안전성 확보를 위해 최소 자기자본비율에 대한 국제적 기준을 마련했고, 이 기준에 따라 적용 대상 은행은 위험자산에 대하여 최소 8% 이상의 자기자본을 유지해야 한다.

㉡ 지급여력비율 = 지급여력금액/지급여력기준금액×100

보험회사가 가입자에게 보험금을 제때에 지급할 수 있는지를 나타낸 것으로 보험회사의 경영상태를 판단할 수 있는 지표이며, 보험회사는 100% 이상의 지급여력비율을 유지해야 한다.

㉢ 영업용순자본비율 = 영업용순자본금액/총위험액×100

'증권사판 BIS비율'로도 불린다. 금융투자업을 영위하기 위해서는 적정한 영업용순자본(3개월 이내에 확보할 수 있는 유동성의 개념)을 유지해야 하는데, 총위험액 대비 150% 이상을 유지해야 한다(일부에 대해서는 200% 이상이 요구됨).

② 안전한 금융상품 선택 : 예금자보호대상 여부를 확인할 필요가 있다. 일반적으로 수익성이 높은 상품은 원금손실 위험도가 큰 만큼(high risk, high return) 필요 시 자금의 운용목적에 맞게 분산투자하는 것이 바람직하다.

(4) 수익성을 고려한 선택

① 실효수익률 기준의 선택 : 고수익 상품의 선택을 위해서는 이자지급방법(단리보다는 복리가 유리), 확정금리 또는 변동금리 여부(확정금리는 가입 시 수익이 확정되고 변동금리는 연동되는 금리수준에 따라 수익이 변동된다), 세금우대 여부 등 수익률에 실질적인 영향을 미치는 요인을 정확히 이해하고 '실효수익률' 기준으로 선택해야 한다.

② 금융상품과 금리

구분	확정금리	연동금리	실적배당
내용	계약기간 동안 확정금리 보장	대표적인 시장금리에 연동하여 적용	채권·주식 등에 투자한 결과를 실적에 따라 배당
수익률/리스크	소	중	대
투자자책임	소	중	대
금융기관책임	대	중	소
주요 금융상품	• 정기예금·적금 • 전통형 보험	• CD금리연동형 정기예금 • 공시이율 적용 보험상품	• 실적배당형 신탁 • 뮤추얼 펀드 • 변액보험

ⓐ 수익률이 낮으면 리스크도 낮다(수익률이 높으면 리스크도 크다).

ⓑ 투자자책임이 크면 금융기관책임이 작다(반대 관계).

ⓒ 확정금리는 가입 당시 원리금이 확정되지만, 연동금리는 시장의 금리 상황에 따라 수익이 변동한다. 예를 들어 '연동금리 예금상품'의 연동금리(일반적으로 CD)가 상승하면 수익이 증가하고 연동금리가 하락하면 수익이 감소한다.

ⓓ 변액보험은 납입보험료의 일부분을 펀드에 투자하므로 실적배당형 상품이 된다.

ⓔ 실적배당형 상품을 '실적금리'라고도 한다.

(5) 환금성을 고려한 선택(환금성 수준별 주요 금융상품)

구분	주요 저축상품
환금성이 높은 단기저축상품	• 은행의 MMDA • 입출금이 자유로운 상품 : 보통예금, 저축예금, 가계당좌예금 등 • 만기 1년 이내의 상품 : MMF, CD, RP, 단기수익증권 등
환금성이 낮은 장기저축상품	• 은행의 만기 1년 이상 상품 : 저축성예금, 신탁상품 및 금융채 등 • 장기수익증권, 장기채권 등 • 보험회사의 저축성보험상품 등

※ 환금성이 높으면 수익성이 낮다. ⓔ 보통예금

※ 투자를 위한 단기대기성 자금이나 일상의 생활자금은 수시입출금이 가능한(환금성이 높은) 상품을 이용하는 것이 바람직하다.

(6) 저축기관을 고려한 선택

① 금융기관을 선정할 때에는 안전성 외에도 취급기관의 자금운용 능력과 운용 방식, 고객에 대한 부대서비스의 내용, 점포망, 직원들의 업무 능력이나 친절도 등을 살펴볼 필요가 있다.

② 대부분의 금융기관들은 단골고객이나 거액예금자에 대해 수수료 면제, 우대금리 적용, 긴급자금 대출, 재테크 상담 등 여러 가지 부대서비스를 제공하고 있으므로 하나의 주거래은행을 정해놓고 집중적으로 이용하는 것이 바람직하다.

[예제01] 정기예금, 채권, 주식 중에서 안전성을 최우선으로 한다면 '정기예금'을 선택한다. (O / ×)

정답 ㅣ ○
해설 ㅣ 안전성은 '정기예금 – 채권 – 주식'의 순이다.

[예제02] 정기예금, 채권, 주식 중에서 수익성을 최우선으로 한다면 '정기예금'을 선택한다. (O / ×)

정답 ㅣ ×
해설 ㅣ 수익성은 '주식 – 채권 – 정기예금'의 순이다. 예제1과 예제2를 비교할 때 수익성과 안전성은 상반관계(trade off)임을 알 수 있다.

[예제03] 상품 가입 시 처음부터 수익의 크기가 정해지는 것을 연동금리상품이라 한다. (○/×)

정답 | ×

해설 | 확정금리상품이다. 확정금리는 처음부터 그 수익이 결정되고 연동금리는 기준금리에 따라 연동된다.

[예제04] 기준금리에 연동하여 수익의 크기가 결정되는 상품을 실적금리상품이라 한다. (○/×)

정답 | ×

해설 | 연동금리이다. 실적금리라는 말은 실제 잘 쓰이는 않는 용어인데, 신탁상품 등 실적배당상품을 말한다.

[예제05] 확정금리, 연동금리, 실적금리 세 가지 형태 중에서 투자자책임이 가장 작고 금융기관책임이 가장 큰 것은 확정금리상품이다. (○/×)

정답 | ○

해설 | 정기예금, 적금, 전통형 보험이 그 예이다.

[예제06] 확정금리, 연동금리, 실적금리 세 가지 형태 중에서 투자자책임이 가장 크고 금융기관책임이 가장 작은 것은 실적금리상품이다. (○/×)

정답 | ○

해설 | 실적배당형 신탁, 뮤추얼 펀드, 변액보험 등이 그 예이다.

[예제07] 확정금리, 연동금리, 실적금리 세 가지 형태 중에서 투자자책임과 금융기관책임이 모두 중간에 위치하는 것은 연동금리상품이다. (○/×)

정답 | ○

해설 | CD금리연동형 상품, 공시이율 적용 보험상품 등이 그 예이다.

[예제08] 금융상품을 선택할 경우 기본적으로 투자의 3요소인 '안전성, 수익성, 환금성'을 고려해야 하는데 우대금리, 부대서비스 차이 등의 관점에서 저축기관도 중요한 선택의 기준이 될 수 있다. (○/×)

정답 | ○

해설 | 취급기관의 운용 능력, 부대서비스의 차이, 우대금리 적용 여부, 직원들의 업무 능력이나 친절도 등이 저축기관을 선택하는 요소이다.

필수이해문제

001 금융시장에 대한 설명 중 옳은 것은?

① 경제란 돈을 빌려주고 빌리는 행위, 즉 자금의 융통을 말한다.

② 돈을 맡길 곳을 찾는 자금수요자와 돈을 빌려올 곳을 찾는 자금의 공급자가 모여서 거래가 형성되는 곳을 금융시장이라 한다.

③ 금융시장의 참여자는 기업, 정부, 금융기관 등이며 가계는 참여할 수 없다.

④ 금융시장은 경제주체들이 금융상품을 거래하여 필요한 자금을 조달하고 여유자금을 운용하는 조직 또는 비조직화된 장소를 말한다.

정답 | ④

해설 | ① 경제가 아니라 금융이다.
　　　② 자금의 수요자와 자금의 공급자가 바뀌었다.
　　　③ 가계도 당연히 참여한다.

002 빈칸이 알맞게 채워진 것은?

> • 시설투자자금을 은행에서 차입하였다. 이와 같은 금융방식은 (㉠)이다.
> • 시설투자자금을 채권발행을 통해서 확보하였다. 이와 같은 금융방식은 (㉡)이다.

	㉠	㉡		㉠	㉡
①	직접금융	간접금융	②	간접금융	직접금융
③	직접발행	간접발행	④	간접발행	직접발행

정답 | ②

해설 | 은행차입은 간접금융, 주식이나 채권발행을 통한 금융은 직접금융이다.

003 직접금융과 간접금융에 대한 설명으로 옳지 않은 것은?

① 은행에서 차입을 하면 간접금융이다.

② 기아자동차가 신규시설 투자를 위해 채권을 발행하고 자금을 확보했다면 이는 직접금융이 된다.

③ 삼성전자가 주식을 배당하면 직접금융이 된다.

④ 간접금융을 중개하는 대표적 금융기관은 은행이고 직접금융을 중개하는 대표적 금융기관은 증권회사이다.

정답 | ③

해설 | 배당은 자금을 차입하는 것이 아니라 자금을 지급(자금의 사외유출)하는 것이다. 즉 금융에 해당되지 않는다.

004 ㈜서울의 자금조달 사례 중 직접금융 방식이 아닌 것은?

① ㈜서울은 자체 신용도가 양호하여 A은행으로부터 100억원을 저리로 차입조달하였다.

② ㈜서울의 회사채를 액면 100억원, 만기 5년, 발행금리 8%의 조건으로 발행하였다.

③ 상장회사인 ㈜서울은 일반공모증자 방식을 통해 100억원의 자금을 조달하였다.

④ ㈜서울은 전환사채 발행을 통해서 시중금리보다 낮은 금리로 100억원을 조달하였다.

정답 | ①

해설 | '자금공여자와 직접 거래하면' 직접금융이다. '직접'이란 자금의 공여자인 투자자가 자금의 수요자인 기업의 주식이나 채권을 매입하는 것을 말한다. 즉 은행을 거치지 않고 증권(주식과 채권) 발행을 통해 자금을 조달하는 것이다. 이에 반해 간접금융은 한마디로 '은행에서 차입하는 것'을 말한다. 은행은 자금의 중개 기능을 담당한다. 즉, 자금사정에 여유가 있는 사람이 저축한 자금을 수신하여 자금이 필요한 사람에게 빌려주는 것(대출)이 중개 기능인데, 이러한 은행의 중개 기능을 이용해 자금을 조달하는 것을 간접금융이라 한다.

005 금융시장의 기능에 속하지 않는 것은?

① 자금조달 기능   ② 금융자산의 가격결정 기능

③ 거래비용 절감   ④ 위험관리 기능

정답 | ①

해설 | 자금조달이 아니라 자금의 중개 기능이다. 금융시장의 기능으로는 (1) 자금중개, (2) 금융자산의 가격결정, (3) 유동성 제공, (4) 거래비용 절감, (5) 위험관리, (6) 시장규율 등이 있다.

006 다음 중 금융시장의 기능으로 적합하지 않은 것은?

① 여유자금을 흡수하여 부족 부문, 특히 투자효율이 높은 기업에 투자자금을 저렴하게 공급한다.

② 인플레이션을 방지한다.

③ 수요자와 공급자 간에 끊임없이 적정가격을 찾아가는 과정을 거쳐 공정한 가격을 결정한다.

④ 언제든지 보유자산을 매각하여 자금을 회수할 수 있는 유동성을 제공한다.

정답 | ②

해설 | 인플레이션을 방지하는 것은 금융시장의 기능과 관련이 없다. 물가가 상승하면 인플레이션이 발생하는데 인플레이션 방지는 금리 인상이나 통화량 긴축 등 정부정책적 차원의 대응을 통해 이뤄진다.
① 자금중개 기능
③ 금융자산가격의 결정 기능
④ 유동성 제공 기능
그 밖에 거래비용 절감, 위험관리, 시장규율 등이 있다.

007 긴급히 자금을 필요로 하는 사람이 있다. 그런데 금융시장이 없다면 자금을 빌려주는 사람을 직접 찾아야 한다. 이 경우 금융시장에서 빌리는 경우에 비해 더 많은 비용(시간, 노력, 금전적인 추가비용 등)이 든다. 이러한 비용을 무엇이라 하는가?

① 탐색비용
② 정보비용
③ 금융비용
④ 이자비용

정답 | ①

해설 | 금융시장은 탐색비용이나 정보비용 등 금융거래에 따라 발생하는 비용과 시간을 줄여준다.
※ 정보비용 : 금융자산의 투자가치를 평가하기 위해 필요한 정보를 얻는 데 소요되는 비용

008 '파생상품'과 가장 관련이 깊은 금융시장의 기능은 무엇인가?

① 자금중개 기능
② 유동성 제공 기능
③ 위험관리 기능
④ 시장규율 기능

정답 | ③

해설 | 파생상품의 가장 큰 기능은 '위험의 전가 기능(hedging)'이다.

009 다음 보기의 설명은 금융시장의 기능 중 무엇에 대한 설명인가?

> • 기업이 자금을 조달하기 위해 주식이나 채권을 발행할 경우 이에 대한 시장의 평가가 해당 주식이나 채권의 가격에 반영된다.
> • 예를 들어, 어떤 기업이 다른 기업을 인수·합병하거나 사업을 급속하게 확장하려는 계획이 있는데 금융시장에서 이를 불건전한 사업 악화로 여긴다면 주가는 하락하고 해당 기업의 자금조달비용은 상승하게 된다.

① 자금중개 기능　　　　　　　　② 금융자산가격의 결정

③ 유동성제공 기능　　　　　　　　④ 시장규율 기능

정답 | ④

해설 | 시장규율에 대한 내용이다. 기업은 주식을 발행하여 자금을 조달하고자 할 경우 발행가격을 결정해야 하는데 아무렇게나 정하는 것이 아니고 시장의 평가가 반영되어 결정된다는 것이다. 즉, 시장의 평가가 반영된다는 것은 시장의 규율을 받는다는 것이다.

010 보통 만기 (　　) 미만의 금융자산이 거래되는 곳을 단기금융시장이라 하고 (　　) 이상의 금융자산이 거래되는 곳을 장기금융시장이라 한다. 빈칸에 들어갈 알맞은 것은?

① 6개월　　　　　② 1년　　　　　③ 2년　　　　　④ 3년

정답 | ②

해설 | 1년을 기준으로 한다.

011 다음 중 단기금융시장에서 거래되는 상품에 해당되지 않는 것은?

① 환매조건부매매채권　　　　　　② 양도성예금증서

③ 통화안정증권　　　　　　　　　④ 특수채

정답 | ④

해설 | 주식, 채권, 자산유동화증권 등은 자본시장의 상품이다. 단기금융시장에서는 콜, CD, RP, CP, 통안증권, 표지어음 등 1년 미만의 금융자산이 거래된다.

012 다음 콜(call)시장에 관한 설명으로 적합하지 않은 것은?

① 금융기관이 초단기로 일시적인 여유자금을 대여(콜론)하거나 부족자금을 차입(콜머니)하는 금융기관 간 자금시장이다.

② 콜시장의 참여기관은 은행, 은행신탁, 종금, 자산운용, 증권, 보험 등 대형 금융기관 위주로 형성된다.

③ 자금이 풍부한 은행은 주로 대여기관(콜론기관)이 된다.

④ 콜거래의 최장만기는 90일 이내로 제한되며 만기가 1일인 익일물거래가 전체 거래의 대부분을 차지하고 있다.

정답 | ③

해설 | 자산운용사와 은행신탁은 주로 콜론기관으로, 증권회사와 외국은행지점은 콜머니기관이 되는데 은행은 자금사정에 따라 콜론기관 또는 콜머니기관이 된다.

013 단기금융시장의 상품에 대한 설명으로 옳지 않은 것은?

① 콜의 최장만기는 90일 이내이다.

② 기업어음(CP)의 만기제한은 폐지되었지만 전자단기사채는 만기 1년 이내로 발행해야 한다.

③ 양도서예금증서의 최단만기는 30일 이상으로 제한되며, 만기 전 중도환매는 허용되지 않는다.

④ 환매조건부매매채권은 최단만기가 7일 이상이다.

정답 | ④

해설 | 환매조건부매매(repurchase agreement)채권은 만기에 대한 특정제한이 없다.

※ RP 매도자(자금의 차입자) ↔ RP 매수자(자금의 대여자)

※ 단기금융시장 상품의 만기제한

콜	CP(기업어음)	CD	통화안정증권
최장기간 90일 이내	제한 없음	최단만기 30일 이상	만기정형화(13종) 2주~2년

※ 표지어음은 최장만기제한이 없으며, 원어음의 잔존만기 이내로 제한된다(보통 3개월 만기가 대부분).

014 기업어음(CP : Commercial Paper)에 관한 설명으로 적합하지 않은 것은?

① 기업어음시장은 기업이 장기자금을 조달할 목적으로 상거래와 관계없이 발행한 융통어음이 거래되는 시장이다.

② 무담보 거래가 원칙이므로 신용도가 우량한 기업이 CP를 발행하고 증권회사와 종금사가 이를 할인하여 매출하며, 주로 은행, 은행신탁, 자산운용사, 보험사 등이 매입하여 만기까지 보유한다.

③ 전자단기사채를 발행할 경우 최소 1억원 이상을 발행해야 한다.

④ CP는 예금자보호대상이 아니다.

정답 | ①

해설 | 기업어음은 단기금융상품이므로 단기자금 조달을 목적으로 한다.

015 양도성예금증서(CD : Certificate of Deposit)에 대한 설명으로 적합하지 않은 것은?

① 은행의 정기예금에 양도성을 부여한 증서이다.

② 한국수출입은행을 제외한 모든 은행이 CD를 발행할 수 있고 일반 개인, 법인 및 금융기관이 매입하고 증권회사와 종금사 및 자금중개회사가 중개업무를 담당한다.

③ 최단만기가 30일 이상으로 제한되어 있으나 실제로 3개월 및 6개월 만기가 거래의 주종을 이룬다.

④ 무기명·할인식이며 만기 전 중도환매가 가능하다.

정답 | ④

해설 | 무기명·할인식으로 거래된다(무기명이라 인기가 높은 편). 그러나 중도환매는 불가하다(유통시장에서 거래가 활발하므로 언제든지 매도하여 환금할 수 있음).

016 환매조건부매매채권(Repurchase Agreement)에 대한 설명 중 적합하지 않은 것은?

① 환매조건부채권매매시장은 일정 기간 경과 후에 일정한 가격으로 동일 채권을 다시 매수하거나 매도할 것을 조건으로 채권이 거래되는 시장을 말한다.

② RP는 최단만기, 최장만기 제한이 없다.

③ 환매조건부매매채권으로 얻은 차익이 있을 경우 이자소득세로 과세된다.

④ 채권의 보유자(RP 매수자)는 단기자금이 필요한 경우 채권을 담보로 손쉽게 자금을 조달할 수 있어 채권매각에 따른 자본손실위험을 회피할 수 있으며, 단기여유자금을 보유하고 있는 투자자(RP 매도자)는 채권투자에 따른 위험부담 없이 안전하게 자금을 운용할 수 있다.

정답 | ④

해설 | RP 매도자 = 차입자, RP 매수자 = 대여자

017 통화안정증권(MSB : Monetary Stabilization Bond)에 대한 설명 중 적합하지 않은 것은?

① 한국은행이 통화량을 조절하기 위해 금융기관 또는 일반을 대상으로 발행하는 증권이다.

② 통상 특수한 약정이 되어 있는 금융기관을 상대로 하는 경쟁입찰 외에 일반인을 상대로 매수자에 대한 제한 없이 한국은행 본지점 창구를 통해 일반매출도 이루어진다.

③ 만기는 14일 이상 2년까지 13종으로 정형화되어 있다.

④ 경상수지 적자나 외국인의 투자자금 유출 등으로 인해 부족한 시장 유동성을 늘리고자 할 경우 은행, 종금사, 증권사, 자산운용사, 보험사 등을 상대로 증권을 발행한다.

정답 | ④

해설 | ④의 경우는 시중 통화량을 증가시키는 목적이므로 통화안정증권을 매입해야 한다(시중에 있는 통화안정증권을 한국은행이 매입함으로써 매입자금이 시중에 풀리게 되어 통화량이 증가하게 됨).

018 표지어음에 대한 설명 중 적합하지 않은 것은?

① 금융기관이 보유하고 있는 상업어음, 무역어음 또는 팩토링어음을 분할·통합하여 새롭게 발행한 약속어음의 일종이다.

② 기업은 상업어음 등의 만기가 되기 전에 영업활동에 필요한 자금을 조달하기 위해 금융기관에 원어음의 할인을 의뢰하고, 은행·종금사·상호저축은행은 이를 근거로 표지어음을 발행한다.

③ 표지어음을 발행하는 이유는 원어음 할인에 따른 자금부담을 줄임과 동시에 두 어음의 금리차이를 이용한 차익을 얻을 수 있기 때문이다.

④ 표지어음은 최장만기가 1년 이하이며 3개월 만기가 대부분을 차지한다.

정답 | ④

해설 | 표지어음은 최장만기제한이 없이 원어음의 잔여만기 이내로 발행되며 3개월 만기가 대부분을 차지한다.

※ 투자자 입장에서는 금융기관이 원어음의 부도와 관계없이 표지어음의 지급의무를 부담하므로 안정적인 단기자금 운용 수단을 얻게 된다.

019 여유자금 3천만원이 있어 안정적인 상품에 운용하고자 한다. 그런데 이 자금은 1년 내에 다시 회수해야 한다. 이 경우 적절한 운용대상 상품이라고 할 수 없는 것은?

① 양도성예금증서(CD)
② 환매조건부매매채권(RP)
③ 표지어음
④ 국민주택채권

정답 | ④

해설 | 만기가 1년 미만이므로 단기금융상품이 적절하다. 국민주택채권(국채)은 장기금융상품이다.

020 다음 중 증권시장의 금융상품에 해당하지 않는 것은?

① 통화안정증권
② 국채
③ 지방채
④ 자산유동화증권

정답 | ①

해설 | ②, ③, ④는 장기금융시장(자본시장, 증권시장)에서 거래되는 상품이고, 통화안정증권은 한국은행에서 통화조절용으로 발행하는 단기금융시장 거래상품이다.

021 외환시장에 대한 설명으로 옳지 않은 것은?

① 일반고객과 외국환은행 간에 외환이 거래되는 시장을 대고객시장이라 한다.

② 외국환은행 간의 거래가 되는 시장을 은행 간 시장이라 한다.

③ 일반적으로 외환시장이라 함은 은행 간 시장을 말한다.

④ 통상 2영업일 내로 결제되는 외환거래를 선물환(forward)거래라고 한다.

정답 | ④

해설 | 통상 2영업일 내로 결제되면 현물거래(spot거래)라고 하며, 2영업일을 초과하여 결제하는 거래를 선물환거래 (forward거래)라고 한다.

022 외환시장에 대한 설명으로 옳지 않은 것은?

① 현물환거래는 외환시장의 가장 일반적인 거래 형태로서 모든 외환거래의 기본이 되며 여타 환율 산출 시 기준이 된다.

② 통화선물거래는 장내거래이다.

③ 통화옵션거래는 장내거래, 장외거래 모두 있는데, 장내거래의 규모가 더 크다.

④ 외환스왑(FX swap)은 현물환과 선물환의 교환을 의미하고, 통화스왑은 이종 통화 간의 교환거래를 의미한다.

정답 | ③

해설 | 통화옵션뿐 아니라 외환시장에서는 장내거래보다 장외거래의 규모가 더 크다.

023 파생금융상품에 대한 설명 중 적합하지 않은 것은?

① 자금의 차입과 대출이 주된 업무인 금융기관이나 외국과의 교역에 종사하는 기업의 경우 일반인보다 금리나 환율변동으로부터 예상 외의 손실이 발생할 수 있는데 이를 회피하기 위해 고안된 것이 파생금융상품이다.

② 파생금융상품은 가치가 자체적으로 발생하는 것이 아니라 주가, 금리, 환율 등 기초자산의 가치변동으로부터 파생(derive)되기 때문에 파생금융상품(derivatives)이라 한다.

③ 파생금융상품의 거래형태는 선도(forwards) 또는 선물(futures), 옵션(options), 스왑(swap)으로 구분된다.

④ 파생금융상품은 위험을 회피하기 위해 고안된 것이므로 파생금융상품을 매매할 경우 보통 레버리지 효과가 낮은 편이다.

정답 | ④

해설 | 파생상품시장의 증거금이 현물시장보다 낮으므로 레버리지 효과가 훨씬 더 크다(예를 들어 현물시장의 일반적 증거금은 40%, 선물시장의 증거금은 5~15%이다).

024 다음 중 파생금융상품의 거래형태에 따른 분류에 해당하지 않는 것은?

① 선도(forward)
② 선물(futures)
③ 옵션(option)
④ 장내파생상품

정답 | ④

해설 | 거래형태에 따른 파생상품은 '선도·선물, 옵션, 스왑'으로 분류된다. 장내파생상품과 장외파생상품은 거래장소에 따른 분류이다.

025 배추생산업자와 김치가공업자가 3개월 후에 배추를 주고받는 계약을 했다면 이는 다음 중 어떤 거래에 해당하는가?

① 선도(forward)
② 선물(futures)
③ 옵션(option)
④ 스왑(swap)

정답 | ①

해설 | 선도(forward)거래이다. 미래에 실물인수도(physical delivery)를 하므로 선도 또는 선물이 되는데, '배추거래'는 아직 상장된 상품이 아니므로 선도거래에 해당된다.

026 금리에 대한 설명으로 가장 적절하지 않은 것은 무엇인가?

① 금리란 돈을 빌리는 대가로 자금의 수요자가 자금의 공급자에게 지급하는 이자율을 말한다.
② 금리가 오르면 저축이 늘어난다.
③ 금리가 오르면 투자가 늘어난다.
④ 금리의 변동은 자금의 수요·공급 규모를 결정하는 한편 자금을 필요한 부문에 적절히 배분하는 역할을 수행한다.

정답 | ③

해설 | 금리가 오르면 저축은 늘어나고 투자는 감소하게 된다. 사업투자자금이 필요한 기업의 입장에서 금리가 오르면 자금조달비용이 상승해서 투자가 줄게 된다.

027 금리에 대한 설명으로 가장 적절하지 않은 것은?

① 시중금리가 하락하면 기업의 투자가 활발해진다.

② 시중금리가 하락하면 예금생활자가 불리해진다.

③ 시중금리가 하락하면 부동산투자는 줄어든다.

④ 시중금리가 하락하면 주식투자가 늘어난다.

정답 | ③

해설 | 시중금리가 하락하면 자금조달비용이 줄어들어 기업투자는 좀 더 활발해지고, 예금생활자는 수입이 줄어들어 불리하다. 시중금리가 하락하면 예금, 채권에 대한 수요가 감소해(이자수입이 감소하기 때문) 주식이나 부동산 등 대체수단에 대한 투자는 늘어나게 된다.

028 한국은행의 금리정책에 대한 설명 중 가장 적절하지 않은 것은 무엇인가?

① 2008년부터 한국은행의 기준금리로 7일물 RP금리를 사용하고 있다.

② 경기를 부양하고자 한다면 금리 인하를 유도하는 정책을 사용한다.

③ 경기를 진정시키고자 한다면 금리 인상을 유도하는 정책을 사용한다.

④ 한국은행의 금리정책은 실물경제에 즉각적으로 영향을 미친다.

정답 | ④

해설 | 통상 6개월 후에 나타나며, 국제금융환경의 변화 등으로 그 효과가 제대로 나타나지 않을 수도 있다.

029 중앙은행이 금리를 인상하는 정책을 집행했을 경우 나타나는 결과로 보기 어려운 것은?

① 투자 확대 ② 실업 증가

③ 경기 둔화 ④ 인플레이션 억제효과

정답 | ①

해설 | '금리 상승 → 투자 감소 → 생산 감소 → 경기 위축(경기 둔화) → 실업 증가', 또한 '금리 상승 → 기업의 투자 감소, 가계의 저축 증대 · 소비 위축 → 자금수요 억제 → 물가 하락(인플레이션 억제)' 등의 결과로 나타난다.

※ 〈보기〉를 읽고 질문에 답하시오(030∼031).

〈보기〉
홍길동 씨는 1년 전에 1억원의 여유자금으로 A은행의 정기예금에 가입하였다. 당시 A은행에서 지급하는 1년 만기 정기예금의 이자율은 3.8%이었고(세전, 원천징수세율 15.4%), 같은 기간 물가 상승률(소비자물가 상승률)은 4.0%였다.

030 〈보기〉에서 명목수익률은 몇 %인가?

① 3.2%   ② 3.8%   ③ 4.0%   ④ 15.4%

정답 | ②
해설 | 명목수익률은 일반적으로 거래하는 거래 대상의 금리이다. 즉 A은행에서 제시하는 수익률 3.8%이다.

031 〈보기〉에서 실질수익률은 얼마인가?

① −0.2%   ② 0%   ③ 3.8%   ④ 4.0%

정답 | ①
해설 | 실질수익률 = 명목수익률 − 물가 상승률(CPI : 소비자물가 상승률). 즉 3.8% − 4.0% = −0.2%. 실질수익률은 −0.2%이다. 즉, 예금을 해도 물가 상승률이 예금이자율보다 높을 경우 실질수익률은 마이너스(−)가 된다. 실질수익률은 눈에 보이지 않지만 구매력 저하로 나타나며, 장기적으로 누적되면 확연한 구매력 저하로 나타나게 된다.

032 다음 빈칸에 알맞은 말로 연결된 것은?

• (㉠)란 겉으로 나타난 금리를 말하며 (㉡)란 실제로 지급하거나 부담하게 되는 금리를 말한다.
• (㉠)가 동일한 예금일지라도 단리, 복리 등의 이자계산 방법이나 과세 여부에 따라 (㉡)는 서로 달라진다.

	㉠	㉡			㉠	㉡
①	표면금리	실효금리		②	명목금리	실질금리
③	표면금리	실질금리		④	명목금리	실효금리

정답 | ①
해설 | 표면금리와 실효금리의 설명이다.

033 다음 중 실효금리가 가장 높은 것은 무엇인가?

> ㉠ 원금 1,000만원, 만기 2년, 연이율 10%, 단리
>
> ㉡ 원금 1,000만원, 만기 2년, 연이율 10%, 연 단위 복리
>
> ㉢ 원금 1,000만원, 만기 2년, 연이율 10%, 6개월 단위 복리
>
> ㉣ 원금 1,000만원, 만기 2년, 연이율 10%, 3개월 단위 복리

① ㉠   ② ㉡   ③ ㉢   ④ ㉣

정답 | ④

해설 | 원금·투자기간·연이율이 모두 같은 상태에서, 단리보다 복리가 유리하고 복리 단위가 짧을수록 더 유리하다.

034 다음의 조건에서 만기상환금액을 구하는 올바른 식은?

> 원금 1,000만원, 투자기간 2년, 연이율 6%, 6개월 단위 복리

① $1{,}000만원 \times (1+0.06)^2$ ② $1{,}000만원 \times (1+0.06/2)^2$

③ $1{,}000만원 \times (1+0.06/2)^{2\times2}$ ④ $1{,}000만원 \times (1+0.06/4)^{2\times4}$

정답 | ③

해설 | ①은 연 단위 복리, ②는 잘못된 산식, ④는 3개월 단위 복리산식을 말한다.

035 월 납입액이 200만원이고, 연이율이 10%인 적립형 정기적금을 24개월간 유지했을 경우 만기수령금액은 얼마인가?

① 5,200만원   ② 5,300만원

③ 5,340만원   ④ 5,400만원

정답 | ②

해설 | 원금 = 200만원×24개월 = 4,800만원, 이자 = $200 \times \left[\dfrac{24(24+1)}{2} \times \dfrac{0.1}{12} \right]$ = 500만원

따라서 만기수령금액은 5,300만원이다.

036 다음 중 금융기관의 역할이라고 볼 수 없는 것은?

① 금융자산의 가격결정 기능

② 거래비용 절감 및 위험의 분산 기능

③ 개인을 대신하여 자산관리를 대행하는 것은 물론 각종 결제서비스를 제공한다.

④ 유동성 제고를 통한 자산의 전환과정

정답 | ①

해설 | 금융자산의 가격결정 기능은 금융기관이 아니라 금융시장의 기능이 된다.

※ 금융시장의 기능과 금융기관의 기능을 구분하도록 한다.

금융시장의 기능		금융기관의 기능	
• 자금의 중개	• 금융자산가격의 결정 기능	• 자산의 전환 기능	• 거래비용 절감
• 유동성 제공	• 거래비용 절감	• 위험의 분산	• 지급결제 등 금융서비스 제공
• 위험관리	• 시장규율		

037 다음 설명에 해당되는 금융기관의 기능은?

> 금융기관은 예금증서와 같은 간접증권 발행을 통해 자금의 공급자로부터 잉여자금을 흡수하고, 이를 자금의 수요자가 발행한 직접증권과 교환함으로써 자금의 수요자에게 필요한 자금을 공급한다.

① 자산의 전환 기능　　　　　　② 거래비용 절감 기능

③ 위험의 분산 기능　　　　　　④ 금융서비스 제공 기능

정답 | ①

해설 | 간접증권과 직접증권의 교환을 통해 자금의 수요자의 채무를 자금공급자의 요구에 맞는 자산의 형태로 바꾸는 과정인데 이를 자산의 전환 기능이라 한다.

※ 간접증권 : 예금증서 등, 직접증권 : 주식, 채권

038 다음 설명에 해당되는 금융기관의 기능은?

> 금융기관은 직접증권과 간접증권을 계속해서 매매하고 또한 많은 증권을 대량으로 거래하므로 자금의 수요자나 자금의 공급자에게는 존재하지 않는 '규모의 경제'와 '범위의 경제'가 가능하다.

① 자산의 전환 기능　　　　　　② 거래비용 절감 기능

③ 위험의 분산 기능　　　　　　④ 금융서비스 제공 기능

정답 | ②

해설 | 거래비용의 절감 기능이다.

039 다음 설명에 해당되는 금융기관의 기능은?

> 금융기관은 많은 투자자들의 자금을 흡수하여 이를 다양한 종류의 직접증권에 투자함으로써 잘 분산된 포트폴리오를 구성하고 이를 투자자에게 제공한다.

① 자산의 전환 기능　　　　　　② 거래비용 절감 기능

③ 위험의 분산 기능　　　　　　④ 금융서비스 제공 기능

정답 | ③

해설 | 위험의 분산 기능이다. 예를 들어 금융기관이 ETF를 설정하고 소액투자자에게 제공하면 소액투자자는 적은 금액으로 얻기 불가능한 분산투자 효과를 얻음으로써 위험을 분산할 수 있다.

040 다음 중 일반은행에 속하지 않는 것은?

① 신한은행　　　　　　　　　② 부산은행

③ 도이치뱅크 서울지점　　　　④ 농협중앙회

정답 | ④

해설 | ①은 시중은행, ②는 지방은행, ③은 외국은행 국내지점으로, ①, ②, ③을 묶어서 일반은행이라 한다. ④는 특수은행인데 특수은행에는 한국산업은행, 수출입은행, 중소기업은행, 농·수협중앙회가 해당된다.

041 다음 중 특수은행에 속하지 않는 것은?

① 한국산업은행　　　　　　　② 한국수출입은행

③ 기업은행　　　　　　　　　④ 농·수협단위조합

정답 | ④

해설 | 농·수협중앙회(신용사업 부문)가 특수은행이며 농·수협단위조합(상호금융)은 신용협동기구에 속한다.
　　　 ※ 신용협동기구 : 신협, 새마을금고, 농·수협단위조합

042 은행의 고유업무에 속하지 않은 것은?

① 여수신업무　　　　　　　　② 어음의 할인

③ 어음의 인수　　　　　　　　④ 외국환업무

정답 | ③

해설 | 어음 할인은 고유업무, 어음 인수는 부수업무이다.

043 다음 중 은행의 겸영업무에 해당되는 것은?

① 예금 · 적금의 수입   ② 채무증서의 발행

③ 신탁업   ④ 어음의 할인

정답 ┃ ③

해설 ┃ 나머지는 모두 고유업무이다. 신탁업과 신용카드업 등은 겸영업무이다. 기타 부수업무로는 채무보증, 유가증권 투자 및 대여, 증권의 모집 또는 매출의 주선, 보호예수 등이 있다.

044 다음 중 은행의 겸영업무에 해당하지 않는 것은?

① 신용카드업   ② 펀드판매업

③ 신탁업   ④ 채무증서의 발행

정답 ┃ ④

해설 ┃ 채무증서의 발행(예 양도성예금증서의 발행)은 고유업무이다. 겸영업무는 ①, ②, ③ 외에도 보험판매업(방카슈랑스), 파생상품의 매매 및 중개, ELS매매업무, 투자자문업, ISA에 대한 투자일임업 등이 있다.

045 다음 중 금융투자업자의 금융투자업 6가지에 해당되지 않는 것은?

① 투자매매업   ② 투자중개업

③ 투자일임업   ④ 조사분석업

정답 ┃ ④

해설 ┃ 조사분석업이라는 명칭은 없으나, 유사한 '유가증권 및 지분의 평가업무'가 있고 이는 부수업무에 속한다.
    ※ 6개 금융투자업(또는 금융투자회사의 고유업무) : 투자매매업, 투자중개업, 집합투자업, 투자자문업, 투자일임업, 신탁업

046 다음 설명은 금융투자업의 고유업무 중 어떤 업무를 말하는가?

> 투자자로부터 금융투자상품에 대한 투자판단의 전부 또는 일부를 일임받아 투자자별로 구분하여 금융투자상품을 취득 · 처분, 그 밖의 방법으로 운용하는 것을 영업으로 한다.

① 투자중개업   ② 투자일임업

③ 투자자문업   ④ 집합투자업

정답 ┃ ②

해설 ┃ 투자일임업이다. '투자자별로 구분하여' 운용하는 것이므로 투자일임업이다. 집합투자업과 구분할 필요가 있다.

047 자본시장법의 기본취지에 부합되지 않는 것은?

① 금융투자상품을 추상적으로 정의하고 포괄적 규제가 가능하도록 하였다.

② 경제적 실질에 따라 동일한 기능에 대해서 동일한 규제가 적용되도록 하였다.

③ 독과점 방지를 위해 겸영을 제한하였다.

④ 설명의무, 적합성 원칙 등 투자권유제도를 신설하여 투자자 보호 수준을 강화하였다.

정답 | ③

해설 | 글로벌 경쟁력을 키우기 위해 대형화를 유도하였다. 즉 최소 조건을 갖추면 6개 금융투자업 고유업무를 모두 영위할 수 있도록 하였다(겸영의 허용 혹은 업무 범위의 확대).

048 홍길동은 D증권회사의 '일임형 랩어카운트(wrap account)'상품에 가입을 하였다. 이때 D증권회사가 홍길동을 상대로 영위하는 업무는 어떤 업무인가?

① 투자매매업

② 투자중개업

③ 투자자문업

④ 투자일임업

정답 | ④

해설 | 랩어카운트상품 중 '자문형 랩'은 투자자문업, '일임형 랩'은 투자일임업에 해당한다.

049 빈칸에 들어갈 수 있는 보험이 아닌 것은?

> (   )은 보험사고 발생 시 실제 손해액과 관계없이 미리 정해진 금액으로 보상해주는 중복보상이 특징이라면, 손해보험은 실제 손해액만큼을 보상해주는 실손보상이 특징이다.

① 자동차보험

② 종신보험

③ 상해보험

④ 암보험

정답 | ①

해설 | 빈칸에 들어갈 보험은 '생명보험'이다. 자동차보험은 손해보험이다.

050 빈칸에 들어갈 말로 바르게 연결된 것은?

> • (㉠)은(는) 일정 행정구역 내에 소재하는 서민 및 영세 상공인에게 금융편의를 제공하도록 설립된 대표적인 지역밀착형 서민금융기관이다.
>
> • (㉡)은(는) 조합원에 대한 저축편의 제공과 조합원 상호 간의 상부상조를 목적으로 조합원에 대한 여 · 수신업무를 취급하는 금융기관이다.

	㉠	㉡		㉠	㉡
①	상호저축은행	신용협동기구	②	우체국	신용협동기구
③	농 · 수협중앙회	상호저축은행	④	우체국	상호저축은행

정답 | ①

해설 | 신용협동기구에는 신협, 새마을금고, 농 · 수협단위조합이 있다.

051 다음 서술이 가리키는 금융기관은?

> 주식, 채권 등의 투자에 관하여 전문지식이 부족하거나 시간적 여유가 없는 투자자, 또는 직접적인 투자가 어려운 소액투자자들이 이용하기에 적합한 금융기관이다.

① 증권회사
② 투자자문사
③ 선물중개회사
④ 자산운용사

정답 | ④

해설 | 자산운용사(집합투자업자)이다. 대표적인 금융상품으로 채권형, 주식형, 혼합형 펀드, MMF 등이 있다.

052 다음 중 우체국예금에 대한 설명으로 옳은 것은?

① 정부에서 직접 운영하므로 영리의 목적이 전혀 없다.

② 우체국예금은 대출업무를 취급하지 않는다.

③ 원리금 합계 5천만원 한도의 예금자보호대상이다.

④ 외환위기 직후 국가의 신용도가 크게 떨어지면서 우체국예금의 잔고가 급감하였다.

정답 ┃ ②

해설 ┃ ① 정부 직영으로 공익성이 강하지만 그렇다고 '완전 비영리'는 아니다.
② 우체국예금은 예금업무만 취급한다.
③ 우체국예금에 대해서는 전액 정부가 지급보증한다.
④ 외환위기 직후 민간금융기관의 신용도가 하락하면서 우체국예금이 급증하였다.

053 우체국예금의 자금 운용 방법에 속하지 않는 것은?

① 다른 금융기관에의 위탁을 통하여 주식에 투자한다.

② 다른 금융기관에의 위탁을 통하여 채권에 투자한다.

③ 기업대출을 통해 이자수입을 목적으로 운용한다.

④ 정부회계에 대여한다.

정답 ┃ ③

해설 ┃ 우체국은 예금수취업무만을 할 수 있고 대출업무를 할 수 없다. 자산의 직접운용은 아직 하지 않으며 타 금융기관의 위탁을 통하여 주식, 채권 등의 투자자산에 투자한다.

054 다음 중 여신전문금융기관에 해당되지 않는 것은?

① 리스회사   ② 신용카드회사

③ 한국주택금융공사   ④ 할부금융회사

정답 ┃ ③

해설 ┃ 한국주택금융공사는 여수신 금융기관이 아니라, 장기주택공급을 확대하기 위해 설립된 공적 기관이다. 주택저당채권(MBS) 유동화업무와 전세자금대출 보증 등 주택 관련 보증업무, 주택담보연금지급(역모기지) 등을 취급한다.

055 여신전문회사의 자금조달 방법에 속할 수 없는 것은?

① 은행에 차입을 한다.　　　　　　② 고객으로부터 예금을 받는다.

③ 자본금의 추가 출자를 받는다.　　④ 영업이익을 늘린다.

정답 | ②

해설 | 여신전문회사는 '여신'만을 할 수 있고 예금수취업무(수신)는 할 수 없다.

056 다음 설명에 해당하는 금융기관은?

> 금융투자업자와 일반투자자에게 증권의 취득, 인수, 보유 및 매매와 관련한 자금을 공급하거나 금융기관 간 자금거래의 중개를 전문으로 하는 회사이다.

① 투자자문회사　　　　　　　　　② 증권금융회사

③ 한국거래소　　　　　　　　　　④ 자금중개회사

정답 | ②

해설 | 자금중개회사는 금융기관 간 자금거래 중개를 전문으로 하는 회사이다.

057 투자의 3요소(안전성 · 수익성 · 환금성)에 대한 설명 중 옳지 않은 것은?

① 수신상품을 선택할 때에는 안정성과 수익성과 환금성이 모두 충족되는 상품을 선택하는 것이 바람직하다.

② 환금성은 언제든지 인출할 수 있는 유동성을 말한다.

③ 투자자금이 고액일수록 안전성을 더 고려하는 것이 바람직하다.

④ 은행에 예금을 하는 것은 수익성보다는 안전성을 고려한 선택이라 할 수 있다.

정답 | ①

해설 | 수익성이 높으면 안전성은 낮을 수밖에 없다. 즉, 투자의 3요소는 동시에 충족될 수 없다. 따라서 투자자금의 성격에 맞게 선택을 해야 한다.

058 다음 중 은행 수신상품의 강점으로 보기에 적절하지 않은 것은?

① 광범위한 점포망과 전국적인 온라인시스템으로 인한 편리성

② 다양한 저축상품의 취급

③ 투자형 상품에 비해 유리한 안전성

④ 다른 저축기관에 비해 상대적으로 높은 수익률

정답 | ④

해설 | 은행은 타 금융기관에 비해 수익률은 상대적으로 낮다(안전성은 상대적으로 높다).

059 다음 중 입출금이 자유로운 상품이 아닌 것은?

① 보통예금　　　　　　　　　　② 저축예금

③ 가계당좌예금　　　　　　　　④ ETF

정답 | ④

해설 | ①, ②, ③ 외에 입출금이 자유로운 상품에는 별단예금, MMDA 그리고 은행 상품 외에는 MMF, CMA가 있다.

060 다음 설명에 해당하는 금융상품은?

> 예치금액, 예치기간 등에 아무런 제한이 없고 입·출금이 자유로우면서도 보통예금보다 높은 이자를 받을 수 있는 상품이다.

① 정기예금　　　　　　　　　　② 저축예금

③ 가계당좌예금　　　　　　　　④ 별단예금

정답 | ②

해설 | 저축예금이다. 당좌예금은 예금을 바탕으로 수표를 발행하고 결제하는 계좌로서 일반당좌(기업당좌)와 가계당좌가 있다. 가계당좌는 일반당좌와는 달리 이자를 지급한다.

061 다음 설명에 해당하는 금융상품은?

> 현금이 아닌 자기앞수표로 인출할 경우 수표가 교환에 회부되어 돌아올 때까지 임시적으로 해당 자금을 계리해 두는 계정으로, 공탁금 · 사고수표담보금 등 특수한 계정처리에 쓰인다.

① 보통예금   ② 저축예금

③ 가계당좌예금   ④ 별단예금

정답 | ④

062 다음 설명에 해당하는 금융상품은?

> • 시장실세금리에 의한 고금리와 자유로운 입출금 및 각종 이체, 결제 기능이 결합된 상품이다.
> • 자산운용사의 MMF, 증권사 등의 CMA의 대항상품으로서 은행이 판매하는 상품이다.

① CD   ② RP   ③ MMDA   ④ ETF

정답 | ③

해설 | CD, RP는 수시입출금 기능이 없다. ETF는 펀드상품이다.

063 다음 중 수시입출금 기능이 없는 상품은?

① CD   ② MMF   ③ CMA   ④ MMDA

정답 | ①

해설 | CD에는 수시입출금 기능이 없다.

064 다음 중 시장성 상품에 속하지 않는 것은?

① ELS   ② RP   ③ CD   ④ 표지어음

정답 | ①

해설 | 시장성 상품이란 단기금융시장에서 거래되는 유가증권과 같은 금융상품을 매개로 예금거래가 발생하는 것을 말하는데 은행에서는 CD, RP, 표지어음이 있다. ELS는 보통 만기를 2~3년으로 하여 발행하는 중위험 중수익 투자상품이다.

065 다음 설명에 해당하는 상품은?

> ⊙ 위탁자(투자자)가 주식, 채권 등에 직접 투자하기보다는 투자를 전문적으로 하는 회사(수탁자)에게 자신의 재산을 대신 관리, 운용해 줄 것을 위탁하는 상품이다.
>
> ⓒ 재산운용대상으로 특정 주식이나 대출 등을 고객이 구체적으로 정하는 것이다.

① 집합투자기구   ② 불특정금전신탁

③ 특정금전신탁   ④ ETF

정답 | ③

해설 | ⊙은 신탁의 정의이고, ⓒ은 신탁 중에서 특정금전신탁을 말한다. ⊙은 집합투자의 내용과도 유사하나 수탁자가 직접 운용한다는 점에서 집합투자와 다르다.

---

066 MMF의 가중평균잔존만기는 (   )일 이내이어야 한다. 빈칸에 들어갈 알맞은 것은?

① 14일   ② 30일   ③ 75일   ④ 180일

정답 | ③

해설 | MMF는 투자자가 투자한 자금을 모아 주로 양도성예금증서, 기업어음, 단기채권 등에 투자하여 얻은 수익을 고객에게 돌려주는 초단기상품으로 투자자가 원활히 환매할 수 있도록 투자자산 전체의 가중평균잔존만기를 75일 이내로 제한한다.

---

067 금융투자회사의 상품 중 소액결제의 기능이 있는 것은?

① MMF   ② CMA

③ 맞춤형 금전신탁   ④ ETF

정답 | ②

해설 | CMA는 고객으로부터 예탁금을 받아, RP · MMF · CP 등에 운용하여 높은 수익률을 지급함과 동시에 수시입출 및 자금결제 기능 등 부가서비스를 제공하는 복합금융서비스 상품이다(수시입출과 결제 기능이 수신 증대의 중요한 경쟁력이다).

068 CMA(Cash Management Account)에 대한 설명으로 옳지 않은 것은?

① 과거에는 종금사의 대표상품이었으나 2005년 6월부터 증권사에도 판매가 허용되었고 최근에는 증권사의 판매액이 종금사의 판매액을 압도하고 있다.

② 증권사형 CMA는 원리금 합계 5천만원까지 예금자보호대상이 된다.

③ 증권사형 CMA는 예탁금을 RP 또는 MMF에 자동으로 연결투자할 수 있는데 연결투자유형에 따라 RP형 CMA, MMF형 CMA로 구분된다.

④ CMA는 은행권의 수시입출금식 소액예금과 고객중복이 불가피한데, 상대적으로 수익률이 높은 점, 소액결제시스템 참여 허용 등으로 은행권 상품보다 경쟁력이 우수하다고 할 수 있다.

정답 | ②

해설 | 예금자보호대상이 되는 것은 종금사형이다.

　　※ CMA : CMA는 고객으로부터 예탁금을 위탁받아 단기고수익 상품으로 운용하여 높은 수익을 지급함과 동시에 수시입출 및 자금결제 기능 및 부가서비스를 제공하는 복합금융상품이다.

069 다음 중 집합투자기구에 해당되지 않는 것은?

① 투자신탁　　　　　　　　　　　　② 투자회사

③ ETF(상장지수집합투자기구)　　　④ 특정금전신탁

정답 | ④

해설 | 집합투자기구(펀드)와 신탁은 다른 것이다.

　　집합투자기구의 7가지 형태 : 투자신탁, 투자회사, 투자유한회사, 투자합자회사, 투자조합, 투자익명조합, 사모집합투자기구

070 다음 중 집합투자기구의 3 당사자(3면 관계)에 해당하지 않는 자는?

① 위탁자　　　　　　　　　　　　　② 수탁자

③ 수익자　　　　　　　　　　　　　④ 일반사무관리회사

정답 | ④

해설 | • 위탁자 : 집합투자업자(자산운용회사) – 펀드의 설정 · 설립과 운용지시

　　• 수탁자 : 신탁업자(은행, 자산보관회사) – 펀드재산의 보관 · 관리, 실적배당

　　• 수익자 : 투자자

　　※ 참고로 위의 3 당사자 외에 판매회사가 있는데 판매는 은행, 증권사, 자산운용사 모두 가능하고 광의로 위탁자에 포함된다고 할 수 있다.

071 투자신탁과 투자회사에 대한 비교설명으로 옳지 않은 것은?

① 투자신탁은 수익증권을 발행하고 투자회사는 주식을 발행한다.

② 투자신탁은 신탁계약에 의해 설정이 되며 투자회사는 주식회사의 형태로 설립된다.

③ 투자신탁에 투자하면 수익자가 되고 투자회사에 투자하면 주주가 된다.

④ 투자신탁은 폐쇄형이 많고 투자회사는 개방형이 많다.

정답 | ④

해설 | 투자신탁은 개방형이 많고 투자회사는 폐쇄형이 많다. 언제든지 환매가 가능한 것이 개방형이며 환매가 불가한 것이 폐쇄형이다. 폐쇄형 펀드의 경우 환매가 불가하므로 의무적으로 상장을 시켜야 한다. 이 경우 투자자금을 회수하기 위해서는 주식시장에서 매도하면 된다.

072 투자회사의 특징에 해당되지 않는 것은?

① 법인의 형태로 투자회사를 조직하여 펀드와 같이 운용하는 형태이다.

② 운용보수나 세 금측면에서 투자신탁보다 유리해서 우리나라에서 가장 많은 집합투자기구의 형태이다.

③ 중도환매가 불가한 폐쇄형으로 설립하는 것이 대부분이며 이 경우 상장의무가 있다.

④ 서류상의 회사로 이러한 집합투자기구를 뮤추얼 펀드라고 부른다.

정답 | ②

해설 | 투자회사는 상법상 회사이기 때문에 운용수수료 외에도 등록세, 임원보수, 회계감사보수 등 비용을 투자자들이 추가로 부담해야 하는 단점이 있다. 우리나라에서 가장 많은 펀드형태는 개방형 투자신탁이다.

073 다음은 투자신탁과 투자회사에 대해 비교한 것으로 옳지 않은 것은?

	구분	투자신탁	투자회사
①	설립형태	신탁계약에 의한 신탁관계	법인 형태의 주식회사
②	발행유가증권	수익증권	주식
③	통제제도	수익자 자율규제	감독기관의 감독
④	환매방법	판매사를 통한 환매청구	주로 주식시장에서 매도함

정답 | ③

해설 | 통제제도와 관련하여 투자신탁은 감독기관의 감독이며, 투자회사는 주주의 자율규제이다.

074 다음 중 분산효과가 가장 뛰어난 상품은?

① 투자신탁   ② 투자회사

③ 사모투자회사   ④ ETF(상장지수집합투자기구)

정답 | ④

해설 | KODEX200(KOSPI200을 추종하는 ETF상품)의 경우 1주만 매입하면(주가 약 3만원), KOSPI200종목을 매입한 것과 같은 효과가 있다. 따라서 가장 분산투자 효과가 뛰어난 상품이 된다.

※ 사모투자회사는 헤지 펀드의 형태와 가장 가까운 것으로 '고위험-고수익'의 형태라고 할 수 있다.

075 다음 투자형 상품 중에서 운용보수가 가장 비쌀 것으로 추정되는 상품은 무엇인가?

① 인덱스 펀드   ② 채권형 펀드

③ 주식형 펀드   ④ ETF

정답 | ③

해설 | 초과수익을 위해 펀드매니저가 노력하는 만큼 운용보수가 올라가게 된다. 인덱스 펀드나 채권형 펀드는 포트폴리오 구성 후 변경 횟수가 매우 작은 편이나 주식형 펀드는 초과수익을 위해 종목 교체 등이 많아 운용보수가 높은 편이다. 일반적으로 인덱스나 채권형 펀드는 0.7% 내외, 주식형 펀드는 1.5% 내외이다.

076 상장지수집합투자기구(ETF)에 대한 설명으로 적절하지 않은 것은?

① 인덱스 펀드이다.

② 거래소에 상장되어 주식처럼 자유롭게 거래된다.

③ 시장 전체보다는 개별종목에 투자하려는 투자자에게 유용한 상품이다.

④ 투자자금을 회수하고자 할 때는 환매절차를 거칠 필요 없이 주식시장에서 매도하면 된다.

정답 | ③

해설 | ETF는 일반 투자회사나 수익증권과는 달리 주가지수(혹은 업종지수)에 연동이 되도록 설계된 상품이다. 따라서 개별종목보다는 시장 전체 또는 특정 포트폴리오의 주가상황에 따라 투자하려는 투자자에게 유용한 상품이다.

077 빈칸에 들어갈 알맞은 것은?

> (   )은 불특정 다수인으로부터 금전을 수탁 또는 납부받아 이 금전으로 부동산을 매입, 개발, 관리, 처분하거나 부동산 관련 채권, 유가증권 등에 투자하고 그 수익을 수익자가 투자자에게 배당으로 교부하는 투자상품을 말한다.

① 상장지수집합투자기구(ETF)   ② 단기금융집합투자기구(MMF)

③ 부동산투자신탁(REITs)   ④ 투자회사(mutual fund)

정답 | ③

해설 | 부동산투자신탁을 말한다. 부동산투자신탁은 부동산투자회사법에 근거하며, 이와 유사한 것으로 자본시장법에 근거한 부동산집합투자기구가 있다.

078 다음 중 금융기관이 원금보장을 할 수 있는 상품은?

① ELD   ② ELS   ③ ETF   ④ MMF

정답 | ①

해설 | ELS(주가연계증권, 파생결합증권에 해당) 중 은행에서 판매하는 것을 ELD라고 하는데, ELD의 경우는 원리금이 보장되므로 예금자보호도 되는 상품이다.

079 여신상품에 대한 설명 중 가장 적절하지 않은 것은?

① 가계의 여신상품으로는 상업어음할인, 무역금융 등이 있다.

② 변동금리는 자금조달비용지수(COFIX)를 기준으로 가산금리를 더해 정한다.

③ 향후 금리가 상승할 것으로 전망이 되면 고정금리로 차입하는 것이 유리하다.

④ 향후 금리가 하락할 것으로 전망이 되면 고정금리로 대여하는 것이 유리하다.

정답 | ①

해설 | ① 상업어음할인, 무역금융은 기업의 단기운전자금용 여신상품(대출상품)이다. 가계대출로는 부동산담보대출, 예·적금담보대출, 주택관련 대출과 일부 신용대출이 있다.
③, ④ 차입자의 입장과 대여자의 입장은 반대가 된다. 금리상승기에 차입자는 고정금리가 유리하고 대여자는 변동금리가 유리하다.

080 주식회사의 주식(株式)에 대한 설명으로 가장 적절하지 않은 것은?

① 주식은 단순히 돈을 빌린 증표가 아니라 회사 소유권의 일부를 준다는 점에서 채권과 다르다.

② 주식발행에 의해 조달된 자금에 대해서는 이자 지급의 의무가 없다.

③ 회사운영에 실패했을 경우 최대주주는 출자한 금액 이상의 연대책임 의무를 진다.

④ 주식발행으로 조달한 자금에 대해서는 만기상환의무가 없다.

정답 ┃ ③

해설 ┃ 주식회사제도는 출자한 자본에 한정하여 책임을 진다(유한책임). 만일 출자한 자본 이상으로 책임을 부과한다면 사업하기를 꺼려할 것이다(주식회사의 근간은 유한책임과 주식양도의 자유라고 할 수 있다).

081 투자자 P씨는 상장회사의 주식을 매수하였는데 그 주식은 '이익배당은 보통주에 우선하고 잔여재산 분배에 있어서는 열등한 지위에 있는' 주식이다. 그렇다면 투자자 P씨가 매수한 주식의 종류는 무엇인가?

① 보통주   ② 우선주   ③ 후배주   ④ 혼합주

정답 ┃ ④

082 빈칸에 들어갈 말로 바르게 연결된 것은?

> • 우선주는 일정율의 우선배당을 받은 후 남은 이익에 대하여 보통주와 같이 배당에 참가할 수 있는가의 여부에 따라 각각 (㉠)와 (㉡)로 구분된다.
> • 우선주는 회계연도의 배당률이 정해진 배당률에 미치지 못하는 경우 그 부족액을 다음 회계연도에 추가적으로 우선배당받을 수 있는지 여부에 따라 각각 (㉢)와 (㉣)로 구분된다.

	㉠	㉡	㉢	㉣
①	참가적우선주	비참가적우선주	누적적우선주	비누적적우선주
②	비참가적우선주	참가적우선주	비누적적우선주	누적적우선주
③	누적적우선주	비누적적우선주	참가적우선주	비참가적우선주
④	비누적적우선주	누적적우선주	비참가적우선주	참가적우선주

정답 ┃ ①

083 주주의 성명이 주권과 주주명부에 표시되지 않은 주식을 무엇이라 하는가?

① 무기명주   ② 기명주   ③ 무액면주   ④ 액면주

정답 | ①

해설 | 무기명주이다. 무기명주는 양도에 편리하다는 장점이 있으나 배당금 수령 등 권리 행사에는 불리하다(현재 우리나라는 대부분 기명주로 발행하고 있음).

084 주식의 종류별 가치(적정 주가)에 대한 설명으로 가장 적절하지 않은 것은?

① 의결권주는 무의결권주에 비해 주가가 비싼 것이 정상이다.

② 누적적우선주는 비누적적우선주에 비해 주가가 비싼 것이 정상이다.

③ 참가적우선주는 비참가적우선주에 비해 주가가 비싼 것이 정상이다.

④ 액면주는 무액면주에 비해 주가가 비싼 것이 정상이다.

정답 | ④

해설 | 액면주와 무액면주는 주가의 가치 결정과 관계없다.

085 다음 기업공개와 증자에 대한 설명 중 옳지 않은 것은?

① 기업공개는 주식회사가 발행한 주식을 일반투자자에게 똑같은 조건으로 공모 또는 매출하여 주식을 분산시키고 재무 내용을 공시함으로써 명실상부한 주식회사의 체계를 갖추는 것을 말한다.

② 증자는 회사가 자본을 늘리기 위해 주식을 추가로 발행하는 것을 말한다.

③ 기업공개와 증자는 주식발행 뿐 아니라 채권발행에도 적용된다.

④ 기업공개는 지분의 분산이 주목적이므로 반드시 기업 단위로 이루어지나 상장은 발행한 증권의 종목별로 이루어진다.

정답 | ③

해설 | 기업공개는 기업의 지분을 일반투자자에게 분산하는 과정이고 증자는 주식발행을 통해 자본금을 늘리는 것이다. 따라서 모두 주식에 해당되는 것이고 채권발행과는 무관하다.

086 다음 중 기업공개와 증자가 진행되는 시장은?

① 주식시장　　　　② 채권시장　　　　③ 선물시장　　　　④ 옵션시장

정답 | ①

해설 | 기업공개와 증자는 주식시장에만 해당된다.

087 기업공개와 관련 없는 것은?

① 주식발행　　　　② 채권발행　　　　③ 주식분산　　　　④ 상장

정답 | ②

해설 | 기업공개는 주식발행을 통한 주식분산(다수의 주주에게 지분을 분산하여 주식회사의 면모를 갖추는 것)을 말하며, 일반적으로 상장과 동시에 진행된다.

088 다음 중 기업공개 방법에 해당되지 않는 것은?

① 신규공모방식　　　　　　　　　② 구주매출방식

③ 신규공모와 구주매출의 혼합방식　　　④ 공개입찰방식

정답 | ④

해설 | ①, ②, ③의 방식이 쓰인다. 공개입찰방식은 국고채나 통안채 등 채권의 발행방식 중 하나이다.

089 다음 중 증자(增資)에 해당되는 것은?

① 은행에서 장기로 차입하였다.

② 저리의 이자지급을 조건으로 채권을 발행하였다.

③ 영업이익을 확대시켜 내부유보금을 증가시켰다.

④ 자본금을 늘리기 위해 주식을 추가로 발행하였다.

정답 | ④

해설 | ①, ② 이자비용이 발생하는 차입으로 부채가 된다(부채 = 타인자본).
　　　③ 영업이익이 늘어나면 내부유보금이 많아진다. 이는 가장 바람직한 자금조달방법이나 한계가 있다(증자와는 상관없음).

090 다음 기업의 자금조달 방법 중에서 내부조달에 해당되는 것은?

① 은행에서 장기로 차입하였다.

② 저리의 이자지급을 조건으로 채권을 발행하였다.

③ 영업이익을 확대시켜 내부유보금을 증가시켰다.

④ 자본금을 늘리기 위해 주식을 추가로 발행하였다.

정답 | ③

해설 | 기업의 자금조달은 내부조달과 외부조달로 나뉜다. 내부조달은 자체의 영업이익을 통해 조달하는 것인데 이자비용이 전혀 발생하지 않아 가장 바람직하나 조달 규모에 한계를 보이는 경우가 많다. 외부자금조달은 은행에서의 차입(간접금융), 그리고 주식이나 채권의 발행(직접발행) 둘로 구분된다.

091 유상증자에 대한 설명 중 가장 적절하지 않은 것은?

① 기업의 직접적인 자금조달수단이 된다.

② 주식시장에 신주 물량이 상장되므로 공급압박요인이 된다.

③ 발행주식수가 증가한다.

④ 자본잉여금 또는 이익잉여금의 자본전입으로 이루어진다.

정답 | ④

해설 | 잉여금의 자본전입 = 무상증자

092 유상증자의 종류에 관한 설명으로 옳은 것은?

① 주주우선공모 : 기존 주주들의 보유주식에 비례해서 새로 발행되는 주식의 인수권을 부여하는 방법

② 일반공모 : 기존 주주가 먼저 청약하고 남은 주식에 대해서 공개모집을 하는 방법

③ 주주배정 : 기존 주주를 포함한 모든 일반투자자가 동등한 자격으로 신주인수 청약에 참여할 수 있는 방법

④ 제3자배정 : 기존 주주의 신주인수가 완전히 배제되고 특별한 관계자 등에게 신주인수권을 부여하는 방법

정답 | ④

해설 | ① 주주배정방식(가장 보편적)
　　　 ② 주주우선공모방식
　　　 ③ 일반공모방식

093 빈칸에 들어갈 말로 바르게 연결된 것은?

> • 상장법인 A회사는 보통주 100만주를 유상증자하기로 함. 신주배정기준일은 11월 11일, 발행가액 20,000원, 배정비율 20%, 구주주 청약 후 실권주는 일반공모하기로 함.
>
> • 이 경우 증자방식은 (㉠)이며, 유상증자에 따른 권리락일은 (㉡)이다(날짜 계산상 공휴일이 없고 모두 영업일이라고 가정함).

	㉠	㉡		㉠	㉡
①	구주주배정방식	11월 10일	②	일반공모방식	11월 11일
③	주주우선공모방식	11월 10일	④	주주우선공모방식	11월 11일

정답 | ③

해설 | 구주주 청약 후 실권주를 이사회가 인수하면 구주주배정방식(주주배정방식). 실권주를 일반공모하면 주주우선공모 방식이 된다. 권리락일은 신주배정기준일 하루 전이다.

094 유상증자 방식 중에서 기존 주주의 신주인수권이 인정되지 않는 것으로 묶은 것은?

> ㉠ 주주배정방식   ㉡ 주주우선공모방식
> ㉢ 일반공모방식   ㉣ 제3자배정방식

① ㉠, ㉡   ② ㉡, ㉢   ③ ㉢, ㉣   ④ ㉠, ㉣

정답 | ③

해설 | 일반공모와 제3자배정방식은 기존 주주의 신주인수권이 배제된다. 그중에서도 제3자배정방식은 기존 주주의 청약 참여도 배제되므로(일반공모는 청약 참여 가능), 기존 주주 입장에서 불평등도가 가장 심한 방식이라고 할 수 있 다. 따라서 이 방식은 회사에 꼭 필요한 경우에만 한정해서 시행하도록 하고 있다.

095 丙회사는 자본금이 30억원에 불과하나 탄탄한 영업실적을 바탕으로 상당한 내부유보금을 확보하고 있고 주가도 고가인 1,000,000원 대이다. 그러나 주주들은 주가가 고가이고 시장에서의 거래량도 매우 부족해서 기업의 가치가 제대로 평가받지 못하고 있다고 주장하고 있다. 丙회사의 경영진이 이 같은 주주의 주장을 수용한다면 어떠한 재무활동을 하는 것이 바람직한가?

① 유상증자   ② 무상증자   ③ 감자   ④ 주식소각

정답 | ②

해설 | 주주가 원하는 것은 유동성을 증가시키기 위한 주식 수량의 증가이다. 주식 수량의 증가는 곧 증자를 말하는데, L회사의 경우 내부자금이 풍부해 외부자금조달이 필요없다. 따라서 이 경우 자금 조달이 수반되지 않으면서 주식 수량을 늘리는 '무상증자'가 적절하다고 할 수 있다.

096 일반적으로 '누적된 부실을 해소하기 위해서 실시하는 것'으로 자본금을 줄이는 행위를 무엇이라하는가?

① 증자   ② 감자   ③ 출자   ④ 적자

정답 | ②

해설 | 감자(減資)이다. 출자(出資)는 '사업을 위해 자금을 내는 것'으로 보통 회사 설립이나 신규 사업을 위한 자본금의 증자 시 해당 주식을 인수하는 행위를 말한다. 증자(增資)는 자본금을 증액하는 것을 말한다. 적자(赤字)는 흑자(黑字)의 반대말로 영업손실상태를 말한다.

097 다음 중에서 회사의 입장에서 신규자금이 유입되는 재무활동은 무엇인가?

① 현금배당   ② 주식배당

③ 유상증자   ④ 무상증자

정답 | ③

해설 | 유상증자이다. 유상(有償)이라는 말은 대가가 있다는 것이므로 유상증자는 현금이 유입되는 증자이다. 무상증자는 현금유입은 없고 내부유보금을 자본금으로 전환시키는 계정상의 이동이다. 배당은 현금이 유입되는 것이 아니라 유출되는 절차이다.

098 자사주(自社株)에 대한 설명으로 옳지 않은 것은?

① 자사주는 회사가 보유하고 있는 자기주식을 말한다.

② 자사주의 긍정적 효과로 인해 현행 자본시장법은 자사주 매입을 적극 권장하고 있으며 따라서 자사주 매입에 특별한 한도제한을 두고 있지 않다.

③ 배당이 이익을 현금으로 돌려주는 것이라면 자사주 매입은 배당을 재원으로 시중에 유통되는 주식수를 줄임으로써 주당 가치를 높이는 방법이다.

④ 자사주는 임직원에게 스톡옵션(stock option)등 공로 보상 수단으로 활용되기도 한다.

정답 | ②

해설 | 자사주를 매입하면 주식유통수가 감소하고 따라서 주가가 상승하는 효과를 기대할 수 있다. 이 점은 주주가치 제고에 도움이 되고, 직원에 대한 공로 보상 수단으로도 활용된다. 그러나 자사주는 '자본의 공동화'를 초래해서 현행 상법으로 엄격히 금지되고 있고, 다만 자본시장법 특례로 자사주 매입이 인정되고 있다. 또한 배당가능이익에 한해서 자사주 매입을 허용하고 있다.

099 상장(Listing)에 대한 설명으로 옳지 않은 것은?

① 거래소가 개설하고 있는 유가증권시장과 코스닥시장에 매매할 수 있도록 하는 것을 상장이라 한다.

② 상장을 위해서는 거래소가 정하는 일정한 기준에 따라 상장심사를 거쳐야 하는데, 이는 유가증권의 원활한 유통과 공정한 가격 형성을 통해 투자자를 보호하기 위한 것이다.

③ 코스닥시장에 상장되는 기업은 유가증권시장에 비해서 상대적으로 우량하지 않으므로 코스닥시장의 상장 요건은 유가증권시장에 비해 더욱 엄격한 기준이 적용된다.

④ 상장기업은 비상장기업에 비해 환금성이 뛰어난 측면이 있어 기업가치가 증가하게 된다.

정답 | ③

해설 | 상장심사요건은 설립경과기간, 자본규모, 주식분산, 재무상태, 기업지배구조 등을 고려하게 되는데 코스닥시장은 성장성이 높은 기업을 육성하기 위해 유가증권시장보다 다소 완화된 기준을 적용하고 있다.

※ 코스닥시장 : 미국 나스닥시장을 벤치마킹한 시장으로, 성장성이 높은 벤처기업과 소규모 중소기업을 위한 시장이다.

100 상장(Listing)의 효과를 기업, 주주, 그리고 종업원의 측면에서 설명할 때 가장 적절하지 않은 것은?

① 상장이 되면 기업의 입장에서는 회사의 공신력 제고와 홍보 효과가 크게 증가되는 효과가 있다.

② 상장이 되면 주주의 입장에서는 유동성(환금성)이 크게 증가되어 보유 주식의 가치가 상승하는 효과가 있다.

③ 상장이 되면 종업원의 입장에서 우리사주조합을 통한 저가로 신주를 매수할 수 있는 기회, 그리고 스톡옵션의 기회 등 다양한 복지 향상의 효과가 있다.

④ 상장이 되면 주가가 상승하는 것이 일반적이므로 대주주의 입장에서는 상장을 싫어할 이유가 없다.

정답 | ④

해설 | 대주주의 입장에서 상장을 통한 기업가치 향상과 자금조달의 용이성 등에서 상장은 긍정적이다. 그러나 소액주주의 경영 간섭, 배당 압력, 공시의무의 준수, 적대적인 M&A 위협 등의 부정적인 측면도 있다. 따라서 해당 기업에 있어서 긍정적인 측면보다 부정적인 측면이 더 크다면 상장을 반대할 수도 있다.

101 다음 중 상장의 긍정적 측면이 아닌 것은?

① 회사의 공신력 제고   ② 기업자금조달의 용이

③ 종업원 사기 진작   ④ 적정배당에 대한 압력

정답 | ④

해설 | 적정배당 압력은 상장의 부정적 측면이다.

※ 상장(Listing)의 긍정적 측면과 부정적 측면

긍정적 측면	부정적 측면
• 회사의 공신력 제고	• 다수의 소액투자자의 경영 간섭
• 주식 환금성 제고에 따른 기업가치 상승	• 외부에서의 경영권 위협
• 담보가치의 향상	• 공시의무 및 위반 시 제제
• 회사의 홍보 및 지위 향상	• 적정배당에 대한 압력
• 종업원 사기 진작	• 기업비밀의 노출
• 소유주식의 분산	• 시장의 기업평가 부진 시 경영 혼란 초래

102 한국거래소에 관한 설명 중 옳지 않은 것은?

① 2005년 1월에 기존의 한국증권거래소, 코스닥위원회, 코스닥시장, 한국선물거래소의 4개 기관을 통합한 한국거래소가 출범하게 되었다.

② 통합 이후 종전의 거래소시장과 코스닥시장은 유가증권시장과 코스닥시장으로 구분되고, 거래소상장법인과 코스닥등록법인의 구분 없이 모두 상장법인으로 단일화되었다.

③ 2018년 현재 상장기업과 상장종목의 수에 있어서 유가증권시장보다 코스닥시장이 더 많다.

④ 한국거래소가 개설한 시장 중에서 가장 나중에 개장한 것은 코스닥시장이다.

정답 ┃ ④

해설 ┃ 코넥스시장이다(2013년 7월 개장).

103 매매거래제도에 관한 설명으로 적절하지 않은 것은?(2018년 현재)

① 매매계약을 체결한 날로부터 3영업일째 되는 날에 결제가 이루어진다.

② 매매거래의 단위를 호가단위라고 하는데, 유가증권시장은 1원부터 1,000원까지 7단계이고 코스닥은 1원부터 100원까지 5단계이다.

③ 매매수량단위는 유가증권시장은 10주, 코스닥시장은 1주이다.

④ 외국인투자자의 경우 매매거래 시 금융감독원의 외국인투자관리시스템을 경유해야 한다.

정답 ┃ ③

해설 ┃ 유가증권시장도 매매수량단위는 1주이다.

104 투자자 G는 11월 5일에 유가증권시장에서 주식을 매수하였다. 그렇다면 결제되는 시점은 언제인가?(단, 공휴일 및 휴장일은 없다고 가정함)

① 11월 5일 ② 11월 6일

③ 11월 7일 ④ 11월 8일

정답 ┃ ③

해설 ┃ 상장주식의 결제제도는 '보통결제 = T+2일 결제 = 3일(째) 결제'이다. 11월 5일에 매수자금의 일부(위탁증거금)가 출금된 후 11월 7일에 매수대금의 나머지가 출금되고 매수한 주식이 입고되는데 이를 '결제'라고 한다.

105 투자자 丁은 4월10일에 유가증권시장에서 1,000만원어치의 주식을 매수하였다. 그렇다면 4월 10일에 투자자 丁의 계좌로부터 출금되는 금액은 얼마인가?(단, 동 증권회사의 위탁증거금률은 일률적으로 40%이고 매수수수료도 없다고 가정한다.)

① 0원 ② 400만원 ③ 600만원 ④ 1,000만원

정답 | ②

해설 | 위탁증거금률은 원활한 결제를 담보하기 위해 거래당일에 징수하며 증거금률은 금융투자회사가 자율적으로 정한다. 위탁증거금률이 40%이므로 첫날에 400만원이 출금되고, 결제일(3일째)에 나머지 600만원이 출금된 후, 주식 1,000만원어치가 입고된다.

106 위탁수수료와 증권거래세에 관한 설명으로 옳지 않은 것은?

① 위탁수수료는 매매주문을 할 때 금융투자업자가 투자자로부터 받는 수수료이며 요율은 금융투자업자가 자율적으로 정한다.
② 금융투자업자 직원을 경유하여 주문을 내는 것보다 홈트레이딩시스템(HTS)을 이용하여 주문을 낼 때의 수수료가 더 싸다.
③ 증권거래세는 매도자에게만 부과된다.
④ 코스닥시장의 증권거래세는 0.3%이며 유가증권시장의 경우 0.15%이나 농어촌특별세가 0.15% 추가된다.

정답 | ①

해설 | 수수료는 금융투자업자가 매매거래가 성립되었을 경우에 서비스의 대가로 징수하는 것이다(매매주문 시가 아님).

107 다음 중 매매거래의 일반 원칙에 속하지 않는 것은?

① 가격우선의 원칙 ② 시간우선의 원칙
③ 자기매매우선의 원칙 ④ 수량우선의 원칙

정답 | ③

해설 | 자기매매우선의 원칙이 아니라 위탁매매우선의 원칙이다. 금융투자회사가 주식거래를 주문할 때는 위탁거래와 자기매매거래로 나뉘는데, 위탁매매는 고객자산의 매매를 말하고 자기매매는 금융투자회사의 자기자본으로 하는 매매를 말한다. 만일 동시호가인 경우에는 '고객이익 우선의 원칙'에 따라 위탁매매가 자기매매보다 우선한다.

108 다음 중 '매매거래 일반원칙'에서 동시호가에만 적용되는 원칙을 모두 고른 것은?

㉠ 가격우선의 원칙	㉡ 시간우선의 원칙
㉢ 위탁매매우선의 원칙	㉣ 수량우선의 원칙(또는 대량우선의 원칙)

① ㉠, ㉡   ② ㉡, ㉢   ③ ㉢, ㉣   ④ ㉠, ㉣

정답 | ③

해설 | 위탁매매와 수량우선의 원칙은 단일가시간에 접수된 호가가 동시호가인 경우에 적용된다.

> **참고** 동시호가는 단일가격에 의한 개별경쟁매매를 하는 경우로서 ① 시가를 결정하는 경우, ② 시장임시정지 및 매매거래중단·정지 후 최초가격결정 시, ③ 신규상장종목 등의 최초가격결정 시, 그 가격이 상·하한가로 결정되는 때에 적용되는 호가이다.

109 다음 사례에 적용되는 매매체결의 일반원칙은?

(매도주문) 10,000원×300주 VS ㉠ 10,100원×500주, ㉡ 10,000원×300주 (매수주문)
→ 매도주문에 대해 ㉠의 매수주문이 체결된다.

① 가격우선의 원칙   ② 시간우선의 원칙
③ 위탁매매우선의 원칙   ④ 수량우선의 원칙

정답 | ①

해설 | ㉠이 ㉡보다 '더 높은 가격으로 사자'이므로 ㉠의 주문이 체결된다(가격우선원칙).

110 다음 중 '시간외 매매'가 이루어지는 거래 시간에 속하지 않는 것은?

① 07:30~09:00   ② 09:00~15:30
③ 15:40~16:00   ④ 16:00~18:00

정답 | ②

해설 | ① 시간외종가시장(전일종가로 매매), ② 정규시장, ③ 시간외종가시장(당일종가로 매매), ④ 시간외단일가시장. 여기서 '시간외종가시장'은 동일가격으로 거래되기 때문에 매매체결 원칙 중 시간우선의 원칙만 적용된다.

111 유가증권시장에서 주식을 매도할 경우 소액투자자가 부담하는 것에 속하지 않는 것은?

① 양도소득세   ② 증권거래세

③ 농어촌특별세   ④ 위탁수수료

정답 | ①

해설 | 매수 시에는 위탁수수료를 부담한다. 매도 시에는 위탁수수료에 증권거래세를 부담하게 되는데 유가증권시장의 경우 증권거래세 0.15%, 농특세 0.15%를 합하여 0.3%(코스닥시장과 동일)를 부담하게 된다. 매매차익에 대한 양도소득세는 우리나라의 경우 소액투자자가 상장증권을 매매할 경우 비열거소득에 해당되어 과세되지 않는다.

112 유가증권시장의 A종목의 종가(終價)는 10,000원이다. 그렇다면 다음 날 얼마까지 상승할 수 있는가?

① 10,800원   ② 11,200원

③ 11,500원   ④ 13,000원

정답 | ④

해설 | 2018년 현재 가격제한폭은 30%이다(4% → 6% → 8% → 12% → 15% → 30%로 순차적으로 확대).

113 서킷브레이커(Circuit Breakers)에 대한 설명으로 옳은 것은?

① 종합지수가 8%, 15%, 20% 이상 하락하거나 상승한 상태가 1분 이상 지속될 경우에 발동된다.

② 서킷브레이커가 발동되면 프로그램의 매매호가를 20분간 정지하고 10분간의 단일가호가 접수를 거쳐 매매거래가 재개된다.

③ 서킷브레이커는 하루에 횟수 제한이 없어 요건이 되면 언제든지 발동된다.

④ 1단계, 2단계의 서킷브레이커의 경우 장종료 40분전 이후에는 요건이 충족해도 서킷브레이커가 발동되지 않는다.

정답 | ④

해설 | 3단계 CB의 경우 장종료 40분 전 이후에도 발동된다.

※ 서킷브레이커(Circuit Breakers)와 사이드카(sidecar)

서킷브레이커(매매거래의 중단)	사이드카(호가의 효력일시정지)
• KOSPI지수가 전일보다 8%, 15%, 20% 이상 하락한 상태가 1분 이상 지속되면 모든 주식의 매매거래를 20분간 정지한다. 이후 10분간의 단일가호가 접수를 거쳐 매매가 재개된다. 　※ 단, 20% 이상 하락하는 경우(3단계 CB)는 시장이 종료된다. • 1일 1회만 가능, 장종료 40분 전 이후는 불가 • 단, 3단계 CB의 경우 장종료 40분 전 이후에도 발동이 된다. • 목적 : 시장 전체가 패닉에 빠지는 경우 심리적 안정을 위한 냉각기를 갖기 위함	• KOSPI200선물의 가격이 기준가격 대비 5%(코스닥은 6%) 이상 상승 또는 하락하여 1분 이상 지속되면 주식시장에서 프로그램 매수호가(매도호가)의 효력을 5분간 정지한다(이후 자동 재개). • 1일 1회만 가능, 장종료 40분 전 이후는 불가 • 목적 : 프로그램매매가 주식시장에 지나친 영향력을 주는 것을 억제하기 위함

※ KOSPI200선물은 3, 6, 9, 12월물 중 직전일의 거래량이 가장 많은 종목을 말함(보통 최근월물)

114 유가증권시장의 서킷브레이커와 관련하여 빈칸에 들어갈 말을 옳게 연결한 것은?

> 1단계 매매거래중단은 최초로 KOSPI가 전일종가 대비 (　　　) 이상 하락한 경우에 발동되며, 2단계 매매거래중단은 1단계 매매거래중단 발동 이후 KOSPI가 전일종가 대비 (　　　) 이상 하락하고 1단계 발동지수 대비 1% 이상 추가 하락하는 경우에 발동된다.

① 8%, 10%　　　　　　　　　　　② 8%, 15%

③ 10%, 15%　　　　　　　　　　　④ 15%, 20%

정답 | ②

해설 | 3단계는 20%이다.

115 다음은 거래소가 '매매거래중단' 조치를 취하는 여러 가지 경우이다. 그 성격이 다른 하나는 무엇인가?

① 관리종목 지정 사유가 발생하여 하루 동안 매매거래중단이 되었다.

② KOSPI가 8% 이상 급락하는 패닉이 발생하여 20분간 매매거래중단이 되었다.

③ 불성실공시법인으로 지정되어 하루 동안 매매거래중단이 되었다.

④ 부도설로 인해 급락하여 매매거래를 중단시킨 후 해당 기업에 조회공시를 요구하였다.

정답 | ②

해설 | ②는 서킷브레이커, 즉 전체 시장의 매매중단이고 나머지는 개별 종목의 매매중단 사유이다.

116 배당락과 권리락에 대한 설명 중 옳지 않은 것은?

① 배당기준일이 지나서 배당을 받을 수 있는 권리가 없어지는 것을 배당락이라 한다.

② 신주배정기준일이 지나서 신주를 받을 수 있는 권리가 없어지는 것을 권리락이라 한다.

③ 유상증자의 경우 권리락이 되지만 무상증자의 경우 권리락이 되지 않는다.

④ 배당락 조치는 배정기준일 하루 전에, 권리락 조치는 신주배정기준일 하루 전에 이루어진다.

정답 | ③

해설 | 유상증자, 무상증자 구분하지 않고 그 비율에 따라 권리락 폭이 정해진다. 권리락이나 배당락을 하는 이유는 주가의 합리적 형성을 위한 것이다.

117 기업공시제도와 관련한 설명 중에서 잘못된 것은?

① 기업공시는 상법상의 공시와 자본시장법상의 공시로 구분된다.

② 상법상의 공시는 주주와 채권자의 권리보호를 위한 차원이다.

③ 자본시장법상의 공시는 현재와 미래의 투자자를 위한 차원이다.

④ 기업공시는 상장법인이 투자자의 합리적 판단을 돕기 위한 서비스 차원에서 제공하는 것이다.

정답 | ④

해설 | 상장법인의 공시는 법적인 의무사항이다. 상장법인은 비상장법인에 비해 일반투자자로부터 자금조달을 쉽게 할 수 있다. 따라서 그에 준하는 의무로서 회사의 정보에 대해서 투명하게 공시할 의무가 부과되는 것이다.

118 다음 중 상법상의 공시에 해당되지 않는 것은?

① 사업보고서

② 영업보고서

③ 재무상태표

④ 공인회계사의 감사의견서

정답 | ①

해설 | 사업보고서는 자본시장법상의 공시이다.

※ 기업공시 구조

상법상의 공시	자본시장법상의 공시
정관, 이사회의사록, 영업보고서, 재무상태표, 손익계산서, 감사의견서, 소수주주에 대한 회계장부열람권 허용	정기공시(사업보고서, 반기 · 분기보고서), 주요사항보고서, 수시공시, 특수공시(공개매수신고서 등), 증권신고서 등

119 다음 빈칸에 들어가지 않는 숫자는?

> ㉠ 회사의 내부자가 회사증권을 (　　　) 내에 매매하여 얻은 이익은 내부정보를 이용하였는지의 여부와 관계없이 이익을 회사에 반환해야 한다.
>
> ㉡ 주권상장법인의 임원 또는 주요주주는 누구의 명의로 하든지 자기의 계산으로 소유하고 있는 '특정 증권 등'의 소유상황을 주주가 된 날로부터 혹은 그 변동이 있는 날로부터 (　　　) 이내에 금융위와 거래소에 신고하여야 한다.
>
> ㉢ 액면분할은 주식의 액면가를 일정 비율로 나누는 것이고 그 반대를 액면병합이라 한다. 자본금이 적은 기업이 다수인 코스닥주식들의 액면은 (　　　)이 많고, 유가증권시장 기업들은 (　　　)이 많다.

① 6개월　　　　　　　　　　　　　② 5일

③ 500원　　　　　　　　　　　　　④ 10,000원

정답 | ④

해설 | ㉠ '단기매매차익반환제도'를 말하며 6개월이다.
　　　　㉡ 임원·주요주주의 주식소유상황보고제도를 말하며 5일이다.
　　　　㉢ 액면가에 대한 것인데 순서대로 500원과 5,000원이다.

120 다음 중 자본시장의 불공정거래행위 규제 제도로 적절하지 않은 것은?

① 레버리지 투자 금지　　　　　　　② 미공개중요정보행위 규제

③ 시세조종행위 규제　　　　　　　④ 사기적 행위 금지

정답 | ①

해설 | 레버리지 투자는 합법적으로 가능한 것이며 불공정거래행위와 관련이 없다. 불공정거래행위 규제로 ②, ③, ④ 외에 공매도 금지, 단기매매차익반환제도, 임원·주요주주의 주식소유상황 보고제도, 국외에서의 행위에 대한 역외적용 등이 있다.

121 우리나라 주가지수 제도에 관한 설명 중 옳지 않은 것은?

① 다우존스식 종합주가지수가 아니라 시가총액식 주가지수를 사용하고 있다.

② 현행 지수(KOSPI)는 1980년 1월 4일을 기준시점, 기준지수를 100으로 하고 산출하고 있다.

③ KOSPI200지수는 유가증권시장에 상장되어 있는 주식 중 시장대표성, 유동성 및 업종 대표성 등을 고려해 200종목을 대상으로 산출하는 지수인데, 기준시점인 1990년 1월 3일을 100을 기준으로 산출하고 있다.

④ 거래소에 상장되어 있는 파생상품인 주가지수선물과 주가지수옵션의 기초자산으로 활용되고 있는 지수는 KOSPI지수이다.

정답 | ④

해설 | 파생상품의 기초자산으로 활용되고 있는 지수는 KOSPI200지수이다. 또한 KOSPI200지수는 매년 6월 정기적으로 구성종목 변경을 심의한다.

122 다우존스식 지수산정방식에 해당하는 지수로 모두 묶인 것은?

| ㉠ 다우존스산업평균지수 | ㉡ 니케이225 |
| ㉢ KOSPI지수 | ㉣ KOSDAQ지수 |

① ㉠, ㉡

② ㉡, ㉣

③ ㉢, ㉣

④ ㉠, ㉡, ㉢, ㉣

정답 | ①

해설 | 다우존스(DowJones Industrial Average)와 니케이225(Nikkei225)만 주가평균식이며 나머지는 모두 시가총액식이다(우리나라는 모두 시가총액식이고 세계 대부분의 시장도 시가총액방식을 쓰고 있다).

123 주식의 투자수익에 관한 설명 중 가장 적절하지 않은 것은?

① 주식의 투자수익은 매매수익과 배당수익으로 구성된다.

② 주식에 투자할 때의 기대수익률은 은행예금이나 채권투자의 기대수익률보다 높다.

③ 소액주주의 경우, 주식투자에서 발생할 수 있는 세금은 매매차익에 대한 양도소득세, 그리고 매도 시에 부담하는 증권거래세, 배당을 지급받을 때 원천징수되는 배당소득세가 있다.

④ 배당은 주식 1주당 일정 금액씩 지급되며 통상 배당총액은 당해연도에 기업이 거둔 세전이익에서 법인세 납부 및 미래투자재원으로의 내부유보금을 제외한 나머지 금액의 일부로 정해진다.

정답 | ③

해설 | 주식에 대한 매매차익은 선진국에서는 대부분 과세되고 있지만 우리나라의 경우 매매차익은 비열거소득으로 아직 과세되지 않고 있다(소액주주가 상장증권을 매매하는 경우에 한정).

124 상장기업 Y는 이번 결산기에 배당금을 1,000원 지급하였다(액면가 5,000원, 결산기말 주가는 20,000원). 이때 결산기말을 기준으로 한 시가배당률은 얼마인가?

① 5%　　　　　　② 10%　　　　　　③ 20%　　　　　　④ 25%

정답 | ①

해설 | 액면배당률(= 배당금/액면가)는 20%이며, 시가배당률(= 배당금/시가)은 5%이다. 무위험이자율인 정기예금이나 국채수익률이 4%라면 상장기업 Y의 배당수익률은 5%로 시가배당률이 높은 편이다. 따라서 배당투자메리트가 있다고 할 수 있다.

125 다음 중 주가를 상승시키는 일반적인 경우가 아닌 것은?

① 완만한 물가 상승　　　　　　② 금리의 상승

③ 원자재가격의 하락　　　　　　④ 수출기업에 있어서의 환율 상승

정답 | ②

해설 | 금리의 상승 → 기업의 투자 위축 → 생산 감소 → 기업실적 하락 → 주가하락이 된다.

126 다음 중 주가를 하락시키는 일반적인 경우가 아닌 것은?

① 완만한 물가 상승　　　　　　② 금리의 상승

③ 수출기업에 있어서의 환율 하락　　　　　　④ 원자재 가격의 상승

정답 | ①

해설 | '완만한 물가 상승 → 기업매출 증가 → 실적 호전 → 주가 상승'이 되어 주가 상승 요인이다. 반면, '급격한 물가 상승 → 원가 상승 혹은 소비자의 소비 위축 → 매출 이익 감소 → 주가 하락'이 된다. 환율이 하락하면 외국 바이어의 입장에서 수출기업의 가격이 상승하는 결과가 되어 매출 감소, 실적 부진, 주가 하락으로 연결된다.

127 다음 중 유가가 급격하게 상승할 때 주가가 가장 많이 하락할 것으로 추정되는 기업은 어디인가?

① SK텔레콤　　　　② 농심　　　　③ 유한양행　　　　④ 대한항공

정답 | ④

해설 | 항공업체는 유가가 차지하는 원재료 비중이 매우 높아서 유가 상승 시 가장 부담이 크다고 할 수 있다. 나머지 기업은 대한항공처럼 직접적인 영향은 받지 않는 기업들이다.

128 다음 중 환율이 상승한다고 할 때(예를 들어 1$ = 1,000₩에서 1$ = 1,200₩) 주가가 가장 많이 상승할 것으로 추정되는 기업은 어디인가?

① SK텔레콤　　　　② 농심　　　　③ 롯데제과　　　　④ 현대자동차

정답 | ④

해설 | 환율 상승은 수출 비중이 높은 기업에 유리하다. ①, ②, ③은 내수 위주의 기업으로 환율 상승 혜택보다는 오히려 원자재 수입가격이 올라 불리할 수도 있다. 그러나 현대자동차나 삼성전자 등 수출 위주의 기업들은 수출가격경쟁력이 강화되어 수출이 증대되고 따라서 주가가 상승할 가능성이 높다.

129 다음 중 주가 및 주식투자수익률의 변동요인 중 기업의 개별요인(내부변수)에 해당하는 것은?

① 경기　　　　② 물가　　　　③ 금리　　　　④ 시장점유율

정답 | ④

해설 | '개별요인(내부변수)'이라 함은 기업 차원에서 결정될 수 있는 요인을 말한다. 시장점유율은 개별 기업적 차원의 변수이다. 반면, 경기 · 물가 · 금리 · 환율 · 고객예탁금 등 시장 전체 차원에서 결정되는 것을 전체요인(외부변수)이라 한다.

130 다음 중 주식시장의 상승 신호라고 볼 수 없는 것은?

① 증권회사의 고객예탁금이 증가하였다.　　　　② 기업경기실사지수(BSI)가 상승하였다.
③ 경기후행지수가 상승하였다.　　　　④ 외국인의 매수가 증가하였다.

정답 | ③

해설 | 경기후행지수는 경기를 사후적으로 확인하는 것이므로 선행지수인 주가를 예측하는 데 적합하지 않다.
- 고객예탁금 : 투자자들이 주식투자를 하기 위해 증권회사에 맡겨 놓은 돈을 말한다.
- 기업경기실사지수(BSI : Business Survey Index) : 기업가들의 경기 판단, 투자 확대, 장래 전망 등을 설문을 통해 조사한 것으로 경기에 대한 단기예측지표로 중요하게 활용되고 있다(BSI지수는 0~200, 100 이상이면 경기 상승국면으로 해석함).

131 다음 중 경기선행지수에 속하지 않는 것은?

① 건설수주액

② 순상품교역조건

③ 종합주가지수

④ 이직자 수

정답 | ④

해설 | 이직자 수는 후행지수이다. 경기선행지수는 현실의 경기보다 한발 앞서가는 것들을 모아서 만든 지수이어서 경기를 미리 예측하는 데 유용하고, 경기후행지수는 사후적으로 경기의 위치를 판단하는 데 활용된다.

※ 경기선행지수와 경기후행지수

경기선행지수		경기후행지수	
• 종합주가지수	• 건설수주액	• 회사채유통수익률	• 이직자 수
• 순상품교역조건	• 소비자기대지수	• 상용근로자 수	• 생산자제품재고지수
• 기계류내수출하지수	• 국제원자재가격지수	• 도시가계소비지출	
• 장단기금리차	• 구인구직비율		

※ 선행지수는 미래를 암시하는 단어가 들어 있다. 예를 들어, '수주' 후에(선행지수) '생산'하고(동행지수), '소비'하거나 혹은 '재고'가 발생한다(후행지수).

※ 대표적인 선행지수는 '주가'이고, 대표적인 후행지수는 '회사채유통수익률'이다.

132 다음 중 경기선행지수와 경기후행지수를 옳게 연결한 것은?

	경기선행지수	경기후행지수
①	종합주가지수	생산자제품재고지수
②	순상품교역조건	장단기금리차
③	이직자 수	상용근로자수
④	소비재수입액	기계류내수출하지수

정답 | ①

해설 | ②는 모두 경기선행지수이고 ③은 모두 경기후행지수, ④는 '후행–선행'이다.

133 BSI가 150일 때의 경제상황으로 가장 거리가 먼 것은?

① 고용의 증가

② 물가의 상승

③ 금리의 하락

④ 기업 투자의 증가

정답 | ③

해설 | BSI가 100을 상회하므로 경기호황국면이다. 경기호황에서는 총수요가 활발하여 금리가 상승하는 것이 일반적이다.

134 PER(Price Earning Ratio : 주가수익비율)에 대한 설명으로 옳지 않은 것은?

① 주식의 현금창출능력과 현재 가격을 비교하는 잣대이다.

② 현재 주가를 주당순이익(EPS)으로 나눈 것이다.

③ 내재가치 측면에서 PER가 높을수록 매수가 유망하다.

④ 주가가 1만원이고 주당순이익이 1천원이라면 이 기업의 PER는 10(배수)이 된다.

정답 | ③

해설 | PER가 높다는 것은 향후 성장성이 미리 반영된 것이라 할 수 있는데, 만일 그에 합당하게 수익이 뒷받침되지 않는다면 주가가 급락할 수 있다.

135 PER는 동일 업종 내에서의 저평가 여부를 판단하는 척도로도 활용된다. 다음의 PER를 기준으로 판단했을 때(다른 변수는 없다고 가정함), 매수 대상으로 가장 유망한 기업은 무엇인가?

기업	업종평균 PER	개별기업 PER
A		5
B	10	10
C		8
D		12

① A   ② B   ③ C   ④ D

정답 | ①

해설 | 다른 변수가 없다고 가정한다면 'PER가 낮을수록 저평가되었다'고 할 수 있다. 따라서 A가 가장 유망하다.

> **참고** $PER = \dfrac{주가}{EPS}$ $(EPS = \dfrac{당기순이익}{발행주식수})$
>
> → 분모인 EPS(주당순이익)는 주가의 내재가치로서 높을수록 좋다. 따라서 PER는 낮을수록 저평가되었다고 할 수 있다.
> → PER가 낮다는 것은(저PER주), EPS가 높거나 주가가 낮거나 둘 중의 하나이다.

136 주가가 50,000원이고 당기순이익이 100억원이며 발행주식수는 100만주이다. 그렇다면 PER는 얼마인가(배수)?

① 5   ② 10   ③ 20   ④ 50

정답 | ①

해설 | • PER = 주가/EPS = 50,000/EPS

• EPS = 당기순이익/발행주식수 = 100억원/100만주 = 10,000원

• 따라서 PER = 50,000/10,000 = 5(배수)

137 주식거래 관련 주요 용어에 대한 설명으로 옳지 않은 것은?

① 차입금 등 타인자본을 지렛대 삼아 자기자본이익율을 높이는 것을 '레버리지 효과'라고 한다.

② 주식의 시세가 매입가격보다 하락한 상태에서 손해를 보고 매도하는 것을 '손절매'라고 하며 손실을 실현하는 것이므로 가급적 하지 않는 것이 바람직하다.

③ 기업이 회사의 실적을 좋게 보이기 위해 고의로 자산이나 이익 등을 크게 부풀려 회계장부를 조작하는 것을 '분식결산'이라 한다.

④ 일반적으로 시장 분석, 투자시점 판단, 주문 제출 등의 과정을 컴퓨터로 처리하는 거래기법을 총칭하는 것을 '프로그램매매'라고 한다.

정답 | ②

해설 | 손절매(stop-loss, loss-sut)는 손실을 기록하고 있지만, 당초의 전망이 틀렸음을 인정하고 추가 손실 위험을 차단하는 목적으로 단행하는 것이다. 따라서 상황이 되면 과감히 실행할 필요가 있고 개인투자자가 갖추어야 할 중요한 투자원칙의 하나로 꼽힌다.

138 관리종목에 관한 설명 중 옳지 않은 것은?

① 기업의 경영상태가 크게 악화되어 상장폐지기준에 해당하는 종목 가운데 거래소가 특별히 지정한 종목을 말한다.

② 관리종목에 지정이 되고 유예기간 동안 사유를 해소하지 못하면 상장폐지된다.

③ 관리종목에 편입되면 상장시장에서 거래할 수 없게 된다.

④ 관리종목에 편입하는 이유는 기업에게는 유예기간을 통해 회생의 기회를 주는 것이고 투자자에게는 상장폐지가 될 수 있다는 주의를 환기하기 위함이다.

정답 | ③

해설 | 관리종목에 편입되었다고 해서 상장시장에서 거래가 불가한 것은 아니다(거래를 못하게 하는 것이 아니라 관리종목에 편입되면 상장폐지가 될 수 있다는 주의 환기 차원이며, 약간의 제한은 따르나 거래 자체는 가능함).

　　※ 관리종목 편입 사유 : 사업보고서 미제출, 심각한 자본잠식(50% 이상), 거래량·주가수준·시가총액의 기준치 미달, 주식분포상황 기준치 미달 등

139 우리나라 상법상 액면가가 될 수 없는 것은?

① 100원   ② 200원   ③ 2,500원   ④ 10,000원

정답 | ④

해설 | 100원(A), 200원(B), 500원(C), 1,000원(D), 2,500원(E), 그리고 영문자의 표시가 없으면 5,000원이다(즉, 6가지이며 1만원 액면가는 없다).
※ 유가증권시장의 액면가는 대부분 5,000원이고 코스닥시장은 대부분 500원이다.

140 투자자 P씨는 상장주식 Q를 1,000주 보유하고 있다(액면가 5,000원, 시가 100,000원). 그런데 상장주식 Q가 액면가 500원으로 분할되었다. 그렇다면 액면분할 후 P씨가 보유하게 될 상장주식 Q의 수량은 몇 주인가?

① 5,000주   ② 10,000주   ③ 25,000주   ④ 50,000주

정답 | ②

해설 | 액면가 5000원이 500원이 되었으므로(1/10), 수량은 10배 늘어난다.

141 A기업 발행주식의 총수는 100만주이다. 주식의 액면가는 5천원이고 현재 주식시장에서 거래되는 주가는 20,000원이다. 이 경우 A주식회사의 시가총액은 얼마인가?

① 50억원   ② 100억원   ③ 200억원   ④ 5천원

정답 | ③

해설 | 자본금은 50억원이고 시가총액은 200억원이다.
- 자본금(납입자본금) = 액면가×발행주식수 = 5,000원×100만주 = 50억원
- 시가총액 = 시가×발행주식 = 20,000원×100만주 = 200억원. 시가총액은 GDP 등과 비교하여 자본시장의 발전 정도를 나타내는 지표가 되기도 한다.

142 우리사주조합에 대한 설명으로 옳지 않은 것은?

① 종업원이 자기 회사의 주식을 보유하여 기업의 경영과 이익분배에 참여하게 함으로써 종업원의 근로의욕을 고취시키고 재산 형성을 촉진하기 위하여 만든 제도이다.

② 우리사주조합을 통해 주식을 매입하는 경우 세제상의 혜택을 받을 수 있으며 구입자금을 융자해주는 금융상의 혜택도 볼 수 있다.

③ 우리사주조합을 통해 주식을 매입하는 경우 시세보다 할인된 가격으로 매입이 가능한데 이를 활용해 시세차익을 노릴 수도 있으므로 이를 방지하기 위해 일정한 보유기간을 엄격히 채우도록 하고 있다.

④ 모든 상장기업은 종업원의 복지향상 차원에서 우리사주조합을 통하여 직원에게 신주를 발행할 것을 법적으로 의무화하고 있다.

정답 | ④

해설 | 우리사주조합을 통해 신주를 인수하는 것은 해당 기업이 기업공개든 증자든 신주를 발행할 때에 한한다. 무조건 신주를 발행해야 하는 의무는 없으므로 상장회사 직원이라 하더라도 무조건 우리사주조합을 통해 신주를 받을 수 있는 것은 아니다.

143 다음 설명은 주식거래관련 용어 중 무엇을 뜻하는가?

> 기업에서 임직원에게 자사의 주식을 일정 한도 내에서 일정한 가격으로 매입할 수 있는 권리를 부여한 뒤 일정기간이 지나면 임의대로 처분할 수 있는 권한을 부여하는 것이다.

① 자사주   ② 주식매입선택권

③ 우리사주조합   ④ 주식매수청구권

정답 | ②

해설 | 주식매수선택권 혹은 스톡옵션이다. 벤처기업이나 새로 창업하는 기업들 뿐 아니라 기존 기업들도 통상 향후의 경영성과에 연동하여 매수가격이나 취득가능수량을 정함으로써 임직원의 근로의욕을 진작시킬 수 있는 수단으로 활용하기도 한다.

144 빈칸에 들어갈 알맞은 말은 무엇인가?

> • (   )는 장기주식투자 활성화를 위해 개발된 것으로 배당실적이 높으면서도 안정된 50개 기업으로 구성한다.
>
> • 2001년 7월 2일의 주가지수를 1,000포인트로 보고 산정한다.

① 배당지수(Korea Dividend Stock Price Index)

② 종합주가지수(KOSPI)

③ 코스닥지수

④ 코스피200지수

정답 | ①

145 하한가 매도 주문은 쌓여 있으나 1주도 체결되지 않은 경우 (   )하한가라고 한다. 빈칸 안에 알맞은 것은?

① 기세   ② 시가   ③ 저가   ④ 종가

정답 | ①
해설 | 기세라고 한다. 거래량이 없으므로 기세(×)로 표시한다.

146 채권에 대한 설명 중 옳지 않은 것은?

① 채권은 보통의 차용증서와 달리 법적인 제약이 있으며 법의 보호를 받게 된다.

② 채권을 매입할 경우 만기까지 보유해서 원리금을 받게 되는데, 중도에 매도할 수 없다.

③ 우리나라에서는 미국 등 선진국에 비해 10년 이상의 장기채가 적고 3년에서 5년 정도의 중기채가 많다.

④ 변제순위가 채권과 주식의 중간에 있는 후순위채는 금융기관들이 자본 확충의 수단으로 널리 활용하고 있다.

정답 | ②
해설 | 만기까지 보유해서 원리금을 받을 수 있으며, 중도에 매도해서 매매차익을 기대할 수도 있다.

147 채권관련 주요 용어에 대한 설명으로 옳지 않은 것은?

① 채권 1장마다 권면에 표시되어 있는 금액을 '액면'이라 한다.

② 유통시장에서 매매할 때 사용되는 것으로 적용 수익률로 계산한 액면 10,000원당 가격을 '단가'라고 한다.

③ 액면에 대한 1년당 이자율을 '표면이율'이라 한다.

④ 이미 발행된 채권의 중도매매 시 매매일로부터 만기일까지의 기간을 '경과기간'이라 한다.

정답 | ④

해설 | 경과기간이 아니라 잔존기간이다.

　　※ 경과기간 : 채권의 발행일로부터 매매일까지의 기간을 경과기간이라고 하고, 해당기간 표면이율에 의해 발생한
　　이자를 경과이자라고 한다(만기 = 경과기간 + 잔존기간).

148 빈칸에 들어갈 말로 알맞은 것은?

(㉠)은 (㉡)에 비해 안전하지만 기대수익이 한정된다는 점이 특징이고, (㉡)은 (㉠)에 비해 위험하지만 기대수익의 제한이 없다는 점이 특징이다.

	㉠	㉡		㉠	㉡
①	주식	채권	②	채권	주식
③	선순위채	후순위채	④	후순위채	선순위채

정답 | ②

해설 | 채권과 주식에 대한 특징이다.

149 채권과 주식의 차이점에 대한 설명으로 옳지 않은 것은?

	구분	채권	주식
①	증권소유자의 지위	채권자	주주
②	조달자금의 성격	자기자본	타인자본
③	조달원금 상환여부	만기 시 원금상환	상환의무 없음
④	증권의 존속기간	한시적	영구적

정답 | ②

해설 | 채권을 발행하면 만기에 상환할 의무가 있으므로 부채에 해당된다. 즉 채권은 타인자본이고 주식은 상환의무가 없으므로 자기자본이 된다.

　　④ 채권에도 만기가 없는 영구채(consol)가 드물지만 존재하고 있기는 하다(영국).

150 다음 중 채권의 분류가 잘못 연결된 것은?

	분류 기준	채권의 종류
①	발행주체에 따른 분류	국채, 지방채, 특수채, 회사채, 금융채
②	이자지급방식에 따른 분류	할인채, 복리채, 이표채
③	만기에 의한 분류	단기채, 중기채, 장기채
④	제3자의 지급보증여부에 따른 분류	선순위채, 후순위채

정답 | ④

해설 | 제3자의 지급보증여부에 따른 분류로는 보증채와 무보증채로 구분된다. 선순위채와 후순위채는 채권의 변제순위에 따른 분류이다. 그리고 이자의 변동여부에 따라 고정금리부채권과 변동금리부채권으로 구분한다.

152 다음 중에서 기대수익률과 위험이 가장 높은 채권은 무엇인가?

① 국채 ② 지방채 ③ 은행채 ④ 후순위채

정답 | ④

해설 | 후순위채는 청산 시에 선순위채를 먼저 지급한 후 잔여재산이 있을 때 지급하는 것으로 안전성이 낮기 때문에 상대적으로 높은 수익률을 지급한다. 즉 선순위채에 비해 기대수익률도 높고 위험도 크다(그런 의미에서 '가시많은 장미'라고 불린다).

153 채권의 분류에서, 이자지급에 따른 분류에 속하지 않는 것은?

① 복리채 ② 특수채 ③ 할인채 ④ 이표채

정답 | ②

해설 | 특수채는 발행주체별 분류에 해당된다.

154 다음과 같이 분류하는 채권의 신용등급 중에서 투자적격으로 묶인 것은?

AAA – AA – A – BBB – BB – B – CCC – CC – C – D

① AAA – AA – A

② AAA – AA – A – BBB

③ AAA – AA – A – BBB – BB

④ AAA – AA – A – BBB – BB – B

정답 | ②

해설 | BBB까지를 투자적격이라 하고 나머지를 투자부적격 혹은 투기등급이라 한다. 참고로 신용등급이 매우 낮은 채권을 정크본드(Junk bond)라고 한다.

155 채권의 거래방식에 대한 설명 중 옳지 않은 것은?

① 채권은 주식과 달리 90% 이상이 장내시장에서 주로 거래된다.

② 개인들이 수시로 거래하기보다는 연기금, 금융기관 등 대규모의 여유자금을 보유한 기관들이 대량으로 투자하기 때문에 시장구조도 대량 거래에 맞게 형성되어 있다.

③ 채권은 발행주체의 신용도와 만기 등에 따라 모든 종목이 별개의 종목으로 취급되기 때문에 종목의 수가 과도하여 주식시장과 같은 경쟁매매가 불가능하고 주로 상대매매방식으로 거래된다.

④ 국고채는 국고채 전문딜러(Primary Dealer) 간의 경쟁입찰을 통해서 발행된다.

정답 | ①

해설 | 채권은 주식과 달리 90% 이상이 장외시장에서 거래된다.

156 채권투자의 매력이라고 볼 수 없는 것은?

① 금융기관의 예금보다 수익성이 높고 주식에 비해서는 안정성이 높으며, 유동성도 어느 정도 확보된 투자대상이라는 점에서 투자선택의 3요소를 고루 만족시킨다.

② 채권에는 다양한 종목이 있어 자금 운용 성격에 따라 적당한 투자 선택을 할 수 있다.

③ 채권투자는 주식투자에 비해서 매우 안정적이지만 기대수익도 한정되어 있다.

④ 확정이자수익 외에 시장수익률 동향에 따라 매매차익을 얻을 수도 있다.

정답 | ③

해설 | 기대수익이 한정된 것은 채권투자의 단점에 해당된다.

157 채권투자의 특징으로 옳은 것은?

① 채권투자는 발행기업이 원리금의 지급을 보장하고 있기 때문에 발행기업이 채무불이행만 되지 않는다면 손해를 볼 경우가 전혀 없다.

② 채권투자에도 1인당 원리금합산 5천만원까지 예금자보호가 된다.

③ 10년 만기 채권을 매입한 후 중도에 자금이 필요한 경우 발행사에 요청하면 중도환매를 할 수 있다.

④ 채권에 투자하면 이자수익뿐만 아니라 매매차익을 기대할 수도 있는데 채권매입 후 시장수익률이 하락할 경우 매매차익을 얻을 수 있다.

정답 | ④

해설 | ① 만기까지 보유하지 않고 중도환매 시 시장수익률 변동에 따라 손실을 볼 수 있다.
② 채권은 투자상품이므로 예금자보호대상이 될 수 없다.
③ 장기채권을 매입한 후 중도에 돈이 필요한 경우 시장에서 매도하여 투자자금을 환수할 수 있다(발행사가 중도환매해주는 채권은 없음).

158 투자자 P씨는 대기업의 채권을 공모 시 입찰을 통해 매입하였다(3년 만기, 발행이자 6%). 매입 후 2년이 경과한 시점에서 시장에서 형성되고 있는 채권수익률이 ①~④와 같을 때 투자자 P씨가 매매차익을 얻을 수 있는 경우는 무엇인가?

① 4%　　　　　② 6%　　　　　③ 7%　　　　　④ 8%

정답 | ①

해설 | 매입 시의 이자율보다 시장수익률이 하락하면 매매차익을 얻을 수 있다(약식이해 : 수익률이 6%에서 4%로 변화했다는 것은 채권가격이 94원에서 96원으로 변동한 것).

160 다음의 빈칸이 옳게 채워진 것은?

> (㉠)은 액면에 대한 이자의 비율이고 (㉡)은 투자원본에 대한 수익의 비율로서 통상 만기수익률을 의미한다.

	㉠	㉡		㉠	㉡
①	이율	수익률	②	수익률	이율
③	이율	할인율	④	수익률	할인율

정답 | ①

해설 | ㉠은 이율 혹은 이자율, ㉡은 수익률 혹은 투자수익률이다.

  ※ 수익률 : 투자자가 최종상환일까지 채권을 보유하는 경우 받게 되는 1년당 전체수익을 투자원본으로 환산하였을 때의 비율을 말한다.

161 다음의 '발행금리 6%'는 어떤 채권수익률을 말하는가?

> A기업의 채권발행조건 : 채권액면 1억원, 만기 3년, 발행금리 6%

① 표면수익률   ② 발행수익률

③ 실효수익률   ④ 연평균수익률

정답 | ①

해설 | 액면금액에 대해 얼마의 이자를 지급하겠다는 것은 표면수익률이다(표면수익률 = 표면이율 = 표면금리 = 발행금리 = 발행이율 = coupon rate). 단, 발행이율 ≠ 발행수익률

162 5년 만기 복리채인 산업금융채권에 투자하여(매출가액 10,000원, 표면이율 11.7%), 만기에 총상환금 17,800원을 수령하였다. 이 경우 연평균수익률은 몇 %인가?

① 11.7%   ② 15.6%   ③ 17%   ④ 78%

정답 | ②

해설 | 연평균수익률은 만기가 1년 이상인 채권에서 만기까지의 총수익률을 원금으로 나눈 후 단순히 해당 연수로 나눈 단리수익률을 말한다.

$$\rightarrow 연평균수익률 = \frac{(17,800 - 10,000)}{10,000} \times \frac{1}{5} = 0.156,\ 즉\ 15.6\%$$

163 채권 투자 매입가격 10,000원, 매도가격 10,500원, 표면이자 수입과 재투자 수입 합계가 400원이라면 수익률은 몇 %인가(투자 기간 1년, 세전수익률), 그리고 이때의 수익률은 어떤 채권수익률을 말하는가?

	수익률	수익률의 종류		수익률	수익률의 종류
①	4%	표면수익률	②	4.5%	연평균수익률
③	5%	자본수익률	④	9%	실효수익률

정답 | ④

해설 | 실효수익률이란 일정 기간 동안에 실제로 실현된 이자수입, 이자의 재투자수입과 자본수익의 합계액인 실현 총이익에 대한 매입가격의 비율을 의미한다.

$$\rightarrow \text{실효수익률} = \frac{(\text{채권매도가격} - \text{채권매입가격}) + \text{표면이자와 재투자수입 합계}}{\text{채권매입가격}} \times \frac{365}{\text{보유일수}}$$

$$= \frac{(10,500 - 10,000) + 400}{10,000} \times \frac{365}{365} = 9\%$$

164 다음 채권수익률의 결정 요인 중에서 외적요인에 속하는 것은?

① 채권의 수급
② 표면이자율
③ 잔존만기
④ 발행기업의 신용등급

정답 | ①

해설 | 채권의 수급을 제외한 나머지는 내적 요인(발행기업에 의해 결정되는 요인)이다. 채권의 수요와 공급은 시중의 자금 사정, 경제 상황 등에 의해 결정되는 외적 요인이다.

165 채권의 수요와 공급이 채권수익률 변동에 영향을 주는 일반적인 경향을 설명한 것으로 가장 적절한 것은?

① 채권수익률의 변동에 영향을 주는 정도는 채권의 수요와 공급이 똑같다.
② 채권수익률의 변동에 영향을 주는 정도는 채권의 수요가 채권의 공급에 비해 더 크다.
③ 채권수익률의 변동에 영향을 주는 정도는 채권의 공급이 채권의 수요에 비해 더 크다.
④ 채권수익률의 변동에 영향을 주는 정도는 채권의 수요든 공급이든 비교하기가 어렵다.

정답 | ②

해설 | 채권의 수요가 공급에 비해 더 큰 영향을 미친다. 왜냐하면, 채권의 공급은 기업의 투자 계획에 의해 결정되는데 기업의 투자 계획은 단기간에 변동이 어렵다. 따라서 채권수익률 변동은 채권의 수요에 의해 더 큰 영향을 받는다고 볼 수 있다. 채권의 수요는 시중자금사정에 의해 영향을 받는다.

166 일반적으로 채권수익률이 하락하는 경우는?

① 시중자금사정이 풍부해진다.

② 경기가 활황세이다.

③ 물가가 상승한다.

④ 채권의 잔존만기가 길어진다.

정답 | ①

해설 | '채권수익률은 채권가격과 역의 관계'라는 점을 적용해서 이해해야 한다.

채권수익률 변동의 Flow
- 시중자금사정 호전 → 채권수요 증가 → 채권가격 상승 → 채권수익률 하락
- 경기 호황 → 기업의 투자자금수요 증가 → 채권공급 증가 → 채권가격 하락 → 채권수익률 상승
- 물가 상승 → 실질구매력 하락 → 채권투자자는 채권발행자에게 더 높은 수익률을 요구 → 채권수익률 상승
- 채권의 잔존만기가 길수록 → 채권투자자는 유동성 포기에 대한 대가로 더 높은 수익률을 요구 → 채권수익률 상승

167 다음 중 전환사채(CB : Convertible Bond)에 대한 설명으로 옳지 않은 것은?

① 전환사채 발행 당시에는 이자가 확정된 보통사채로 발행되지만 미리 정해진 일정 조건에 의해 보유 채권을 주식으로 전환할 수 있는 권리가 부여된 채권을 말한다.

② 투자자 입장에서는 채권의 안정성과 주식의 수익성을 고루 갖춘 상품으로 인기가 높다.

③ 발행자의 입장에서는 보통 사채보다 저렴하게 발행할 수 있다는 장점이 있다.

④ 투자자 입장에서는 전환사채를 매입했을 경우 주가와 관계없이 일정시점 후에 주식으로 전환해야 한다는 부담이 있다.

정답 | ④

해설 | 주가가 전환가격 이상으로 올라가지 않으면 주식으로 전환하지 않고 전환사채로 유지해도 된다. 다만 이 경우는 보통 사채보다 낮은 이자율을 받게 된다.

168 전환사채 투자와 관련한 주의사항으로 적절하지 않은 것은?

① 전환사채를 매입한 후 주가가 전환가격 이상으로 상승하면 주식으로 전환하여 차익을 실현하고 그렇지 않으면 채권으로 유지해 만기수익을 받으면 된다.

② 일반적으로 주가 상승을 기대하고 전환사채를 매입하지만 주가가 기대만큼 상승하지 않을 경우는 보통 사채에 비해 수익률이 낮다는 점도 염두에 두어야 한다.

③ 전환사채는 어떠한 경우에도 손실을 보지 않기 때문에 매우 인기가 높은 상품이다.

④ 전환사채의 투자수익률을 올리기 위해서는 가급적 유통시장보다는 발행시장에서 매수하는 것이 바람직하다.

정답 | ③

해설 | 전환사채를 매입한 후 주식전환이 안 되어도 최소한의 이자가 보장되어 있기 때문에 매우 안전하고 인기가 높은 상품임에 틀림없다. 그러나 발행기업이 채무불이행이 된다면 큰 손실을 볼 수 있다. 따라서 발행기업의 신용등급에 주의해야 한다.

169 신주인수권부사채(BW : Bond with Warrant)에 대한 설명 중에서 적합하지 않은 것은?

① 신주인수권부사채란 발행 시에 미리 정해진 일정한 조건에 따라 그 회사의 신주(新株)를 인수할 권리가 붙은 사채이다.

② 전환사채는 주식전환 후 채권이 소멸되나 신주인수권부사채는 신주인수권을 행사한 후에도 채권이 존속한다는 점이 서로 다른 점이다.

③ 신주인수권부사채에는 분리형과 비분리형이 있는데 우리나라의 경우 비분리형으로 거래되어 신주인수권만 따로 떼어 거래할 수 없다.

④ 전환사채에서 주식으로 전환할 때 추가 자금이 필요하지 않지만 신주인수권부을 행사하여 주식을 인수할 경우에는 인수대금이 추가로 필요하다.

정답 | ③

해설 | 우리나라는 최근에 분리형이 허용되어 신주인수권만 따로 거래할 수 있다(이를 신주인수권증권이라 함). ②와 ④는 전환사채(CB)와 신주인수권부사채(BW)의 차이점이다.

170 교환사채(EB : Exchangeable Bond)에 대한 설명 중에서 적합하지 않은 것은?

① 교환사채는 사채 소유자에게 소정의 기간 내에 사전에 합의된 조건으로 사채를 발행한 상장 기업이 소유하고 있는 다른 회사의 상장주식과의 교환을 청구할 수 있는 권리가 부여된 사채를 말한다.

② 교환권 청구 시 추가적인 자금 부담이 없다는 점에서 신주인수권부사채와 다르며 자본금의 증가가 수반되지 않는다는 점에서 전환사채와 다르다.

③ 교환사채의 발행이율은 전환사채나 신주인수권부사채와는 달리 보통 사채보다 높게 책정된다.

④ 교환사채는 채권가치와 교환가치를 함께 가지고 있다는 점에서 채권가치와 전환가치를 함께 가지고 있는 전환사채와 기본적으로 가격형성 메커니즘이 같다고 할 수 있다.

정답 | ③

해설 | 교환사채의 원리는 전환사채와 유사하므로, 발행 시 발행이율은 보통 사채보다는 낮게 책정된다.

171 다음의 신종 사채 중 권리를 행사했을 경우 실질적으로 회사에 자금이 유입되는 것은 무엇인가?

① 전환사채(CB) 　　　　　　　　　② 신주인수권부사채(BW)

③ 교환사채(EB) 　　　　　　　　　④ 콜옵션부사채(Callable Bond)

정답 | ②

해설 | 회사에 실질적으로 자금이 유입되는 것은 BW가 유일하다.

※ 권리행사 후의 계정 변화

구분	계정 변화	실질적 자금유입(회사입장)
전환사채(CB)	부채 ↓ / 자본금 ↑	X
신주인수권부사채(BW)	부채 존속 / 자본금 ↑	O
교환사채(EB)	부채 ↓ / 자산 ↓	X

172 채권가격결정에 대한 설명 중 가장 적절하지 않은 것은?

① 채권가격과 채권수익률은 반대 방향으로 움직인다.

② 3년 만기 채권보다 5년 만기 채권이 동일한 수익률 변동에 대해서 더 크게 변동한다.

③ 표면금리가 높은 채권이 표면금리가 낮은 채권보다 더 크게 변동한다.

④ 잔존만기가 길어질수록 채권가격의 변동폭이 커진다.

정답 | ③

해설 | 예를 들어 채권수익률이 1% 변동했다고 하자. 표면이율이 4%인 채권은 채권가격의 1/4이 변동한 것이며, 표면이율이 10%인 채권은 채권가격의 1/10이 변동한 것이다. 즉, 표면이율이 낮은 채권일수록 채권가격의 변동폭이 크다.

173 자산유동화증권(ABS : Asset Backed Securities)에 대한 설명 중 적절하지 않은 것은?

① 부동산, 매출채권, 유가증권, 주택저당채권(mortage) 등과 같이 유동성이 낮은 자산을 기초로 하여 유동성을 제고하고자 발행하는 새로운 증권을 말한다.

② 일반적으로 자산보유자가 자산유동화를 위한 별도의 서류상의 회사인 특수목적기구(SPC : Special Purpose Company)를 설립하여, 동 법인에게 자산을 양도하고 SPC가 이를 기초로 하여 증권을 발행하고 매각하여 자금을 조달한다.

③ ABS에는 주택저당담보부증권(MBS), 채권담보부증권(CBO), 대출채권담보부증권(CLO), 신용카드매출채권담보부증권, 자동차할부대출담보부증권 등 다양한 종류가 있다.

④ 자산유동화를 통해 기초자산보유자(주로 금융기관)는 자금조달비용을 줄이고 재무상태를 개선할 수 있으나 투자자의 입장에서는 구조가 복잡하고 일반사채에 비해 위험하다는 단점이 있다.

정답 | ④

해설 | 투자자 입장에서 보면, 신용평가기관의 엄밀한 평가와 신용보강을 거쳐 발행되므로 상대적으로 안전하면서도 일반회사채보다 수익률이 높은 편이어서 양호한 투자대상이 된다. 즉 ABS는 자산보유자와 투자자간의 'win – win'관계를 바탕으로 발전하였다.

174 2008년도 글로벌 금융위기를 일으킨 '미국의 서브프라임 사태'와 가장 관련이 깊은 증권은 무엇인가?

① 주식   ② 채권   ③ 신종 사채   ④ ABS

정답 | ④

해설 | 부실한 기초자산을 바탕으로 엄청난 자산유동화를 한 것이 문제가 되었다.

175 다음 중 종합과세를 위해 종합소득으로 합산되는 소득이 아닌 것은?

① 연금소득   ② 근로소득   ③ 양도소득   ④ 사업소득

정답 | ③

해설 | 종합소득에 합산되는 소득은 '이자소득, 배당소득, 근로소득, 사업소득, 기타소득, 연금소득' 6가지이다.

176 다음 중 분류과세가 되는 소득으로 묶인 것은?

㉠ 이자소득	㉡ 배당소득	㉢ 근로소득
㉣ 사업소득	㉤ 퇴직소득	㉥ 양도소득

① ㉠, ㉡   ② ㉢, ㉣   ③ ㉢, ㉥   ④ ㉤, ㉥

정답 | ④

해설 | 퇴직소득과 양도소득은 분류과세이다. 종합소득에 합산되는 과세는 매년 발생하는 경상소득인데, 퇴직소득과 양도소득은 그 소득이 장기간에 걸쳐 누적해서 발생한 것을 특정 시점에 일시적으로 과세하기 때문에 세부담 완화를 위해 종합과세하지 않고 분류과세를 한다.

177 빈칸에 들어갈 말로 옳은 것은?

이자소득과 배당소득이 (   )인 경우에는 15.4%로 원천징수하여 납세의무를 종결한다.

① 2천만원 이하   ② 2천만원 미만

③ 2천만원 이상   ④ 2천만원 초과

정답 | ①

해설 | 2천만원 이하이다. 2천만원 초과일 경우에는 종합소득으로 합산하여 과세한다(기본세율 6~42%).

> **참고** 2013.1.17 소득세법개정후속시행령을 통해 금융소득종합과세의 기준금액을 4천만원에서 2천만원으로 변경하였음

178 빈칸에 들어갈 말로 옳은 것은?

> 우리나라 소득세법 체계는 (㉠)를 기본으로 하고, 일부소득인 (㉡)과 (㉢)에 대해서는 유형별 포괄주의를 적용한다.

	㉠	㉡	㉢
①	열거주의	양도소득	퇴직소득
②	열거주의	이자소득	배당소득
③	포괄주의	양도소득	퇴직소득
④	포괄주의	이자소득	배당소득

정답 | ②

해설 | 열거주의를 기본으로 하고, 이자 · 배당소득은 유형별 포괄주의를 적용하고 있다.

179 완전포괄주의 과세체계와 가장 거리가 먼 것은?

① 상속세   ② 증여세

③ 법인세   ④ 양도소득세

정답 | ④

해설 | 양도소득세는 열거주의에 따른다. 법인세는 순자산증가설에 따르는 과세로 완전포괄주의 과세와 유사하다.

> **참고** 납세자 입장에서는 열거주의보다 포괄주의의 납세 부담이 더 크다. 벌어서 내는 소득세보다 무상으로 받는 상속, 증여세의 부담이 더 큰 것은 당연하다고 할 수 있다.

180 다음 중 연결이 옳지 않은 것은?

① 양도소득, 퇴직소득, 근로소득, 사업소득 – 열거주의

② 이자소득, 배당소득 – 열거주의

③ 법인세 – 완전 포괄주의

④ 상속세, 증여세 – 완전 포괄주의

정답 | ②

해설 | 이자소득과 배당소득은 유형별 포괄주의이다.

181 4대 보험이 적용되는 직장에 취업한 A씨는 세금을 떼고 남은 급여액을 매달 지급받는다. 이 경우 과세대상이 되는 소득의 종류와 과세의 방법은 무엇인가?

	과세대상인 소득의 종류	과세방법
①	근로소득	원천징수
②	사업소득	원천징수
③	근로소득	종합과세
④	종합소득	종합과세

정답 | ①

해설 | 근로소득이고 원천징수이다. 회사는 급여 지급 시 세금을 미리 징수하고 징수한 세금은 익월 10일까지 관할세무서에 납부하게 된다. 이러한 방법을 원천징수라고 한다.

182 법인소득세의 순자산증가설에 대한 설명 중 적합하지 않은 것은?

① 개인이 얻은 소득에 과세하는 것이 소득세라면 법인세는 법인이 얻은 소득에 과세하는 것이며 법인세는 순자산증가설에 입각하여 과세하고 있다.

② 소득세 과세대상이 되는 소득은 열거하여 규정하므로 열거되지 않은 소득에 대해서는 납세의무가 없지만, 법인세는 법인이 얻은 모든 순자산의 증가액에 과세를 한다.

③ 법인세의 순자산증가설은 열거되지 않은 소득에 대해서도 순자산이 증가했다면 과세한다는 것이므로 완전 포괄주의와 유사하다고 할 수 있다.

④ 개인소득세도 순자산증가설에 따르고 있다.

정답 | ④

해설 | 법인세 : 순자산증가설(= 완전포괄주의), 개인소득세 : 소득원천설(열거주의)

183 아래와 같이 변액연금을 계약하고 10년 이상 유지했다고 가정한다. 이 중에서 '법인의 순자산증가설'의 입장에서 과세가 되는 경우는?

	계약자	피보험자	수익자
①	본인	본인	본인
②	법인	임원	법인
③	본인	배우자	본인
④	배우자	본인	배우자

정답 | ②

해설 | ①, ③, ④는 개인의 계약으로 '10년 이상 유지한 장기보험의 보험차익'은 비열거소득으로서 비과세이다. 그러나 계약자와 수익자가 법인이고 피보험자가 대표이사나 임원인 경우는 '법인의 순자산증가설'의 입장, 즉 완전포괄주의의 입장에서 과세가 된다.

184 과세표준이 100억원일 때 과세되는 법인세율은?

① 10% 　　　② 14% 　　　③ 20% 　　　④ 22%

정답 | ③

해설 | 20%이다.

※ 법인세율(2018년.1.1 이후 개시하는 사업연도부터 적용)

과세표준	2억원 이하	2~200억원 이하	200억원 초과~3천억원 이하	3천억원 초과
세율	10%	20%	22%	25%

185 상속세와 증여세의 완전포괄주의 과세에 대한 설명 중 적절하지 않은 것은?

① 과세물건을 법률에 명백하게 규정하지 않고 그 종류나 원천에 불구하고 경제적 이익이 발생하면 이를 모두 과세소득으로 보아 세금을 부과하는 것을 완전포괄주의 과세라고 한다.

② 개인소득세가 열거주의를 기본으로 하나 상속 · 증여세에 완전포괄주의 과세를 하는 것은 상속 · 증여는 재산의 무상 이전이므로 더 엄격히 과세하자는 차원으로 볼 수 있다.

③ 법인의 순자산증가설도 상속 · 증여세의 완전포괄주의와 같은 개념이라 볼 수 있다.

④ 만일 계약자가 미성년자로서 아버지로부터 증여를 받고, 그 증여받은 금액으로 보험료납입을 하고 증여세 신고를 했다면 추후 보험금을 수령해도 증여세를 내지 않는다.

정답 | ④

해설 | ④의 경우라도 아버지가 보험료를 대납하고 미성년자에게 보험금 전체를 증여한 것으로 보고 증여세를 과세한다(증여재산금액 = 전체 보험금 − 기신고된 증여납입보험료). 이는 완전포괄주의의 대표적인 사례라고 할 수 있다.

186 다음 중 비열거소득으로서 소득세 과세대상에서 제외되는 것은?

① 주가연계증권(ELS)의 수익

② 파생결합증권(DLS)의 수익

③ 상장주식의 양도차익(소액주주에 한정)

④ 부동산 임대소득

정답 | ③

해설 | ①, ② 유형별 포괄주의로 배당과세가 된다
④ 열거소득으로 과세대상이다.
※ 상장주식의 양도차익에 대한 과세구분

구분	소액주주	대주주
상장증권	비과세	과세
비상장증권	과세*	과세

* K-OTC시장의 벤처기업을 소액주주가 양도 시는 예외로서 비과세됨

187 금융소득종합과세에 대한 설명 중 가장 적절한 것은?

① 부부합산 연간 금융소득의 합계액이 2천만원을 초과하는 경우 다른 종합소득과 합산하여 기본세율(6~42%의 누진세율)을 적용하여 과세한다.

② 부부합산 연간금융소득이 2천만원 이하인 경우에는 원천징수로 납세의무가 종결된다.

③ 만일 금융소득이 5천만원일 경우 2천만원까지는 15.4%를 원천징수하고 초과분 3천만원에 대해서는 기본세율(6~42%)을 적용한다.

④ 원천징수와는 달리 종합소득과세를 할 때에는 주민세가 부과되지 않는다.

정답 | ③

해설 | ①, ② 부부합산별이 아닌 '개인별'이다. 처음에는 부부합산별이었으나 2002년에 위헌판결이 나서 현재는 개인별로 적용된다.
④ 주민세는 원천징수든 종합과세든 '소득세의 10%'가 모두 부과된다.

> **참고** ③의 경우 초과분 3천만원은 종합소득에 합산되는데 이때 적용되는 최소세율은 15.4%이다. 즉 금액이 1,200만원 이하일 경우 6%의 세율이 적용될 수 있는데 이 경우 처음의 원천징수세율에도 못 미치므로 최소 원천징수세율이 적용되도록 한 것이다(이를 비교과세제도라고 함).

188 분리과세에 대한 설명 중 적합하지 않은 것은?

① 10년 이상의 장기채권의 이자소득에 대해서는 분리과세를 신청할 수 있고 이 경우 30%(주민세 미포함)의 원천징수로 납세의무가 종결된다.

② 개인별 2천만원 이하인 금융소득은 14%(주민세 미포함)의 원천징수로 납세의무가 종결된다.

③ 종합소득 과세표준이 8,800만원을 초과할 경우 10년 이상의 장기채권의 이자소득에 대해서 분리과세를 신청하는 것이 유리하다.

④ 분리과세는 종합소득에 합산되지 않는 것이므로 어떤 경우에도 유리하다고 할 수 있다.

정답 | ④

해설 | 무조건 분리과세가 유리한 것은 아니다. 예를 들어, 과세표준이 4,600만원 이하인데(세율 15%), 10년 이상 장기채권의 이자소득이 있다면 굳이 분리과세를 신청할 필요가 없다(분리과세율이 30%이므로 이 경우는 더 불리해진다).

189 종합소득세 과세표준이 1억이라면 산출세액(주민세 제외)이 얼마인가?

① 1,540만원

② 2,010만원

③ 2,400만원

④ 3,500만원

정답 | ②

해설 | 다음 두 가지 계산 방법이 있다.

(1) 1,200만원×6% = 72만원, 3,400만원×15% = 510만원, 4,200만원×24% = 1,008만원
1,200만원(8,800만원 초과분)×35% = 420만원. 모두 합산하면 2,010만원

(2) 8,800만원까지의 구간별 과세금액을 합산하면 1,590만원이다. 따라서 1,590만원 + 1,200만원(8,800만원 초과분)×35% = 2,010만원

※ 주의할 것은 1억원이 8,800만원을 초과한다고 해서 '1억×35% = 3,500만원'으로 계산하는 것이 아니라는 점이다.

[학습안내] 본 문제와 같은 계산문제는 출제될 가능성은 거의 없으나 실무에서는 많이 사용되므로 이해해 두는 것이 바람직함

190 다음의 경우 종합소득 납부세액은 얼마인가?(단, 지방소득세는 계산에서 제외함)

> 이자소득만 5,500만원이며, 종합소득공제금액은 500만원이다.

① 678만원   ② 770만원

③ 789만원   ④ 1,200만원

정답 | ②

해설 | 비교과세를 적용하므로 770만원이 산출세액이 된다. 다음 두 가지 계산 방법이 있다.

(1) 이자소득만 있으므로 이자소득에 대한 원천징수금액 : 5,500만원×14% = 770만원

(2) (2,000만원×14%) + (1,200만원×6%) + (1,800만원×15%) = 622만원

→ 비교과세산출세액은 'max{(1), (2)} = 770만원'이다.

191 홍길동은 여유자금으로 3천만원 있으나 20일 정도만 운용할 수 있다. 안전한 은행상품을 원할 경우 홍길동이 선택할 수 있는 상품은 무엇인가?

① MMDA   ② CD   ③ 표지어음   ④ 정기예금

정답 | ①

해설 | 1개월 이내의 '초단기 운용'의 경우 수시입출금 기능이 있는 상품을 선택하는 것이 옳다(MMDA, 저축예금).

192 홍길동은 여유자금으로 3천만원이 있는데 은행이나 증권회사나 자산운용사 구분 없이 25일 정도만 운용하고자 한다. 적합한 대상이 될 수 없는 상품은?

① MMDA   ② MMF   ③ CMA   ④ CD

정답 | ④

해설 | CD는 최단 만기가 30일 이상이다.

> **참고** CD의 경우 만기가 짧고 거래가 활발하여 환금성이 높은 것으로 평가되나, 위의 나머지 셋(MMDA, MMF, CMA)처럼 수시입출 기능은 없다.

193 홍길동은 여유자금으로 3천만원이 있는데 금융기관을 구분하지 않고 적합한 상품이 있으면 1년 이상 여유 있게 운용하고자 한다. 적합한 투자대상이 될 수 없는 상품은?

① 정기예금   ② 중단기 수익증권

③ 회사채   ④ RP

정답 | ④

해설 | 환매조건부매매채권(RP)는 초단기 혹은 단기적으로 운용하는 상품이다.

194 금융상품의 선택에 있어서 '안전성을 고려한 선택'에 대한 설명으로 옳지 않은 것은?

① 원리금이 보전될 수 있는 정도를 안전성이라 하는데 안전성을 위해서는 금융기관의 부실화로 채무불이행이 발생하는 경우와 금융상품의 시장가격이 변동하여 손해를 보는 경우 등 두 가지 위험을 고려해야 한다.

② 금융기관의 채무불이행을 고려할 때 예금자보호대상 여부를 확인할 필요가 있다.

③ 실적배당형 상품인 신탁상품은 고수익을 기대할 수 있으나 원금 보전이 되는 상품이 없으므로 운용 목적에 맞게 분산투자하는 것이 바람직하다.

④ 안전한 금융기관을 선정하기 위해서는 BIS자기자본비율, 부실여신비율 등 주요 경영지표를 사전에 확인해야 한다.

정답 | ③

해설 | 신탁은 실적배당형으로서 원칙적으로 원금 보전이 불가능하나 연금신탁과 퇴직신탁은 그 특수성을 감안해 예외적으로 원금 보전이 된다.

195 안전한 금융기관을 확인하는 지표로 활용될 수 있는 것과 가장 거리가 먼 것은?

① BIS자기자본비율   ② 주가 수준

③ 경영공시 내용   ④ 지점 수

정답 | ④

해설 | 지점 수도 전혀 관계가 없는 것은 아니나 지점 수가 많으면 우량하고 지점 수가 적으면 부실하다고 보기에는 무리가 있다. 주가 수준이 지나치게 낮으면 부실하다는 증거가 될 수 있다. 이 외에도 신용평가등급, 경영평가등급이 있다.

196 금융상품의 선택에 있어서 '수익성을 고려한 선택'에 대한 설명으로 옳지 않은 것은?

① 수익성, 환금성, 안전성을 모두 충족하는 상품을 선택해야 한다.

② 금융기관 창구에서는 다양한 형태로 수익률을 제시하므로 고수익상품을 선택하려면 표면금리 수준 외에도 이자 지급 방법, 금리 변동 여부, 세금 우대 여부 등을 감안한 실효수익률을 정확히 이해할 필요가 있다.

③ 시장실세금리를 반영하는 금리연동상품의 경우 금리 하락 시에는 수익률 하락이 동반되므로 확정금리상품이 유리할 수 있다.

④ 일부 금융기관들이 한시적으로 우대금리를 적용하는 한시판매저축상품에 관심을 기울이는 것도 바람직하다.

정답 | ①

해설 | 수익성과 환금성과 안전성은 투자의 3요소이다. 이 세 가지는 서로 상충되는 경우가 많아 동시에 충족할 수는 없다.

197 빈칸에 들어갈 말로 바르게 나열한 것은?

구분	(㉠)	(㉡)	(㉢)
금융상품	정기예금 · 적금, 전통형 보험	CD, CD연동형, 공시이율 적용 보험상품	신탁상품, 뮤추얼 펀드, 변액보험
수익률/리스크	소	중	대
투자자책임	소	중	대
금융기관책임	대	중	소

	㉠	㉡	㉢
①	실적금리	연동금리	확정금리
②	연동금리	확정금리	실적금리
③	확정금리	연동금리	실적금리
④	확정금리	실적금리	연동금리

정답 | ③

해설 | '실적금리'는 실적배당형을 말한다. 확정금리와 연동금리는 원금보장형이나 실적금리는 원금보장형이 아니다.

198 다음 중 수익률은 낮지만 투자자 입장에서는 가장 안전하고 금융기관 입장에서는 책임이 가장 큰 금융상품에 해당되는 것은 무엇인가?

① 변액보험   ② CD연동형 정기예금

③ 뮤추얼 펀드   ④ 정기예금

정답 | ④

해설 | 확정금리상품의 개념이다. 가장 반대가 되는 개념(투자자책임이 가장 크고 금융기관 책임이 가장 작은 것)은 실적 금리상품으로 뮤추얼 펀드 등이 있다.

199 투자자 R씨는 2년 만기 정기예금에 가입했는데 수익률은 'CD금리 + 1.5%'의 구조로 계산이 된다. 그렇다면 이 상품은 다음 중 어떤 상품으로 분류되는 것이 가장 적합한가?

① 확정금리상품   ② 연동금리상품

③ 역변동금리상품   ④ 실적금리상품

정답 | ②

해설 | 연동금리상품이다. 기준금리(3개월물 CD금리가 가장 일반적으로 사용됨)에 연동해서 수익률이 결정되는 상품을 말한다. CD연동형 상품이 가장 많고, 실세금리를 반영하는 공시이율이 적용되는 보험상품도 마찬가지라 할 수 있다.

> **참고** 변동금리는 고정금리부인가, 변동금리부인가를 구분하는 데 사용되는 용어이지만 크게 보면 연동금리와 유사한 개념이라 할 수 있다. 역변동금리부상품은 예를 들어서 '10% – CD금리'의 수익구조를 들 수 있다.

200 '환금성을 고려한 선택'에 대한 설명 중 적합하지 않은 것은?

① 환금성은 유동성과 같은 개념으로 사용된다.

② 자금이 필요한 때에 언제든지 보유한 상품을 별다른 손해 없이 현금화할 수 있는 정도를 환금성이라 한다.

③ 투자를 위한 단기대기성 자금이나 일상의 생활자금은 수시입출금이 가능한 환금성이 높은 상품을 이용하는 것이 바람직하다.

④ 일반적으로 환금성이 높은 순서는 '채권 – 주식 – 부동산'이다.

정답 | ④

해설 | '주식 – 채권 – 부동산'의 순서이다.

201 투자자 Y는 수익성과 환금성을 최대한 고려하여 금융상품을 선택하고자 한다. 그 대상으로 가장 적합한 것은?

① 보통예금   ② MMDA   ③ 저축성예금   ④ 변액보험

정답 | ②
해설 | MMDA는 저축성예금이지만 수시입출 기능을 갖추고 있어 수익성, 유동성을 모두 만족시킬 수 있다.

202 '저축기관을 고려한 선택'에 대한 설명으로 적합하지 않은 것은?

① 금융기관을 선정할 때 BIS자기자본비율, 신용평가등급 등 '안전성을 고려한 선택'과 동일한 개념이라고 할 수 있다.

② 동일한 저축상품이라도 취급기관의 운용 능력이나 운용 방식에 따라 수익률이 달라질 수 있으므로 이와 같은 점을 고려해서 금융기관을 선택해야 한다.

③ 대부분의 금융기관들은 단골 고객이나 거액 예금자에 대해서는 수수료 면제, 우대금리 적용, 긴급자금 대출 등 여러 가지 부대서비스를 제공하고 있으므로 하나의 금융기관을 집중해서 거래하는 것이 유리하다.

④ 점포망이 많은지, 직원들의 업무 능력이나 친절도 등을 고려한다.

정답 | ①
해설 | '안전성을 고려한 선택'과 '저축기관을 고려한 선택 (②, ③, ④)은 다른 개념이다.

PART 02
생명보험의 이해

생명보험의 이해

2장 생명보험의 이해는 보험설계사 자격시험인 설계사시험과 중복되는 내용이 많기 때문에 변액보험 시험에서는 그 비중이 약 10%정도에 불과할 만큼 낮은 편이다.

보험료산출방식에서 3이원과 현금흐름방식의 차이, 예정기초율과 보험요율의 관계, 책임준비금의 구성, 생명보험계약의 법적 성질, 세제혜택 등이 핵심 내용인데, 이 중에서 책임준비금의 구성과 세제혜택이 상대적으로 어려운 내용이다. 특히, 보장성보험의 세액공제, 연금계좌의 세액공제가 총급여(종합소득)별로 차등하게 적용되므로, 본서에 수록된 예시를 통해 철저히 이해해야 한다.

본서의 예제, 필수이해문제를 통해 본문을 잘 이해한다면 고득점이 가능한 파트이다.

SECTION 1 생명보험 사업실적

(1) 생명보험사업 개황

① 2016년도 기준 생명보험업계의 당기순이익은 전년 대비 31.5%가 감소한 2조 4,608억원을 기록하였다.

② 수입보험료는 119조 8,112억원(전년 대비 +2.2%), 총자산은 782조(전년 대비 +7.9%), 신계약은 약 365조(전년 대비 −7.6%)를 기록하였다.

(2) 한국의 보험산업 규모

[한국의 보험산업 통계(FY 2016)]

(단위 : 억원, %)

총수입보험료	생명보험	구성비	손해보험	구성비
1,963,692	1,198,112	61	765,580	39

〈자료 : 생명보험협회, 월간생명보험(2017년.4월호) 재인용〉

① 2016사업연도 기준으로 생명보험과 손해보험의 수입보험료 합계액은 3.7% 감소한 196조 3,692억원을 기록하였다.

② 점유율은 생명보험이 61%, 손해보험이 39%를 기록하였다.

(3) 한국의 생명보험산업 위상

[세계 생명보험산업 통계(FY 2017)]

(단위 : 백만US $)

순위	국가명	수입보험료(백만 달러)	1인당 보험료(달러)	보험료/GDP(%)
1	미국	546,800	1,674	2.82
2	일본	317,570	225	2.68
3	영국	307,232	2,411	6.26
4	중국	189,833	2,873	7.22
5	프랑스	153,520	2,222	5.77
6	이탈리아	113,947	1,977	6.20
7	한국	102,839	1,999	6.56

〈자료 : Swiss Re, Sigma(2017. No3), 생명보험협회 자료 재인용〉

① 2017사업연도 수입보험료 기준으로 한국은 미국, 중국, 일본, 영국, 프랑스, 이탈리아에 이어 세계 7위의 생명보험대국으로 자리잡고 있다.

② 1인당 보험료 기준으로는 영국, 일본, 프랑스에 이어 세계 4위를 기록하고 있다.

(4) 변액보험 판매현황(2016 사업연도)

변액보험 초회보험료	변액보험 수입보험료	변액보험 총자산
전체 대비 16.4%	전체 대비17.0%	전체 대비 17.6%

참고 2013년 기준 변액보험 수입보험료는 전체 대비 20.1%이었다(주식시장 활황기였던 2007년에는 30%에 근접하였음).

[예제01] 2016년 사업연도 기준으로 생명보험과 손해보험의 수입보험료의 비중은 약 6:4이다. (○/×)

정답 | ○

해설 | 정확하게는 생명보험 : 손해보험 = 61% : 39%이다(2016년말 기준). 그리고 2018년말 기준으로는 생명보험 : 손해보험 = 58% : 42%이다.

[예제02] 2017년 사업연도 기준, 수입보험료 기준으로 한국은 세계 7위의 생명보험 대국이다. (○/×)

정답 | ○

해설 | 미국, 중국, 일본, 영국, 프랑스, 이탈리아에 이어 7위이다.

SECTION 1 생명보험상품의 구성

---

(1) 생명보험의 기본원리

생명보험은 상부상조의 정신을 기본바탕으로 이루어졌다. 많은 사람들이 모여 언제 일어날지 모르는 각종 사고에 대비해 서로 합리적으로 계산된 소액의 분담금(보험료)을 모아 공동 준비 재산을 만들고 그 구성원 중에 예기치 못한 사고를 당한 사람에게 미리 약정된 금액(보험금)을 지급하는 제도이다. 이러한 상부상조의 정신을 과학적이고 합리적으로 제도화한 것이 대수의 법칙, 수지상등의 원칙이다.

① 대수의 법칙

> 어떤 사건이 일어날 확률을 p라고 할 때 n회 시행 중 그 사건이 일어난 횟수를 r회라고 한다면 시행 횟수(n)를 크게 하면 할수록 $\dfrac{r}{n}$ 은 p에 근접한다.
>
> **예시** 주사위를 세 번 던져 '1'이 세 번 연속 나올 수 있지만. 주사위를 무수히 많이 던지게 되면 '1'이 나올 확률은 결국 1/6에 수렴하게 된다.

㉠ 보험에서 사용되는 가장 기본적인 원리이며 보험운영의 근간을 이루는 개념이다.

㉡ 특정 개인의 경우 사고의 발생 가능성 및 시기 등은 불확실하지만 다수의 사람을 대상으로 관찰해보면 대수의 법칙에 따라 사고의 발생 가능성을 예측할 수 있게 된다. 이러한 원리에 의해 특정 연령대별로 위험률을 측정할 수 있게 되고 이를 바탕으로 보험료를 산출할 수 있게 된다.

② 수지상등의 원칙

> 보험료 총액 = 보험금 총액 + 비용(또는 보험료 총액 = 순보험금총액)
> (보험료 총액 = 전체가입자의 납입보험료, 보험금 총액 = 예정된 사고발생건수×보험금)

㉠ 보험료는 대수의 법칙에 따라 파악된 사고발생확률에 기초하여 회사가 장래에 수입되는 보험료와 향후 보험사고로 인해 지급될 보험금 등이 일치하도록 산출된다.

㉡ 따라서, 보험계약자 개개인의 입장에서는 납입보험료와 지급받은 보험금 사이에 차이가 나지만, 전체 계약자 측면에서 보면 계약자들이 납입하는 보험료 총액과 보험회사가 지급하는 보험금 및 지출비용 총액은 동일한 규모가 된다.

※ 단, 보험계약자의 수가 많지 않을 때는 수지상등의 원칙이 적용되지 않을 수도 있다.

㉢ 수지상등의 원칙은 보험제도와 보험회사가 지속적으로 유지되기 위해 꼭 필요한 개념이다.

③ 사망률과 생명표

사망률 = 1년간의 사망자 수 ÷ 연초의 생존자 수

㉠ 생명표는 대수의 법칙에 따라 어떤 연령대의 사람들이 1년에 몇 명 정도 사망(또는 생존)할 것인가를 산출하여 계산한 표로서 사람의 연령별 생사 잔존상태를 나타낸다.
  ※ 생사 잔존상태 : 생존자수, 사망자수, 생존율, 사망률, 평균여명 등
㉡ 보험료는 피보험자별 위험도에 따라 생명표를 기초로 하여 산출된다.
㉢ 생명표의 종류는 모든 국민을 대상으로 한 국민생명표와 피보험자 집단을 대상으로 작성한 경험생명표로 구분될 수 있으며, 성별에 따라 남자표, 여자표, 남녀공동표 등으로도 구분된다.
㉣ 우리나라 생명보험회사는 2019년 4월부터 제9회 경험생명표를 사용하고 있다.

[예제01] 상부상조의 정신을 과학적이고 합리적으로 수행하도록 하여 생명보험 제도 발전의 기초가 된 것은 대수의 법칙과 수지상등의 원칙이다. (○ / ×)

정답 | ○
해설 | 대수의 법칙과 수지상등의 원칙으로 위험의 측정과 보험료 산정 등을 과학적이고 합리적으로 수행할 수 있게 되었다.

[예제02] 주사위를 던지면 세번 연속으로 '6'이 나올 수 있지만, 무수히 많이 던지면 그 확률이 '1/6'에 수렴한다는 것이 대수의 법칙이다. (○ / ×)

정답 | ○
해설 | 대수의 법칙이다. 대수의 법칙은 보험에서 사용되고 있는 가장 기본적인 원리이며 보험운영의 근간을 이루는 개념이다. 역으로 대수의 법칙이 적용되지 않는 위험은 과학적 기초가 제공되지 않으므로 보험의 대상이 될 수 없다.

[예제03] 수지상등의 원칙은 전체 계약자들의 보험료 총액과 지급하는 보험금 총액이 같다는 말이다. (○ / ×)

정답 | ×
해설 | '보험료 총액 = 보험금 총액 + 비용' 또는 '보험료 총액 = 순보험금총액'이다.

[예제04] 대수의 법칙은 보험제도와 보험회사가 지속적으로 유지되기 위해 꼭 필요한 개념이다. (○ / ×)

정답 | ×
해설 | 수지상등의 원칙이다. '보험료 총액 = 보험금 총액 + 사업비 총액'이라는 원칙이 있음으로서 보험회사가 지속적으로 유지될 수 있다.

[예제05] 생명표는 수지상등의 원칙에 따라 어떤 연령대의 사람들이 1년에 몇 명 정도 사망(또는 생존)할 것인가를 산출하여 계산한 표이다. (O / ×)

> **정답** | ×
>
> **해설** | '수지상등의 원칙'이 아니라 '대수의 법칙'을 따른 것이다.

[예제06] 모든 국민을 대상으로 한 생명표가 (　　　　　)이며, 우리나라 생명보험회사는 (　　　　　)를 사용한다.

> **정답** | 국민생명표, 경험생명표
>
> **해설** | 우리나라 생보사는 2019년 4월부터 제9회 경험생명표를 사용하고 있다(경험생명표는 생명보험회사 피보험자를 대상으로 한 생명표이다).

(2) 3이원(三利原) 방식에 의한 보험료의 산출

① 2018년 현재 우리나라 보험료산출방식은 현금흐름방식이다. 3이원방식은 현금흐름 방식의 기초로 사용되며, 3년 이하인 단기상품에 한해서는 3이원방식이 적용된다.

② 보험회사는 예정기초율을 기초로 보험료를 계산한다(예정기초율 = 예정위험률 + 예정이율 + 예정사업비율). 일반적으로 생명보험 상품은 보험기간이 장기이므로 기초율을 보수적이고 안정적으로 산출하는데, 이는 예정기초율은 한번 적용되면 보험기간이 만료될 때까지 변경하지 않기 때문이다.

③ 영업보험료에 대한 **적용기초율**

> 영업보험료 = 순보험료(위험보험료 + 저축보험료) + 부가보험료
>
> 　　　　　　　　　　 ↑　　　　　 ↑　　　　 ↑
>
> 　　　　　　　　 예정위험률　　 예정이율　　 예정사업비율

※ 예정위험률에 의해 산출된 보험료를 위험보험료, 예정이율에 의해 산출된 보험료를 저축보험료, 예정사업비율에 의해 산출된 보험료를 부가보험료라고 하며, 영업보험료는 순보험료와 부가보험료의 합이다.

※ 부가보험료 = 신계약비 + 유지비 + 수금비

㉠ 예정위험률 : 피보험자가 어떤 비율로 생존하여 보험료를 납입하며, 어떤 비율로 사망(또는 상해, 질병발생, 생존 등)하여 보험금을 지급받는지의 비율
  • 이러한 비율은 특정한 개인에 대해서는 알 수 없고 몇 만명이라는 다수의 집단을 대상으로 관찰한 결과치로 즉, 대수의 법칙을 통해 얻을 수 있다.
  • 위험률차손익(死差損益)은 보험료 산출에 사용된 예정위험률과 실제사망률(재해, 질병)의 차이로 인해 발생하는 손익을 말한다.

ⓒ 예정이율 : 계약자가 납부할 보험료가 미래에 지급될 보험금의 현재가치와 일치하도록 하는 할인율을 말한다.

$$\text{현재의 보험료} = \frac{\text{미래의 보험금}}{(1 + \text{할인율})^n} \text{ (이때의 할인율이 예정이율이다.)}$$

- 생명보험은 장기계약이고 보험회사는 향후 보험금 지급에 대비하기 위해 계약자가 납입한 보험료를 축적·운용하므로 여기에는 당연히 이자가 발생한다.
- 일반적으로 보험회사는 순보험료를 계산함에 있어 적립된 금액을 운용하여 장래 지급될 보험금에 일치되도록 이자(예정이율)를 감안한다.
- 예를 들어, 보험회사가 장래에 보험금으로 100을 지급하기로 하였다면 실제 보험회사가 계약자에게 받는 보험료는 100을 예정이율로 할인한 금액이 된다.
- 이자율차손익(利差損益)은 보험료 산출시 사용된 예정이율과 실제 자산운용 수익률과의 차이에 의해 발생하는 손익을 말한다.

ⓒ 예정사업비율 : 보험료 중에서 미리 예상하고 계산한 사업비의 비율
  - 생명보험회사가 보험계약을 체결, 유지, 관리하기 위해서는 여러 가지 비용이 소요된다. 이러한 보험사업의 운영에 필요한 비용을 사업비라 한다.
  - 사업비차손익(費差損益)은 예정사업비율에 의해 책정된 사업비와 실제 지출된 사업비의 차이에 따라 발생하는 손익을 말한다.

④ 예정기초율과 보험료와의 관계

구분		보험료와의 관계
예정위험률 (예정사망률의 경우)	만약 예정사망률이 낮아지면	• 사망보험의 보험료는 내려가게 되고 • 생존보험의 보험료는 올라가게 된다.
	만약 예정사망률이 높아지면	• 사망보험의 보험료는 올라가게 되고 • 생존보험의 보험료는 내려가게 된다.
예정이율		• 예정이율이 낮아지면 보험료는 올라가게 되고 • 예정이율이 높아지면 보험료는 내려가게 된다.
예정사업비율		• 예정사업비율이 낮아지면 보험료는 내려가게 되고 • 예정사업비율이 높아지면 보험료는 올라가게 된다.

※ 예정사망률이 낮아지면 사망보험의 원가는 내려가고 생존보험의 원가는 상승한다.

※ 예정이율이 낮아지면 '현재의 보험료 $= \frac{\text{미래의 보험금}}{(1+ \text{할인율})^n}$'의 식에서 분모가 작아지므로 현재의 보험료는 올라가게 된다(예정이율이 작아진다는 것은 '더 낮은 금리로 저축보험금이 적립된다는 것'이므로 동일한 미래보험금을 만들기 위해서는 현재의 보험료를 더 납입해야 한다는 원리).

사망률의 하락과 저금리추세가 보험료에 주는 영향

[질문] 평균수명의 연장과 금리의 하락이 현재의 추세라고 할 수 있다. 그렇다면 어떤 보험이 가장 비싸지는가?

→ 종신보험은 위험보험료의 하락 요인과 저축보험료의 상승 요인이 상쇄되어 보험료가 소폭 증가할 것으로 예상되나, 연금보험의 경우 생존보험의 원가 상승과 저축보험료의 상승이 중첩되어 반영될 것이므로 보험료가 대폭 상승할 것으로 예상할 수 있다. 따라서 연금보험의 경우 가급적 빨리 가입하는 것이 바람직하다고 할 수 있다.

⑤ 예정기초율과 차익(差益)

구분	조건	비고
사차익(死差益)	예정사망률 > 실제사망률	계약자 배당의 재원 (유배당상품)
이차익(利差益)	예정이율 < 실제이율	
비차익(費差益)	예정사업비율 > 실제사업비율	

㉠ 예정사망률 > 실제사망률 → 사차익 발생

⑩ 예정사망률을 10%로 잡았는데 보험기간 동안 실제사망률이 6%로 나타났다면 4%의 사차익이 발생한 것이다.

㉡ 예정이율 < 실제이율 → 이차익 발생

⑩ 예정이율을 5%로 잡았는데 보험기간 동안 실제이율(실제 운용수익률)이 7%로 나타났다면 2%의 이차익이 발생한 것이다.

㉢ 예정사업비율 > 실제사업비율 → 비차익 발생

⑩ 예정사업비율을 10%로 잡았는데 보험기간 동안 실제사업비율(실제 집행된 운영경비)이 6%로 나타났다면 4%의 비차익이 발생한 것이다.

예정기초율과 차익

• 사차익과 이차익, 비차익은 계약자 배당의 재원이 되고, 배당을 하면 사후적으로 보험료가 낮아지는 효과가 있다고 해서 이를 '사후적 보험료'라고도 한다.

• 3이원방식에 의한 차익을 배당으로 지급하는 상품이 유배당상품인데, 현재 유배당상품보다는 무배당상품이 압도적으로 많다. 이는 향후의 배당을 감안하여 미리 보험료를 할인해서 무배당상품으로 판매하기 때문이다.

(3) 현금흐름방식에 의한 보험료 산출(2013년 4월부터 적용)

① 도입 경과

㉠ 2009년 12월 보험업법 시행령 개정으로 기존의 3이원방식에서 현금흐름방식 보험료 산출이 도입되었다.

㉡ 급격한 제도도입에 따른 부담완화를 위해 2013년 3월까지는 3이원방식과 현금흐름방식을 선택적으로 사용했으나, 2013년 4월부터는 현금흐름방식만으로 보험료를 산출해야 한다.

② 보험료 산출 방식의 비교

구분	3이원방식	현금흐름방식
가정 종류	위험률 · 이자율 · 사업비율	3이원 · 계약유지 · 판매량 · 옵션 등
가정 적용	보수적인 표준기초율	회사별 최적가정
이익 원천	이원별 이익	종합 이익
새로운 원가요소 반영	용이하지 않음	용이함

③ 기대효과

ㄱ 보험사들은 현금흐름방식을 통해 회사별 경험통계에 기초한 가정, 상품의 기대이익 및 가격전략 등을 유연하게 반영할 수 있게 되어 회사별 보험료가 보다 차별화될 것이다.

ㄴ 현금흐름방식은 금리시나리오, 금리변동에 따른 유지율 동향 등 가격요소를 정교하게 반영할 수 있어 다양한 옵션 · 보증이 부가된 보험상품의 출시가 기대된다.

[예제07] 3이원방식의 3가지 예정기초율은 예정위험률, 예정이율, 예정사업비율을 말한다. (O / ×)

정답 | ○

해설 | 예정기초율을 기초하여 보험료를 산출하는 방식을 3이원방식이라 한다.

[예제08] 일반적으로 생명보험상품은 장기상품이므로 기초율을 보수적이고 안정적으로 산출한다. 그리고 예정 기초율은 보험기간이 종료할 때까지 1년에 한 번씩 변경한다. (O / ×)

정답 | ×

해설 | 예정기초율은 한번 적용되면 보험기간이 만료될 때까지 변경하지 않기 때문에 처음에 정할 때 보수적이고 안정적으로 정한다.

[예제09] 영업보험료는 순보험료와 부가보험의 합이다. (O / ×)

정답 | ○

해설 | 영업보험료 = 순보험료 + 부가보험료 = (위험보험료 + 저축보험료) + 부가보험료이다.

[예제10] '영업보험료 = 위험보험료 + 저축보험료 + 부가보험료'이며 각각 적용되는 기초율은 예정위험률, 예정 이율, 예정사업비율이다. (O / ×)

정답 | ○

해설 | 영업보험료는 3가지 예정기초율에 의해 산정된다.

[예제11] 예정위험률은 예정사망률만을 말하는 것이다. (○/×)

> **정답 | ×**
>
> **해설 |** 예정위험률은 사망, 질병, 상해 등의 위험을 모두 포함한 것이다. 이 중에서 가장 큰 비중을 차지하는 것은 물론 예정사망률이다.

[예제12] 예정사망률이 내려가면 사망보험의 보험료는 내려간다. (○/×)

> **정답 | ○**
>
> **해설 |** 예정사망률이 내려가면 보험원가가 내려가므로 사망보험료는 하락한다.

[예제13] 예정사망률보다 실제사망률이 높으면 위험률차익이 발생한다. (○/×)

> **정답 | ×**
>
> **해설 |** 예정사망률보다 실제사망률이 낮아야 실제 보험금 지급이 예상 규모보다 적다는 것이므로 위험률 차익(사차익)이 발생한다.

[예제14] 일반적으로 보험회사는 순보험료를 계산하는 데 적립된 금액을 운용하여 장래에 지급될 보험금에 일치되도록 이자를 적용하는데, 이때 적용되는 이자율이 예정이율이다. (○/×)

> **정답 | ○**
>
> **해설 |** 순보험료는 예정이율로 적립이 된다. 즉, 순보험료 중의 위험보험료는 산정은 예정위험률로 하고 산정된 보험료의 적립은 예정이율로 된다고 할 수 있다.

[예제15] 예정이율이 하락하면 보험료가 하락한다. (○/×)

> **정답 | ×**
>
> **해설 |** '현재 납입보험료 = 장래지급보험금/예정이율'이므로 예정이율이 하락하면 보험료가 상승한다.

[예제16] 예정이율보다 실제이율이 낮으면 이자율차익이 발생한다. (○/×)

> **정답 | ×**
>
> **해설 |** 예정이율 < 실제이율 → 이차익 발생

[예제17] 예정사업비율이 상승하면 보험료가 상승한다. (○/×)

> **정답 |** ○
>
> **해설 |** 사업비 상승은 부가보험료를 상승시키므로 보험료(영업보험료)가 올라가게 된다.

[예제18] 2017년 현재 우리나라는 3이원방식과 현금흐름방식을 혼용하여 사용하고 있다. (○/×)

> **정답 |** ×
>
> **해설 |** 2013년 3월까지는 3이원방식과 현금흐름방식을 선택적으로 사용할 수 있었지만, 2013년 4월부터는 현금
> 흐름방식만을 사용하고 있다.

[예제19] 현금흐름방식을 사용하면 보험회사별 보험료가 좀 더 차별화될 수 있다. (○/×)

> **정답 |** ○
>
> **해설 |** 3이원방식은 예정기초율을 적용할 때 표준기초율을 기준으로 보수적으로 적용하지만, 현금흐름방식은 회
> 사별 최적가정을 반영하여 적용하므로 회사별로 보험료가 좀 더 차별화될 여지가 많다.

[예제20] 현금흐름방식은 예정기초율을 제외한 유지율, 판매율 등의 다양한 기초율을 사용한다. (○/×)

> **정답 |** ×
>
> **해설 |** 3이원방식을 제외하는 것이 아니라 포함한다.

(4) 책임준비금의 개념 및 구성

① 보험회사의 궁극적 목적은 보험사고 발생 시 보험수익자에게 보험금을 지급하는 데 있는데, 보험금
지급을 위해 적립하는 금액이 책임준비금이다.

② 정확히 표현하면, '보험회사가 계약자 또는 보험수익자에게 장래에 지급하는 보험금, 환급금, 배
당금 등에 충당하기 위하여 계약자로부터 받은 순보험료 일부를 적립해 놓은 금액'을 말한다.

③ 장기보험인 생명보험상품은 일반적으로 평준보험료 방식으로 보험료를 산출하는데, 평준보험료 방
식으로 보험료를 산출함에 따라 계약 초기 수입보험료 중 보험금을 지급하고 남은 부분은 계약 후
반 보험금 지출이 보험료 수입을 초과하는 것에 대비해서 적립하게 된다. 이때의 적립 부분이 책임
준비금(사고보험금 지급에 대한 책임준비금)이다.

④ 자연보험료와 평준보험료

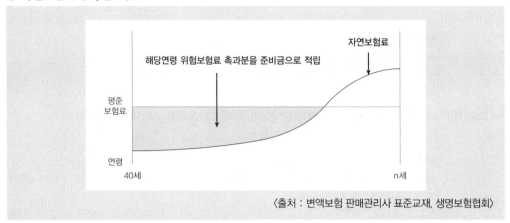

해당연령 위험보험료 촉과분을 준비금으로 적립

자연보험료

평준
보험료

연령

40세   n세

〈출처 : 변액보험 판매관리사 표준교재, 생명보험협회〉

      ⊙ 자연보험료(Natural Premium)
        • 생명보험에서 피보험자가 매년 갱신조건부로 1년 정기보험을 계약할 경우 연도마다 계약자가 부담
          하는 위험보험료를 의미한다.
        • 사망률은 연령이 증가할수록 높아지므로 보험료 역시 매년 상승하여 결국 고연령 가입자는 상당히
          높은 수준의 보험료를 부담하게 된다. 이처럼 보험료가 매년 피보험자의 위험률 변화에 따라 변경
          되는 것을 자연보험료라 한다.
      ⊙ 평준보험료(Level Premium)
        • 자연보험료를 전 보험기간에 걸쳐 평준화한 보험료를 의미하며, 전 보험기간에 걸쳐 수지상등이 되
          도록 정한 정액의 보험료를 의미한다.
        • 우리나라 보험회사는 일반적으로 정액보험에서는 평준보험료, 변액보험에서는 자연보험료로 보험
          료를 적용하고 있다.

(5) 책임준비금의 구성

① 보험료적립금
      ⊙ 보험료적립금은 매 회계연도 말 현재 유지되고 있는 계약에 대하여 장래의 보험금 등의 지급을 위하
        여 적립하는 금액을 말한다.

위험보험료에 대한 책임준비금	저축보험료에 대한 책임준비금
사고보험금에 대한 지급대비	만기환급금에 대한 지급대비
평준보험료와 자연보험료의 차액을 적립	예정이율로 적립

      ⊙ 통상 책임준비금이라고 하면 보험료적립금을 말한다(책임준비금의 90% 이상이 보험료적립금이다).
② 미경과보험료 지급금 : 납입기일이 당해 사업연도에 속하는 수입보험료 중에서 사업연도 말 현재
   기간이 경과하지 않는 보험료를 말한다.
      예시 연납계약에서 계약 후 8개월이 경과된 계약의 미경과보험료(unearned premium)는 미경과기간(남은 4개
      월)에 대응하는 보험료를 말한다.
③ 지급준비금
      ⊙ 사업연도 말 현재 보험금의 지급사유가 발생한 계약에 대하여 지급하여야 하거나 지급하여야 할 것으
        로 추정되는 금액 중 아직 지급하지 않은 금액을 말한다.

ⓒ 즉, 사업연도 결산일 이전에 보험사고가 발생하였으나 보험금·환급금·계약자 배당준비금에 관한 분쟁 또는 소송이 계류 중인 금액이나 보험금 지급금액이 확정되지 않은 때에 대비하여 적립하는 추정 지급금액을 말한다.

④ 계약자배당준비금

ⓐ 법령이나 약관 등에 의하여 계약자에게 배당할 목적으로 계약자별로 적립하는 금액이다.

ⓑ 금리차보장준비금, 위험률차배당준비금, 이자율차배당준비금, 사업비차배당준비금, 장기유지특별배당준비금, 재평가특별배당준비금 등으로 구성된다.

⑤ 계약자이익배당준비금

ⓐ 장래에 계약자 배정에 충당할 목적으로 계약자배당준비금 외에 추가로 적립하는 것으로서 법령이나 보험약관에 의해 영업성과에 따라 총액으로 적립하는 금액을 계약자이익배당준비금이라 한다.

ⓑ 보험업감독규정상 당해 회계연도 종료일로부터 5년 이내에 계약자에 대한 배당재원으로 사용하여야 한다.

⑥ 배당보험손실보전준비금

ⓐ 배당보험 계약의 손실을 보전하기 위하여 적립하는 준비금으로, 배당보험계약에서 손실이 발생할 경우 우선적으로 손실보전에 사용한다.

ⓑ 배당보험 : 유배당보험이다. 유배당보험에서 이차손이 발생한다면(예정이율 > 실제이율) 손실이 발생한다. 이때 손실을 보전하기 위해 적립하는 것이 배당보험손실준비금이다.

⑦ 재보험료적립금 : 보험계약을 수재한 경우에 수재부분에 대한 책임준비금을 재보험료 적립금의 과목으로 적립한다.

⑧ 보증준비금 : 변액보험의 GMDB, GMAB, GMWB 등의 보증금을 적립한 금액을 말한다.

(6) 책임준비금의 적립방식

① 순보험료식 책임준비금

ⓐ 사업비(특히 신계약비)에 관한 것을 일체 고려하지 않고 준비금을 적립하는 방법을 '순보험료식'이라고 한다.

ⓑ 순보험료 중 위험보험료는 사고보험금의 충당에, 저축보험료는 만기환급금의 충당에 사용하여 책임준비금을 준비하는 방법으로 책임준비금을 두텁게 적립하는 장점이 있다.

ⓒ 보험계약을 하고 나면 초년도에 신계약비 지출로 인한 비용부담이 크게 발생한다. 이때 '순보험료식'은 신계약비 비용을 순보험료에서 충당하지 않고 다른 과거 계약의 사업비를 재원으로 해서 충당한다는 개념이다. 따라서 오래된 계약자 입장에서는 계약자배당 규모가 축소되거나 배당시기가 지연되는 적립방식이라고 할 수 있다.

② 질멜식 책임준비금

ⓐ 보험계약의 특성상 보험계약 초년도에 신계약비 지출이 많아 부가보험료만으로는 절대적으로 부족하게 된다. 이때 추가로 필요한 신계약비를 순보험료 부분에서 대체하여 사용하고 차년도 이후의 부가보험료로 순보험료 사용분을 대체하는 방법을 '질멜(Zillmer)식'이라고 한다.

ⓑ 보험회사의 입장에서는 계약 초기에 준비금 적립부담이 작아지나 '순보험료식'에 비해 책임준비금 적립규모가 작아진다.

ⓒ 질멜식 책임준비금은 초년도에 대체한 신계약비를 상각하는 기간에 따라 '전기질멜식'과 '단기질멜식'으로 구분된다.

• 전기질멜식 : 초기에 초과사용한 신계약비를 보험료 납입 전 기간에 걸쳐 상각하는 방식

• 단기질멜식 : 초기에 대체사용한 신계약비를 일정기간(단기) 내에 상각하는 방식

ⓡ 질멜식 책임준비금 적립방식

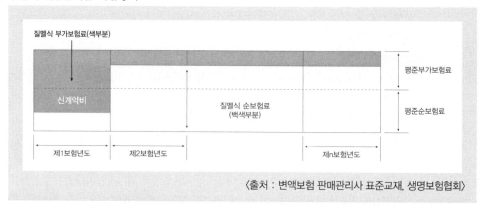

〈출처 : 변액보험 판매관리사 표준교재, 생명보험협회〉

[예제21] 책임준비금은 보험회사가 계약자 또는 보험수익자에 대하여 장래에 지급하는 보험금, 환급금, 배당금 등에 충당하기 위하여 계약자로부터 받은 부가보험료의 일부를 적립해 놓은 것을 말한다. (O / ×)

정답 | ×
해설 | 부가보험료의 일부가 아니라 순보험료의 일부이다.

[예제22] 장기적인 생명보험상품은 일반적으로 평준보험료 방식을 택하는데 이 방식으로 하면 초기에 자연보험료보다 보험료가 더 비싸진다. (O / ×)

정답 | O
해설 | 초기에 평준보험료는 자연보험료보다 큰데, 이때의 차액이 책임준비금의 재원(사고보험금 지급대비)이 된다.

[예제23] 평준보험료는 자연보험료를 전 보험기간에 걸쳐 평준화한 보험료를 의미하며, 전 보험기간에 걸쳐 수지상등이 되도록 정한 정액의 보험료를 정한다. (O / ×)

정답 | O
해설 | 보험료는 예정위험률에 기초하며(대수의 법칙 적용) 수지상등의 원칙이 적용되도록 보험료를 산정한다.

[예제24] 평준보험료는 자연보험료보다 항상 높다. (O / ×)

정답 | ×
해설 | 보험가입 초기에는 '평준보험료 > 자연보험료'이지만, 일정한 시간이 지나면 '평준보험료 < 자연보험료'가 된다.

[예제25] 생명보험의 책임준비금 항목에는 보험료적립금, 미경과보험료적립금, 지급준비금, 계약자배당준비금, 계약자이익배당준비금, 배당보험손실준비금, 재보험료적립금, 보증준비금이 있다. (O/×)

정답 ㅣ ○

[예제26] 책임준비금 중 가장 비중이 큰 것은 보험료적립금이다. (O/×)

정답 ㅣ ○
해설 ㅣ 책임준비금의 90% 이상이 보험료적립금이다.

[예제27] 보험료적립금은 매 회계연도 말 유지되고 있는 계약에 대하여 장래의 보험금 지급을 위하여 적립하는 금액을 말한다. (O/×)

정답 ㅣ ○
해설 ㅣ 보험료적립금은 장래 보험금을 지급을 위해 적립하는 금액인데, 장래 보험금이란 사고보험금(위험보험료로 부터 충당)과 만기환급금(저축보험료로부터 충당)의 두 가지가 있다.

[예제28] 납입기일이 당해 사업연도에 속하는 수입보험료 중에서 사업연도 말 현재 기간이 경과하지 않은 보험료를 미경과보험료적립금이라고 한다. (O/×)

정답 ㅣ ○
해설 ㅣ 예를 들어 연 일시납을 한 후 보험기간이 5개월 남았다면 해당 5개월분의 보험료가 미경과보험료적립금이 된다.

[예제29] 보험급 지급사유가 발생하였는데 조사가 필요하여 지급 보류 중에 있는 금액은 책임준비금 중 지급준비금에 속한다. (O/×)

정답 ㅣ ○
해설 ㅣ 분쟁 또는 소송이 계류 중인 금액이나, 보험금 지급금액이 확정되지 않은 때를 대비하여 적립하는 추정 지급금액을 지급준비금이라 한다.

[예제30] 계약자배당준비금과 계약자이익배당준비금은 같은 것이다. (O/×)

정답 ㅣ ×
해설 ㅣ 계약자배당준비금은 사차익, 이차익, 비차익 등을 배당의 재원으로 하나 계약자이익배당준비금은 보험회사의 영업이익이 배당의 재원이 된다.

[예제31] 계약자배당준비금은 (   )로 적립하며, 계약자이익배당준비금은 (   )으로 적립한다.

정답 | 계약자별, 총액

[예제32] 장기유지특별배당준비금은 계약자이익배당준비금에 속한다. (○/×)

정답 | ×

해설 | 계약자배당준비금에는 위험률차배당준비금, 이자율차배당준비금, 사업비차배당준비금, 장기유지특별배당준비금, 재평가특별배당준비금, 금리차보장준비금 등이 있는데 주 재원은 사차익, 이차익, 비차익이다.

[예제33] 계약자이익배당준비금은 장래에 계약자 배정에 충당할 목적으로 계약자배당준비금 외에 추가로 적립하는 것으로, 회계연도 종료일부터 5년 이내 계약자에 대한 배당재원으로 사용하여야 한다. (○/×)

정답 | ○

해설 | 적립재원은 법령이나 보험약관에 의해 영업성과에 따라 총액으로 적립하며, 적립된 계약자이익배당준비금은 5년 이내 사용되어야 한다.

[예제34] 유배당보험에서 손실이 날 경우 손실보전에 사용하기 위하여 적립하는 것이 배당보험손실보전준비금이다. (○/×)

정답 | ○

해설 | 배당보험에서 손실이 날 경우 배당손실보전준비금을 우선적으로 사용하여 손실을 보전한다.

[예제35] 변액보험의 최저사망보험금보증, 최저연금적립금보증의 기능을 제공하기 위해 적립하는 준비금을 (   )이라 한다.

정답 | 보증준비금

[예제36] 책임준비금 적립방식에는 순보험료식, 질멜식 두 가지가 있는데 책임준비금을 두텁게 적립할 수 있는 적립방식은 순보험료식이다. (○/×)

정답 | ○

해설 | 순보험료식은 사업비를 일체 고려하지 않고 적립하므로 사업비를 고려하는 질멜식보다 더 두텁게 적립금을 쌓을 수 있다.

[예제37] 순보험료식 책임준비금 적립방식은 초기에 크게 발생하는 신계약비의 충당을 순보험료에서 하는 것이 아니라 과거 계약의 사업비에서 충당한다. (O / ×)

> **정답 |** ○
> **해설 |** 따라서 적립 규모가 크다는 장점이 있지만 오래된 계약자의 입장에서 배당금의 축소, 혹은 배당시기의 지연 등의 단점이 발생한다.

[예제38] 초기에 크게 발생하는 신계약비의 충당을 순보험료에서 대체하여 사용하고 이후의 부가보험료에서 해당 금액을 상각해 나가는 방식이 질멜식이다. (O / ×)

> **정답 |** ○
> **해설 |** 따라서 순보험료식에 비해 책임준비금 적립규모가 작다.

[예제39] 신계약비의 비용 충당에 순보험료를 대체하여 사용하는 질멜식 방식은 대체한 순보험료의 일부를 보험료 납입 전 기간에 걸쳐 부가보험료에서 상각해야 한다. (O / ×)

> **정답 |** ×
> **해설 |** 전 기간에 걸쳐 상각하면 전기질멜식, 일정기간을 정해 상각하면 단기질멜식이라 한다. 두 방식 중 하나를 사용할 수 있다.

[예제40] 오래된 기존 계약자에게 불리한 방식은 질멜식 책임준비금 적립방식이다. (O / ×)

> **정답 |** ×
> **해설 |** 오래된 기존계약자의 입장에서 불리한 것은 순보험료식 책임준비금 적립방식이다(배당지연, 배당금 축소 등의 문제가 발생).

SECTION 2 　**생명보험상품의 구조와 형태**

(1) 생명보험상품의 구조

① 주계약 : 생명보험상품은 일반적으로 주계약과 특약으로 이루어진다. 주계약은 계약성립의 기본이 되는데, 특약을 제외한 기본 보장내용이자 상품의 가장 기본적인 특징을 나타낸다.

② 특약

　㉠ 특별보험약관의 줄임말로서 계약자가 필요로 하는 보장을 추가하거나 보험가입자의 편의를 도모하기 위해 주계약 이외의 보장을 확대하거나 보완하기 위해 추가로 부가하는 계약이다.

　㉡ 주계약만으로는 보험계약이 성립될 수 있으나 특약만으로는 성립이 불가하다.

(2) 생명보험상품의 분류

생명보험상품은 변화하는 고객의 욕구를 충족시키기 위해 다양하게 개발되어 판매되고 있다. 최근에는 종합보험, 혼합보험의 성격을 가진 상품이 많이 개발되어 일률적인 기준에 의한 분류가 점차 어려워지고 있다.

① 보험사고에 의한 분류 : 보험금 지급 사유에 의한 분류라고도 하며 가장 기본적인 분류방법이다.

　㉠ 사망보험

- 보험사고가 사망인 보험으로 피보험자가 보험기간 중 사망했을 때 보험금이 지급되는 보험이다.
- 보험기간이 종료될 때까지 생존할 경우에는 원칙적으로는 보험금이 지급되지 않으나, 현재 우리나라에서 판매되는 대부분의 사망보험은 만기 시 생존의 경우 이미 납입한 보험료 내에서 보험료를 환급하는 상품이 대부분이다.

정기보험 (Term Life Insurance)	• 일정기간 동안 사망을 보장하는 계약으로서 보험금은 피보험자가 보험기간 내에 사망하였을 경우에만 지급된다. • 일반적으로 순수보장형으로 설계되기 때문에 저축보험료가 포함된 종신보험에 비해서 보험료가 매우 저렴하다.
종신보험 (Whole Life Insurance)	• 보험기간이 정해져 있는 정기보험과는 달리 평생 보장을 해주는 상품이다. • 계약자의 소득수준 및 라이프 사이클에 맞게 보장의 조합이 용이한 맞춤설계형 상품으로 다양한 특약의 조합을 통해 종합보장이 가능한 상품이다(일정기간 후 연금상품 전환기능도 있음). • 평생 보험료를 납입하는 종신납종신보험과 일정 기간만 보험료를 납입하는 정기납종신보험으로 구분된다.

　㉡ 생존보험

- 피보험자가 보험기간 만료일이나 일정 시점까지 생존할 때 보험금이 지급되는 보험이다(생존보험의 보험사고는 생존이다).
- 보험기간 만료 전에 사망하면 원칙적으로 사망자의 책임준비금은 생존자에게 모두 귀속되기 때문에 사망자에게는 아무런 보장이 없는 보험이다. 그러나 현재 우리나라에서 판매되는 대부분의 생존보험은 피보험자가 보험기간 중 사망하더라도 일정한 보험금이 지급되도록 설계되어 있다.

연금보험	• 연금보험은 노후를 대비한 상품으로 평균수명에 맞추어 자신의 노후설계비용을 경제적으로 준비하는 것이다. • 현재 우리나라에서 판매하는 연금보험은 연금을 받기 이전 기간, 즉 연금재원을 축적하는 기간을 제1보험기간이라고 하며, 이 기간에는 각종 재해나 질병 등에 대한 위험보장이 이루어진다. 연금이 개시되어 연금을 지급받는 기간을 제2보험기간이라고 한다.<table><tr><th>분류기준</th><th>연금보험 종류</th></tr><tr><td>소득세법상의 세제지원여부</td><td>세제적격상품(신연금저축), 세제비적격상품(일반연금)</td></tr><tr><td>적용금리</td><td>확정금리연금, 금리연동연금, 변액연금</td></tr><tr><td>연금수령 형태</td><td>종신연금, 확정연금, 상속연금</td></tr></table>
교육보험	• 피보험자인 자녀의 교육자금을 종합적으로 마련할 수 있도록 설계된 생존보험으로 피보험자인 어린이의 생존을 전제로 보험금이 지급되는 형태이다. • 피보험자인 어린이가 생존한 상태에서 부모가 생존한 경우에는 생존학자금이 지급되며, 부모가 사망한 경우에는 유자녀 학자금이 고액으로 지급된다.

생사혼합보험 (양로보험)	• 보험기간 내에 피보험자가 사망해도 보험금이 지급되고(사망보험금), 보험기간이 만료될 때까지 생존해 있어도 보험금이 지급되는(생존보험금) 형태이다. • 즉, 생사혼합보험은 사망보험의 보장기능과 생존보험의 저축기능이 결합된 형태이다. 예 변액유니버설 적립형 보험

② 보험가입의 주목적에 따른 분류(또는 보장내용에 따른 분류)

   ⊙ 보장성 보험 : 보험금의 합계액 < 이미 납입한 보험료 → 보장성 보험

     기준연령에서 생존 시 지급되는 보험금의 합계액이 이미 납입한 보험료를 초과하지 아니하는 보험으로, 보험기간 중 사망·질병·재해 등의 보험사고 시 보장받을 수 있다.

   ⓒ 저축성 보험 : 보험금의 합계액 > 이미 납입한 보험료 → 저축성 보험

     생명보험 고유의 위험보장 기능보다는 생존 시 보험금이 지급되는 저축기능을 강화한 보험이다.

③ 기타

   ⊙ 계약자에 대한 배당 여부 : 배당보험(유배당보험)과 무배당보험

   ⓒ 피보험자의 단체성 여부 : 개인보험과 단체보험

[예제41] 생명보험계약은 주계약과 특약이 있어야 성립이 가능하다. (○/×)

    정답 | ×

    해설 | 주계약만으로는 계약이 성립되나 특약만으로는 불가능하다.

[예제42] 보험사고에 따른 보험의 분류는 보장성보험, 생존보험, 생사혼합보험 3가지이다. (○/×)

    정답 | ×

    해설 | 사망보험, 생존보험, 생사혼합보험 3가지이다. 보장내용에 따라 보장성보험과 저축성보험으로 구분된다.

[예제43] 보장성보험에 대해 '20년 만기, 10년 납입'으로 계약을 했다면 이 보험은 종신보험이다. (○/×)

    정답 | ×

    해설 | 정기보험이다. 보험기간의 제한이 없는 것이 종신보험이다.

[예제44] 보험료 납입기간의 제한이 없는 것이 종신보험이다. (○/×)

    정답 | ×

    해설 | 보험료 납입기간이 아니라 보험기간이다.

[예제45] 생존 시 생존보험금이 지급되는 것이 생존보험이다. (O / ×)

> **정답 |** ○
>
> **해설 |** 생존보험은 보험 만기에 생존해 있어야 보험금이 지급된다. 대표적인 생존보험은 연금보험과 교육보험이다.

[예제46] 연금보험에서 보험료 납입기간을 제1보험기간이라 하고, 연금을 지급받는 기간을 제2보험기간이라 한다. (O / ×)

> **정답 |** ○
>
> **해설 |** 제1보험기간은 연금재원 축적 시기이고 일반적으로 10년이다.

[예제47] 변액연금은 공시이율로 적립하는 연금상품이다. (O / ×)

> **정답 |** ×
>
> **해설 |** 변액연금은 투자형이다. 연금상품은 적립방식에 따라 확정금리형, 연동금리형, 실적금리형이 있는데 공시이율로 적립하는 것은 연동금리형이다.

[예제48] 연금의 수령형태로는 확정형, 종신형 2가지가 있다. (O / ×)

> **정답 |** ×
>
> **해설 |** 상속형까지 총 3가지이다.

[예제49] 사망보험의 보장기능과 생존보험의 저축기능이 결합된 형태의 상품을 생사혼합보험이라 한다. (O / ×)

> **정답 |** ○
>
> **해설 |** 양로보험이라고도 하는데 변액유니버설 적립형이 생사혼합형이라 할 수 있다.

SECTION 3   **생명보험약관**

(1) 생명보험계약의 의의

① 보험계약은 보험계약자의 청약과 보험회사의 승낙으로 이루어진다.

② 보험회사는 보험계약자로부터 보험료를 받고 보험대상자(피보험자)의 생사에 관하여 우연한 사고가 생길 경우 계약에서 정한 바에 따라 보험금 또는 기타 급여금을 지급한다.

③ 생명보험계약은 일반적으로 사람의 생사를 보험사고로 하고 보험사고 발생 시 일정한 금액을 지급하는 정액보험이다. 이는 보험사고 발생 시 실제로 생긴 재산상의 손해를 보상하는(실손 보상) 손해보험계약과는 근본적인 차이가 있다.

④ 생명보험과 손해보험의 비교(참고 : 제3보험은 생보와 손보의 성격을 모두 지님)

구분	생명보험계약	손해보험계약
보장대상	사람의 생존, 사망	재산상의 손해
보장형태	정액보상	실손보상
보험기간	장기	단기

(2) 생명보험계약의 특성

① 유상(有償) · 쌍무(雙務)계약성

　㉠ 보험계약은 보험회사와 보험계약자 사이에 이루어지는 일종의 채권계약이다. 즉, 보험계약이 성립되면 보험계약자는 보험료를 납부해야 할 의무를 지게 되며, 반대로 보험회사는 보험사고가 발생할 때 보험금을 지급해야 할 의무가 발생된다. 즉 쌍방 간에 의무가 있으므로 '쌍무계약'이며, 두 채무 '보험금 지급' 및 '보험료 납부'는 대가관계가 있으므로 '유상계약'이다.

　㉡ 보험계약의 쌍무(雙務) · 유상(有償)관계

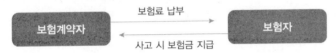

② 불요식(不要式) · 낙성(諾成)계약성

　㉠ 보험계약은 계약자의 청약이 있고 이를 보험회사가 승낙하면 계약이 성립된다. 즉 당사자 쌍방의 의사 합치가 있으면 성립하므로 낙성계약이 되고, 그 계약의 성립요건으로 특별한 요식 행위를 요구하지 않으므로 불요식계약이 된다.

　㉡ 보험계약은 보험료의 납입 여부, 보험증권의 작성 여부와 상관없이 당사자 사이의 의사합치만으로 성립하는 것이다.

　㉢ 실제 보험계약의 체결 시에 정형화된 보험청약서를 사용하고 보험회사가 보험을 인수하면 서면으로 승낙통지를 하거나 승낙통지에 갈음하여 보험증권을 교부한다. 이와 같은 증권의 교부는 요물적인 성격이 아니라 일종의 계약관계를 증명하는 증거증권의 성격이 있을 뿐이다.

명/품/해/설 **낙성계약 ↔ 요물(要物)계약**

낙성계약은 계약의 성립에 있어서 요물(예를 들어 증권)의 교부가 필요하지 않는 것을 말한다.

- 은행에 예금하는 것, 보험계약 등은 낙성계약이다. 은행에 예금하면 통장을 받게 되는데 이때의 통장은 요물이 아니라 증거증권의 성격이다.
- 어음을 발행하는 것, 양도성예금증서를 매수하는 것은 요물계약이다. 증권의 발행 없이는 계약성립이 되지 않으며 이때의 증권은 증거증권으로서의 증권이 아니라 금전적 가치가 있는 유가증권이다.

불요식계약 ↔ 요식(要式)계약

불요식계약은 특별한 요식행위를 요구하지 않는 계약이고, 요식행위를 요구하는 것은 요식계약이다. 예를 들어 '혼인신고서'를 제출해야 혼인의 법적 효력이 발생하는데 이때 혼인신고서의 작성 · 제출이 요식행위가 된다.

- 은행에 예금하는 것, 보험계약 등은 불요식계약이다. 통장의 작성, 혹은 청약서의 작성이 있어야만 하는 것이 계약이 성립하는 것이 아니기 때문이다(의사의 합치만으로 가능하므로).
- 유가증권의 매매는 요식계약이다. 투자하고 유가증권을 받는 것은 요물계약이다(투자금 납부의 대가로 유가증권을 교부해야 하므로). 요물을 교부받기 위해서 매수하거나 청약하는 행위를 해야만 하므로(요식행위) 요식계약이 된다.
  → 일반적으로 낙성계약은 불요식계약이며 요물계약은 요식계약이다.

③ 부합계약성 : 보험계약은 일반적으로 보험회사에 의해 미리 작성된 보험약관을 통해 체결되는데 보험계약자는 그 약관을 전체(全體)로서 승인하거나 아니면 거절해야 한다. 이를 부합계약(附合契約)이라 한다. 예 보험자에게 부과되는 약관의 교부 · 설명의무는 보험계약의 부합성에 의한 것이다.

④ 사행계약성 : 보험계약은 보험금이 장래의 우연한 사고(보험사고) 발생 시 지급된다는 점에서 사행계약(射倖契約)에 속하나, 보험계약은 위험에 대비하여 경제생활의 안정을 목적으로 하는 적법한 제도이고 사행행위는 일확천금을 목적으로 하는 범죄적 행위로서 사회적 효용이 없다는 점에서 구별된다.

보험계약의 사행성

- '적은 돈을 내고 큰 돈을 받을 수 있는 것'을 사행성이라 한다. 복권, 경마, 도박뿐 아니라 보험계약도 작은 보험료로 큰 보험금을 받을 수 있으므로 보험계약에 사행성이 있는 것이다.
- 다만, 보험계약의 사행성은 '유족의 경제적 안정' 등과 같이 사회적 효용이 크므로 제도적으로 권장된다.

⑤ 선의계약성 : 보험계약은 일반 경제생활에서의 계약보다도 더욱 최대선의가 요구되는 계약이다. 왜냐하면, 보험금 지급책임이 우연한 사고의 발생에 기인하므로 선의성(善意性)이 없다면 보험계약이 도박화 될 수 있기 때문이다. 예 보험계약자나 피보험자에게 부과되는 상법상의 고지의무는 선의계약성을 이행하는 차원으로 볼 수 있다.

[예제50] 보험계약은 보험자의 청약과 보험계약자의 승낙으로 이루어진다. (O / ×)

정답 | ×

해설 | 보험계약자의 청약과 보험회사(보험자)의 승낙으로 이루어진다.

[예제51] 손해보험은 실제 재산상의 손해를 보상하는 '실손보상'을 하지만, 생명보험은 손해의 유무와 정도를 불문하고 일정한 보험금을 지급하는 정액보험으로 중복보상이 가능하다. (○/×)

   정답 | ○

   해설 | 손해보험은 '실손보상 – 비례보상', 생명보험은 '정액보상 – 중복보상 가능'이다.

[예제52] 보험계약은 무상·편무계약이다. (○/×)

   정답 | ×

   해설 | 유상·쌍무계약이다.

[예제53] 보험계약은 요물·요식계약이다. (○/×)

   정답 | ×

   해설 | 불요식·낙성계약이다.

[예제54] 보험계약자는 보험료를 납부할 의무를 지니고, 보험회사는 보험사고 발생 시 보험금을 지급해야 하는 의무를 지게 되고, 서로 대가 관계가 있다는 점에서 낙성·불요식계약이라 한다. (○/×)

   정답 | ×

   해설 | 유상·쌍무계약에 대한 설명이다.

[예제55] 보험계약은 그 계약의 성립 요건으로서 특별한 요식행위를 요구하지 않는다는 점에서 불요식계약이다. (○/×)

   정답 | ○

   해설 | '요식'이 아니므로 불요식계약이다.

[예제56] 보험계약은 그 계약의 성립요건으로서 보험증권의 교부를 필요로 하므로 요물계약이 된다. (○/×)

   정답 | ×

   해설 | 보험계약은 낙성계약이다. 계약의 성립요건으로 유가증권 등의 지급을 요구하는 계약을 요물계약이라 하는데, 보험계약 후 교부하는 보험증권은 요물적인 유가증권이 아니라 증거증권으로서의 성격만 있을 뿐이다. 따라서 보험증권을 교부한다고 해서 요물계약이 아니라 낙성계약이 된다.

[예제57] 보험계약은 보험회사에 의해 미리 준비된 보험약관을 통해 계약의 승인과 거절을 결정한다. 이를 부합
계약성이라고 한다. (○/×)

> **정답 |** ○
>
> **해설 |** 수많은 보험계약자를 상대로 일일이 약관을 만드는 것이 사실상 불가능하기 때문에 보험계약은 부합계약성
> 을 갖는다.

[예제58] 보험계약은 작은 보험료로 큰 보험금을 받을 수 있으므로 사행성이 있다. (○/×)

> **정답 |** ○
>
> **해설 |** 보험계약에는 사행성이 있다. 다만 보험계약의 사행성은 불법행위인 도박의 사행성과는 달리 '유가족의 안
> 정' 등 사회적 효익이 커서 제도적으로 권장된다는 점에서 차이가 있다.

[예제59] 보험계약은 일반 경제생활에서의 그 어떤 계약보다도 더욱 최대선의가 요구된다. 따라서 보험계약은
선의계약성이 있다. (○/×)

> **정답 |** ○
>
> **해설 |** 선의성이 없다면 보험계약이 도박화될 수 있다.

[예제60] 계약 전 알릴 의무와 가장 밀접한 관련이 있는 보험계약의 성격은 선의성이다. (○/×)

> **정답 |** ○
>
> **해설 |** 선의성을 확보하기 위한 조치이다(상법상 '고지의무').

(3) 생명보험약관의 주요 내용

① 생명보험계약의 성립 : 보험계약은 보험계약자의 청약과 보험자(보험회사)의 승낙으로 이루어진다.
   청약은 일정한 보험계약을 체결할 목적으로 하는 의사표시로서 구두에 의하든 서면에 의하든 상관
   없으나 일반적으로 청약서를 이용한다.
② 청약철회제도
   ㉠ 보험계약자는 보험증권을 받은 날로부터 15일 이내에 계약의 청약을 철회할 수 있다(단, 청약일로부
      터 30일 초과 시 철회 불가).
   ㉡ 청약철회는 상품설명을 제대로 받지 못했거나 가입 내용이 최초 설명과 다른 경우, 또는 불완전판매
      행위로 인하여 보험가입자의 의사에 반하는 청약이 있는 경우 보험계약자에게 불이익이 없이 계약을
      철회할 수 있도록 하는 제도이다.
   ㉢ 진단계약, 단체보험, 보험기간 1년 미만인 계약 등의 경우 청약철회를 인정하지 않는다.

③ 약관의 교부 및 설명의무

  ㉠ 보험회사는 계약을 체결할 때 계약자에게 약관을 교부하고 그 중요한 내용을 설명하여야 한다.

  ㉡ 보험회사가 보험계약자에게 설명해야 할 약관의 중요한 내용은 보험종류에 따라 다르지만, 일반적으로 보험료와 그 납입방법, 보험회사의 보장개시일, 보험사고의 정의, 보장의 내용, 보험계약의 해지사유, 보험회사의 면책사유 등 계약당사자인 보험회사와 보험계약자의 권리·의무와 밀접한 관련이 있는 사항이다.

  ㉢ 보험회사가 보험계약자에게 ⓐ 보험약관과 계약자 보관용 청약서(청약서부본)를 전달하지 않았거나 ⓑ 약관의 중요한 내용을 설명하지 아니한 경우 ⓒ 계약체결 시 계약자(피보험자 포함)가 자필서명을 하지 않은 경우에는, 계약이 성립한 날로부터 3개월 이내에 그 계약을 취소할 수 있다.

④ 가입자의 계약 전 알릴 의무(상법상 '고지의무')

  ㉠ 보험계약자 또는 피보험자(보험대상자)는 보험계약을 청약할 때 피보험자의 건강상태 위험을 측정하는데 필요한 중대한 사항을 반드시 사실대로 알려야 하는데, 이를 가입자의 계약 전 알릴 의무(고지의무)라고 한다.

  ㉡ 계약 전 알릴 의무 내용은 현재와 과거의 건강상태, 신체의 장해상태, 직업 등이며, 피보험자가 알려야 할 중요한 사항은 보험회사가 알았다면 계약의 청약을 거절하거나 보험가입금액한도 제한, 일부보장 제외, 보험금 삭감, 보험료 할증 등 계약의 인수에 영향을 미칠 수 있는 사항을 의미한다.

  ㉢ 보험회사는 계약자 또는 피보험자가 고의 또는 중대한 과실로 중요한 사항에 대하여 사실과 다르게 알린 것을 알았을 경우에는 그 계약을 해지하거나 보장을 제한할 수 있다.

  ㉣ 보험회사가 계약 전 알릴 의무 위반으로 계약을 해지할 수 없는 경우
  • 보험회사가 계약 당시 계약 전 알릴 의무 위반 사실을 알았거나, 과실로 인하여 알지 못하였을 경우
  • 보험회사가 그 사실을 안 날로부터 1개월이 지났거나 보장개시일로부터 보험금 지급사유가 발생하지 않고 2년(진단계약의 경우 질병에 대해서는 1년)이 지났을 경우
  • 계약체결일로부터 3년이 지났을 경우
  • 회사가 계약의 청약 시 피보험자의 건강상태를 판단할 수 있는 기초자료(건강진단서사본 등)에 의하여 승낙한 후에, 건강진단서사본 등에 명기된 사항으로 보험금 지급사유가 발생하였을 경우 계약을 해지할 수 없다.
  ※ 만일 회사에 제출한 기초자료의 내용 중 중요 사항을 고의로 사실과 다르게 작성한 경우는 제외된다(보험회사가 계약을 해지할 수 있다).
  • 보험설계사 등이 계약자 또는 피보험자에게 고지할 기회를 부여하지 아니하였거나 계약자 또는 피보험자가 사실대로 고지하는 것을 방해한 경우, 계약자 또는 피보험자에 대해 사실대로 고지하지 않게 하였거나 부실한 고지를 권유하였을 경우 계약을 해지할 수 없다.
  ※ 다만, 보험설계사 등의 행위가 없었다 하더라도 계약자 또는 피보험자가 사실대로 고지하지 않거나 부실한 고지를 했다고 인정되는 경우에는 계약해지가 가능하다.

⑤ 보험료의 납입

  ㉠ 보험료의 납입은 보험회사의 위험부담(보험사고 발생 시 보험금을 지급해야 하는 부담)에 대한 대가로서 보험계약자가 지는 중요한 의무이다.

  ㉡ 보험계약은 제1회 보험료(초회보험료) 납입 시 회사의 책임이 개시되므로 계약자는 보험계약이 성립한 후 지체없이 보험료를 납입해야 한다.

  ㉢ 제2회 이후의 보험료(계속보험료)를 약정한 납입기일 내에 납입하지 않아 연체 중인 경우, 보험회사는 14일(보험기간이 1년 미만이면 7일)이상의 기간을 납입최고기간으로 정하고, 납입최고기간이 끝나는 날까지 보험료가 납입되지 않은 경우는 납입최고기간이 끝나는 날의 다음 날에 계약의 효력이 상실된다(실효).

⑥ 보험계약의 부활(효력회복) : 보험계약이 해지(실효)되었으나 해지환급금이 지급되지 않은 경우에 해지(실효)된 날로부터 3년 이내에 회사가 정한 절차에 따라 연체된 보험료 등을 납입하면 그 계약을 해지(실효) 이전 상태로 회복시킬 수 있는 것을 말한다.

※ 실효된 후 보험계약자가 새로운 계약을 체결할 경우에는 피보험자의 연령이 증가하여 보험료를 더 많이 부담해야 하는 등의 불이익이 발생할 수 있으므로 계약 부활의 기회를 부여하는 것이다. 다만, 계약 부활 시에는 신계약에 준하는 고지의무 등을 이행하여야 한다.

⑦ 계약의 특별부활

　㉠ 계약자의 채무 관계로 인해 강제집행, 담보권 실행 등으로 계약이 해지된 경우, 보험자는 보험수익자에게 특별부활에 대해 안내하고 보험수익자가 원한다면 특별부활을 신청할 수 있다.

　㉡ 계약해지로 보험회사가 채권자에게 지급한 금액을 보험수익자가 보험회사에 지급하고, 계약자 명의를 보험수익자로 변경하여 특별부활을 신청할 수 있고, 보험회사는 이를 승낙해야 한다.

⑧ 중대사유에 의한 계약의 해지 및 사기계약의 취소

　㉠ 보험회사는 계약자, 피보험자 또는 보험수익자가 ⓐ 고의로 보험금 지급사유를 발생시키거나 ⓑ 보험금청구에 관한 서류에 고의로 사실과 다른 것을 기재하였거나 그 서류 또는 증거를 위조 또는 변조한 경우, 그 사실을 안 날로부터 1개월 이내에 계약을 해지할 수 있다.

　㉡ 대리진단으로 진단절차를 통과하는 등 뚜렷한 사기 의사에 의하여 계약이 성립되었음을 회사가 증명하는 경우에는, 보장개시일로부터 5년 이내(사기 사실을 안 날로부터는 1개월 이내)에 계약을 취소할 수 있다.

⑨ 보험계약 내용의 변경 : 보험계약자는 보험계약 성립 이후에 1년 이상 유효계약에 대해 보험회사의 승낙을 얻어 보험종목, 보험기간, 보험료 납입주기, 보험가입금액 등 보험계약의 내용을 변경할 수 있다. 단, 보험수익자의 변경 시에는 보험자의 승낙이 필요하지 않다.

명/품/해/설 보험계약의 변경

• **보험종목의 변경** : 보장성보험에서 저축성보험으로 변경은 가능하나 그 반대는 불가하다. 🎯 '종신보험 → 연금보험'은 가능하나, '연금보험 → 종신보험'은 불가하다.
• **보험기간의 변경** : 보험기간을 줄이는 것은 가능하나 늘리는 것은 불가하다.
• **보험가입금액의 변경** : 감액은 가능하나 증액은 불가하다.
→ 보험자의 입장에서 증액이나 기간의 연장은 새로운 위험의 증가이므로 신계약의 형식이 아니고는 인수할 수 없기 때문이다.

---

⑩ 피보험자의 서면동의 철회권

　㉠ 피보험자가 타인인 타인의 사망보험계약이 성립되기 위해서는 타인의 서면동의가 있어야 한다(타인의 서면동의를 받지 못하면 계약은 무효가 됨).

　㉡ 타인의 서면동의는 장래를 향하여 언제든지 철회할 수 있다.

[예제61] 보험계약자는 보험증권을 받은 날로부터 (   ) 이내에 계약의 청약을 철회할 수 있다. 단, 청약일로부터 (   )을 초과할 경우는 청약철회가 불가하다.

정답 | 15일, 30일

[예제62] 청약철회가 인정되지 않는 계약은 (   ), (   ), (   )이 있다.

정답 | 진단계약, 단체계약, 보험기간이 1년 미만인 계약

[예제63] 약관의 교부 · 설명의무를 위반하여 보험계약을 취소할 수 있는 요건은 첫째, 보험계약자가 자필서명을 하지 않은 경우, 둘째, 보험약관과 청약서부본을 전달하지 않았을 경우, 셋째, 보험약관의 중요한 내용을 설명하지 않았을 경우 중 3가지 요건을 모두 총족했을 때 가능하다. (O / ×)

정답 | ×
해설 | 3가지 중 하나만 해당이 되면 보험계약 취소가 가능하다. 계약 취소 시 보험회사는 원금에 약관대출이자를 더한 금액을 보험계약자에게 지급한다.

[예제64] 약관의 교부 · 설명 · 의무의 위반이 있을 경우, 보험계약자는 계약이 성립한 날로부터 (   ) 이내에 그 계약을 (해지/취소)할 수 있다.

정답 | 3개월, 취소

[예제65] 보험회사는 계약자 또는 피보험자가 고의 또는 중대한 과실로 중요한 사항에 대하여 알리지 않거나 사실과 다르게 알린 것을 알았을 경우에는 그 계약을 해지하거나 보장을 제한할 수 있다. (O / ×)

정답 | ○
해설 | 계약 전 알릴 의무 위반에 대한 내용이다.

[예제66] 계약 전 알릴 의무(상법상 '고지의무')는 보험계약자에 국한된다. (O / ×)

정답 | ×
해설 | 보험계약자뿐만 아니라 피보험자에게도 의무가 있다.

[예제67] 보험계약자가 고지의무를 위반한 사실을 보험회사가 인지한 날로부터 1개월이 지나면 계약을 해지할 수 없다. (O/×)

정답 | ○
해설 | 고지의무 위반 사실을 알았을 경우에는 1개월 이내에만 해지할 수 있다.

[예제68] 보험계약자가 고지의무를 위반한 사실을 보험회사가 알게 된 지 1개월이 지나지 않았지만, 보험계약일로부터 3년이 지난 상태이면 보험계약을 해지할 수 없다. (O/×)

정답 | ○
해설 | 보험계약 체결일로부터 3년이 지나면 보험계약을 해지할 수 없다.

[예제69] 보험계약자가 청약서에 사인하는 순간 보험회사의 보장은 개시된다. (O/×)

정답 | ×
해설 | 초회보험료를 납입하는 즉시 회사의 보장은 개시된다.

[예제70] 보험계약이 효력을 상실한 후 3년 이내에 보험계약의 부활을 신청할 수 있는데, 해지환급금이 지급되지 않은 경우에 한한다. (O/×)

정답 | ○
해설 | 해지환급금을 지급하면 보험계약 자체가 완전히 없어지는 것이므로 부활 할 수 없다.

[예제71] 보험계약의 부활 시에는 새롭게 고지의무를 이행해야 한다. (O/×)

정답 | ○
해설 | 고지의무를 새롭게 이행해야 하므로 보장성보험의 경우 부활이 거절될 수 있으므로 잘 유지하는 것이 중요하다.

[예제72] 보험계약의 특별부활과 관련하여, 보험계약자의 채무 관계로 강제집행을 당하여 계약이 해지될 경우, (　　　　　　)가 일정한 보험자에게 지급하고 새로운 계약자가 되는 특별부활을 신청할 수 있으며 이때 보험회사는 이를 거절할 수 없다.

정답 | 보험수익자
해설 | 특별부활제도는 채권자의 이익과 보험수익자의 보장적 이익을 합리적으로 조정하기 위한 제도이다.

[예제73] 뚜렷한 사기 의사에 의하여 계약이 성립되었음을 보험회사가 증명하는 경우에는 보장개시일로부터 5년 이내에 계약을 취소할 수 있다. (O/×)

정답 | ○

해설 | 사기 사실을 안 날로부터는 1개월 이내에 취소할 수 있다. 이러한 사기 계약은 '대리진단으로 진단절차를 통과하거나 진단서의 위변조, HIV 감염진단을 숨기고 가입한 경우'를 말한다.

[예제74] 서류를 위조 또는 변조하여 보험금을 청구한 경우는 중대한 사유로 인한 계약해지 사유에 해당되며, 이 경우 보험자가 그 사실을 안 날로부터 1개월 이내에 계약을 해지할 수 있다. (O/×)

정답 | ○

해설 | '고의로 보험금지급사유를 발생시킨 경우', '보험금청구서류를 허위로 제출한 경우', '보험금청구서류를 위조·변조한 경우'가 중대한 사유로 인한 계약해지 사유에 해당된다.

[예제75] 타인의 사망보험계약은 피보험자인 타인의 서면동의가 있어야 계약이 성립한다. 그런데 계약체결 시 피보험자가 서면동의를 했다면 이후로 그 서면동의를 철회할 수 없다. (O/×)

정답 | ×

해설 | 피보험자의 서면동의는 장래를 향하여 언제든지 철회할 수 있다.

SECTION 1 | 보험료 납입 시 세제혜택

보장성보험료 납입 시	연금계좌 납입 시
세액공제(연간 100만원 한도×13.2%)	세액공제(연간 700만원 한도×16.5% 또는 13.2%)[주1]

※ 주1 : 신연금저축에서 연 400만원 한도, 퇴직연금에서 연 300만원 한도, 합산 최고한도가 연 700만원이다(연금계좌 = 신연금저축 + 퇴직연금).

※ 보험료 관련 세제혜택의 개편 : 소득공제 → 세액공제

(1) 보장성보험의 납입보험료에 대한 세액공제 한도(연간 100만원×13.2%)

① 근로소득이 있는 거주자가 소득세법에서 규정하고 있는 보장성보험(종신보험, 변액종신보험 등)에 가입한 경우 당해연도에 납입한 보험료 중 연간 100만원을 한도로 13.2%의 세율로 세액공제를 받을 수 있다. 단, 근로소득자에게만 해당이 되며 개인사업자에게는 적용되지 않는다.

② 근로소득자란 사장, 임원, 직원 등이며 일용근로자는 제외된다. 또한, 개인사업자에게 고용된 직원도 당연히 근로소득자이기 때문에 보장성보험 가입 시 납입보험료에 대한 세액공제가 가능하다.

③ 보장성보험의 세액공제대상

납입자	피보험자	연간소득	연령	소득공제
본인	부모		60세 이상	가능
본인	배우자		나이 상관없음	가능
본인	자녀	100만원 이하	20세 이하	가능
본인	형제자매		20세 이하 또는 60세 이상	가능

㉠ 소득세법 제52조: 근로소득에서 공제할 수 있는 보장성보험의 공제범위는 기본공제대상자를 피보험자로 하는 계약으로서 연간 100만원을 한도로 한다.

㉡ 기본공제대상자는 본인뿐 아니라 배우자, 또는 직계존속 등 부양가족이 있을 수 있는데 이 경우 연령 요건과 연간소득 금액 요건에 부합되어야 한다.
  • 배우자 : 나이와 관계없음. 연간 소득 100만원 이하
  • 직계존속 : 60세 이상. 연간소득 100만원 이하
  • 직계비속 : 20세 이하. 연간소득 100만원 이하
  • 형제자매 : 20세 이하 또는 60세 이상

㉢ 따라서 근로자 본인뿐만 아니라 배우자, 자녀, 부모 등을 피보험자로 하여 보장성보험에 가입하였을 경우 이들 피보험자가 기본공제대상자에 해당한다면 연간 합계 100만원에 대해서 세액공제를 받을 수 있다.

④ 장애인전용 보장성보험에 대한 세액공제 : 장애인을 피보험자 또는 수익자로 하는 장애인 전용보험에 가입한 경우에는 당해연도 납입보험료 중에서 연간 100만원을 한도로 16.5%의 세액공제를 받을 수 있다.

⑤ 일반보장성보험료를 100만원 이상, 장애인전용보험료를 100만원 이상 납부 시 → 세액공제 총액 (지방소득세 제외) : (100만원×12%)+(100만원×15%)

> **예시** 근로자가 자녀(장애인)를 피보험자로 일반보장성 보험료를 연간 100만원, 장애인전용 보장성보험에도 연간 100만원 납부하였다면?(지방소득세 포함)
> → 각각 구분하여 세액공제함. 즉 (100만원×13.2%) + (100만원×16.5%) = 29.7만원

> **예시** 근로자(장애인)가 본인을 피보험자로 일반보장성 보험료를 연간 100만원 납부하였다면?(지방소득세 포함)
> → 장애인을 피보험자로 하여 일반보장성보험에 가입하고 연간 납부금액이 100만원 이상일 경우, 장애인 세액공제율 16.5%를 적용한다. 단, 일반보장성보험에 대한 13.2%의 세액공제를 중복하여 받을 수는 없다.

⑥ 보장성보험을 중도해지한 경우의 소득공제 여부 : 보장성보험을 중도해약한 경우 당해연도 중 해약 시까지 납입한 보험료는 소득공제가 가능하고 이미 소득공제 받은 보험료에 대해서는 추징하지 않는다.

⑦ 근로자가 부담하는 국민건강보험료, 고용보험료 및 노인장기요양보험료에 대해서는 전액 소득공제된다.

[예제01] 보험료 납입 단계에서의 세제혜택에는 '보장성보험료에 대한 세액공제(한도 100만원), 연금계좌의 세액공제(한도 700만원), 연금수령 시 저율과세'가 있다. (○/×)

정답 | ×
해설 | 연금수령 시 저율과세는 보험료 납입단계가 아니라 보험금 수령단계에 해당된다.

[예제02] 연간 100만원 한도의 보장성보험료에 대한 세액공제는 근로소득자뿐 아니라 개인사업자도 받을 수 있다. (○/×)

정답 | ×
해설 | 근로소득자만 가능하다.

[예제03] 보장성보험료에 대한 세액공제는 정액보험에만 적용되므로 변액보험으로는 보장성보험료에 대한 소득공제를 받을 수 없다. (○/×)

정답 | ×
해설 | 세법에서는 일반보험이든 변액보험이든 상관하지 않는다. 보장성보험인가, 저축성보험인가의 구분이 중요한 것이다.

[예제04] '사장, 임원, 직원, 일용근로자' 중 보장성보험료 세액공제를 받을 수 없는 자는 (   )이다.

> **정답 |** 일용근로자
> **해설 |** 일용근로자는 소득세가 비과세되므로 세액공제 혜택을 줄 수 없다.

[예제05] 사장은 보장성보험료에 대한 세액공제를 받을 수 없다. (○/×)

> **정답 |** ×
> **해설 |** 사장도 근로자에 포함된다.

[예제06] 당해에 보장성보험을 가입하고 80만원을 납입하고 중도해지 하였다면, 보장성보험에 대한 세액공제를 받을 수 없다. (○/×)

> **정답 |** ×
> **해설 |** 중도해지하는 경우 해지 시까지 납입한 보험료에 대해서 소득공제가 가능하다. 그리고 몇 년 후 중도해지하는 경우 몇 년간 받은 세액공제액을 추징하지 않는다.

[예제07] 보장성보험료에 대한 세액공제는 기본공제대상 본인 또는 그 본인의 부양가족으로서 연간 소득이 100만원 이하인 배우자, (   )의 부모, (   )의 자녀, 20세 이하 60세 이상의 형제자매를 피보험자로 할 경우, 세액공제를 받을 수 있다.

> **정답 |** 60세 이상, 20세 이하

[예제08] 장애인전용 보장성보험에 가입한 경우 세액공제액 한도(지방소득세 포함)는 '100만원×16.5% = 165,000원' 이다. (○/×)

> **정답 |** ○
> **해설 |** 일반보장성보험의 세액공제율은 13.2%이지만, 장애인전용 보장성보험은 16.5%이다.

[예제09] 국민건강보험료, 고용보험료 및 노인장기요양보험료에 대해서는 근로소득자만 피보험자가 납부한 전액에 대해서 세액공제가 가능하다. (○/×)

> **정답 |** ×
> **해설 |** 근로소득자만 전액 소득공제가 가능하다.

(2) 연금계좌의 납입보험료에 대한 세액공제 한도(연간 700만원×13.2% 또는 16.5%)

① 연금계좌의 세액공제 한도

신연금저축	퇴직연금
연 400만원 한도	연 300만원 한도

- 총 급여 5,500만원 이하 또는 종합소득 4천만원 이하 → 16.5%
- 총 급여 5,500만원 초과 또는 종합소득 4천만원 초과 → 13.2%

※ 단, 총 급여 1억 2천만원(종합소득 1억원) 초과자는 신연금저축에서 연 400만원이 아닌 연 300만원이 한도가 된다. 그런데 이 경우에도 퇴직연금과의 합산 한도 700만원은 유지된다.

② 연금계좌 세액공제 요건(세제적격연금계좌의 요건)

㉠ 종합소득이 있는 거주자(근로소득자뿐 아니라 종합소득자도 가능함)

㉡ 납입요건 : 연간 1,800만원, 연금수령 개시 이후 추가 납입 불가

㉢ 수령요건 : '납입 후 5년 & 55세' 이후 연금수령 개시, 연금수령한도 내 인출

참고 ㉢의 요건이 충족되지 않으면 16.5%의 기타소득세가 부과된다.

③ 연금계좌 = 연금저축계좌 + 퇴직연금계좌

※ 퇴직연금계좌에는 '확정급여형(DB형), 확정기여형(DC형), 개인형 퇴직연금(IRP)'이 있는데, 이 중에서 확정급여형은 연금계좌에서 제외된다(∵사업자가 보험료를 부담하므로 납입 시 세액공제혜택을 줄 수 없다).

[예제10] 연금저축계좌와 퇴직연금계좌에 대한 납입액에 대해서 합산 (　　　)까지 세액공제 혜택을 받을 수 있다.

정답 ┃ 700만원

해설 ┃ 연금저축 400만원 + 퇴직연금 300만원. 단, 총급여 1억 2천만원(종합소득은 1억원) 초과자는 연금저축한 도가 300만원 적용되며, 이 경우에도 합산 700만원은 동일하게 적용된다.

[예제11] 총급여 5,500만원 또는 종합소득 4천만원 이하인 자는 연금계좌에 대한 세액공제율이 (13.2%/16.5%)이다.

정답 ┃ 16.5%

해설 ┃ 초과자는 13.2%이다.

[예제12] 연금저축계좌 납입액이 연 500만원이고 퇴직연금계좌 납입액이 연 200만원일 경우(총 급여 5천만원인 근로소득자), 세액공제액은 (　　　)이다(단, 지방소득세를 포함함).

정답 ┃ 99만원

해설 ┃ (400만원 + 200만원)×16.5% = 99만원

[예제13] 연금저축계좌 납입액이 연 700만원이고 퇴직급여 납입액이 연 500만원일 경우(총 급여 1억 5천만원인 근로소득자), 세액공제액은 (   )이다(단, 지방소득세를 포함함).

정답 | 92만 4천원

해설 | (300만원 + 400만원)×13.2% = 92만 4천원

[예제14] 연금계좌라고 함은 모든 금융기관에서 판매하는 연금저축계좌와 퇴직연금계좌(DB, DC, IRP)를 모두 포함하는 개념이다. (O/×)

정답 | ×

해설 | 퇴직연금 중 DB형은 제외된다.

SECTION 2 | **보험금 수령 시 세제혜택**

세제적격보험[주1]	세제비적격보험
연금소득 분리과세(→ 저율과세)	저축성보험의 보험차익 비과세

※ 주1 : 소득세법상 요건을 갖추어 세액공제혜택을 받을 수 있는 보험을 말함(연금계좌).

(1) 저축성보험의 보험차익 비과세 요건(세제비적격보험에 해당)

① '55세 이후 사망 시까지 보험금을 연금으로 지급받는 계약일 것(종신연금계약) & 사망 시 보험재원 및 연금재원이 소멸할 것 & 연금개시 후 사망일 이전에 계약을 중도해지 할 수 없을 것'을 모두 충족할 것

② 계약기간이 10년 이상일 것 & 최초납입일로부터 납입기간이 5년 이상인 월적립식일 것 & 매월 납입하는 기본보험료가 균등할 것 & 기본보험료의 선납기간이 6개월 이내일 것 & 월보험료 합계액이 150만원 이내일 것

③ 계약기간이 10년 이상일 것 & 납입보험료합계액이 1억원 이하일 것

※ 비과세요건 적용순서 : ①의 요건을 충족한다면 다른 요건과 관계없이 비과세가 된다. ①의 요건이 아니라면, ② 또는 ③의 요건을 충족해야 한다.

> **참고** ②에서 월납 합산금액 150만원과 ③에서 납입보험료 총액 1억원은 2017년 4월부터 적용되는 것으로 종전에는 각각 500만원, 2억원이었다.

※ 계약기간 기산일 변경사유 : 계약유지기간 10년을 산정할 때 그 기산점이 변경될 수 있는 바, 아래의 3가지가 있다(아래의 3가지 경우 해당 변경시점을 기산점으로 하여 새롭게 10년의 유지기간을 충족해야 함).

• 계약자명의가 변경되는 경우. 단, 사망에 의한 변경은 제외
• 보장성보험을 저축성보험으로 변경하는 경우
• 최초 계약한 기본보험료의 1배를 초과하여 기본보험료를 증액하는 경우

(2) 연금소득 분리과세(세제적격보험에 해당)

① 연금수령 시 분리과세를 적용받기 위한 요건 : ㉠, ㉡, ㉢의 요건을 충족할 경우 타 연금과의 합계액 1,200만원 이하까지 분리과세가 가능하다(분리과세율 5.5%~3.3%).
   ㉠ 55세 이후 수령
   ㉡ 가입일로부터 5년 경과 수령
   ㉢ 연금수령한도 내 수령
   ※ 연금수령한도액 $= \dfrac{\text{과세기간개시일 현재 연금계좌의 평가액}}{11 - \text{연금수령연차}} \times 120\%$

   ※ 연금수령연차는 '가입 후 5년이 경과 & 55세'의 시점이 연금수령 1년 차가 된다. 산식으로 볼 때 연금수령연차가 11년 차가 되면 연금수령한도액이 없어진다. 즉, 연금을 늦게 수령할수록 연차가 커지므로 세제혜택도 더 많아짐을 의미한다.

   ※ 분리과세율(지방소득세 포함)

70세 미만	70세 이상 80세 미만	80세 이상
5.5%	4.4%	3.3%

② 만일 본인 및 부양가족의 요양 등 부득이한 사유로 연금계좌에서 인출하는 경우는 연금수령한도와 관련 없이 무조건 분리과세한다.

③ 만일 '연금 외 수령'을 할 경우는 16.5%(지방소득세 포함)의 기타소득세가 부과된다.

[예제15] 세제적격보험의 경우 보험금납입 시 (소득공제/세액공제) 혜택을, 보험금 수령단계에서는 연금소득에 대해서 (분리과세/비과세) 혜택을 받을 수 있다.

   정답 | 세액공제, 분리과세

[예제16] 세제비적격보험인 변액연금보험의 경우 보험료 납입 시의 세제혜택은 없으며, 보험금 수령 시 일정요건을 충족 시 비과세 혜택을 받는다. (O / ×)

   정답 | ○

[예제17] 저축성보험의 보험차익에 대해서 월납보험의 비과세 요건은 '계약기간이 10년 이상일 것 & 최초납입일로부터 납입기간이 (   ) 이상인 월적립식일 것 & 매월납입하는 기본보험료가 균등할 것 & 기본보험료의 선납기간이 (   ) 이내일 것 & 6개월 이내일 것 & 월보험료 합계액이 (   ) 이내일 것'이다.

   정답 | 5년, 6개월, 150만원
   해설 | 150만원은 종전 500만원에서 기준이 변경되었다(2017.4~).

[예제18] 일시납 연금보험의 경우 '계약기간이 10년 이상일 것 & 납입보험료 합계액이 (   ) 이하일 것'의 요건을 갖추어야 보험차익에 대해서 비과세를 받을 수 있다.

정답 | 1억원
해설 | 1억원은 종전 2억원에서 기준이 변경되었다(2017.4~).

[예제19] 저축성보험의 보험차익에 대해서 비과세적용을 받지 못할 경우 보험차익은 이자소득으로 보고 (   )의 원천징수를 하며, 금융소득이 2천만원을 초과할 경우 타 종합소득에 합산하여 종합과세한다.

정답 | 15.4%(지방소득세 포함)

[예제20] 세제적격보험(연금계좌)에서 연금수령을 할 경우 연간 1,200만원 한도 내에서 분리과세가 가능한데 이때 적용되는 분리과세율은 지방소득세 포함 시 (   )~(   )이다.

정답 | 5.5%, 3.3%
해설 | 연금수령시기가 70세 미만인 경우 5.5%, 70세 이상 80세 미만인 경우 4.4%, 80세 이상인 경우 3.3%가 적용된다(지방소득세 포함).

[예제21] 본인 및 부양가족 치료 등의 부득이한 사유로 연금 외 수령을 할 경우, 연금수령 한도와 관계없이 (분리과세/비과세)한다.

정답 | 분리과세

[예제22] 연금수령 연차가 (   )가 되면 연금수령한도액이 없어지므로 그만큼 분리과세 혜택을 더 받을 수 있다.

정답 | 11연차
해설 | 연금수령한도액의 공식 참조

구분	연금저축계좌(세제적격상품)	변액연금(세제적격상품)
취급기관	모든 금융기관	생명보험회사[주1]
세제혜택 적용 요건	세제적격요건[주2]을 갖출 경우, 납입 시 세액공제, 수령 시 연금과세 (5.5~3.3% 저율분리과세)	비과세요건[주3]을 충족할 경우 보험차익에 대해서 비과세
소득	연금소득	이자소득

※ 주1 : 변액보험은 실손보상을 원칙으로 하는 손해보험에는 적용될 수 없다. 따라서 생명보험에서만 영위할 수 있다.
※ 주2 : '납입 후 5년 & 55세' 이후 연금수령 개시, 연금수령한도 내 인출
※ 주3 : '저축성보험의 보험차익 비과세요건(① · ② · ③) 참조

[예제23]　변액보험은 모든 보험사에서 취급할 수 있다. (○ / ×)

　정답 ∣ ×

　해설 ∣ 연금계좌는 전 금융기관에서 취급한 수 있지만 변액연금은 생명보험에서만 취급할 수 있다.

━━ **SECTION 4**　**변액보험과 세금**

　참고　변액보험이라고 해서 추가적인 세제혜택이 있는 것은 아니며, 보장성보험 또는 저축성보험인가에 따라서 일반보험과 동일한 세제가 적용된다.

(1) 변액보험과 금융재산공제

① 개요 : 일반적으로 종신보험의 수령보험금은 당연히 상속재산에 포함된다. 상속재산 중 금융재산이 있는 경우에는 금융재산의 20%(2억원 한도)를 공제해 주는 제도가 있으며, 순금융재산으로 분류되는 보험금에 대해서도 이러한 공제가 적용된다.

② 순금융재산은 금융재산(금융기관의 예금, 적금, 부금 및 출자금, 예탁금, 보험금, 공제금, 주식, 채권, 수익증권 및 유가증권)에서 금융부채를 공제한 것을 말한다.

③ 금융재산 상속공제액

순금융재산(최고한도 2억원)		
2천만원 이하	2천만원 초과 1억원 이하	1억원 초과
전액	2천만원	순금융재산×20%(2억원 한도)

　예시　• 순금융재산이 1천만원이면 → 2천만원 이하이므로 1천만원(전액)이 공제된다.
　　　　　• 순금융재산이 3천만원이면 → 2천만원 초과 1억원 이하이므로 2천만원이다.
　　　　　• 순금융재산이 20억원이면 → 20억원×20% = 4억원이나 최대한도인 2억원이 적용된다.

[예제24] 순금융재산이 1,400만원이면 금융재산공제액은 1,400만원이다. (O / ×)

정답 | ○

해설 | 2,000만원 이하까지는 전액, 2천만원 초과 1억원 이하까지는 2천만원, 1억원 초과분은 '순금융재산×20%(최고한도 2억원)'이다.

(2) 계약자, 피보험자, 수익자 형태에 따른 변액종신보험 세금

종신보험에서 과세 여부는 계약자의 형식이 중요한 것이 아니라 실질납입자가 누군가에 따라 세법에서의 과세방식이 달라진다(이는 세법의 실질과세원칙에 해당됨).

[계약형태별 과세]

구분	계약자	피보험자	수익자	실질보험료 납입자	보험금 과세(수익자에게 과세)
ⓐ 종신	본인	본인	상속인	본인	상속세 과세
ⓑ 종신	본인	본인	상속인	부모	증여세 과세
ⓒ 종신	본인	부모	본인	본인	과세 안됨
ⓓ 종신	모	부	모	모	과세 안됨
ⓔ 종신	본인	부모	본인	본인과 부모	증여세 등 과세

※ 보험사고는 피보험자 사망 시 사고이다.
※ ⓒ, ⓓ처럼 '실질보험료 납입자 = 수익자'일 경우는 과세가 발생하지 않는다.

① 상속재산 보험금

구분	계약자	피보험자	수익자	실질보험료 납입자	보험금 과세
ⓐ 종신	본인	본인	상속인	본인	상속세 과세

㉠ 계약자 본인의 소득으로 보험료를 납입한 후 사망 등의 보험사고 발생 시 보험회사로부터 상속인들에게 사망보험금이 지급되고, 상속세가 부과된다(상증법 제8조).

㉡ 상속재산으로 보는 보험금의 가액은, 지급받는 보험금의 총 합계액에 피상속인이 부담한 보험료의 금액이 당해 보험계약 때문에 피상속인의 사망 시까지 불입된 총 합계액에 대하여 차지하는 비율을 곱하여 계산한 금액으로 한다.

$$상속재산으로 보는 보험금 = 보험금 × \frac{피상속인이\ 부담한\ 보험료}{피상속인\ 사망시까지\ 불입된\ 보험료\ 총합계액}$$

예시 피상속인인 아버지가 사망하고 외아들인 상속인이 보험금 2억원을 수령하였다. 총 납입보험료는 2천만원이고 이 중 1,200만원은 아버지가, 800만원은 외아들인 상속인이 불입하였다. 이 경우 상속재산은 얼마인가?

→ 상속재산가액 = 2억원 × (1,200만원/2,000만원) = 1억 2천만원. 즉 1억 2천만원이 상속재산이 되고 이에 대해 상속세가 부과된다. 보험금 2억원 중 나머지 8천만원은 상속인이 불입한 보험료에 의한 보험금이므로 상속재산에서 제외된다.

ⓒ 상속순위 : 직계비속 & 배우자 → 직계존속 & 배우자 → 형제자매 → 방계혈족

※ 배우자는 직계비속 또는 직계존속과 공동상속이며 이들에 비해 5할이 가산된다(아래 예시). 만일 직계비속(1순위)과 직계존속(2순위)이 모두 없으면 배우자가 단독상속한다.

　　예시 상속인으로 배우자, 장남, 장녀, 차남이 있을 때 상속지분은?
　　　　→ 배우자:장남:장녀:차남 = 1.5:1:1:1

② 계약자가 미성년자이거나 무자력인 경우 : 보험료 전액증여(ⓑ)와 보험료 부분증여(ⓔ)

구분	계약자	피보험자	수익자	실질보험료 납입자	보험금 과세
ⓑ 종신	본인	본인	상속인	부모	증여세 과세
ⓔ 종신	본인	부모	본인	본인 및 부모	증여세 등 과세

㉠ ⓑ의 경우, 계약자가 미성년자이거나 무자력자(소득이 없는 자)인 경우 보험계약 시 납입보험료 전액을 누군가로부터 증여받은 금액으로 납입하였기에, 이 경우 대납(代納)한 아버지 등이 미성년자에게 증여한 것으로 보아 증여세를 부과한다(상증법 제34조).

㉡ ⓔ의 경우는 납입금액 중 일부를 본인이 부담한 경우이며 다음과 같다.

$$증여재산으로 \ 보는 \ 보험금 = 보험금 \times \frac{보험금 \ 수취인이 \ 아닌 \ 자가 \ 불입한 \ 보험료}{총불입보험료}$$

만일, ⓔ에서 타인으로부터 재산을 증여받고 보험료를 불입한 경우는 다음과 같다.

$$증여재산으로 \ 보는 \ 보험금 = 보험금 \times \frac{타인으로부터 \ 증여받아 \ 불입한 \ 보험료}{총불입보험료}$$
$$- \ 타인으로부터 \ 증여받아 \ 불입한 \ 보험료$$

※ 다만, ⓔ의 경우 상속재산으로도 볼 수 있다(이 경우 상속세 과세).

㉢ ⓑ나 ⓔ의 경우 신고납부는 증여세에 따라 '보험사고가 발생한 날이 속하는 달의 말일로부터 3월 이내'에 납세지 관할 세무서장(수증자의 주소지)에게 신고납부하여야 한다(상증법 제68조).

　　참고 상속세의 경우 신고납부기간이 6개월(주소지는 피상속인의 주소지)이나 증여세는 3개월이다.

　　예시 1 아들이 계약자이자 수익자인 보험계약이고, 만기에 1억원의 보험금을 수령하였다. 총불입보험료 5천만원 중 4천만원은 아들이 불입하고 나머지 1천만원은 부모님이 대납해 주었다면 증여재산가액은 얼마인가?
　　　　→ 증여재산가액 = 1억원 $\times \dfrac{1천만원}{5천만원}$ = 2천만원. 즉 2천만원에 대해 증여세가 부과된다.

　　예시 2 **예시 1**과 동일한 상황에서 부모님이 대신 납입해 준 보험료 1천만원에 대해서 아들이 증여를 받아 납부하였다면, 증여재산가액은 얼마인가?
　　　　→ 증여재산가액 = 1억원 $\times \dfrac{1천만원}{5천만원}$ − 1천만원 = 1천만원. 물론 이 경우 부모님으로부터 보험료로
　　　　증여받은 1천만원에 대해서는 별도로 증여세를 납부해야 한다.

예시 3 예시 1 에서 총불입보험료 5천만원을 모두 부모님으로부터 증여받아 보험료를 납부하였다면 증여재산가액은 얼마인가?

→ 증여재산가액 = 1억원 × $\dfrac{5천만원}{5천만원}$ − 5천만원 = 5천만원. 물론 이 경우 부모님으로부터 보험료로 증여받은 5천만원에 대해서는 별도로 증여세를 납부해야 한다. 예시 3 이 의미하는 바는, '보험료 납입시점을 증여시점으로 보는 것이 아니라 보험사고가 발생할 때를 증여시점으로 본다'는 것이다 (완전포괄주의 과세의 관점).

③ 보험금이 과세대상이 되지 않는 경우(비과세)

구분	계약자	피보험자	수익자	실질보험료 납입자	보험금 과세
ⓒ 종신	본인	부모	본인	본인	과세 안됨
ⓓ 종신	모	부	모	모	과세 안됨

※ 만일, 보험계약자와 실제로 보험료를 납입한 자, 보험금을 지급받는 자(수익자)가 모두 같은 사람일 경우 해당 보험금은 상속세나 증여세의 과세대상이 되지 않는다.

명/품/해/설 절세 면에서 유리한 보험계약

맞벌이 부부의 경우 각각을 피보험자로 하는 계약보다는 상대방을 피보험자로 하는 계약이 절세 면에서 유리하다(다음 예시 참고).

구분	계약자	피보험자	수익자	보험금 과세
종신보험	남편	남편	남편	상속세 과세
종신보험	부인	부인	부인	상속세 과세
종신보험	남편	부인	남편	상속세 과세 없음
종신보험	부인	남편	부인	상속세 과세 없음

※ 보험사고는 피보험자의 사망으로 함

[예제25] '계약자 = 피보험자 = 수익자'가 아버지이고 실질보험료도 아버지가 모두 납입한 경우 사망보험금이 발생하면 (상속세/증여세)가 발생한다.

정답 | 상속세

해설 | 상속인에게 상속세가 부과된다. 증여세는 수익자와 실질보험료 납입자가 다를 경우에만 발생한다.

[예제26] '계약자 = 피보험자 = 수익자'가 아버지이고 아버지가 사망하여 사망보험금이 발생하였다. 그런데 이 보험계약의 실질보험료 납입자가 할아버지라면 증여세가 발생한다. (○/×)

정답 | ○

해설 | 이 경우 수익자(아버지)와 실질보험료 납입자(할아버지)가 다르므로 증여세가 발생한다.

[예제27] '계약자 = 아들, 피보험자 = 아버지, 수익자 = 아들'이고 아들이 납입보험료의 전부를 납입한 것이 아니라 절반은 아버지가 납입하였다. 이 계약에서 사망보험금이 4억원 발생했다면 아들이 부담하는 과세대상의 상속재산은 2억원이 된다. (○ / ×)

정답 | ○

해설 | 보험료를 아들이 실질적으로 모두 납입하였다면 상속세는 발생하지 않는다. 그러나 절반은 아버지가 부담하였으므로 사망보험금의 절반(2억원)에 대해서 상속세가 부과된다.

[예제28] '계약자 = 아들, 피보험자 = 아버지, 수익자 = 아들'이고 아들이 납입보험료의 전부를 납입한 것이라면 어떠한 과세도 발생하지 않는다. (○ / ×)

정답 | ○

해설 | 수익자와 실질보험료 납입자가 동일할 경우는 과세가 발생하지 않는다.

필수이해문제

001 생명보험의 기본원리에 속하지 않는 것은?

① 대수의 법칙
② 수지상등의 원칙
③ 사망률과 생명표
④ 3이원방식

정답 | ④

해설 | 3이원방식은 생명보험의 기본원리가 아니라 보험료 산출 방식이다.
• 생명보험의 기본원리의 개념 : 상부상조의 정신을 제도적으로 수행할 수 있는 과학적이고 합리적인 원리이다.

002 생명보험의 기본원리에 대한 설명 중 잘못된 것은?

① 주사위를 던져 같은 수가 세 번 연속 나올 수는 있으나 무수히 많이 던지면 각각의 확률은 결국 1/6에 수렴하게 된다. 이를 대수의 법칙이라 한다.

② 수지상등의 원칙은 계약자들이 납입하는 보험료 총액과 보험회사가 지급하는 보험금 총액이 같아야 하는 것을 말한다.

③ 보험료는 피보험자별 위험도에 따라 생명표를 기준으로 산출되는데 모든 국민을 대상으로 한 생명표가 국민생명표이다.

④ 보험료는 피보험자별 위험도에 따라 생명표를 기준으로 산출되는데 생명보험에 가입한 피보험자를 대상으로 한 생명표가 경험생명표이다.

정답 | ②

해설 | 수지상등의 원칙은 '보험료 총액 = 보험금 총액 + 경비'이다.

003 다음은 생명보험의 기본원리 중 무엇을 말하는가?

> 특정 개인의 사고 발생 여부는 알 수 없으나 수많은 다수를 관찰하면 일정한 사고 발생확률을 예측할 수 있게 된다.

① 대수의 법칙
② 수지상등의 원칙
③ 국민생명표
④ 경험생명표

정답 | ①

해설 | 생명보험이 성립하기 위해서는 대상 위험에서 대수의 법칙이 적용되어야 한다.

004 생명보험의 기본원리 중에서 보험제도와 보험회사가 지속적으로 유지되기 위해 꼭 필요한 개념은 무엇인가?

① 대수의 법칙   ② 수지상등의 원칙

③ 사망률과 생명표   ④ 3이원방식

정답 | ②

해설 | 수지상등의 원칙은 '보험료 총액 = 보험금 총액 + 비용'이다.

005 수지상등의 원칙에서 볼 때, 보험료가 상승하는 경우가 아닌 것은?

① 보험사기가 급증했다.

② 보험사고가 증가하였다.

③ 보험회사의 경비절감으로 사업비가 감소하였다.

④ 경험생명표상의 사망률이 상승하였다.

정답 | ③

해설 | '보험료 총액 = 보험금 총액 + 사업비 총액'이므로 보험회사가 경비를 절감하면 사업비 총액이 감소하므로 보험료가 하락하게 된다. 나머지는 모두 보험금 총액을 증가시키는 요인이 된다.

006 빈칸에 들어갈 말로 옳은 것은?

> • (㉠)는 국민 또는 특정 지역의 인구를 대상으로 해서 그 인구통계에 의해 사망 상황을 작성한 생명표를 말한다.
> • (㉡)는 생명보험회사, 공제조합 등의 가입자에 대해 실제 사망 경험을 근거로 작성한 생명표이다.

	㉠	㉡		㉠	㉡
①	경험생명표	국민생명표	②	국민생명표	경험생명표
③	남자생명표	여자생명표	④	국민생명표	남녀공동생명표

정답 | ②

해설 | 우리나라는 2019년 4월부터 제9회 경험생명표를 사용하고 있다. 생명표는 성별에 따라 남자표, 여자표, 남녀공동생명표로 구분된다.

007 보험료산출의 3대 기초율(예정기초율)에 해당하지 않는 것은?

① 예정유지율

② 예정이율

③ 예정사업비율

④ 예정위험률 혹은 예정사망률

정답 | ①

해설 | 부가보험료를 구성하는 것은 '신계약비, 유지비, 수금비'인데 이를 통틀어서 사업비라 하고 이에 대한 기초율이 예정사업비율이다. 예정유지율은 3개 기초율에는 포함되지 않는다.

008 다음의 빈칸을 알맞게 채우면?

영업보험료 = (㉠) + 부가보험료 = [위험보험료 + (㉡)] + [(㉢) + 유지비 + 수금비]

	㉠	㉡	㉢
①	책임준비금	저축보험료	사업비
②	순보험료	저축보험료	신계약비
③	책임준비금	변액보험료	사업비
④	순보험료	변액보험료	신계약비

정답 | ②

해설 | • 영업보험료 = 순보험료 + 부가보험료

• 순보험료 = 위험보험료 + 저축보험료

• 부가보험료 = 신계약비 + 유지비 + 수금비

009 위험보험료 5만원, 저축보험료 12만원, 부가보험료 3만원으로 구성된 보험의 영업보험료는 얼마인가?

① 8만원

② 15만원

③ 17만원

④ 20만원

정답 | ④

해설 | 영업보험료 = 순보험료(위험보험료 + 저축보험료) + 부가보험료 = 20만원이다.

010 보험료와 예정기초율의 적용으로 옳은 것은?

① 순보험료 – 예정이율　　　　　　　② 부가보험료 – 예정사업비율

③ 영업보험료 – 예정위험률　　　　　④ 저축보험료 – 예정유지율

정답 | ②

해설 | 영업보험료 = 순보험료 + 부가보험료 = (위험보험료 + 저축보험료) + 부가보험료
여기서 위험보험료는 예정위험률에, 저축보험료는 예정이율에, 부가보험료는 예정사업비율에 기초하여 산출된다.

011 예정위험률에 설명으로 옳지 않은 것은?

① 피보험자가 어떤 비율로 생존하여 보험료를 납입하며, 어떤 비율로 보험사고에 대한 보험금을 지급받는지의 비율을 말한다.

② 보험사고가 발생하는 확률은 대수의 법칙에 의해 예측된다.

③ 예정위험률에 적용되는 보험사고는 사망만을 말한다.

④ 보험료 산출 시 사용된 예정위험률과 실제위험률의 차이를 위험률차손익이라 한다.

정답 | ③

해설 | 예정위험률에 적용되는 보험사고란 사망뿐만 아니라 질병, 상해 등의 위험을 포함하는 개념이다. 즉 예정위험률은 예정사망률, 예정질병률, 예정상해율 등으로 세분될 수 있다. 이 중에서 예정사망률이 가장 크기 때문에 일반적으로 예정위험률은 예정사망률로 표현된다.

012 예정이율에 대한 설명으로 옳지 않은 것은?

① 계약자가 납부한 보험료가 미래에 지급될 보험금의 현재가치에 일치하도록 하는 할인율을 예정이율이라 한다.

② 보험회사는 고객이익우선의 원칙에서 예정이율을 최대한 크게 산출한다.

③ 예정이율이 내려가면 보험료는 올라가게 된다.

④ 보험료 산출 시 사용된 예정이율과 실제 자산운용수익률과의 차이를 이자율차손익이라한다.

정답 | ②

해설 | 일반적으로 생명보험상품은 보험기간이 장기적이므로 기초율을 보수적이고 안정적으로 산출한다(예정이율도 마찬가지).

013 예정사업비율에 대한 설명으로 옳지 않은 것은?

① 보험사업에 운영에 필요한 비용을 사업비라 하며 보험료 중에서 예상하고 계산한 사업비의 비중을 나타낸다.

② 예정사업비율에 의해 책정된 사업비와 실제 지출된 사업비의 차이에 따라 사업비차손익이 발생한다.

③ 보험계약을 체결, 유지, 관리하기 위한 비용을 사업비라 한다.

④ 인터넷 등 통신상으로 체결되는 보험의 경우 사업비가 부과되지 않는다.

정답 | ④

해설 | 인터넷으로 체결되는 보험은 일부 사업비가 경감되나 그렇다고 사업비가 전혀 부과되지 않는 것은 아니다.

014 예정률과 보험료와의 관계에 대한 설명으로 옳지 않은 것은?

① 예정사망률이 하락하면 사망보험의 보험료는 하락한다.

② 예정사망률이 하락하면 생존보험의 보험료는 하락한다.

③ 예정사업비율이 하락하면 보험료는 하락한다.

④ 예정이율이 하락하면 보험료는 상승한다.

정답 | ②

해설 | 예정사망률이 하락하면 사망보험의 원가는 하락하지만 생존보험의 원가는 상승하므로 생존보험의 보험료는 올라간다.

015 3대 예정률(기초율)과 3대 이원(利源)과의 관계에 대한 설명 중 옳지 않은 것은?

① 실제사망률이 예정사망률보다 낮으면 위험률차익(死差益)이 발생한다.

② 실제사업비가 예정사업비보다 낮으면 사업비차익(費差益)이 발생한다.

③ 실제이자율이 예정이자율보다 낮으면 이자율차익(利差益)이 발생한다.

④ 3대 이원에 의해 발생한 이익금을 계약자에게 환원하는 제도가 계약자배당제도인데, 무배당상품은 이러한 배당을 감안, 보험료를 유배당상품보다 할인 적용하고 있다.

정답 | ③

해설 | 실제이자율(실제의 자산운용수익률)이 예정이자율보다 높아야 이자율차익이 발생한다. 그리고 현재 생명보험업계에서는 유배당상품이 거의 없고(우체국은 유배당상품이 다수), 배당을 고려해 보험료를 할인한 무배당상품이 주를 이루고 있다.

016 다음 중 이원별 차익이 발생하지 않는 경우는?

① 종신보험 가입 후 실제 사망률이 급격하게 하락하였다.

② 보험가입 후 해당 보험회사가 전사적인 사업비 절감 노력을 통해 실제 사업비 지출이 예정사업비율보다 낮아졌다.

③ 보험가입 후 실제 금리가 급격히 하락하여 실제 자산운용수익률이 예정이율을 밑돌게 되었다.

④ ① · ② · ③ 모두 이원별 차익이 발생한다.

정답 | ③

해설 | 실제 자산운용수익률(실제 이율)이 예정이율보다 높아야 이차익이 발생한다.

017 다음은 보험료 산출에 있어서 3이원방식과 현금흐름방식을 비교한 것이다. 잘못 연결된 것은?

번호	구분	3이원방식	현금흐름방식
①	가정의 종류	위험률 · 이자율 · 사업비율	3이원 포함, 해지율, 판매량 등
②	가정의 적용	보수적인 표준기초율	회사별 최적가정
③	이원별 이익	이원별 이익	종합 이익
④	새로운 원가요소반영	용이함	용이하지 않음

정답 | ④

해설 | 새로운 원가요소반영이 용이한 것은 현금흐름방식이다.

018 3이원방식에서 현금흐름방식으로의 제도적인 변화에 대한 설명이다. 옳지 않은 것은?

① 전통적으로 보험료는 3이원방식으로 산출되어왔으나 2009년 12월 보험업법 개정으로 현금흐름방식 보험료 산출이 도입되었다.

② 회사에서 상품의 보험료를 산출할 때 2013년 3월까지는 3이원방식과 현금흐름방식을 선택적으로 사용할 수 있으나 2013년 4월부터는 현금흐름방식에 따라 보험료를 산출해야 한다.

③ 현금흐름방식은 3이원방식을 제외하고 계약유지율, 판매량 등 새로운 기초율을 이용한다.

④ 3이원방식은 예정기초율에 의해 보수적으로 보험료가 책정되지만 현금흐름방식은 회사별 최적가정에 의해 책정되므로 회사별 보험료가 보다 차별화될 수 있다.

정답 | ③

해설 | 기존의 3이원방식을 포함하여 유지율, 판매량, 목표이익 등 다양한 기초율이 반영된다.

019 다음에 빈칸에 들어갈 알맞은 것은?

> 보험회사가 수입이 더 많다고 초과분을 써 버리면 뒤에 사망률이 높아지는 연령에 가서 보험금 지급을 못하게 된다. 따라서 수입이 지출을 초과할 때 그 초과분을 장래의 보험금 지급에 대비해 쌓아 두게 되는데, 이를 ( )(이)라고 한다.

① 지급준비금   ② 책임준비금

③ 자연보험료   ④ 평준보험료

정답 | ②

해설 | 일반적으로 평준보험료 방식으로 보험료를 납입하는데 초반에는 수입보험료가 지출되는 위험보험료를 초과하게 된다. 따라서 이 초과분을 책임준비금으로 적립한다.

020 다음 빈칸에 들어갈 수 없는 것은?

> 책임준비금은 보험회사가 계약자 또는 보험수익자에게 장래에 지급하는 ( ), ( ), ( )에 충당하기 위하여 계약자로부터 받은 순보험료의 일부를 적립해 놓은 금액을 말한다.

① 보험금   ② 배당금

③ 환급금   ④ 신계약비

정답 | ④

해설 | '보험금, 환급금, 배당금'이다. 신계약비는 사업비로서 모집인에게 지급되는 비용인데, 순보험료가 아니라 사업비에서 충당한다.

021 책임준비금의 재원이 되는 보험료 예정위험률과 예정이율로 산출되는 보험료는 무엇인가?

① 영업보험료   ② 순보험료

③ 저축보험료   ④ 위험보험료

정답 | ②

022 자연보험료와 평준보험료에 대한 설명으로 옳지 않은 것은?

① 보장성보험에 가입하고 1년 단위로 계약을 갱신한다면 자연보험료식이 적합하다.

② 평준보험료식으로 하면 책임준비금은 계약 후반에 많이 적립할 수 있다.

③ 평준보험료를 받아 보험회사의 자산운용수익률이 나쁠 경우 향후 보험금 지급에 문제가 될 수 있으므로 매우 안정적으로 운용되어야 한다.

④ 우리나라에서는 일반적으로 정액보험에서는 평준보험료식, 변액보험은 자연보험료식을 택하고 있다.

정답 | ②

해설 | 평준보험료식은 초기에 자연보험료보다 비싼 부분을 책임준비금으로 적립한다.

023 A씨는 20년 만기 20년 납입 정기보험을 가입했는데 , 납입기간 동안 보험료가 동일하다면 이 보험료는 무엇인가?

① 자연보험료　　　　　　　　　② 평준보험료

③ 변액보험료　　　　　　　　　④ 정액보험료

정답 | ②

해설 | 매년 위험률을 반영하여 매년 보험료가 변경된다면 자연보험료(natural premium)라 하고 자연보험료를 전 보험기간에 걸쳐 평준화한 보험료를 평준보험료(level Premium)라 한다. 참고로 정액보험이냐, 변액보험이냐의 구분은 보험료가 아니라 보험금이 정액인가, 변액인가로 구분한다.

024 책임준비금을 구성하는 항목에 속하지 않는 것은?

① 보험료적립금　　　　　　　　② 미경과보험료적립금

③ 계약자배당준비금　　　　　　④ 해지환급금

정답 | ④

해설 | 책임준비금의 구성항목 : 보험료적립금, 미경과보험료적립금, 지급준비금, 계약자배당준비금, 계약자이익배당준비금, 배당보험손실보전준비금, 재보험료적립금, 보증준비금

025 책임준비금에 대한 설명 중 옳지 않은 것은?

① 책임준비금의 90% 이상은 보험료적립금이 점유하고 있다.

② 미경과보험료란 납입기일이 당해 사업연도에 속하는 수입보험료 중에서 사업연도 말 현재 기간이 경과하지 않은 보험료를 말한다.

③ 사업연도 말 현재 보험금 등의 지급 사유가 발생한 계약에 대하여 지급하여야 하거나 지급하여야 할 것으로 추정되는 금액 중 아직 지급하지 아니한 금액을 지급준비금이라 한다.

④ 계약자배당준비금은 총액으로, 계약자이익배당준비금은 계약자별로 적립한다.

정답 | ④

해설 | 계약자배당준비금은 계약자별로, 계약자이익배당준비금은 총액으로 적립한다.

026 다음 빈칸에 각각 들어갈 말로 올바르게 연결된 것은?

구분	(㉠)	(㉡)
준비금 적립의 목적	계약자 배당	계약자배당 충당을 위해 추가적립
준비금의 재원	이원별 이익 등	보험회사의 영업성과

	㉠	㉡
①	계약자배당준비금	계약자이익배당준비금
②	계약자이익배당준비금	계약자배당준비금
③	계약자배당준비금	장기유지특별배당준비금
④	계약자이익배당준비금	재평가특별배당준비금

정답 | ①

해설 | 장기유지특별배당준비금, 재평가특별배당준비금은 모두 계약자배당준비금에 포함된다.

027 다음 설명은 책임준비금 중 어떤 항목을 말하는가?

> 배당보험(유배당보험)계약의 손실을 보전하기 위해 적립하는 준비금이다.

① 계약자배당준비금   ② 계약자이익배당준비금

③ 배당보험손실보전준비금   ④ 지급준비금

정답 | ③

해설 | 배당보험계약에서 손실이 발생했을 경우 우선적으로 손실보전에 사용하는 것으로 배당보험손실보전준비금이다.

028 순보험료식 책임준비금 적립방식에 대한 설명으로 옳지 않은 것은?

① 순보험료식 적립방법은 사업비에 관한 것을 일체 고려하지 않고 준비금을 적립하는 방법이다.

② 계약초기에 소요되는 신계약비의 재원을 다른 과거 계약의 사업비 재원에서 충당한다.

③ 초년도에 신계약비 지출로 인해 책임준비금의 적립 규모가 질멜식에 비해 작다는 것이 단점이다.

④ 오래된 계약자 입장에서 볼 때 계약자배당 규모가 축소되거나 배당시기가 지연된다는 단점이 있다.

정답 | ③

해설 | 순보험료식 책임준비금 적립방식은 초년도 신계약비 지출로 인한 비용부담이 크게 발생하지만 책임준비금을 두텁게 적립하는 장점이 있다. 왜냐하면, 신계약비로 인한 비용(부가보험료를 초과하는 부분)은 순보험료에서 지출하는 것이 아니라 오래된 타계약의 사업비에서 충당하기 때문이다.

029 질멜식 책임준비금 적립방식에 대한 설명으로 옳지 않은 것은?

① 보험계약의 특성상 초년도에 신계약비 지출이 많아 부가보험료만으로는 절대액이 부족하게 된다. 이때 추가로 필요한 신계약비를 순보험료 부분에서 대체하여 사용하고 차년도 이후의 부가보험료로 보완하는 방식을 말한다.

② 책임준비금 적립규모가 순보험료식에 비해 크다.

③ 초년도에 순보험료에서 대체한 신계약비를 보험료 납입 전 기간에 걸쳐 상각하는 것을 전기질멜식이라 한다.

④ 초년도에 순보험료에서 대체한 신계약비를 일정 기간 내에 상각하는 것을 단기질멜식이라 한다.

정답 | ②

해설 | 보험회사 입장에서 계약초기에 신계약비 충당에 대한 부담이 작아지나, 대신 순보험료에서 대체해서 사용하므로 순보험료를 그대로 적립하는 순보험료식에 비해 책임준비금의 적립 규모가 작다는 것이 단점이다.

030 배당지급을 원하는 보험계약자의 입장에서는 (㉠)보다는 (㉡) 책임준비금 적립방식이 유리하다. 빈칸에 들어갈 알맞은 것은?

	㉠	㉡		㉠	㉡
①	순보험료식	질멜식	②	질멜식	순보험료식
③	자연보험료식	평준보험료식	④	평준보험료식	자연보험료식

정답 | ①
해설 | 순보험료식의 경우 신계약비를 오래된 과거계약의 사업비에서 대체하므로 배당을 원하는 경우 부적합하다.

031 다음 중 옳은 것은?

① 보험계약은 주계약으로만 성립된다.
② 보험계약은 주계약만으로도 성립된다.
③ 보험계약은 주계약과 특약이 있어야 성립된다.
④ 보험계약은 특약이 없으면 성립되지 않는다.

정답 | ②
해설 | 보험계약은 일반적으로 '주계약 + 특약'의 형태를 띄지만, 주계약만으로도 보험계약이 성립된다.

032 특약에 대한 설명 중 옳지 않은 것은?

① 특별보험약관의 줄임말이다.
② 계약자가 필요로 하는 보장을 추가하거나 보험가입자의 편의를 도모하기 위해 주계약 이외의 보장을 확대하거나 보완하기 위해 추가로 부가하는 계약이다.
③ 보장성보험의 경우 특약을 하나라도 부가해야 보험계약이 성립한다.
④ 특약(보장성)에 대한 보험료는 예정위험률에 기초하여 산출된다.

정답 | ③
해설 | 주계약 자체만으로 보험계약은 성립하나 특약만으로는 보험계약이 성립되지 않는다. 보장성보험, 저축성보험의 구분 없이 주계약만으로 보험계약이 성립한다. 특약은 주로 보장성인데 이는 위험보험료이므로 예정위험률에 기초하여 산출된다.

033 다음 빈칸에 각각 들어갈 말로 올바른 것은?

분류기준	내용
보험사고의 형태에 따른 분류	사망보험 – (㉠) – 생사혼합보험
보험가입의 주목적에 따른 분류	보장성보험 – (㉡)

	㉠	㉡		㉠	㉡
①	생존보험	저축성보험	②	생명보험	저축성보험
③	생명보험	손해보험	④	상해보험	손해보험

정답 | ①

해설 | '사망보험 – 생존보험 – 생사혼합보험', '보장성보험 – 저축성보험'

034 생명보험을 주된 보장에 따라, 혹은 보험사고의 종류에 따라 구분하면 세 가지로 나뉜다. 다음 중 해당하지 않는 것은?

① 사망보험
② 생존보험
③ 보장성보험
④ 생사혼합보험(양로보험)

정답 | ③

해설 | 사망보험은 사망 시 보험금 지급, 생존보험은 생존 시에만 보험금 지급(예 연금보험), 생사혼합보험은 사망보험과 생존보험의 기능을 결합한 보험이다. 보장성보험은 분류 기준이 다르다(만기환급금의 성격에 따라 보장성보험과 저축성보험으로 분류된다).

035 다음 중 종신보험(Whole Life Insurance)에 대한 설명으로 옳지 않은 것은?

① 보험기간이 정해져 있는 정기보험과는 달리 평생 보장을 하는 상품이다.
② 정기보험과는 달리 질병·재해의 사망원인을 구분하지 않고 사망보험금을 지급한다.
③ 보험료를 평생 납입하는 종신납종신보험과 일정 기간만 납입하는 정기납종신보험으로 구분된다.
④ 맞춤설계형 상품으로 다양한 특약의 조합을 통해 종합보장이 가능하며, 필요한 경우 연금전환기능도 있다.

정답 | ②

해설 | 질병·재해의 사망원인을 가리지 않고 사망보험금을 지급하는 것은 정기보험도 마찬가지이다. 종신과 정기보험의 차이는 보장기간의 차이이다.

036 다음 연금보험에 대한 설명으로 옳지 않은 것은?

① 연금을 받기 이전 기간을 제2보험기간이라고 하고 연금이 개시되어 연금을 지급받는 기간을 제1보험기간이라고 한다.

② 소득세법상의 세제지원 여부에 따라 세제적격상품과 세제비적격상품으로 구분된다.

③ 적용금리에 따라 확정금리연금, 금리연동형연금, 변액연금으로 구분된다.

④ 연금수령형태에 따라 종신연금, 확정연금, 상속연금으로 구분된다.

정답 | ①

해설 | 연금재원을 축적하는 시간, 즉 연금을 받기 이전의 기간을 제1보험기간, 그리고 연금이 개시되어 연금을 지급받는 기간을 제2보험기간이라고 한다.

037 생명보험계약의 의의에 대한 설명 중 옳지 않은 것은?

① 보험계약은 보험계약자의 청약과 보험회사의 승낙으로 이루어진다.

② 생명보험계약은 일반적으로 사람의 생사에 대해 보장을 하고 손해보험은 재산상의 손해를 보장한다.

③ 생명보험은 손해의 유무를 불문하고 일정한 금액을 지급하는 정액보험이고 손해보험은 실제 손해액만을 지급하는 실손보상이다.

④ 보험의 특성상 생명보험과 손해보험은 모두 장기계약이 주를 이루고 있다.

정답 | ④

해설 | 생명보험은 주로 장기계약이고 손해보험은 주로 단기계약이다(자동차보험-1년). 그러나 최근 생명보험과 손해보험의 경계가 완화되면서 손해보험도 생명보험적 성격을 띤 장기보험이 늘어나고 있다(cf. 보험기간이 1년 이하인 손해보험계약을 일반손해보험, 3년 이상인 손해보험계약을 장기손해보험이라 한다).

038 다음 생명보험계약에 관한 설명으로 옳은 것은?

① 생명보험계약은 청약서 작성의 의무가 있으므로 요식계약이고 보험증권을 교부하므로 요물계약의 성격을 갖는다.

② 부합계약이란 보험계약자에 의해 작성된 보험약관에 부합 여부에 따라 계약을 승인 혹은 거절하는 것을 말한다.

③ 보험제도는 사회적으로 권장되므로 사행성이 없고 따라서 사행계약이 아니다.

④ 보험사고는 예상하고 예측된 것이 아닌 우연한 사고에 의한 것이어야 한다. 따라서 보험계약자는 사고를 의도하지 않는 등의 선의성을 지녀야 하고 이를 선의계약성이라 한다.

정답 | ④

해설 | ① 청약서 작성은 요식행위가 아니며(요식이 아닌 불요식계약). 보험증권은 증거증권의 효력이 있을 뿐이다(요물이 아닌 낙성계약).
② 약관은 보험자가 작성한다.
③ 보험에도 사행성이 있으나 탈법성이 없고 사회적 효용이 크므로 권장된다.

039 다음 생명보험계약의 특성에 대한 설명으로 옳지 않은 것은?

① 생명보험계약은 무상 · 편무계약이다.

② 생명보험계약은 불요식 · 낙성계약이다.

③ 생명보험계약은 부합계약이다.

④ 생명보험계약은 사행계약이다.

정답 | ①

해설 | 생명보험계약은 유상 · 쌍무계약, 불요식 · 낙성계약, 부합계약, 사행계약, 선의계약의 성격을 띠고 있다.

040 다음 설명은 어떤 생명보험계약성을 말하는가?

> 보험계약은 계약자의 청약이 있고 이를 보험회사가 승낙하면 계약이 성립한다. 그리고 그 계약의 성립요건으로 특별한 요식행위를 요구하지 않고 있다.

① 유상 · 쌍무계약성　　　　　　　② 편무 · 무상계약성

③ 불요식 · 낙성계약성　　　　　　④ 요식 · 요물계약성

정답 | ③

해설 | 낙성계약이고 불요식계약이다.

　　참고 은행예금(통장예금)도 낙성 · 불요식계약이다. 금전을 입금해야 예금계약이 성립하는 것이 아니므로 낙성계약이며, 증서나 통장의 작성이 있어야 예금계약이 성립하는 것은 아니므로 불요식계약이다.

　　참고 유가증권 매매는 요물 · 요식계약이다. 유가증권은 매수(투자)의 대가로 유가증권을 교부해야 하며, 요물을 교부하는 신청서 등의 작성행위는 요식행위가 된다.

041 보기의 설명은 어떤 생명보험계약성을 말하는가?

> 보험계약자는 보험료를 납부할 의무를 지니고 보험회사는 보험사고 발생 시 보험금을 지급해야 하는 의무가 있다.

① 유상 · 쌍무계약성　　　　　　　② 편무 · 무상계약성

③ 불요식 · 낙성계약성　　　　　　④ 요식 · 요물계약성

정답 | ①

해설 | 쌍방 간에 대가를 지급할 의무를 지닌다. 보통 유상과 쌍무, 무상과 편무가 서로 동반되는 개념이다.

　　참고 은행예금(통장예금)은 금전임치계약으로서, 예금주가 보관료를 내야 하는 것이 아니라(대가가 없다)는 점에서 무상계약이다. 그리고 예금을 받은 자는 원상으로 회복하여 반환할 의무를 지니지만, 예금주는 예금할 의무를 지는 것은 아니므로 편무계약이 된다.

042 다음 설명은 어떤 생명보험계약성을 말하는가?

> 보험계약은 일반적으로 보험회사에 의해 미리 작성된 보험약관을 통해 체결된다. 보험계약자는 그 약관에 동의하면 계약을 하고 동의하지 않으면 거절한다.

① 유상 · 쌍무계약성 ② 부합계약성

③ 불요식 · 낙성계약성 ④ 선의계약성

정답 | ②

해설 | 부합계약성을 갖는 이유는 보험회사가 수많은 보험계약자를 상대로 개개인의 필요에 맞게 보험약관을 만드는 것이 사실상 불가능하기 때문이다.

043 계약 전 알릴의무(상법상 고지의무)와 관련된 생명보험계약의 성질은 무엇인가?

① 유상 · 쌍무계약성 ② 불요식 · 낙성계약성

③ 부합계약성 ④ 선의계약성

정답 | ④

해설 | 선의성이 없으면 보험계약이 불법화, 도박화가 될 수 있다. 따라서 선의성을 확보하는 조치로 계약 전 알릴의무를 지키게 하고 있으며 이를 위반할 시 보험자는 보험계약을 해지할 수 있다(보험자의 보험해지권).

044 다음 빈칸에 들어갈 말로 알맞게 연결된 것은?

> 보험계약자는 보험증권을 받은 날로부터 (㉠) 이내에 계약을 아무 조건 없이 철회할 수 있다. 단, 청약일로부터 (㉡)이 경과한 경우는 철회가 불가하다.

	㉠	㉡		㉠	㉡
①	15일	20일	②	15일	30일
③	20일	30일	④	20일	40일

정답 | ②

해설 | 15일 내에는 공휴일도 포함된다. 청약철회(Cooling Off) 제도는 보험계약이 장기이므로 잘못된 판단을 바로 잡을 시간적 여유를 주는 취지이다.

045 다음 중 청약철회가 인정되지 않는 계약에 속하지 않는 것은?

① 보험기간이 1년 미만인 계약
② 진단계약
③ 법인이 계약자인 보험계약
④ 전문보험계약자가 체결한 계약

정답 | ③
해설 | 청약철회가 인정되지 않는 계약은 ①, ②, ④이다.

046 다음 빈칸에 들어갈 수 없는 것은?

> 보험회사가 보험계약자에게 (　　　　)을 전달하지 않았거나 약관의 중요한 내용을 설명하지 않았을 경우, 계약체결 시 계약자가 (　　　　)을 하지 않았을 경우에는 계약성립일로부터 (　　　　) 이내에 그 계약을 취소할 수 있다.

① 보험약관
② 보험증권
③ 자필서명
④ 3개월

정답 | ②
해설 | 보험증권은 계약 체결 후에 전달하는 것이고 보험증권을 전달하지 않았다고 해서 계약이 취소되는 것은 아니다.

047 다음 중 보험회사가 '보험계약을 강제적으로 해지할 수 있는 경우'가 아닌 것은?

① 보험회사가 '계약 전 알릴 의무 위반사실'을 안 날로부터 1개월이 지나지 않았을 경우
② '계약 전 알릴 의무 위반사실'을 보험회사의 과실로 인해 알지 못하였을 경우
③ 계약체결일로부터 3년이 지나지 않았을 경우
④ 보장개시일로부터 보험금 지급사유가 발생하지 않은 채 2년이 지나지 않았을 경우(무진단계약)

정답 | ②
해설 | 보험회사의 과실로 계약 전 알릴의무 위반사실을 몰랐을 경우 해지할 수 없다.

048 다음 중 보험회사가 '고지의무 위반'으로 보험계약을 강제적으로 해지할 수 있는 경우는?

① 회사가 계약의 청약 시 피보험자의 건강상태를 판단할 수 있는 기초자료에 의하여 승낙한 경우에 건강진단서 사본에 명기된 사항으로 보험금 지급 사유가 발생하였을 경우

② 계약자 또는 피보험자가 회사에 제출한 기초자료의 내용 중 중요사항을 고의로 사실과 다르게 작성한 경우

③ 보험모집인 등이 계약자 또는 피보험자에게 고지할 기회를 부여하지 않았을 경우

④ 보험모집인 등이 계약자 또는 피보험자에게 사실대로 고지하는 것을 방해한 경우

정답 | ②

해설 | 계약자의 고의나 중대한 과실로 인한 고지의무 위반은 강제해지권의 행사대상이다. ①, ③, ④는 보험자의 과실로서 계약해지의 대상이 아니다.

049 다음 보험계약자의 부활에 관한 설명으로 옳지 않은 것은?

① 보험계약이 실효되고 해지환급금이 지급되지 않은 경우 보험계약자는 일정한 기간 내에 보험자에게 보험계약의 부활을 청구할 수 있다.

② 보험계약 부활 청구 시에는 연체보험료에 약정이자를 합쳐서 보험자에 지급해야 한다.

③ 보험계약의 부활은 실효 이전의 상태로 돌리는 것이므로 고지의무는 추가로 부담하지 아니한다.

④ 보험계약자의 부활청구 청약을 받은 후 보험자가 30일이 지나도록 낙부의 통지를 하지 않으면 부활이 승낙된 것으로 간주한다.

정답 | ③

해설 | 부활계약청구 시에도 중요한 사항을 고지해야 한다. 특히 부활의 경우 '역선택'의 가능성이 높으므로 보험자의 입장에서는 신계약에 따르는 고지의무의 준수가 요구된다.

050 다음 중 보험계약내용의 변경 시 보험자의 승낙이 필요하지 않은 경우는?

① 보험수익자의 변경   ② 보험종목의 변경

③ 보험기간의 변경   ④ 보험가입금액의 변경

정답 | ①

해설 | 보험수익자의 변경 시에는 보험자의 승낙이 필요하지 않다. 나머지의 경우 보험자의 승낙이 필요하다.

051 다음 빈칸에 들어갈 알맞은 것은?

> 뚜렷한 사기 의사에 의하여 보험계약이 성립되었음을 회사가 증명하는 경우에는 보장개시일로부터
> (   ) 이내에 계약을 취소할 수 있다.

① 1년   ② 2년   ③ 3년   ④ 5년

정답 | ④

해설 | 사기 사실을 안 날로부터는 1개월 이내에 계약취소가 가능하다.

052 다음 설명 중 가장 적절하지 않은 것은?

① 계약자의 해지환급금 청구에 대해서 강제집행으로 계약이 해지될 경우, 타인의 보험수익자
가 존재할 경우 그 보험수익자가 일정한 요건을 충족하고 특별부활을 청약할 경우 보험회사
는 이를 승낙해야 한다.

② 계약자 또는 피보험자가 보험금청구 서류를 위조 또는 변조한 경우 보험회사는 그 사실을 안
날로부터 1개월 내로 계약을 해지할 수 있는데, 이를 중대 사유로 인한 계약해지라고 한다.

③ 타인의 사망보험계약에서는 보험계약체결 당시 피보험자인 타인의 서면동의를 요구하는데,
타인의 서면동의는 이후에 철회될 수 없다.

④ 보험설계사 등이 모집과정에서 사용한 보험안내장이 약관과 다른 경우에는 계약자에게 유리
한 내용으로 계약이 성립한 것으로 본다.

정답 | ③

해설 | 타인의 생명보험계약에서 타인의 서면동의 철회권은 장래를 향하여 언제든지 행사될 수 있다.

053 다음 생명보험의 세제에 대한 설명으로 옳지 않은 것은?

① 보장성보험의 경우 납입보험료에 대해 연간 100만원을 한도로 하여 세액공제가 적용된다.

② 종신보험에서 사망보험금을 수령할 경우 소득세를 부과한다.

③ 저축성보험의 보험차익에 대해서는 이자소득세가 부과되는데 10년 이상 유지 등 요건을 충족
할 경우 비과세된다.

④ 변액보험은 세제적격연금 형태가 불가능하므로 변액보험을 통해 세액공제를 받을 수는 없다.

정답 | ②

해설 | 사망보험금에 대해서는 상속세 혹은 증여세가 부과된다. 재산의 무상이전에 대해서 부과되는 것이 상속, 증여세이고, 무상이전이기 때문에 세율도 소득세보다 높다.

054 보장성보험의 보험료 납부에 대한 세액공제 최고액은?(지방소득세 포함)

① 132,000원

② 720,000원

③ 1,000,000원

④ 4,000,000원

정답 | ①

해설 | 전에는 연간 100만원까지 소득공제가 적용되었으나, 세액공제로 변경되었다.
따라서 세액공제 최고액 = 연간 100만원×13.2% = 132,000원이다.

055 보장성보험료에 대한 세액공제를 받을 수 없는 사람은?

① 회사의 직원

② 회사의 임원

③ 회사의 대표이사

④ 근로소득자 중 일용근로자

정답 | ④

해설 | 일용근로자는 제외된다(일용근로자의 소득은 비과세되므로).

056 다음 중 보장성보험의 소득공제를 받을 수 없는 사람은?

① 근로자 본인

② 부양가족으로서 연간 소득금액이 100만원 이하인 배우자

③ 부양가족으로서 연간 소득금액이 100만원 이하인 만 65세인 근로자 본인의 아버지

④ 부양가족으로서 연간 소득금액이 100만원 이하인 만 21세인 근로자 본인의 아들

정답 | ④

해설 | ④의 경우 만 20세 이하이어야 한다.

> **참고** 근로자가 상기 부양가족을 피보험자로 하는 보장성보험에 대해서는 소득공제를 받을 수 있는데 소득공제는 각각이 아니라 모두 합쳐서 연간 100만원까지이다.

057 다음 보장성보험료 세액공제에 대한 설명으로 옳지 않은 것은?

① 근로소득자의 배우자가 개인사업자인 경우 배우자를 피보험자를 하는 보장성보험의 경우 세액공제를 받을 수 없다.

② 근로소득자 본인이 피보험자가 되든지, 부양가족이 피보험자가 되든지 받을 수 있는 보장성보험료 세액공제의 최고액은 지방소득세 포함 13만 2천원이다.

③ 보장성보험을 중도에 해지하는 경우에는 소급해서 이미 받은 세액공제액이 추징된다.

④ 근로소득자가 기본공제대상자 중 장애인을 피보험자나 수익자로 하는 장애인전용 보장성보험에 가입한 경우에는 해당연도 납입보험료 100만원을 한도로 16.5%(지방소득세 포함)의 세액공제를 받을 수 있다.

정답 | ③

해설 | 보장성보험을 중도에 해지할 경우, 당해연도 중 해약 시까지 납입한 보험료는 세액공제가 가능하고 이미 세액공제 받은 보험료에 대해서도 추징되지 않는다.

058 다음 중 보장성보험료에 대한 세액공제를 받을 수 있는 상품이 아닌 것은?

① 종신보험　　　　② 정기보험　　　　③ 자동차보험　　　　④ 퇴직보험

정답 | ④

해설 | 자동차보험, 운전자보험, 실손의료비보험 모두 해당되며 저축성보험은 제외된다.

059 장애인전용 보장성보험료에 대한 세액공제율은?(지방소득세 제외)

① 12%　　　　② 13.2%　　　　③ 15%　　　　④ 16.5%

정답 | ③

해설 | 일반보장성보험의 세액공제율은 12%(지방소득세 포함 시 13.2%)이지만, 장애인전용 보장성보험의 세액공제율은 15%(지방소득세 포함 시 16.5%)이다.

060 동일인이 보기와 같이 보험료를 냈다. 이 경우 총 세액공제액은 얼마인가?(지방소득세 포함)

> 일반보장성보험에 대한 연간 납입보험료 200만원, 장애인전용 보장성보험에 대한 납입보험료 100만원

① 132,000원

② 165,000원

③ 264,000원

④ 297,000원

정답 | ④

해설 |

일반보장성보험	장애인전용 보장성보험
100만원×13.2% = 132,000원	100만원×16.5% = 165,000원
합계 297,000원	

061 다음 중 소득공제의 대상이 아닌 것은?

① 일반보장성보험의 보험료

② 근로자가 부담하는 국민건강보험료

③ 근로자가 부담하는 고용보험료

④ 종합소득이 있는 거주자가 부담하는 국민연금보험료

정답 | ①

해설 | 보장성보험료의 납입보험료는 소득공제에서 세액공제로 전환되었다.

세액공제	소득공제	
	모두 가능	근로자만 가능
보장성보험 납입보험료	국민연금 납입보험료	• 국민건강보험 납입보험료 • 고용보험료

062 소득세법상 정의되는 연금계좌에 속하지 않는 것은?

① 은행, 보험, 금융투자회사 등에서 판매하는 연금저축계좌

② 퇴직연금계좌 중 확정급여형(DB형)

③ 퇴직연금계좌 중 확정기여형(DC형)

④ 개인형 퇴직연금계좌(IRP)

정답 | ②

해설 | 확정급여형은 퇴직금의 지급을 사업자가 책임지므로 연금계좌에서는 제외된다.

　　　※ 연금계좌 = 연금저축계좌 + 퇴직연금계좌

063 근로소득만 있는 경우 총급여가 5,500만원 이하인 자 또는 종합소득 4,000만원 이하인 자에게 적용되는 세액공제율은?(지방소득세 제외)

① 12%　　　　　② 14%　　　　　③ 15%　　　　　④ 20%

정답 | ③

해설 | 이하인 경우 15%(지방소득세 포함 16.5%), 초과인 경우 12%(지방소득세 포함 13.2%)이다.

　　　※ 연금저축계좌 소득 구간별 공제한도 및 세액공제율(지방소득세 제외)

총급여 5,500만원 이하 (종합소득 4천만원 이하)	총급여 5,500만원 초과 (종합소득 4천만원 초과)	총급여 1억 2천만원 초과 (종합소득 1억원 초과)
400만원×15%	400만원×12%	300만원×12%
위의 3가지 경우 모두 퇴직연금계좌와의 합산 시 700만원 한도적용은 동일함		

064 근로소득만 있는 자(총급여 5,000만원)가 연금저축계좌(2013.2.1~)에 납입한 금액이 연 600만원, 퇴직연금에 납입한 금액이 연 200만원이다. 이 경우 세액공제액(지방소득세 포함)은 얼마인가?

① 79.2만원　　　　　② 92.4만원　　　　　③ 99만원　　　　　④ 115.5만원

정답 | ③

해설 | 600만원(연금저축 400만원 + 퇴직연금 200만원)×16.5% = 99만원

065 근로소득만 있는 자(총급여 6,000만원)가 연금저축계좌(2013.2.1~)에 납입한 금액이 연 500만원, 퇴직연금에 납입한 금액이 연 400만원이다. 이 경우 세액공제액(지방소득세 포함)은 얼마인가?

① 79.2만원　　　　　② 92.4만원　　　　　③ 99만원　　　　　④ 115.5만원

정답 | ②

해설 | 700만원(연금저축 400만원 + 퇴직연금 300만원)×13.2% = 92.4만원

066 근로소득만 있는 자(총급여 1억 5천만원)가 연금저축(2013.2.1~)에 납입한 금액이 연 600만원, 퇴직연금에 납입한 금액이 연 500만원이다. 이 경우 세액공제액(지방소득세 포함)은 얼마인가?

① 79.2만원　　　　　② 92.4만원　　　　　③ 99만원　　　　　④ 115.5만원

정답 | ②

해설 | 700만원(연금저축 300만원 + 퇴직연금 400만원)×13.2% = 92.4만원

067 근로소득만 있는 자(총급여 1억 5천만원)가 연금저축(2013.2.1~)에 납입한 금액이 연 800만원, 퇴직연금에 납입한 금액이 연 200만원이다. 이 경우 세액공제액(지방소득세 포함)은 얼마인가?

① 66만원　　　　　② 82.5만원　　　　　③ 99만원　　　　　④ 115.5만원

정답 | ①

해설 | 500만원(연금저축 300만원 + 퇴직연금 200만원)×13.2% = 66만원

068 저축성보험의 과세에 대한 설명으로 옳지 않은 것은?

① 보험차익이란 만기 시 수령하는 금액 중에서 납입보험료를 초과하는 금액을 말한다.

② 저축성보험의 보험차익은 배당소득으로 분류된다.

③ 보험차익에 대한 과세율은 보험차익을 포함한 금융소득이 연간 2천만원 이하일 경우 15.4%(주민세 포함)의 원천징수율로 납세의무를 종결한다.

④ 보험차익에 대한 과세율에서 보험차익을 포함한 금융소득이 연간 2천만원을 초과하는 부분은 타 종합소득과 합산하여 종합과세한다.

정답 | ②

해설 | 배당소득이 아니라 이자소득이다.

069 다음 빈칸에 들어갈 적절한 것은?

> 저축성보험의 보험차익이 비과세요건을 충족하지 못할 경우, 이때 보험차익이 기타 금융소득과 합산하여 (   ) 이하일 경우에는 분리과세로 납세의무를 종결하고 (   )을 초과할 경우 그 초과분은 타 종합소득과 합산하여 종합과세된다.

① 1,000만원   ② 2,000만원   ③ 3,000만원   ④ 4,000만원

정답 | ②
해설 | 금융소득 종합과세의 기준금액은 2천만원이다.

070 저축성보험의 보험차익에 대한 비과세 요건과 관련하여, 빈칸에 들어갈 수 없는 것은?(2017년 4월 이후 적용기준)

> • '(   ) 이후 사망 시까지 보험금을 연금으로 지급받는 계약일 것(종신연금계약) & 사망 시 보험재원 및 연금재원이 소멸할 것 & 연금개시 후 사망일 이전에 계약을 중도해지 할 수 없을 것'을 모두 충족할 것
> • 계약기간이 10년 이상일 것 & 최초 납입일로부터 납입기간이 (   ) 이상인 월적립식일 것 & 매월 납입하는 기본보험료가 균등할 것 & 기본보험료의 선납기간이 6개월 이내일 것 & 월보험료 합계액이 (   ) 이내일 것
> • 계약기간이 10년 이상일 것 & 납입보험료합계액이 (   ) 이하일 것

① 55세   ② 5년   ③ 500만원   ④ 1억원

정답 | ③
해설 | 차례대로 '55세, 5년, 150만원, 1억원'이다.

071 연금소득의 분리과세와 관련하여 빈칸에 들어갈 수 없는 것은?

> 연금수령 시 분리과세를 적용받기 위해서는 '(   ) 이후 연금을 수령해야 하고, 납입 후 (   )이 경과해야 하고, 연금수령한도액 내'에서 수령해야 한다. 이 요건을 채울 경우 연간 (   )을 한도로 분리과세를 선택할 수 있다. 이때 적용되는 분리과세율은 연령별 차이가 있는데 지방소득세 포함 시 '(   )~(   )'이다.

① 55세   ② 5년   ③ 1,200만원   ④ 13.2%

정답 | ④

해설 | 차례대로 '55세, 5년, 1,200만원, 5.5%, 3.3%'이다.

---

072 연간 연금수령한도가 없어지는 연금수령연차는?

① 8년 차   ② 9년 차   ③ 10년 차   ④ 11년 차

정답 | ④

해설 | 11년 차다(아래 연금수령한도 산식 참조). 즉, 11년 차 이상으로 연금을 늦게 수령할 경우 연금 외 수령이 없어지게 되어 그만큼 세제혜택을 더 많이 누릴 수 있다(연금 외 수령 시 기타소득세 16.5% 부과).

$$※ \ 연금수령한도액 = \frac{과세기간개시일 \ 현재 \ 연금계좌의 \ 평가액}{(11 - 연금수령연차)} \times 120\%$$

---

073 75세에 연금을 수령하고 분리과세가 된다고 볼 때, 해당 분리과세율은 얼마인가?(지방소득세 포함)

① 13.2%   ② 5.5%   ③ 4.4%   ④ 3.3%

정답 | ③

해설 | 4.4%이다(암기법 : 7080 4.4%).

※ 분리과세율(지방소득세 포함)

70세 미만	70세 이상 80세 미만	80세 이상
5.5%	4.4%	3.3%

---

074 다음 변액연금보험에 대한 설명으로 가장 적절하지 않은 것은?

① 생명보험회사에서만 취급할 수 있다.

② 보험료 납입 시 연 400만원을 한도로 12% 또는 15%의 세액공제혜택(지방소득세 제외 시)을 받을 수 있다.

③ 보험금 수령 시의 세제혜택은 일정 요건 충족 시 보험차익에 대해서 비과세를 받는 것이다.

④ 소득세법상 보험차익은 이자소득에 해당된다.

정답 | ②

해설 | ② 연금저축계좌에 해당된다. 연금저축계좌를 세제적격상품, 변액연금 등 연금저축계좌가 아닌 것을 세제비적격상품이라 한다.

075 다음 중 금융재산공제를 받을 수 없는 것은?

① 금융기관의 예금 ② 수표 ③ 수익증권 ④ 채권

정답 | ②

해설 | 수표는 현금과 같이 취급되므로 금융재산에 속하지 않는다.
- 금융재산공제가 되는 순금융재산 = 금융재산 – 금융부채(입증된 채무)
- 금융재산(금융기관의 예금, 적금, 부금 및 출자금, 예탁금, 보험금, 공제금, 주식, 채권, 수익증권 및 유가증권)

076 순금융재산이 3억원이라면 금융재산공제액은 얼마인가?

① 2천만원 ② 6천만원 ③ 9천만원 ④ 2억원

정답 | ②

해설 | 3억원×20% = 6천만원. 순금융재산이 2천만원 이하일 경우는 전액 공제되며, 2천만원 초과 시에는 일단 순금융재산에 20%를 곱한 금액이 되는데, 이 금액의 한도는 2억원이다.

순금융재산(최고한도 2억원)		
2천만원 이하	2천만원 초과 1억원 이하	1억원 초과
전액	2천만원	순금융재산×20%(2억원 한도)

077 민법상 상속순위가 옳게 나열된 것은?

① 직계비속과 배우자 – 직계존속과 배우자 – 형제자매 – 4촌 이내의 방계혈족
② 직계존속과 배우자 – 직계비속과 배우자 – 형제자매 – 4촌 이내의 방계혈족
③ 직계비속과 배우자 – 직계존속과 배우자 – 형제자매와 배우자 – 4촌 이내의 방계혈족
④ 직계존속과 배우자 – 직계비속과 배우자 – 형제자매와 배우자 – 4촌 이내의 방계혈족

정답 | ①

해설 | 직계비속과 배우자 – 직계존속과 배우자 – 형제자매 – 4촌 이내의 방계혈족의 순서이다.
배우자는 직계비속과 직계존속과 공동상속을 하며, 만일 직계비속과 직계존속이 없으면 배우자 단독상속이 된다.
참고 최후까지 상속인이 나타나지 않으면 특별연고자분이 신청되고 최종적으로 남은 상속재산은 국고에 귀속된다.

078 상속재산이 9억원이다. 상속인으로 배우자와 장남과 차남, 결혼한 딸 등 3명이 있을 때 각각의 상속지분율을 계산한 것으로 옳지 않은 것은?

① 배우자 : 3억원 　　　　　　　　　② 장남 : 2억원

③ 차남 : 2억원 　　　　　　　　　　④ 결혼한 딸 : 없음

정답 | ④

해설 | 장남, 차남, 결혼한 딸을 가리지 않는다. 배우자:자녀1:자녀2:자녀3 = 1.5:1:1:1이다. 따라서 배우자 = 9억원×1.5/4.5 = 3억원 자녀는 각각 9억원×1/4.5 = 2억원이 된다.

079 다음과 같은 경우 상속재산이 되는 보험금은 얼마인가?

보험종류	계약자	피보험자	수익자	실질보험료납입자	과세종류
종신보험	본인	부	본인	본인과 부	상속세
사망보험금 1억원. 총 납입보험료 1천만원(父 납입 : 700만원, 본인 납입 : 300만원)					

① 3천만원 　　　　② 4천만원 　　　　③ 7천만원 　　　　④ 1억원

정답 | ③

해설 | 상속재산으로 보는 보험금 = 보험금 × $\dfrac{\text{피상속인이 부담한 보험료}}{\text{총납입보험료}}$ = 1억원 × $\dfrac{700만원}{1,000만원}$ = 7천만원. 즉 사망보험금은 아들인 본인에게 지급되고 본인은 7천만원에 대해 상속세를 납부해야 한다.

참고 피상속인 = 사망으로 상속을 하는 자, 상속인 = 상속재산을 받는 자

080 아래의 종신보험에서 발생한 사망보험금에 대한 보험계약별 보험금 과세방법이 옳지 않은 것은?

	보험종류	계약자	피보험자	수익자	실질납입자	과세방법
①	종신	아버지	아버지	자녀	아버지	상속세
②	종신	아버지	아버지	자녀	할아버지	상속세
③	종신	아들	아버지	아들	아들	과세 안됨
④	종신	어머니	아버지	어머니	어머니	과세 안됨

정답 | ②

해설 | 일단 '계약자 = 수익자 = 보험료의 실질납입자'인 ③, ④는 비과세이다. ①은 자녀에게 상속세가 부과되며, ②는 할아버지가 손자에게 증여하는 형태가 된다.

081 다음과 같은 경우 증여재산이 되는 보험금은 얼마인가?

보험종류	계약자	피보험자	수익자	실질보험료납입자	과세종류
종신보험	본인	부	본인	조부	증여세
사망보험금 1억원, 총납입보험료 1천만원(조부 납입 : 1,000만원, 본인 납입 : 없음)					

① 1천만원   ② 4천만원

③ 7천만원   ④ 1억원

정답 | ④

해설 | 증여재산으로 보는 보험금

$$= 보험금 \times \frac{보험금\ 수취인이\ 아닌\ 자가\ 불입한\ 보험료}{총불입보험료} = 1억원 \times \frac{1,000만원}{1,000만원} = 1억원$$

---

082 다음과 같은 경우 증여재산이 되는 보험금은 얼마인가?

보험종류	계약자	피보험자	수익자	실질보험료납입자	과세종류
종신보험	본인	부	본인	본인과 조부	증여세
사망보험금 1억원, 총납입보험료 1천만원(조부 납입 : 700만원, 본인 납입 : 300만원)					

① 3천만원   ② 4천만원

③ 7천만원   ④ 1억원

정답 | ③

해설 | 증여재산으로 보는 보험금

$$= 보험금 \times \frac{보험금\ 수취인이\ 아닌\ 자가\ 불입한\ 보험료}{총불입보험료} = 1억원 \times \frac{700만원}{1,000만원} = 7천만원$$

083 다음과 같은 경우 증여재산이 되는 보험금은 얼마인가?

보험종류	계약자	피보험자	수익자	실질보험료납입자	과세종류
종신보험	본인	부	본인	본인과 조부	증여세

사망보험금 1억원, 총납입보험료 1천만원
(본인 납입 : 1,000만원, 단 1,000만원은 조부로부터 증여받아 증여세를 납부하였음)

① 3천만원 　　　　　　　　　　　　　② 7천만원

③ 9천만원 　　　　　　　　　　　　　④ 1억원

정답 | ③

해설 | 증여재산으로 보는 보험금

$$= 보험금 \times \frac{보험금 \ 수취인이 \ 아닌 \ 자가 \ 불입한 \ 보험료}{총불입보험료} - 증여받아 \ 불입한 \ 보험료$$

$$= 1억원 \times \frac{1,000만원}{1,000만원} - 1천만원 = 9천만원$$

084 다음과 같은 경우 증여재산이 되는 보험금은 얼마인가?

보험종류	계약자	피보험자	수익자	실질보험료납입자	과세종류
종신보험	본인	부	본인	본인과 조부	증여세

사망보험금 1억원, 총납입보험료 2천만원(이 중 1,000만원은 본인이 납입하고 1,000만원은
조부로부터 증여받아 납입하였으며, 증여받은 1,000만원에 대해서는 증여세를 납부하였음)

① 4천만원 　　　　　　　　　　　　　② 7천만원

③ 9천만원 　　　　　　　　　　　　　④ 1억원

정답 | ①

해설 | 증여재산으로 보는 보험금

$$= 보험금 \times \frac{보험금 \ 수취인이 \ 아닌 \ 자가 \ 불입한 \ 보험료}{총불입보험료} - 증여받아 \ 불입한 \ 보험료$$

$$= 1억원 \times \frac{1,000만원}{2,000만원} - 1천만원 = 4천만원$$

PART 03
변액보험의 이해

tomato 패스

변액보험의 이해

1장의 학습가이드에서 안내한 대로 3장 또한 문장 하나하나를 놓치지 않겠다는 각오로 학습을 해야 한다. 1장이 금융시장 전반에 대해서 광범위하게 학습하는 거시적인 학습이라면, 3장은 변액보험 상품에 대해 면밀히 학습하는 미시적인 학습이다. 난이도 자체가 1장보다는 어렵지 않고, 회사에서 변액보험에 대한 상품교육기회도 있는 점을 감안하면 1장에 비해서는 학습이 수월하다고 할 수 있다.

변액보험상품은 변액종신보험, 변액연금보험, 그리고 변액유니버설 보장형과 적립형의 4가지로 구분된다. 이 4가지 상품의 특징과 차이에 대해서 매우 세밀하게 이해해야 한다.

상품별 기본보험금의 변동방식, 최저보증옵션의 종류, 특별계정의 현금흐름 등 중요하고도 세밀한 주제들이 매우 많으므로 본서의 정독과 반복학습이 매우 중요하다. 예제와 필수이해문제를 풀어보면서 이해가 안 되는 부분은 본문을 찾아보는 방식을 반복한다면 좋은 성과를 기대할 수 있다.

변액보험판매관리사 시험에서 요구하는 변액보험상품에 대한 지식은 영업현장에서 완전판매를 위해서 꼭 필요한 지식이라 하겠고, 따라서 영업현장에서 고객을 상대로 막힘없이 설명할 수 있을 정도로 학습한다면, 시험성적도 당연히 높게 나올 것이다.

CHAPTER 01

변액보험의 역사

SECTION 1 변액보험의 태동

① 변액보험은 우리나라를 비롯하여 네덜란드, 영국, 캐나다, 미국, 일본 등 선진국에서 판매되고 있는 실적배당형 생명보험상품이다.

② 제2차 세계대전 이후 세계 경제의 급격한 성장에 따라 인플레이션이 대두되었으며 이에 대응하는 차원에서 변액보험의 필요성이 제기되었다.

③ 1956년 네덜란드의 바르다유 회사가 자산운용 실적과 보험금을 연계하여 실질가치를 보전할 수 있는 변액보험을 판매하였는데, 이것이 최초의 변액보험인 '프랙션(fraction)보험'이다.

④ 영국은 1957년, 캐나다는 1967년, 미국은 1976년, 일본은 1986년에 각각 변액보험을 판매하였다 (네덜란드 → 영국 → 캐나다 → 미국 → 일본).

※ 변액연금의 개념 자체는 1952년 미국에서 최초로 등장하였으나, 상품으로서의 판매는 1976년부터이다.

[예제01] 변액보험을 최초로 상품화하여 판매한 나라는 미국이다. (O/×)

정답 | ×

해설 | 네덜란드의 바르다유社가 판매한 '프랙션(fraction)보험'이 최초이다.

SECTION 2 미국의 변액보험 사례연구

(1) 개요

① 미국의 보험시장은 오랜 역사를 가지고 있는데, 변액보험과 유니버설보험이 탄생한 것이 1970년대이다. 그리고 1985년에 두 가지 특성을 결합한 변액유니버설보험이 출시되었다.

② 1980년대 이후 미국주가지수의 상승[주1]과 노후대책 마련을 위한 저축증대 욕구가 맞물리면서 사적연금시장이 확대되었고 1990년대에 들어 변액연금보험의 판매가 본격화되었다.

※ 주1 : 미국다우지수는 1897년 1월 2일 40.74p로 시작하여 1973년에 처음으로 1,000p를 돌파하였고 1980년대 본격적인 상승을 시작하여 1999년 3월 29일에 10,000p에 도달하였으며, 2007년 10월 9일에 14,000p에 도달하였다. 2008년 미국발 글로벌신용위기로 10,000p 이하로 하락하기도 했으나 2017년 12월 6일 기준 24,140p를 기록 중이다.

③ 2000년 미국증시의 폭락 당시에 변액보험도 상당히 위축되었으나 이후 증시 반등과 함께 회복세를 보였다.

(2) 미국의 변액보험 도입배경

① 경제환경의 변화 : 고물가, 고금리(高物價, 高金利) 시대의 돌입

　㉠ 미국은 1970년대 유가파동으로 인한 고물가, 고금리 시대를 맞이하게 되었다. 정액보장형의 생명보험상품은 고물가로 인해 시간이 갈수록 보험금의 실질가치가 하락하면서 경쟁력을 상실하게 되었다.

　㉡ 고물가로 인한 보험금의 실질가치 하락은 종신보험보다 정기보험을 선호하게 하였다. 따라서 종신보험에 유입될 보험료 중에서 일부(소액)는 정기보험에, 나머지는 수익이 높은 다른 금융투자상품에 투자되는 현상이 발생하였다.

　　※ 당시 고금리 시대의 자산운용 경향 : 정기보험 + 타금융투자상품 투자

　㉢ 미국의 공금리 및 물가 상승률 추이

구분	'75년	'77년	'79년	'81년	'83년	'85년
공금리	5.80%	5.30%	10.00%	11.50%	9.20%	7.20%
물가	7.00%	6.80%	13.30%	8.90%	3.80%	3.80%

　　※ 공금리 : TB(Treasury Bill : 미국 재무부 발행 할인식 단기 재정증권) 90일 기준

　　※ 75~79년 : 공금리보다 물가가 더 높은 상황. 즉 보험금의 실질가치하락이 진행되는 시기였으며, 이는 미국의 변액보험 최초판매시기(1976)와 맞물린다.

② 금융소비자의 변화 : 금리 선호의식의 증대

세대당 평균 자녀 수의 감소와 맞벌이 부부의 증가 등 가계소득이 증가함에 따라 금리에 대한 선호도가 높아지고, 금융상품과 정보에 대한 지식이 확대되었다. 이러한 소비자의 성향 변화에 부응하는 보험상품의 개발이 필요하게 되었다.

③ 경쟁 금융상품의 변화 : 고수익 투자형상품의 등장

1970년대 중반 이후 금융혁신, 금리자유화, 고금리현상이 진전되면서 증권사에서는 금리규제를 받지 않고 고수익을 실현하는 투자형상품이 등장하였고, 은행은 이에 맞추어 시장금리연동형 예금을 도입하였다. 이에 보험업계에서도 정액보장에서 보험금 및 해지환급금을 투자실적과 연동시키는 탄력적인 보험상품이 필요하였다.

④ 생명보험회사의 경영상 필요성 : 투자위험 회피

　㉠ 기존의 보험상품은 예정이율을 사용하는데 이는 보험회사가 투자상의 모든 위험을 부담하는 형태이다.

　㉡ 한번 정해진 예정이율은 변경이 어렵다. 따라서 ⓐ 고금리 상황에서는 경쟁력을 상실하고(금리는 올라가는데 예정이율은 올라가지 못하므로), ⓑ 저금리 시대로 전환 시에는 보험회사에 막대한 경영상의 위험이 된다(저금리 추세가 지속되면 실제 운용수익률이 예정이율에 못 미치므로 운용손실이 발생함).

　㉢ 따라서 투자성과와 위험을 보험회사에서 부담하지 않고, 경영상의 안전을 도모할 수 있는 차원에서 변액보험이 개발되고 판매된 것이다.

(3) 미국의 변액보험상품 판매 성공의 이유

① 시중금리 하락 및 주식시장의 지속적 활황

1991~1997년 주가지수는 평균 16%의 상승률을 보인 반면, 동일 기간 T/B금리 수준은 3.1~5.4%에 불과했다. 이는 1980년도 금리 수준인 5.8~14.9%의 절반 이하로, 자연히 주식투자 붐이 조성될 수 있었다.

② 뮤추얼펀드의 대중화 및 실적배당형보험에 대한 인지도 개선

1996년 당시 미국 가계의 약 35%가 뮤추얼펀드를 소유하고 있을 정도로 주식형 투자상품에 대한 국민적 인지도가 높아 이와 유사한 보험상품인 변액보험상품의 판매 증대가 가능했다.

③ 변액보험상품의 뛰어난 유연성 및 다양한 투자옵션

㉠ 변액유니버설은 보험료의 자유납입(flexible premium), 중도인출(free partial withdrawals) 등이 가능하고, 상품구조도 단순하였기 때문에 종합금융형상품으로서 고객과 친화되었다.

㉡ 회사별로 10~30개의 펀드를 운용하고 있어 계약자의 입장에서는 사실상 투신사의 뮤추얼펀드처럼 다양한 펀드선택이 가능했으며, 펀드변경(fund transfer) 등 다양한 자산운용옵션을 부가하여 고객의 투자리스크를 경감할 수 있는 수단을 제공한 것도 성공 요인으로 볼 수 있다.

④ 보험상품에만 부여하는 세제혜택

㉠ 미국에서 보험상품은 보험유지기간 동안 발생한 이자에 대해 과세하지 않고 해지 또는 만기 시 등 자금의 인출시점에서 이자소득세를 부과한다. 따라서 소득수준이 낮은 노년기에 해지 등으로 자금을 인출하면 저율과세를 적용받게 되므로 변액보험상품에 가입하여 세금이연(tax deferred)을 활용할 경우 절세효과를 거둘 수 있게 된다.

㉡ 미국의 연령별 · 소득별 세율구조

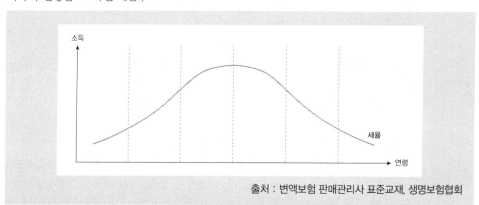

출처 : 변액보험 판매관리사 표준교재, 생명보험협회

ⓐ 소득수준이 높은 30~40대에는 고율과세, 노년기에는 저율과세가 적용된다.

ⓑ 변액보험은 장기상품으로서 노년기에 인출하게 되면 저율과세가 적용되는 만큼 절세효과를 누릴 수 있다.

ⓒ 보험기간 중 필요한 자금은 세금이 과세되지 않는 중도인출 또는 보험계약대출을 활용할 수 있으므로 세금이연을 통한 절세효과가 가능하다. 따라서 노후대비를 위한 '재테크' 수단으로 판매가 활성화될 수 있었다.

(4) 미국의 변액보험 판매제도 및 법적 규제

① 변액보험 판매자격시험(Series 6) : 미국에서 변액보험을 판매하려는 자는 기본적인 보험설계사 자격시험 외에 전미증권업협회(NASD)에서 주관하는 투자상품 및 변액보험 판매자격시험을 통과해야 등록이 가능하다.

② 변액보험은 생명보험회사에서 판매하므로 기본적으로 보험업 규제에 따르지만, 동시에 증권법과 투자회사법의 엄격한 규제도 적용된다.

명/품/해/설 **미국의 변액보험과 한국의 변액보험**

• 미국에서 변액보험은 보험성격을 가진 유가증권으로 간주되어, 보험업의 규제를 받는 동시에 증권법, 투자회사법의 엄격한 규제도 적용된다(판매는 보험사뿐 아니라 은행, 증권사에서도 판매함).

• 한국에서 변액보험은 투자성이 있는 금융투자상품으로 인정되어, 판매 시 자본시장법에서 정한 투자권유준칙(적합성원칙 등)을 준수해야 한다(보험사에서 판매하나 방카슈랑스로 은행, 증권사에서도 판매함).

[예제02] 미국의 변액보험 도입 시기의 경제적 환경은 '고물가–고금리' 시대였으나, 변액보험이 발전하게 된 배경은 '저금리–고주가'였다. (O / ×)

정답 | ○

해설 | 도입 시기에는 고물가로 인한 보험금의 실질가치 하락, 그리고 고금리로 인한 타 금융기관과의 경쟁이 치열한 상황에서 변액보험이 도입되었다. 이후 미국은 저금리가 지속되어 주식시장이 장기적 활황을 보이면서 변액보험 판매가 급증하였다.

[예제03] 변액보험의 도입은 생명보험회사의 경영상 위험을 회피하는 것과는 무관하다. (O / ×)

정답 | ×

해설 | 인플레이션 헤지를 통한 보험금의 실질가치 보전이 가장 큰 목적이나 고금리 상황하에서 생명보험회사의 경영상 위험이 가중되고 있었기 때문에 변액보험을 통한 경영상 위험의 회피 또한 중요한 이유가 되었다.

[예제04] 모든 변액보험상품은 자유납입(flexible premium), 중도인출(free partial withdrawals) 기능을 가지고 있다. (O / ×)

정답 | ×

해설 | 자유납입, 중도인출 등을 원론적으로 '유니버설기능'이라 하고 이러한 기능을 포함시킨 상품이 변액유니버설보험이다(일반 유니버설보험도 있음). 현재 판매되는 변액상품을 보면 자유납입 기능은 변액유니버설보험에만 있고, 중도인출 기능은 편의를 위해 변액연금에도 제공하고 있는 경우가 많다.

[예제05] 세금이연(tax deferred)은 보험계약을 장기적으로 유지했을 경우에 비과세되는 것을 말한다. (O / X)

> **정답 |** ×
>
> **해설 |** 과세이연은 비과세 혜택을 주는 것이 아니라, 연령이 높아질수록 소득세율이 낮아지는 효과를 이용한 것이다. 변액보험에 가입하면 보험계약 유지기간 중에는 과세가 이연된다. 즉 소득세율이 낮은 노후의 인출 시점에서 과세되므로 그만큼 소득세의 절감효과가 있음을 말한다.

[예제06] 미국의 변액보험 판매자격제도는 판매자격시험을 통과해야만 판매할 수 있으므로 법정자격증이다.
(O / X)

> **정답 |** ○
>
> **해설 |** 우리나라와 미국은 법정자격증이나 일본의 경우는 법정자격증이 아니다.

[예제07] 미국의 변액보험은 보험업 규제와 함께 증권법과 투자회사법의 엄격한 규제도 적용된다. (O / X)

> **정답 |** ○
>
> **해설 |** 우리나라도 마찬가지이다. 변액보험은 생명보험상품으로서 보험업법의 규제를 받음과 동시에 증권의 성격이 있으므로 자본시장법의 규제도 받게 된다. 그러나 일본의 경우는 생명보험협회의 자율 규제로서 증권법 등의 규제에서는 제외된다.

SECTION 3 — 일본의 변액보험 사례 연구

(1) 일본의 변액보험 도입배경

① 일본의 변액보험은 1986년에 처음 판매되었는데 당시는 금리자유화의 진전, 경상수지의 흑자 및 소비자의 금리선호의식이 고조됨에 따라 고금리에 따른 재테크 붐이 전개되던 경제상황이었다.

② 이러한 소비자 니즈에 일본 생명보험회사들은 타 금융기관과의 금리경쟁에서 뒤처지지 않으려고 시중금리보다 높은 예정이율을 적용한 일시납 양로보험을 판매하여 대규모 계약을 유치하였고, 이는 1990년대 들어 버블(bubble) 경제가 붕괴되면서 모든 생보사의 금리부담으로 작용하게 되었다.

③ 일본의 1980년대 금리 추이

구분	'82	'84	'86	'87	'88	'89	'90
단기 (CD 90일)	7.0%	6.5%	5.1%	4.2%	4.5%	5.4%	7.7%
장기 (국채 10년)	7.7%	6.5%	5.3%	4.5%	4.8%	5.7%	7.1%
예정이율 (10년)	5.5%	5.5%	6.0%	6.0%	6.0%	6.0%	5.5%

출처 : 변액보험 판매관리사 표준교재, 생명보험협회

㉠ 표를 통해 일본의 변액보험이 시작된 1986년부터 1989년까지 시중금리보다 생보사의 예정이율이 더 높은 것을 확인할 수 있다. 이는 생보사가 타 금융기관과의 경쟁에서 우위에 서기 위해 '드라이브(높은 예정이율)'를 걸었기 때문이다.

㉡ 이렇듯 변액보험의 매력이 부각되지 않았던 상황이었으나(높은 예정이율은 정액보험에 유리), 변액보험을 주력상품으로 일본에 진출하려는 에퀴타블 사의 판매허용 요청과 자유화 · 국제화 차원으로 변액보험의 도입 · 판매가 허용되었다.

[예제08] 일본에서 변액보험을 도입한 시기의 경제적 환경은 '고금리 · 고물가'이다. (O / ×)

정답 | ×

해설 | '고금리 · 고물가'는 미국에서 변액보험 도입 당시의 경제적 환경이다(일본의 변액보험 도입 배경에 대해서는 본문 참조).

(2) 일본의 변액보험 도입 초기 판매 실패 사유

① 주식시장의 침체로 인한 수익률의 저하

변액보험 성공의 핵심적인 요소는 저금리와 주식시장의 활황이라 할 수 있는데, 일본의 변액보험 도입 당시 상황은 그 반대였다. 주식시장의 침체로 변액보험의 평균 수익률이 낮았고, 오히려 고금리 기조에 의한 정액보험의 배당이 더 높은 수익률을 달성하였으므로 변액보험의 성공 여지가 매우 작았다.

② 특별계정의 펀드운용 미숙

㉠ 일본에서는 외국사는 특별계정을 3개까지 설정 · 운용할 수 있었으나, 내국사의 경우 통합형 펀드 1개만 운용하여 투자에 대한 고객의 리스크를 분산할 방법이 없었다.

㉡ 당시 통합형 펀드의 경우 채권수익률이 너무 낮아서(10년 만기 채권수익률 = 1.5%) 주식 위주로 자산을 운용했고, 주식시장의 침체로 주식 운용에서 고수익을 달성하지 못해 변액보험에 대한 고객 유인력이 떨어지게 되었다.

㉢ 반면, 외국계 생보사의 경우 채권형, 주식형, 통합형(혼합형의 일본식 용어) 등 3개 펀드를 운용하면서 펀드변경 등 일부 자산운용옵션을 도입하여 고객 유인력이 내국사에 비해 높았기 때문에 지속적인 판매량을 유지할 수 있었다.

③ 부실판매로 인한 소송 빈발 및 상품 이미지 악화

시장점유율이 매우 큰 일본생명, 제일생명 등에서 부실판매로 인한 소송[주1]이 빈발했고, 이는 생보사 및 설계사들이 변액보험 판매를 점차 기피하게 하는 현상을 초래했다.

※ 주1 : 1980년대 당시 일본의 부동산 가격 폭등 → 상속세 부담 증가 → 상속세의 준비자금 확보 차원에서 변액보험을 이용(은행과 보험권의 '드라이브') → 보험료를 부동산담보대출로 납입 → 1990년대 버블 붕괴 → 대폭 투자손실(수익률 급락) → 부동산을 팔아도 대출 상환 어려움 → 소송 초래

④ 상품구조의 복잡 및 상품의 유연성 부재

일본은 미국의 초기 변액보험[주2]을 그대로 도입하다 보니 상품 내용이 난해하여 완전판매가 곤란하였으며, 보험료 납입의 경직성과 중도인출, 펀드변경 기능 등의 부가 금융서비스가 없어 수익률을 제외하곤 고객을 유인할 아무런 무기가 없었다.

※ 주2 : 미국의 변액보험 초기 상품구조는 복잡했으나 고객 유인을 위해 자유납입, 중도인출, 다양한 펀드의 선택, 펀드변경기능 등 다양한 부가서비스를 제공했고 상품구조도 최대한 단순화하였다.

(3) 일본의 변액보험 판매자격제도 및 법적 규제

① 정부(보험심의회)의 권고에 따라 생명보험업계의 자율운영제도로서 변액보험 판매자격제도를 도입하여 실시하고 있다.

② 변액보험 판매자격이 없는 설계사는 변액보험을 판매할 수 없다는 법적인 근거는 없으나, 재무성에 의해 행정지도가 이루어진다. 또한, 보험업법의 규제는 받으나 미국과 달리 증권거래법, 투자신탁업법 등(한국은 자본시장법)의 적용을 받지 않는다.

[예제09] 일본의 변액보험 도입 당시 외국사는 특별계정을 3개까지 설정·운용할 수 있었으나 내국사의 경우 통합형 펀드 1개만 운용할 수 있어서 리스크 분산의 수단이 없었다. (O/×)

정답 | ○

해설 | 비교하여, 미국은 회사별로 10~30개의 펀드를 운용하고 있어서 계약자의 입장에서 뮤추얼펀드와 동일한 수준의 선택을 할 수 있었다.

[예제10] 일본에서 변액보험 도입 초기의 판매가 실패한 가장 큰 이유는 복잡한 상품구조와 상품유연성의 부재였다. (O/×)

정답 | ×

해설 | 상품구조의 복잡함과 유연성의 부재, 부실판매로 인한 상품 이미지의 악화, 특별계정의 펀드운용 미숙 등이 모두 원인이었으나 가장 큰 이유는 주식시장 침체로 인한 수익률의 저하라고 할 수 있다.

(1) 시사점

① 저금리 · 고주가

　미국과 일본의 사례를 볼 때, 먼저 변액보험상품은 고금리 시대에 타 금융기관과의 경쟁과 고객의 선호도를 맞추기 위해 도입되었지만, 판매 성공을 위해서는 '저금리 · 고주가'라는 금융시장의 여건이 조성되어야 한다는 것이다.

② 다양한 옵션

　고객의 니즈를 충족시키고 금융환경 변화에 대응할 수 있도록 다양한 옵션(펀드변경 기능, 유니버설 기능 등)을 가진 상품이 개발되어야 한다. 특히 불완전판매를 철저히 배제하여 고객에게 변액상품에 대한 이미지를 잘 정립해 나가야 한다.

(2) 변액보험 성공의 3대 핵심요인

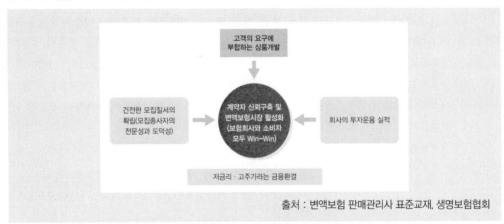

출처 : 변액보험 판매관리사 표준교재, 생명보험협회

① 변액보험이 성공하기 위해서는 우선 '저금리 · 고주가'라는 금융환경이 전제되어야 하며 'ⓐ 고객의 욕구에 부합하는 상품개발 ⓑ 회사의 투자운용 실적 ⓒ 건전한 모집질서의 확립'의 3대 핵심요인을 갖추어야 한다.

② 미국의 경우 금리환경 변화에 따른 고객 니즈를 충족시키기 위해 변액유니버설보험 및 주가지수연동형보험 등 다양한 상품을 개발하고 투자형태상품에 대한 옵션을 다양화하고 있다.

③ 일본은 초기 불완전판매로 변액상품에 대한 이미지가 실추되었으나 1999년부터 외국사를 중심으로 펀드의 수를 늘린다든지, 자산운용을 외부에 위탁하는 등 고객의 니즈 개선을 위해 고객편의사항이 반영된 변액연금을 적극적으로 판매하여 그 이미지가 조금씩 개선되고 있다.

[예제11] 미국과 일본의 변액보험 사례에서 볼 때, 변액보험은 고금리 시대에 타 금융기관의 경쟁과 고객의 선호도를 맞추기 위해 도입되었으나, 판매 성공을 위해서는 '(　　　)&(　　　)'라는 금융시장의 여건이 조성되어야 한다.

정답 ┃ 저금리, 고주가

해설 ┃ 도입 환경과 성장 환경은 다르지만, 성장 환경에서 가장 중요한 것은 어느 시장이든 간에 '저금리&고주가'라고 할 수 있다.

(1) 도입 배경 및 경과

① 우리나라는 2000년 이후 보험가격 자유화, IMF 이후 금융시장 재편 및 급격한 금리 변동 등의 금융환경 변화에 대응해 시장수익률을 반영하면서 인플레이션을 헤지하여 보험금의 실질가치를 보장할 수 있는 변액보험상품을 본격적으로 도입·추진하였다.

② 2001년 4월 27일 보험업법규정을 개정하여 법적 근거가 마련되었고, 2001년 7월부터 판매가 시작되었다. 2002년 1월 '변액보험계약'이라는 문구가 법률에 정식으로 반영되었다.

③ 2009년 2월부터 자본시장법이 시행됨에 따라 변액보험의 펀드는 동 법규의 규제를 받게 되어 집합투자기구의 요건을 준수해야 한다.

④ 우리나라의 경우 2001년 변액종신보험이 최초로 도입된 이래 2002년에 변액연금, 2003년에 변액유니버설보험이 뒤를 이어 판매되었다.

⑤ 도입 초기에는 판매자격 보유자가 적고, 상품 내용이 판매자와 고객에게 익숙하지 않았던 점 등으로 판매가 부진했으나 이후 판매 역량의 향상과 주식시장의 성장을 기반으로 꾸준히 성장하여 현재 생보사의 주력상품으로 자리 잡고 있다.

⑥ 글로벌 금융위기를 겪은 2008~2009년에는 변액보험 도입 이후 최초로 수입보험료가 감소했지만, 이후 금융시장의 회복과 'step-up 기능'이 부여된 상품 등 변액보험의 안정성을 보완한 다양한 신상품들이 출시되어 향후에도 지속적인 성장이 전망된다.

⑦ 변액보험 도입 배경

구분	내용
보험회사 측면	역마진 등 금리리스크의 적정 관리로 경영안정성 제고 및 선진상품 도입에 따른 국제경쟁력 강화
보험소비자 측면	물가 상승에 대응하는 보험금의 실질가치 보장 및 상품선택권의 확대
모집종사자 측면	소비자 니즈를 충족하는 보험시장의 확대로 수익 증대 및 자격제도에 따른 전문성 제고
국가경제적 측면	보험시장의 건전성 제고와 주식, 회사채투자 증가로 보험시장과 자본시장 발전에 모두 기여

⑧ 변액보험 판매 추이(최근 5년간 수입보험료)

(단위 : 억원)

구분	FY2014	FY2015	FY2016	FY2017	FY2018
일반보험주[1]	780,822	828,716	836,799	794,434	751,361
변액보험	206,709	206,431	194,062	196,237	188,345

※ 주1 : 일반보험은 퇴직보험과 변액보험을 제외한 생명보험을 의미한다.

출처 : 변액보험 판매관리사 표준교재, 생명보험협회

(2) 변액보험에 대한 법적 규제

① 변액보험의 법률적 정의 : '보험금이 자산운용성과에 따라 변동하는 보험계약'이다.

※ 변액보험은 '투자성이 있는 보험계약'으로서 자본시장법상의 증권에 해당된다.

② 변액보험은 생명보험과 집합투자의 성격을 동시에 가지므로 법적 규제에서도 보험업법과 자본시장법의 일부 규정이 동시에 적용된다.

③ 변액보험은 생명보험상품이므로 손해보험회사에서는 취급할 수 없다.

④ 변액보험은 특별계정을 설정하여 운용해야 한다.

  ㉠ 일반계정 : 보험계약의 종류에 구분 없이 보험료를 집중(pool)하여 운용하고 그 결과는 보험회사가 책임을 진다.

  ㉡ 특별계정 : 변액보험은 자산운용 성과에 따라 보험금액의 차이가 발생함에 따라 다른 보험계약과 분리된 별도의 계정을 설정하여 관리한다. 이러한 특성으로 변액보험의 특별계정에는 회계처리나 자산운용방법, 자산의 평가방법 등에 있어서 일반계정과는 달리 별도의 규제와 제한이 적용된다.

⑤ 특별계정은 원래 투자위험의 부담을 명확히 하기 위해 설정하기 시작했으나, 최근에는 정책적인 목적 때문에 특별계정이 설정되기도 한다. 종업원의 퇴직금 지급을 보장하기 위한 퇴직보험 특별계정, 세제적격 개인연금을 다른 보험계약과 구분하기 위한 연금저축 특별계정이 그 예이다.

(3) 변액보험 판매자격 제도

① 일본의 변액보험 판매 실패 사례와 완전판매의 중요성을 고려하여 우리나라의 경우 제도 도입 당시부터 자격제도의 필요성이 강조되었다.

② 2003년 8월 27일 보험업법시행령, 9월 26일 보험업감독규정에 그 법적 근거가 마련됨으로써 변액보험 판매자격시험 제도는 일종의 법정자격시험의 성격을 가지게 되었다.

③ 보험설계사와 보험대리점의 사용인 외에 보험회사의 임원, 보험대리점, 보험중개사 등 모든 모집종사자에 대해서도 협회의 자격시험에 합격하여야 변액보험 모집이 가능하도록 하였다(변액보험 판매관리사 또는 종합자산관리사 시험).

④ 모집종사자가 법령 위반에 해당하여 모집자격이 박탈되거나 영업이 정지될 수 있으며, 관리 책임이 있는 보험회사 및 직원도 금융당국의 행정적 처벌을 받을 수 있다.

[예제12] 우리나라의 변액보험은 일본보다도 빨리 도입되었다. (O / X)

정답 | ×
해설 | 변액보험의 도입 순서는 '네덜란드(1956) → 영국(1957) → 캐나다(1967) → 미국(1976) → 일본(1986)'이며, 한국은 2001년에 도입되었다.

[예제13] 우리나라에서 판매된 변액보험상품의 순서는 '변액종신보험 → 변액연금 → 변액유니버설보험'이다. (O / X)

정답 | ○
해설 | 일반적으로 변액유니버설보험(VUL)이 가장 늦게 판매된다.

[예제14] 변액보험의 도입 배경 중에서 '역마진 등 금리리스크의 적정 관리로 경영안정성 제고 및 선진상품 도입에 따른 국제경쟁력 강화'는 (보험회사/보험소비자/모집종사자/국가경제) 측면의 도입 배경이다.

정답 ┃ 보험회사

해설 ┃ 변액보험은 실적배당형이므로 보험회사의 입장에서 예정이율로 인한 역마진 우려가 없다.

[예제15] 변액보험은 손해보험사에서도 판매할 수 있다. (O / ×)

정답 ┃ ×

해설 ┃ 변액보험은 생보사상품이다. 손해보험의 경우 '실손보상의 원칙'이 대원칙이므로 투자상품이 허용될 여지가 적다.

[예제16] 변액보험을 판매할 때 보험사는 변액보험의 자산을 일반계정으로 운용할지 특별계정으로 운용할지를 먼저 선택해야 한다. (O / ×)

정답 ┃ ×

해설 ┃ 선택사항이 아니다. 보험업법에 의해 변액보험의 자산은 특별계정을 통해 운용해야 한다.

[예제17] 특별계정은 변액보험에만 적용되는 것이다. (O / ×)

정답 ┃ ×

해설 ┃ 특별계정은 원래 투자위험의 부담을 명확히 하기 위해 설정되었으나 최근에는 정책적 목적 때문에 특별계정이 설정되기도 한다. 예를 들어 연금저축, 퇴직보험 등도 특별계정이 설정되는데 이는 연금과 퇴직금을 보다 안전하고 투명하게 관리하기 위한 정책적인 목적 때문이라 할 수 있다.

[예제18] 변액보험은 생명보험과 집합투자의 성격을 동시에 가지므로 법적 규제에서도 (   )과 (   )의 일부 규정이 동시에 적용된다.

정답 ┃ 보험업법, 자본시장법

[예제19] 변액보험 판매자격시험 제도는 법정자격시험의 성격을 지닌다. (O / ×)

정답 ┃ ○

해설 ┃ 2003년 8월 27일 보험업법시행령, 9월 26일 보험업감독규정에 그 법적 근거가 마련되었다.

SECTION 1 변액보험

(1) 정의

고객이 납입한 보험료를 모아 펀드(기금)를 구성한 후 주식, 채권 등 유가증권에 투자하여 발생한 이익을 배분하는 실적배당형보험을 말한다.

(2) 종류

변액보험(또는 변액종신보험, variable life insurance), 변액연금(varible annuity), 변액유니버설보험(variable universal life insurance)이 있다.

① 변액보험 도입 순서 : 변액종신보험(2001) → 변액연금(2002) → 변액유니버설보험(2003)

② 변액유니버설보험은 상품 설계방법에 따라 변액종신보험과 같은 보장성상품 혹은 변액연금과 같은 저축성상품으로의 설계가 가능하다.

[예제01] 변액유니버설보험(VUL)은 저축성상품으로 분류된다. (O / ×)

정답 | ×

해설 | VUL은 보장형과 적립형으로 구분되는데 이 중 적립형만 저축성상품이 된다.

SECTION 2 상품특징

(1) 투자실적에 따라 보험금과 해지환급금 등이 변동

① 변액보험은 금융투자회사의 투자신탁 또는 투자회사와 유사한 자산운용구조를 갖고 있어 투자실적이 좋은 경우에는 사망보험금과 해지환급금이 증가하나, 그 반대의 경우 해지환급금이 원금에도 미치지 못할 수 있는 전형적인 투자형상품이다.

② 따라서 투자결과에 대한 책임 역시 금융투자회사 상품처럼 전적으로 계약자가 부담하는 '자기책임의 원칙'이 적용되는 보험이다. 단, 아무리 투자실적이 악화되어도 기본보험금은 최저보증될 수 있게 설계하여 보험 고유의 보장 기능은 유지된다.

③ 변액보험과 금융투자회사 상품의 비교

구분	변액보험	투자신탁 또는 투자회사
투자자지위	계약자	수익자(투자신탁) 또는 주주(투자회사)[주1]
세제혜택	요건 충족 시(10년 이상 유지 등) 비과세	없음
가입목적	장기적 인플레이션 헤지를 통한 보험금의 실질가치 보전	간접투자를 통한 고수익 추구
운용형태	보험료의 일부[주2]를 유가증권 등에 투자하여 실적에 따른 보험금 지급	투자금액 전체를 유가증권에 투자하여 실적에 따른 배당을 지급
부가비용[주3]	사업비, 자산운용보수, 수탁보수	판매보수, 자산운용보수, 수탁보수 등
자산운용지시권	투자신탁이든 변액보험이든 자산운용지시권은 없다. 다만, 변액보험에는 펀드변경 기능[주4]이 있다.	

출처 : 변액보험 판매관리사 표준교재, 생명보험협회

※ 주1 : '투자회사 = 주식회사 설립 = 주식발행 = 주주의 지위'. 참고로 서류상의 회사인 투자회사가 운용하는 폐쇄형펀드를 '뮤추얼 펀드(mutual fund)'라고 한다.

※ 주2 : 보험료의 일부 = 회사 소정의 사업비 및 위험보험료 등을 차감한 금액

※ 주3 : 운용보수와 수탁보수는 일반펀드와 변액보험이 동일하나, 일반펀드에서는 판매보수, 변액보험에서는 사업비가 있는 것이 각각의 특징이다.

※ 주4 : 일반펀드이든 변액보험이든 모두 간접투자이므로 펀드운용지시권은 없다. 그러나 변액보험에서는 효과적인 관리를 위해 펀드변경(fund transfer) 기능을 부여하고 있다(일반펀드에서는 펀드변경 기능이 있는 펀드를 별도로 설정하는데 이를 엄브렐러펀드라고 함).

[예제02] 변액보험은 투자실적에 따라 (   )과 (   )이 변동한다.

정답 ┃ 보험금, 해지환급금

[예제03] 변액보험의 사망보험금은 기본보험금과 변동보험금으로 구성되며 보험의 성격을 유지하기 위해 (기본보험금/변동보험금)을 최저사망보험금으로 지급보증한다.

정답 ┃ 기본보험금
해설 ┃ 기본보험금(보험가입금액)을 최저사망보험금으로 지급보증한다.

[예제04] 투자신탁에 투자하면 수익자가 되고, 투자회사에 투자하면 주주가 되고, 변액보험에 투자하면 계약자의 권리를 보유하게 된다. (○/×)

정답 ┃ ○
해설 ┃ 보험에 가입하면 보험계약자, 주식에 투자하면 주주, 채권에 투자하면 채권자가 된다.

[예제05] 투자신탁의 부대비용에는 '판매수수료 및 판매보수, 운용보수, 수탁보수' 등이 있는데 변액보험의 부대비용도 투자신탁의 부대비용과 다를 것이 없다. (O / ✕)

> **정답 |** ✕
>
> **해설 |** 변액보험의 부대비용은 일반펀드상품과 다르다. 변액보험에만 있는 비용은 사업비이며, 일반펀드에는 있고 변액보험에 없는 비용은 판매비용(판매수수료 및 판매보수)이다.

[예제06] 투자신탁은 납입금이 모두 투자되지만, 변액보험은 납입금(보험료)의 전부가 투자되지 않는다. (O / ✕)

> **정답 |** ○
>
> **해설 |** 변액보험의 경우 사망보장과 사업비 제도가 있기 때문에 보험료 일부가 특별계정에서 운용된다.

[예제07] 변액보험과 일반 펀드(투자신탁 또는 투자회사)의 목적은 모두 간접투자를 통한 고수익 달성에 있다. (O / ✕)

> **정답 |** ✕
>
> **해설 |** 일반펀드의 목적은 고수익 달성에 있지만, 변액보험은 단순히 고수익 달성이 아니라 보험금의 실질가치 보전에 그 목적이 있다.

[예제08] 일반 펀드에는 없지만 변액보험에는 자산운용지시권이 인정된다. (O / ✕)

> **정답 |** ✕
>
> **해설 |** 펀드운용지시권은 어디에도 인정되지 않으며, 변액보험에는 펀드변경지시권이 부여된다(일반 펀드에는 엄브렐러 펀드에 한해서 펀드변경 기능이 있음).

(2) 특별계정에 의한 자산운용

① 변액보험은 실적배당형상품으로 투자결과로 발생하는 손익은 전부 계약자에게 귀속된다. 따라서 효율적인 자산운용과 계약자의 자산에 비례한 공정한 투자손익을 배분하기 위하여 변액보험 자금을 별도로 관리할 수 있는 특별계정을 설정하여 자산을 운용한다.

② 현재 특별계정에서 운용되는 상품은 변액보험, 퇴직연금(기업연금), 퇴직보험, 연금저축, 자산연계형보험 등이 있다.

명/품/해/설 특별계정

• 특별계정이란 일반 보험계약과는 달리 자산을 분리하여 보험계약을 회계처리하기 위한 계정을 말한다.

• 일반계정은 자산이 분리되지 않고 모두 일반계정에 투입이 되며, 특별계정은 자산이 분리되어 운용되고 회계처리가 된다(일부는 일반계정, 나머지는 특별계정).

• 변액보험에서의 특별계정에는 계약자가 납입하는 보험료 전체가 아닌 순보험료와 부가보험료 중 완납 후의 유지비를 합한 금액이 투입되며 투입된 자산은 펀드를 통해 운용되고 매일 평가 및 결산이 이루어진다.

• 이외의 특별계정상품으로는 퇴직연금, 퇴직보험, 세제적격 연금저축, 장기손해보험(만기환급형) 등이 있는데 연금저축이나 장기손해보험의 경우는 상품의 특성상 안전한 관리 측면에서 특별계정에 투입되는 것으로 볼 수 있다.

③ 일반계정과 특별계정의 비교

구분	일반계정	특별계정	구분	일반계정	특별계정
리스크부담	회사부담	계약자부담	자산평가시기	매월	매일
최저보증이율	있음	없음	결산시기	매년	매일
자산운용목적	안정성 위주	수익성 위주			

※ 여기에서 특별계정은 연금저축 등의 특별계정이 아니라 변액보험의 특별계정을 말한다.

④ 변액보험은 정액보험과 달리 특별계정의 운용실적에 따라 판매에 큰 영향을 주므로 비록 투자에 대한 모든 책임이 계약자에게 귀속된다고 하더라도 자산운용에 대한 생명보험회사의 관심과 주의(고객이익우선의 원칙에 의한 선관주의의무)가 필요하다.

[예제09] 일반계정은 매월 자산을 평가하고 매년 결산을 하나, 변액보험은 매일 자산을 평가하고 결산도 매일 하는 것과 같다. (○/×)

정답 | ○

해설 | 변액보험의 특별계정은 매일 자산을 평가하여 기준가격을 발표한다.

(1) 사망보험금의 최저보증

① 변액보험의 사망보험금은 최초 계약한 기본보험계약의 '기본보험금'과 투자실적에 따라 증감하는 '변동보험금'으로 구성되며, 보험의 성격을 유지하기 위해 변동보험금의 크기와 관계없이 사망보험금에 대해 최저보증을 설정하고 있다.

② 변액보험의 상품구조

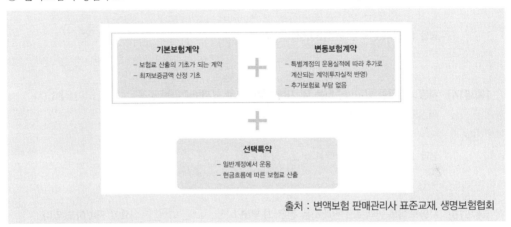

출처 : 변액보험 판매관리사 표준교재, 생명보험협회

③ 변액보험 종류별 사망보험금 보장방법

우리나라에서 판매되는 변액상품은 상품설계의 다양성으로 인해 최저사망보험금을 다양한 방법으로 보장하고 있다.

※ 최저사망보험금 보장 방법

변액종신보험[주1]	변액유니버설 보장형[주2]	변액유니버설 적립형	변액연금
기본보험금 + 변동보험금	'기본보험금, 계약자적립금의 일정비율, 기납입보험료' 중 가장 큰 금액	'기본사망보험금 + 사망 당시 계약자적립금'	
'기본보험금'을 최저사망보증		'기납입보험료'를 최저보증	

※ 주1 : 변액종신보험의 상품구조는 위의 ②번 그림 참조
※ 주2 : 최근에는 사망보험을 변액으로 판매할 경우, 대부분 변액유니버설 보장형으로 판매하고 있다.

[예제10] 변액보험계약은 보험료산출의 기초가 되는 (　　　　　　), 특별계정의 운용실적에 따라 추가로 계산이 되는 (　　　　　　), 그리고 일반계정에서 운용되는 (　　　　　)으로 구성된다.

　　　정답 ┃ 기본보험계약, 변동보험계약, 선택특약

[예제11] 모든 변액보험은 특약을 선택할 수 있는데 특약보험료도 특별계정에서 운용된다. (O/×)

　　　정답 ┃ ×
　　　해설 ┃ 특약보험료는 일반계정에서 운용된다.

[예제12] 사망보험금이 'Max(기본보험금, 계약자적립금의 일정비율, 기납입보험료)'로 계산되는 것은 변액보험 중 (   )이다.

정답 | 변액유니버설 보장형 보험

[예제13] 사망보험금이 '기본사망보험금 + 사망 당시의 계약자적립금'으로 계산되며, 기납입보험료가 최저보증되는 변액보험에는 (   )과 (   )이 있다.

정답 | 변액연금보험, 변액유니버설 적립형 보험

[예제14] 사망보험금을 최저보증하는 데 기본보험금으로 최저보증하는 것은 (   ), (   )이 있다.

정답 | 변액종신보험, 변액유니버설 보장형 보험

[예제15] 사망보험을 변액으로 판매하는 경우, 대부분 (   )으로 판매하고 있다.

정답 | 변액유니버설 보장형

SECTION 4   최저보증옵션의 이해

(1) 개념

① 변액상품은 실적에 따라 사망보험금과 해지환급금이 변동하는데 만일 운용 실적이 계속 저조하다면 사망보험금의 규모가 많이 축소될 수 있다. 그리고 이 경우 보험의 본질적인 기능을 기대하기 어렵다. 따라서 최저보증옵션 기능을 부가하여 아무리 운용실적이 나쁘더라도 기본보험금액은 보장될 수 있도록 하였다.

② 최저보증옵션은 펀드에서 보증비용을 차감하여 **보증비용 풀(pool)***을 구성하고 일정 수준 이상의 사망보험금과 연금재원을 보증하고 있는데 보증내용과 보증비용이 회사별로 상이하기 때문에 완전판매를 위해서는 보증옵션에 대한 정확한 이해가 필요하다.

※ 주 : '보증비용 풀'은, 매일(또는 매월) 계약자적립금의 일정비율로 최저사망보험금보증비용을 부가하여 **일반계정 내**에 '최저사망보험금보증준비금'으로 모아두는 것을 말한다.

[예제16] 변액보험의 최저사망보험금 '지급보증옵션 비용'은 보험료 납입 시 차감하여 (일반계정/**특별계정**)에서 관리된다.

> **정답 |** 일반계정
> **해설 |** 일반계정 내에 '최저사망보험금 보증준비금'으로 적립, 관리된다.

(2) 변액종신보험(변액유니버설보험 보장형)의 최저사망보험금보증

① 변액종신보험(VUL 보장형 포함)은 사망보험금최저보증옵션을 사용할 경우, 피보험자가 보험기간 중 사망 시 특별계정의 펀드수익률과 관계없이 최소한 가입금액수준(기본보험금액)을 보장하고, 이를 위해 최저사망보험금보증비용을 부가한다.

② 보험회사는 매일 또는 매월 특별계정적립금에서 보증비용을 공제하여 일반계정 내에 있는 '최저사망보험금보증준비금 계정'에 적립하고, 만일 그 보증비용을 계약자적립금에서 공제하지 못할 때(③의 그림에서 (A)에 해당되는 경우)에는 '최저사망보험금보증준비금'에서 공제한다.

③ 변액종신보험의 최저사망보험금보증(GMDB)

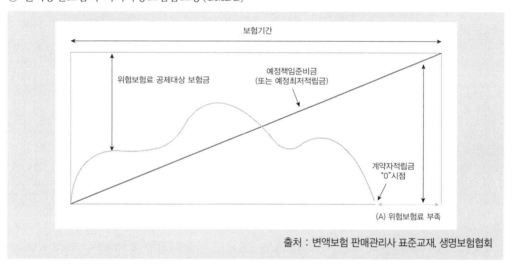

출처 : 변액보험 판매관리사 표준교재, 생명보험협회

※ GMDB : Guaranteed Minimum Death Benefit

④ 최저사망보험금보증기간 : 납입최고기간이 끝나는 날의 다음 날부터 예정해지환급금이 '0(제로)'가 될 때까지의 기간을 말한다. 이 기간이 끝나면 계약의 효력은 상실된다. 따라서 예정해지환급금이 제로가 되지 않도록 과도한 중도인출 등은 피해야 한다.

※ 예정해지환급금 = 예정책임준비금(또는 예정최저적립금) − 해지공제액

[예제17] 사망보험금에 대한 최저보증비용은 매일 또는 매월 (**계약자적립금**/해지환급금)에서 차감한다.

> **정답 |** 계약자적립금

[예제18] 최저사망보험금보증기간은 납입최고기간이 끝나는 날의 다음 날부터 (계약자적립금/예정해지환급금)이 제로(0)가 될 때까지이다.

정답 | 예정해지환급금
해설 | 예정해지환급금은 예정책임준비금 또는 예정최저적립금에서 해지공제액을 차감한 금액을 말한다.

[예제19] 변액종신의 최저사망보험금은 기본보험금이며, 변액연금의 최저사망보험금은 보험료원금이다. (O / ×)

정답 | ○

(3) 변액연금보험의 최저사망보험금보증

① 변액연금보험의 사망보험금은 Max(기납입보험료, 사망 당시 계약자적립금 + 기본사망보험금)으로 정의한다.

② 변액연금보험의 최저사망보험금보증(GMDB)

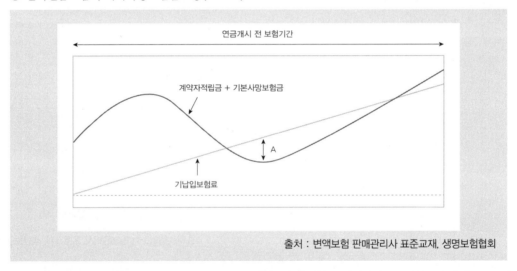

출처 : 변액보험 판매관리사 표준교재, 생명보험협회

③ 피보험자가 연금개시 전 보험기간 중 사망 시(②의 A시점) 특별계정의 펀드수익률과 상관없이 사망보험금으로 최소한의 기납입보험료 수준을 보증해준다.

④ 보험회사는 매일 또는 매월 특별계정적립금에서 보증비용을 공제하여 일반계정 내에 '최저사망보험금보증준비금' 계정에 적립하고 사망보험금이 기납입보험료보다 적은 계약이 발생할 경우 그 부족분을 보전해주는 데 사용한다.

[예제20] 변액종신보험의 사망보험금은 Max(기납입보험료, 사망 당시 계약자적립금 + 기본사망보험금)이다. (O / ×)

정답 | ×
해설 | 위 산식은 변액연금에 해당하는 것이다. 변액종신은 Max(기본보험금, 기본보험금 + 변동보험금)이다.

(4) 변액연금보험의 최저연금적립금보증

① 변액연금보험의 최저연금적립금보증은 피보험자가 연금개시 시점에서 생존하였을 경우 특별계정의 펀드수익률과 상관없이 연금개시 시점에서 최소한 기납입보험료 수준을 보증해주는 옵션이다.

② 변액연금보험의 최저연금적립금보증(GMAB)

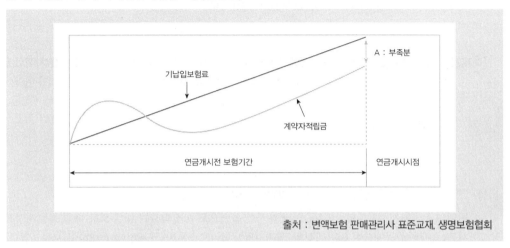

출처 : 변액보험 판매관리사 표준교재, 생명보험협회

※ GMAB(Guaranteed Minimum Accumulation Benefit)

③ 보험회사는 매일 또는 매월 특별계정적립금(계약자적립금)에서 보증비용을 공제하여 일반계정 내의 '최저연금적립금보증준비금 계정'에 적립하고, 연금개시 시점에서 연금재원이 기납입보험료보다 적을 경우(②의 A시점), 그 부족분을 보전해주는 데 사용한다.

④ 스텝업(step-up) 보증

ㄱ 국내 대부분의 생보사는 변액연금보험에 대해 연금개시 시점까지 계약을 유지할 경우 운용실적이 나쁘더라도 최소한 기납입보험료를 보증한다(연금개시 시점에서 원금보장 = GMAB).

ㄴ 'step-up' 기능은 운용실적이 일정 수준에 도달하면 일정한 수준을 지급보증하는 기능이다.

ⓐ 예를 들어, 연금개시 시점 이전에 운용성과가 기납입보험료의 100%, 110%, 120%를 차례로 달성한다면, 달성하는 지점의 수익률을 보증한다.

ⓑ ⓐ는 특별계정의 운용성과를 반영하는 'step-up'인데, 특별계정의 운용성과에 관계없이 적용할 수 있다. 예를 들어, 연금개시 시점 이전 일정 시점에서 100%를 보증하고 2년마다 5%씩 체증된 금액으로 보증하는 방식이다.

ㄷ 'step-up' 기능이 첨가될 경우 펀드의 운용구조가 일반적인 변액연금과 달라질 수 있으므로 판매 시 정확한 안내가 필요하다.

[예제21] 변액연금의 최저연금적립금보증은 보험계약을 해지할 경우에 해당 시점까지의 기납입보험료를 지급보증하는 것을 말한다. (○/×)

정답 | ×

해설 | 아무 때나 지급보증하는 것이 아니라 연금개시 시점(일반적으로 보험계약 후 10년)에 기납입보험료를 지급보증하는 것을 말한다.

[예제22] 변액연금의 최저연금적립금보증은 변액유니버설보험의 적립형에도 적용된다. (O / ×)

> **정답 ┃** ×
>
> **해설 ┃** VUL 적립형도 변액연금과 같이 저축성상품이지만 최저연금적립금 보증기능은 없다. GMAB는 안전함을 중시하는 연금의 특수성상 변액연금에만 적용된다.

[예제23] 예를 들어 연금개시 시점 이전에 운용성과가 기납입보험료의 100%, 110%, 120%를 차례로 달성한다면, 달성하는 시점에서부터 달성하는 지점의 수익률을 보증하는 기능을 ( )이라 한다.

> **정답 ┃** 스텝업(step-up) 보증 기능

(5) 변액유니버설보험(적립형)의 최저사망보험금보증

변액연금의 최저사망보험금(GMDB)과 유사한 옵션으로 보험회사는 매일 또는 매월 특별계정적립금에서 보증비용을 공제하여 일반계정의 '최저사망보험금보증준비금' 계정에 적립하고 사망보험금이 기납입보험료보다 적은 계약이 발생한 경우 그 부족분을 보전해주는 데 사용한다.

※ 최저사망보험금 보증금액의 차이

구분	변액종신보험 & VUL 보장형	변액연금 & VUL 적립형
사망보험금 최저보증	기본보험금액(보험가입금액)	기납입보험료

(6) 변액보험 보증옵션의 종류

구분	용어	보증내용
변액종신 변액유니버설 보장형	GMDB	실적이 악화되더라도 기본사망보험금을 보증하는 옵션
변액연금	GMDB	제1보험기간(연금개시 전) 중 사망보험금이 기납입보험료보다 적을 경우 기납입보험료 등 약정된 보증금액을 사망보험금으로 보증하는 옵션
	GMAB	기납입보험료 등 약정된 보증금액을 연금개시 시점의 계약자적립금(연금재원)으로 보증하는 옵션
	GMWB	제2보험기간 중 연금재원을 특별계정에서 운용할 경우 특별계정의 투자성과에 관계없이 연금재원의 일정 수준을 지급보증하는 옵션
	GMIB	특별계정의 투자성과에 관계없이 일정 수준의 이율을 보증하는 옵션
	GLWB	연금개시 이후에도 특별계정의 투자성과에 상관없이 종신연금 지급액을 보증하는 옵션
	GMSB	특별계정의 성과와 관계없이 Step-up 시점의 적립액을 최소 Step-up 금액 이상 보증하는 옵션
변액유니버설 적립형	GMDB	보험기간 중 사망보험금이 기납입보험료보다 적을 경우 기납입보험료를 사망보험금으로 보증하는 옵션

출처 : 변액보험 판매관리사 표준교재, 생명보험협회

① GMDB(Guaranteed Minimum Death Benefit) = 최저사망보험금보증

② GMAB(Guaranteed Minimum Accumulation Benefit) = 최저연금적립금보증(연금개시 시점)

③ GMWB(Guaranteed Minimum Withdrawal Benefit) = 최저연금지급보증(제2보험기간 중)

④ GMIB(Guaranteed Minimum Income Benefit) = 최저이율보증(제2보험기간 중)

⑤ GLWB(Guaranteed Lifetime Withdrawal Benefit) = 최저종신연금지급보증(제2보험기간 중)

⑥ GMSB(Guaranteed Minimum Step-up Benefit) = 최저step-up금액지급보증

예시 1 연금보험에서 연금개시 후에 적용되는 보증옵션은 (   ), (   ), (   )이다.
→ GMWB, GLWB, GMIB는 연금개시 후에 작동하는 보증옵션이다.

예시 2 연금보험에서 2보험기간에 작동하는 보증옵션 중, 보증된 연금현가에 기초해서 산출된 최저연금을 지급보증하는 것은 (   )이다.
→ GMIB이다.

[예제24] 연금개시 전 사망보험금이 기납입보험료보다 적을 경우 기납입보험료를 최저보증하는 옵션은 (   )의 GMDB에 속한다.

정답 | 변액연금
해설 | 변액종신 또는 VUL 보장형의 GMDB는 기본사망보험금이다.

[예제25] 연금개시 시점에서 특별계정의 투자성과와 관계없이 기납입보험료 등 약정된 보증금액을 보증하는 옵션은 (GMDB/GMAB/GMWB/GMSB)이다.

정답 | GMAB

[예제26] 제2보험기간에 연금재원을 특별계정으로 운용할 경우 특별계정의 성과와 상관없이 일정 수준의 연금을 지급보증하는 옵션은 (GMWB/GLWB)이다.

정답 | GMWB
해설 | GMWB와 GLWB는 연금개시 후 특별계정의 성과와 관계없이 일정수준의 연금을 지급보증한다는 점에서 공통점이 있으나, GLWB는 그 기간이 종신토록 이어진다는 점에서 차이가 있다.

(1) 변액종신보험

① 변액종신보험의 도해(일시납 추가가입방법)

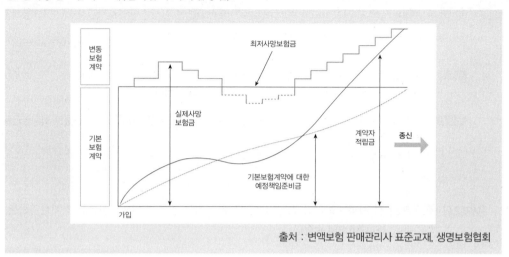

출처 : 변액보험 판매관리사 표준교재, 생명보험협회

② 변액종신보험의 특징

변액종신보험은 보험금이 변동한다는 점에서 일반종신보험과 뚜렷한 차이가 있다. 변액유니버설보험(보장형)과는 같은 변액보험으로서 대부분 동일하나 입출금이 제한되어 있다는 점에서 차이가 있다.

㉠ 펀드 운용실적에 따라 사망보험금과 해지환급금이 변동한다.

   ⓐ 정액보험인 일반보험과 달리 변액보험의 본질은 '보험금'이 변한다는 것이다.

   ⓑ 투자실적에 따라 변동보험금 및 해지환급금이 변동되므로, 투자실적이 장기적으로 인플레이션율에 비례한다는 점을 고려하면, 변액보험은 인플레이션을 헤지할 수 있다고 할 수 있다.

㉡ 사망보험금을 최저보증한다.

   ⓐ 변액종신보험은 펀드의 운용실적이 악화되더라도 계약체결 당시 정한 기본사망보험금은 최저보증된다.

   ⓑ 사망보험금과 달리 해지환급금은 최저보증되지 않는다.

㉢ 고객의 성향에 따른 자산운용 형태를 직접 선택할 수 있다.

   ⓐ 회사에서 설정한 채권형 펀드, 혼합형 펀드 등 여러 개의 펀드 중에서 원하는 자산운용 형태를 직접 선택할 수 있다(보험료 분산투입 기능).

   ⓑ 선택한 펀드는 보험기간 중에 수시로 변경할 수 있다. 펀드변경 횟수는 회사별로 차이가 있는데 연간 4회 내지 12회 정도까지 허용하고 있으며, 펀드변경 시 수수료가 부과될 수 있다(펀드변경 기능).

참고 위에서 ㉠ㆍ㉡은 보장성 변액보험의 특징이며, ㉢은 보장성, 저축성을 구분하지 않는 전체 변액보험에 공통으로 적용되는 특징이다.

명/품/해/설 실제 판매되는 변액보험

- 이론적으로 분류하면 보장성보험은 변액종신보험, 변액유니버설(보장형)보험, 저축성보험은 변액연금보험, 변액유니버설(적립형)보험으로 구분된다.
- 실제로는 대부분의 변액종신보험은 유니버설 기능이 추가된 변액유니버설종신보험의 형태로 판매되고 있다.
- 따라서 현실적인 분류는 변액유니버설종신보험, 변액유니버설적립형보험, 변액연금보험으로 구분된다.
  ① 보장 기능을 원한다면 → 변액유니버설 보장형보험
  ② 연금 기능을 원한다면 → 변액연금보험
  ③ 저축이 주목적이나 변액연금보다는 보장 기능을 강화하고 싶고, 변액연금보다는 납입의 유연성 (flexibility)을 원한다면 → 변액유니버설 적립형 보험

③ 변액종신보험과 일반종신보험의 공통점

특약의 종류나 세제혜택 등에서 일반종신보험과 변액종신보험의 차이는 없다.

ⓐ 다양한 선택특약을 조립할 수 있다.
  → 변액종신보험은 일반종신보험과 거의 유사한 종류의 선택특약을 부가하고 있다.

ⓑ 다양한 세제혜택을 동일하게 누릴 수 있다.
  → 변액종신보험에 가입할 경우 ⓐ 연간 100만원까지의 보장성보험료 소득공제 ⓑ 사망보험금 상속 시 일정한 범위 내의 금융재산공제 등의 혜택을 받을 수 있다.

ⓒ 비흡연자이거나 건강상태가 양호할 경우 보험료 할인 혜택을 받을 수 있다.
  → 비흡연, 혈압 등에서 우량체로 판정되면 회사의 할인특약을 통해 할인혜택이 제공된다.

ⓓ 연금전환특약을 활용할 수 있다.
  → 주 활동기간은 종신보험의 니즈를 충족시킨 후 은퇴 시 연금으로 전환하게 되면 그동안 적립되었던 해지환급금을 연금지급재원으로 하여 노후생활자금으로 사용할 수 있다.

④ 변액종신보험과 일반종신보험의 비교

구분	변액종신보험	일반종신보험
사망보험금	기본보험금 + 변동보험금	보험가입금액
부리이율	실적배당률	예정이율 또는 공시이율
최저보증이율	없음	있음
투자책임	계약자부담	회사부담[주1]
자산운용	특별계정 : 펀드에 투입[주2], 펀드변경 가능	일반계정 : 다른 자산과 통합운용
보험모집인	전문설계사(자격시험 합격자)	일반설계사
예금자보호	보호대상 아님	보호대상

※ 주1 : 보험회사는 실제의 운용수익률이 예정이율에 못 미친다 하더라도 보험가입 시 계약자에게 약정한 보험금을 지급해야 한다(회사 책임). 반대로 실제 운용수익률이 예정이율을 초과할 경우엔 회사의 이익이 된다(무배당상품의 경우).

※ 주2 : 펀드에 투입되는 보험료는 영업보험료 전부가 아니라 위험보험료 등을 제외한 나머지 부분이 투입된다.

⑤ 변액종신보험의 보장구조

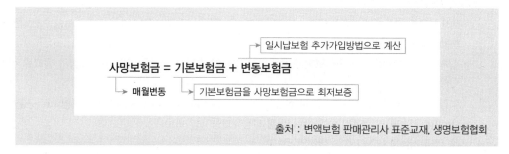

출처 : 변액보험 판매관리사 표준교재, 생명보험협회

㉠ 변액종신보험의 피보험자 사망 시 사망보험금이 지급되는데, 펀드의 투자수익률에 따라 계산된 사망
보험금이 지급된다.

㉡ '사망보험금 = 기본보험금 + 변동보험금'이다. 투자수익률이 아무리 악화되더라도 기본보험금액은 최
저보증을 하여 보험으로서의 기본 역할을 유지할 수 있다.

㉢ 변동보험금은 매월 계약해당일마다 일시납추가가입(증액)방법에 의해 재계산되며 다음 달 계약해당
일까지 1개월간 확정 · 적용한다.

　※ 변동보험금 계산에서 주의할 점은 전월에 계산된 변동보험금이 계속 누적되지 않고 매달 새로 계산된다는
　　것이다. 즉 매월 계약해당일마다 다시 계산해서 한 달간 적용한다.

㉣ 변동보험금은 실제 계약자적립금과 보험의 예정이율로 계산된 기본보험계약의 예정책임준비금과의
차액, 즉 초과적립금을 가지고 계산되며 투자수익률이 예정이율을 초과할 경우에는 (+) 변동보험금이
발생하고, 예정이율보다 낮으면 (−) 변동보험금이 발생하게 된다.

　※ 만일 (−) 변동보험금이 발생하더라도 실제 사망보험금은 최저보증 때문에 기본보험금 이하로 감소하지는
　　않는다.

㉤ 사망보험금과 달리 해지환급금은 투자수익률에 따라 매일 변동되고 최저보증이율이 없으며 투자실적
이 악화될 경우 원금손실이 발생할 수 있다.

㉥ 변액종신보험은 일반종신보험과 마찬가지로 합산 장해지급률이 50% 이상인 장해상태가 되었을 때
(회사별로 차이가 있을 수 있음) 보험료의 납입을 면제해주고 있으며, 사망 시에는 사망보험금이 지급
되고 계약은 소멸한다.

참고 **사망과 고도장해의 분리**

　(1) 종전에는 장해지급률이 80% 이상인 장해상태가 되면 사망보험금을 지급하고 계약을 소멸하였다.

　(2) 그러나 2011년 4월 감독규정 개정에 따라, 80% 이상 장해 시에는
　　① 생존 시 입원비, 통원비 등의 생존보장을 받을 수 있으며
　　② 사망 시 사망보험금을 지급받는다.

[예제27] 일반종신보험과 비교할 때 변액종신보험의 가장 큰 차이는 (　　　　　)이 변동한다는 것이다.

정답 | 보험금
해설 | '변액'은 보험금의 변동을 의미한다.

[예제28] 변액종신보험의 사망보험금은 기본보험금과 변동보험금으로 구성된다. 사망보험금은 (매일/매월) 변동하고, (   )을 사망보험금으로 최저보증하며, 변동보험금은 (   )으로 계산된다.

정답 | 매월, 기본보험금, 일시납추가가입방식

[예제29] 일반종신보험에서는 일정기간이 지나면 해지환급금을 재원으로 연금전환특약을 활용할 수 있으나 변액종신보험은 해당 기능이 없다. (○ / ×)

정답 | ×
해설 | 연금전환특약은 일반종신, 변액종신 구분 없이 모두 가능하다.

[예제30] 변액종신보험의 변동보험금은 (매일/매월/매년) 계약해당일마다 일시납추가가입(증액)방법에 의해 재계산된다.

정답 | 매월

[예제31] 변액종신보험의 변동보험금 계산에 사용하는 일시납추가가입방식은 매월 계산하는데 지난달에 계산된 변동보험금이 계속 누적되어 계산된다. (○ / ×)

정답 | ×
해설 | 지난달에 계산된 변동보험금은 소멸되고 매번 새롭게 계산된다. 따라서 누적되지 않는다.

[예제32] 보장성변액상품은 합산 장해율이 50% 이상이면 보험료 납입면제를 한다. (○ / ×)

정답 | ○
해설 | 보장성은 납입면제 기능을 부여하고 저축성상품에는 부여하지 않는다. 그러나 소수 회사에서 판촉 차원에서 변액연금에도 납입면제 기능을 부여하고 있다.

(2) 변액연금보험

① 변액연금의 도해

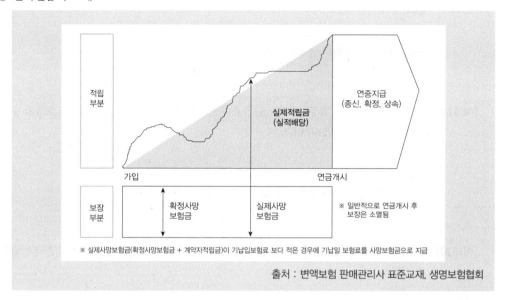

출처 : 변액보험 판매관리사 표준교재, 생명보험협회

- ㉠ 연금지급개시 전까지는 타 변액보험처럼 투자형으로 운용하고, 연금지급개시 후에는 종신연금(또는 확정연금, 상속연금)을 지급하는 형태이다.
- ㉡ 연금개시 전 사망 시에는 '기본사망보험금 + 사망당시적립금(투자실적에 따라 변동)'으로 지급하고, 생존 시에는(연금개시 연령이 되면) 투자실적에 따라 적립된 계약자적립금을 연금지급 재원으로 하여 계약자가 선택하는 형태의 연금을 지급한다.
- ㉢ 연금개시 이후의 적립금 운용방법은 정액연금형, 공시이율적용 연금형(이상 일반계정) 또는 변액연금형(특별계정)으로 운용할 수 있다.
- ㉣ 국내에서 판매되고 있는 변액연금은 연금 본래의 취지를 고려하여 최소한의 안정성을 부여하기 위해 두 가지 최저보증 기능(최저사망보험금보증, 기납입보험료보증)을 도입하고 있다.
  - ※ 투자실적과 관계없이 연금개시 시점까지 계약을 유지한다면 원금을 보장받게 된다(Step-up 기능 시 추가 보장도 가능). 단, 2016년 4월부터는 GMAB보증비용이 종전의 의무부과에서 선택으로 전환되었다. 즉, 계약자는 선택에 따라 미보증형 변액연금에 가입할 수 있다(미보증형에 가입 시, 보증비용은 부과되지 않지만 GMAB의 기능은 작동하지 않는다).
- ㉤ 변액연금은 2002년 10월 판매한 이후 방카슈랑스 실시에 힘입어 급성장했지만, 2008년 글로벌 금융위기를 겪으면서 성장세가 둔화되었다. 그러나 '초저금리 · 초고령화'라는 장기적 환경상 장기적 전망은 밝은 편으로 평가된다.

② 변액연금보험의 일반적인 특징

- ㉠ 펀드의 운용실적에 따라 사망보험금과 해지환급금이 변동한다.
- ㉡ 펀드의 운용실적이 악화될 경우에도 최저사망보험금을 보장한다.
- ㉢ 고객의 투자성향에 따라 자산운용 형태를 직접 선택할 수 있다.
- ㉣ 펀드변경(fund transfer)이 가능하다.
- ㉤ 다양한 선택특약을 자유 조립할 수 있다.
- ㉥ 10년 이상 유지 등 일정 요건 충족 시 보험차익 비과세혜택 등 세제혜택이 있다.

③ 변액연금보험만의 특징

　　㉠ 연금개시 시점까지 유지 시 기납입보험료 등 일정 수준의 재원을 최저연금적립금으로 보장해준다.

　　　※ 계약자는 보험기간 중 투자수익률이 악화될 경우 연금개시 때까지 보험을 유지하기만 하면 일정 수준의 원금(회사에 따라 그 이상도 보장함)을 보장받게 된다.

　　㉡ 대부분의 변액연금상품이 연금개시 후에는 일반계정의 공시이율을 반영한다.

　　　※ 연금개시 전 운용 목표가 수익률 제고라면, 연금개시 후 운용 목표는 안정적인 연금 수령이다. 따라서 연금개시 후에는 특별계정이 아닌 일반계정으로 관리하는 것이 일반적이다(공시이율 적용). 그러나 연금개시 후에도 특별계정으로 운용하는 상품도 최근에 나타나고 있는데 이 경우 연금액의 증감이 크게 나타날 수 있다. 또한, VUL의 일부 기능을 첨가한 상품도 개발되고 있다.

④ 변액연금의 보장구조

> ○ 사망보험금 = 기본사망보험금 + 사망시점까지 적립된 계약자적립금
> 　　　　　　　　　　　　　　　　└, 투자실적에 따라 매일 변동
> 　※ 기본사망보험금은 보험료에 비례하거나 구좌당 확정되어 있는 경우가 대부분이며, 기본사망보험금이 없는 경우도 있다. 또한, 기납입보험료 등을 사망보험금으로 최저보증한다.
>
> ○ 연금 = 연금지급시점까지 적립된 계약자적립금(기납입보험료 등을 연금개시 시 최저보증함)을 기준으로 계산하여 연금지급
> 　※ 최저연금적립금 보증을 선택하지 않은 경우(GMAB미보증형)에는 실제 계약자적립금을 기준으로 계산하여 연금지급
>
> 　　　　　　　　　　　　　　　　　　　출처 : 변액보험 판매관리사 표준교재, 생명보험협회

⑤ 변액연금보험의 경과기간별 사망보험금, 해지환급금, 연금액 예시

　　㉠ 3가지 투자수익률(−1%, 2.5%, 3.75%)을 가정하여 예시

　　　ⓐ 2019년 1월부터 판매되는 변액연금에 대해서는 −1%, 2.5%, 3.75%의 3가지 투자수익률을 가정하여 해지환급률, 사망보험금 및 연금액을 예시하고 있다.

　　　　※ 3가지 투자수익률 : '−1%'는 낮은 수익률, '2.5%'는 평균공시이율, '3.75%'는 평균공시이율의 1.5배이다.
　　　　※ 단, 최저연금적립금에 대한 미보증형에 가입할 경우는 원금보장이 안 될 수 있으므로 '−평균공시이율'을 포함하여 3가지 이상의 수익률을 가정하여 사용한다.

　　　ⓑ 2009년 4월 1일부터는 공시규정 강화로 저축성 변액보험의 경우 투자수익률과 함께 순수익률을 예시하도록 하였다.
　　　　※ 순수익률 = 투자수익률에서 최저보증 관련 비용과 펀드 관련 비용을 차감한 수익률을 말한다.

　　　ⓒ 타 금융기관의 실적배당상품은 확정되지 않은 수익률을 예시할 경우 계약자들에게 피해를 줄 소지가 있으므로 투자수익률을 가정하여 예시할 수 없다. 그러나 중장기상품인 변액보험의 경우는 미래 사망보험금과 해지환급금 등에 대한 예시 없이는 고객에게 정확한 상품 설명을 할 수 없으므로 예외를 적용한 것이며, 다만 너무 과장된 투자수익률 예시를 방지하기 위해 '−1%(낮은 수익률), 3.0%(평균공시이율), 4.5%(평균공시이율의 1.5배)'의 세 가지로 제한한 것이다.

ⓒ 투자수익률 예시표(S사 상품 기준)

※ 기준 : 남자 40세, 70세 연금개시, 종신연금형(개인, 20년 보증), 최저연금적립금 보증 선택, 10년납, 월납 기본보험료 50만원, 채권형 펀드 100% 선택, 기본사망보험금 500만원, 공시이율 2.6%

(단위 : 만원)

경과시간	투자수익률 −1% 가정 (순수익률 −1.2%)		투자수익률 2.5% 가정 (순수익률 2.3%)		투자수익률 3.75% 가정 (순수익률 3.6%)	
	사망보험금	해지환급률	사망보험금	해지환급률	사망보험금	해지환급률
1년	851	58.6%	861	60.2%	865	60.8%
3년	1,922	79.0%	2,006	83.6%	2,037	85.4%
5년	2,968	82.2%	3,201	90.0%	3,290	93.0%
10년	5,517	83.6%	6,469	99.4%	6,857	105.9%
15년	5,194	78.2%	7,158	110.9%	8,039	125.6%
20년	4,921	73.6%	7,968	124.4%	9,486	149.7%
30년	4,419	65.3%	9,898	156.6%	13,275	212.9%

(단위 : 만원)

연금적립액	6,000	9,398	12,775
매년연금액 (20년 보증)	314	491	668

출처 : 변액보험 판매관리사 표준교재, 생명보험협회

ⓐ 순수익률은 최저보증과 펀드 관련 제반비용을 공제한 것이다.

ⓑ 투자수익률이 −1%일 경우 납입기간(10년)이 끝나면 해지환급률과 사망보험금이 감소하여 30년 시점에 해지환급률이 50.80%에 불과하다.

※ 이처럼 투자수익률이 마이너스를 기록하더라도 사망보험금은 기납입보험료를 최저보증하므로 사망 시 6,000만원(월납 50만원×120개월)을 지급한다.

ⓒ 연금지급을 종신형(20년 보증)으로 할 때 각각의 투자수익률에 따른 매년 연금액은 321만원, 434만원, 617만원으로 차이가 발생한다.

[예제33] 국내에서 판매되고 있는 변액연금은 연금 본래의 취지를 고려하여 최소한의 안정성을 부여하기 위해 두 가지 최저보증 기능을 두고 있는데, 이 두 가지는 (   )와 (   )이다.

정답 | GMDB, GMAB

해설 | GMDB는 기납입보험료를 사망보험금으로 최저보증하는 것이며, GMAB는 연금개시 시점에서 기납입보험료를 연금재원으로 보증하는 것이다.

[예제34] 모든 변액연금보험은 GMAB 기능이 포함되어 판매된다. (○ / ×)

정답 | ×

해설 | 2016년 4월부터 계약자의 선택에 따라 GMAB 기능이 없는, 즉 미보증형 변액연금보험에 가입할 수 있다.

[예제35] 모든 변액연금보험은 연금개시 후에는 운용의 안정성을 위하여 일반계정의 공시이율을 반영한다. (O / ×)

> **정답** | ×
> **해설** | 연금개시 후(제2보험기간)는 일반계정의 공시이율로 운용하는 것이 일반적이나, 특별계정으로 운용하는 상품도 판매되고 있다.

[예제36] 변액연금의 사망보험금은 (매일/매월) 변동한다.

> **정답** | 매일
> **해설** | 변액종신보험은 매월 변동하나 변액연금은 매일 변동한다.

[예제37] 확정되지 않은 수익률을 예시할 경우 계약자들에게 피해를 줄 소지가 있으므로 변액보험에서도 투자수익률은 예시할 수 없다. (O / ×)

> **정답** | ×
> **해설** | 변액보험은 중장기상품이므로 예외적으로 투자수익률의 예시를 허용한다.

[예제38] 변액보험에서 허용하는 미래수익률의 예시는 (　　　), (　　　　　), (　　　　　　　　)의 3가지로만 가능하다.

> **정답** | −1%, 평균공시이율, 평균공시이율의 1.5배
> **해설** | 2019년 1.1부터 −1%, 2.5%, 3.75%의 3가지이다.

(3) 변액유니버설보험

① 변액유니버설보험 도해

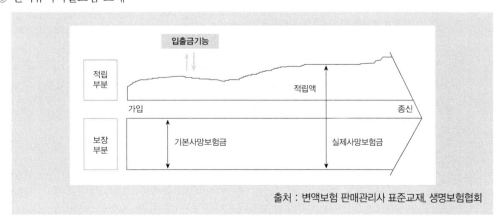

출처 : 변액보험 판매관리사 표준교재, 생명보험협회

⊙ 변액유니버설보험은 변액보험의 장점인 실적배당과 유니버설보험(universal life insurance)의 장점인 자유입출금을 결합하여 만든 종합금융형 보험이다.

　※ 유니버설보험 : 공시이율로 적립되는 상품으로 국내의 금리연동형 보험구조에 자유납입 및 중도인출을 추가한 형태의 보험 예 유니버설종신보험 등

ⓛ 변액보험과 유니버설보험의 장점만을 채택하고 여기에 다양한 고객의 니즈를 반영하여 ⓐ 보험의 보장 기능, ⓑ 간접투자상품의 실적배당 기능, ⓒ 입출금 기능을 하나의 상품으로 제공할 수 있는 'one stop service' 종합금융형보험이 바로 변액유니버설보험(VUL)이다.

ⓒ 변액유니버설보험의 상품형태는 장기투자를 주목적으로 하는 '적립형'과 사망보장을 주목적으로 하는 '보장형'으로 구분된다.

ⓔ 변액유니버설보험 보장형의 두 가지 형태

ⓐ 변동보험금이 있는 형태	ⓑ 변동보험금이 없는 형태
일시납보험 추가가입방법을 사용하여 변동보험금을 발생시키는 것으로 변액종신보험과 유사하다(기본보험금 + 변동보험금). → 변액종신보험의 구조와 동일	'보험가입금액, 계약자적립금의 일정비율, 기납입보험료' 중 가장 큰 금액을 사망보험금으로 지급하는 형태이다. → 대부분의 변액유니버설보험 보장형의 구조

　※ 현실적으로 보장형 변액상품은 대부분 '변액유니버설보험 보장형(ⓑ의 형태)'으로 판매되고 있다.

ⓜ 변액유니버설보험 적립형은 변액연금과 마찬가지로 가입 시 정해진 금액에 투자실적에 따라 매일 변동되는 계약자적립금을 더하여 지급하는 형태이다.

ⓗ 기타 기능으로는 보험기간 중 보험료를 추가로 납입 또는 일시중지할 수 있으며 적립금의 중도인출도 가능하다.

ⓢ 변액유니버설보험은 2003년 7월 국내에서 최초로 판매되었으며, 현재는 여러 회사에서 판매하고 있다.

② 변액유니버설보험(VUL)의 특징

　⊙ 중도인출이 가능하다.

　　ⓐ VUL의 중도인출은 대출도 감액도 아니므로 인출수수료 정도만 부담하고 손쉽게 필요 자금을 찾아 쓸 수 있다(MMF, CMA, MMDA와 유사하다고 할 수 있음).

　　ⓑ 보험기간 중 중도인출은 언제든지 해지환급금의 범위 내에서 가능하다.

　　　※ 중도인출은 일반적으로 해지환급금의 50% 이내(적립금 기준이 아님)에서 허용된다.

　ⓛ 보험료 납입기간의 자율성을 가지고 있다.

　　ⓐ VUL은 일정기간만 보험가입 시 정한 기본보험료를 의무 납입하면(예 5년, 10년 등), 그 이후부터는 기본보험료 납입을 일시 중단할 수도 있으며 목돈이 있거나 펀드의 투자실적이 좋을 경우에 추가로 보험료를 납부할 수 있다.

　　ⓑ VUL의 기본적인 보험료납입기간은 전기납으로 설정된다. 하지만, 실질적으로 의무납입기간 이후 수시 자유납이므로 보험의 납입의 시기를 계약자가 조절할 수 있다는 유연성이 있다.

　　ⓒ 단, 납입을 정지할 경우에는 위험보장에 필요한 '위험보험료 및 계약의 유지보전을 위한 제반 사업비 및 수수료(월대체보험료)'는 해지환급금에서 공제하며, 만약 해지환급금에서 이러한 비용을 충당할 수 없게 되면 계약은 자동 해지 처리된다.

③ 변액유니버설의 보장구조

〈적립형〉

사망보험금 = 기본사망보험금 + 사망시점까지 적립된 계약자적립금

　　　　　　　　　　　　　└→ 투자실적에 따라 매일 변동

※ 기본사망보험금은 보험료에 비례하거나 구좌당 확정되어 있는 경우가 대부분이며, 기본사망보험금이 없는 경우도 있다. 또한, 기납입보험료 등을 사망보험금으로 최저보증한다.

〈보장형〉　　　┌→ 일시납보험 추가가입방법으로 계산

사망보험금 = 기본보험금 + 변동보험금

└→ 매월 변동　└→ 기본보험금을 사망보험금으로 최저보증

※ 초과적립금 발생시 변동보험금을 추가로 가입함으로써 보장수준을 높일 수 있음

사망보험금 = MAX [기본보험금, 계약자 적립금의 일정비율(105~110% 수준), 기납입 보험료]

└→ 매월 변동　└→ 기본보험금을 사망보험금으로 최저보증

※ 초과적립금 발생 시 초과적립액만큼 위험보험료를 차감하여 수익률을 높일 수 있음

㉠ 저축 성격이 강한 'VUL 적립형'은 사망보험금으로 기납입보험료를 최저보증하며, 보장성이 강한 'VUL 보장형'은 변액종신처럼 기본보험금을 최저보증한다.

㉡ 해지환급금은 투자수익률에 따라 매일 변동되며, 최저보증이율이 없고, 투자실적이 악화될 경우에는 원금 손실이 발생할 수 있다.

㉢ 피보험자 사망 시에는 사망보험금을 지급하고 계약이 소멸되며, VUL 보장형은 합산장해율이 50% 이상이면 보험료 납입을 면제해주나, VUL 적립형은 보험료 납입이 면제되지 않는 것이 대부분이다.

참고1 현금흐름방식(Cash Flow Pricing)에 따른 보험료 산출방식 정리

구분	보험료 산출형(현가형)	보험료 비산출형(종가형)
해당 변액보험	변액종신, VUL 보장형	변액연금, VUL 적립형
보험료 산출방식	시산보험료를 산출한 후 최적기초율을 적용한 현금흐름을 통해 모델계약의 수익성을 분석하고 수익성 가이드라인을 고려하여 영업보험료를 결정	최적기초율을 적용한 현금흐름을 통해 수익성을 분석하고 그 결과가 수익성 가이드라인을 충족하는지를 확인

※ 변액보험 가입 시 현가형(변액종신, VUL 보장형)은 연령 등을 반영하여 보험료가 산출되지만, 종가형(변액연금, VUL 적립형)은 계약자가 영업보험료를 설정한다.

참고2 현금흐름방식(CFP)의 도입에 따른 용어 변경

변경 전	변경 후
부가보험료	계약체결 및 계약관리비용
신계약비	계약체결비용
유지비	계약유지비용(납입 중과 납입 후로 구분)
수금비	기타비용

[예제39] 실적배당 기능과 입출금 기능과 보험의 보장 기능을 모두 포함해 하나의 상품으로 제공한다고 해서 'one stop service'라고 불리는 것은 (   )이다.

정답 ┃ 변액유니버설보험(VUL)

[예제40] 변액보험상품 중에서 자유납입 기능은 변액유니버설에만 있다. (○ / ×)

정답 ┃ ○

해설 ┃ '유니버설'의 기능이 자유입출금을 말하는 것이다. 의무납입기간(10~15년)이 지나면 자유납입할 수 있다.

[예제41] 월대체보험료는 변액보험 상품 모두에 적용되는 개념이다. (○ / ×)

정답 ┃ ×

해설 ┃ 월대체보험료는 변액유니버설보험의 자유납입 기능으로 인해 발생된 제도이다. 따라서 VUL에만 적용되는 개념이다.

[예제42] 변액유니버설보험은 보험기간 중 언제든지 중도인출이 가능한데, 단 (   )의 범위 내에서만 가능하다.

정답 ┃ 해지환급금

[예제43] 변액유니버설보험 중에서 사망보험금을 'Max[기본보험금, 기납입보험료의 일정비율(105~110% 수준), 기납입보험료]'로 지급하는 것은 (   )이다.

정답 ┃ 변액유니버설보험 보장형

해설 ┃ VUL 적립형은 '기본사망보험금 + 사망 시점까지 적립된 계약자적립금'으로 변액연금과 동일하다.

[예제44] 변액유니설보험이 사망보험금으로 최저보증하는 것은 적립형의 경우 (   )이며, 보장형의 경우 (   )이다.

정답 ┃ 기납입보험료, 기본보험금

SECTION 1 | **특별계정**

(1) 특별계정의 필요성

① 변액보험과 일반보험은 자산운용의 실적에 대한 투자위험의 부담자가 다르므로 투자성과에 대한 기여도를 명확히 구별해야 한다.

→ 변액보험은 투자상의 실적과 위험을 계약자가 부담하므로 투자상의 위험 대부분을 보험회사가 부담하는 일반계정과 구별된다. 따라서 각각의 자산을 분리·운용하여 각 계정 간의 공평성을 유지해야 한다.

② 자산운용의 평가방법이 서로 상이하다.

→ 변액보험의 자산은 계약자 각각의 몫을 구성하고 있으므로 개인별 적립금의 산출에 있어 공정해야 하고, 이러한 필요성에 따라 자산의 평가 방법이 상이하다.

※ 변액보험의 특별계정 평가는 매일의 시가법에 의한다(일반계정은 결산 시점).

③ 자산운용의 목적이 상이하다.

→ 변액보험은 투자실적이 계약자에게 귀속되므로 자산운용에 의한 수익을 계속 배당하기 위해 안전성이 중시된다.

[예제01] 변액보험은 (일반계정/**특별계정**)으로 운용하며, 계정은 (매년/**매일**) 평가한다.

정답 | 특별계정, 매일

(2) 변액보험의 현금흐름(cash flow)

① 변액보험의 현금흐름

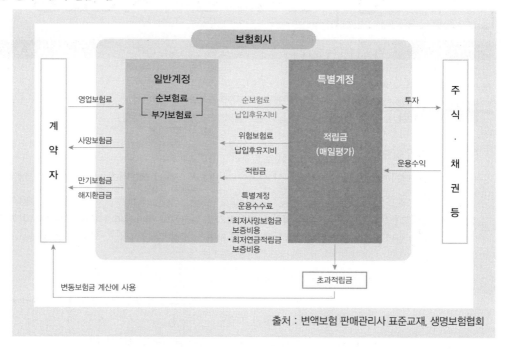

출처 : 변액보험 판매관리사 표준교재, 생명보험협회

ⓐ 특별계정에서 운용되는 보험료는 고객이 납입한 영업보험료 전부가 아니다.

ⓐ '영업보험료 = 순보험료 + 부가보험료'로 구성되며, 부가보험료 중에서 신계약비와 수금비는 보험료를 납입하는 기간 이내에만 사용하는 사업비이다. 하지만, 유지비는 계약이 유지되는 전 기간 계약유지를 위해 사용하는 사업비이다.

ⓑ 유지비는 '납입 중 유지비'와 '납입 후 유지비'로 구분된다. 납입 후 유지비는 완납 후에 사용이 되므로 계약자의 적립금에 포함되어 있다가 보험료납입이 완료되면 그때부터 적립금에서 차감하여 사용하게 된다.

※ 월납계약은 납입기간이 완료된 후에, 일시납계약의 경우에는 일시납보험료를 납입하자마자 바로 납입완료가 되므로 바로 납입 후 유지비를 사용하게 된다.

ⓒ 특별계정에 투입되는 보험료는 순보험료와 미래에 사용해야 할 유지비인 납입 후 유지비를 합한 금액이다.

※ 특별계정 투입보험료 = 영업보험료 − (계약체결비용 + 납입 중 계약유지비용 + 기타비용) = 순보험료 + 납입 후 계약유지비용

ⓛ 특별계정 투입보험료는 특별계정에서 채권, 주식 등 유가증권에 투자되어 매일 실적배당률로 적립되며, 매월 계약해당일에 해당월의 자연식 위험보험료와 납입 후 유지비를 특별계정에서 일반계정으로 차감하게 된다.

ⓐ 자연식보험료는 납입기간 중에는 납입보험료에서 차감되므로 특별계정 투입보험료에서 차감된다. 납입기간이 완료되면 적립액에서 자연식 위험보험료를 차감하게 된다.

ⓑ 연령이 증가할수록 자연식위험보험료도 증가하므로 실제 운용되는 특별계정 투입보험료(위험보험료가 차감된 금액)는 연령이 증가할수록 줄어들게 된다.

ⓒ 일반종신보험의 경우는 평준보험료 방식이므로 연령에 상관없이 납입기간 중 같은 위험보험료가 부과된다.

ⓓ 변액종신보험은 특별계정 투입보험료(위험보험료를 차감한 금액)가 펀드로 투자되어 투자수익률로 적립된다. 이에 반해 일반종신보험의 경우는 위험보험료를 차감한 금액이 예정이율로 적립된다.

ⓒ 변액연금의 경과 기간별 특별계정 투입보험료 예시

(단위 : %)

납입기간		일시납	3년납	7년납	10년납	15년납	20년납
경과 구분		최초	1~3년	1~7년	1~10년	1~15년	1~20년
남자	20세	94.4	96.6	90.9	90	90	90
	25세						
	30세						
	35세						
	40세		96.6~96.5	90.9~90.8	90~89.9	90~89.9	90~89.9
	45세						
여자	20세	94.4	96.6	90.9	90	90	90
	25세						
	30세						
	35세						
	40세						
	45세						

※ 상기 투입비율은 회사의 사업비에 따라 그 비율이 달라질 수 있다.

출처 : 변액보험 판매관리사 표준교재, 생명보험협회

ⓐ 변액연금은 변액종신보험보다 보장이 적어서 자연식 위험보험료가 차지하는 비율이 매우 낮다. 따라서 변액종신보험보다 특별계정 투입보험료의 비율이 훨씬 높은 편이다(아래 표 참조).

※ 변액종신보험과 변액연금의 특별계정 투입보험료의 차이(남자 45세 기준, 단위 : %)

구분	1~10년	1~15년	1~20년
변액종신보험	76~72	74~64	72~51
변액연금보험	96.6~89.9	96.6~89.9	96.6~89.9

ⓑ 변액종신보험의 경우 납입기간이 길수록 자연식보험료가 올라가서 특별계정투입보험료가 감소한다. 변액연금의 경우 기본적으로 변액종신보험에 비해 자연식보험료의 부담이 매우 작으므로 특별계정투입보험료는 훨씬 많다. 그리고 납입기간이 짧을수록 투입보험료가 더 많다(∵ 계약체결비용이 감소하므로). 또한 납입기간이 10년을 넘을 경우는 예정신계약비의 상각기간(최대상각기간 10년)이 끝나므로 특별계정투입보험료의 변동은 거의 없다.

ⓔ 변액보험에는 일반보험의 사업비 외에 특별계정 운용보수·수탁보수와 최저사망보험금 보증비용 또는 최저연금적립금보증비용 등 보증옵션비용이 추가로 부과된다.

ⓐ 특별계정 운용·수탁보수는 특별계정을 운용하고(자산운용회사) 관리하는 데(수탁회사) 필요한 비용을 충당하기 위해 부과한다.

ⓑ 부과방법은 특별계정의 적립금에 대해 일정률을 부과하며, 매일 특별계정에서 일반계정으로 차감하게 된다.

ⓒ 특별계정의 운용보수는 투입되는 펀드의 리스크 정도에 따라 그 적용률이 다른 것이 일반적이다. 이는 리스크 정도에 따라 펀드운용에 소요되는 비용이 다르기 때문이다.

※ **특별계정 운용보수** = 운영보수 + 투자일임보수 + 수탁보수 + 사무관리보수

ⓓ 일반적으로 국내의 펀드운용에 대한 보수는 운용보수, 신탁보수를 합쳐서(특별계정 운용·신탁보수) 대체로 채권형 0.2%, 주식형 1.0% 내외로 책정하고 있고, 미국의 변액보험도 펀드별로 차별화되어 있다.

ⓔ 최저사망보험금보증비용(charge for Guaranteed Minimum Death Benefit)은 특별계정의 투자 실적이 아무리 악화된다 하더라도 보험 고유의 기능인 보장을 제공하기 위해 부과하는 비용이다.

※ 부과방법은 특별계정 운용·수탁보수와 동일한 방법으로 특별계정의 적립금에 일정률을 부과하며, 매일 또는 매월 특별계정에서 일반계정으로 차감하게 된다.

ⓕ 최저연금적립금보증비용(charge for Guaranteed Minimum Accumulation Benefit)은 변액연금에만 부과되는 최저보증비용이다.

※ 부과방법은 최저사망보험금보증비용과 동일한 방법으로 특별계정의 적립금에 대해 일정률을 부과하며, 매일 또는 매월 특별계정에서 일반계정으로 차감하게 된다.

② 변액보험의 현금흐름과 수수료 차감방식

구분	변액연금, 변액종신, 변액유니버설보험 (의무납입기간 중)	변액유니버설보험 (자유납입기간 중)
납입보험료	정액 정기납(일부 추가납입 가능)	자유납
↓	'납입 후 계약관리비용'을 제외한 '계약체결 및 관리비용(부가보험료)' 차감	'계약체결 및 계약관리비용(부가보험료)' 중에서 '기타비용(수금비)'만 차감
특별계정 투입보험료	지정한 특별계정에 투입 후 운용	
↓	월공제액 차감(매월 계약해당일) – 자연식 위험보험료(나이가 증가함에 따라 점차 증가) – 납입 후 계약관리비용(변액연금, 변액종신의 납입 종료 후)	월대체보험료 차감(매월 계약해당일) – 자연식 위험보험료 – 계약체결 및 계약관리비용(기타비용 제외) – 선택특약보험료
	특별계정 운용보수 차감(매일) – 특별계정 적립금에 연간 보수율을 일 기준으로 부과하며, 보수율은 운용형태, 주식 편입비중, 리스크에 따라 펀드별로 차등 적용	
	최저보증비용 차감(매일 또는 매월) – 최저사망보험금 보증비용(전 변액상품), 최저연금적립금보증비용(변액연금) – 특별계정 적립금에 부과하며, 상품 및 보증내용에 따라 차등 적용	
계약자적립금	제반비용을 차감하고 특별계정 운용실적을 반영하여 매일 변동	
↓		
보험금/환급금	지급사유 발생 시 특별계정 적립금을 일반계정으로 이체 후 지급(가망보험금, 연금적립금) – 해지환급금의 경우 해지 시점의 적립금에서 해지공제액(미상각 신계약비, 최대 7년까지 적용)을 차감한 후 지급	

출처 : 변액보험 판매관리사 표준교재, 생명보험협회

[예제02] 특별계정에서 운용되는 보험료는 고객이 납입한 영업보험료 전액이 아니다. (○ / ×)

정답 | ○
해설 | 영업보험료에서 위험보험료, 사업비 등을 차감한다.

[예제03] 변액연금과 변액종신보험의 특별계정 투입보험료는 '영업보험료 + 납입 후 계약유지비용'이다. (○ / ×)

정답 | ×
해설 | '순보험료 + 납입 후 계약유지비용'이다.

[예제04] 특별계정 투입보험료는 특별계정에서 채권, 주식 등 유가증권에 투자되어 (매일/매월) 실적배당률로 적립되며, (매일/매월) 계약해당일에 해당월의 (자연식/평준식)위험보험료와 납입 후 유지비를 특별계정에서 일반계정으로 차감하게 된다.

정답 | 매일, 매월, 자연식

[예제05] 변액종신보험의 특별계정 투입보험료는 연령이 높아질수록 (늘어난다/줄어든다).

정답 | 줄어든다
해설 | 연령이 높아질수록 자연식 위험보험료가 증가하므로 특별계정 투입보험료는 줄어든다.

[예제06] 연령이 높아질수록 특별계정 투입보험료가 줄어드는데, 그 감소 폭은 (변액종신보험/변액연금보험)이 더 크다.

정답 | 변액종신보험
해설 | 변액종신보험의 사망보험금(기본보험금)이 더 크므로 차감되는 자연식 위험보험료도 더 커지기 때문이다.

[예제07] 특별계정의 운용보수는 (   ), (   ), (   ), (   )로 구성된다.

정답 | 운영보수, 투자일임보수, 수탁보수, 사무관리보수

[예제08] 변액유니버설보험의 특별계정 투입보험료는 '영업보험료(특약보험료 포함) − (   )'이다.

정답 | 기타비용
해설 | 영업보험료에서 기타비용(수금비)을 제외하고 모두 특별계정에 투입되고, 이후 매월 월대체보험료를 차감한다(변액종신 · 변액연금보험과 VUL의 특별계정 투입방식이 다른 점에 유의할 것).

[예제09] 변액유니버설보험에서 매월 차감하는 월대체보험료의 구성항목은 (   ), (   ), (   )이다.

정답 | 자연식 위험보험료, 기타비용을 제외한 계약체결 및 계약관리비용, 선택특약보험료

(3) 특별계정의 종류

① 주식형-채권형-혼합형 펀드 비교

구분	주식형 펀드	채권형 펀드	혼합형 펀드
운용대상	주식 비중 60% 이상 (일부 채권, 유동성 투자)	채권 비중 60% 이상 (주식편입은 하지 않음)	주식 비중 60% 미만 (채권과 주식 혼합)
장점	– 수익성 추구 – 주식시장 강세 시 고수익	– 장기 안정적 수익 확보 – 수익률의 변동폭 적음	– '안정성 + 수익성' 추구 – 주식혼합형, 채권혼합형
단점	주식시장 약세 시 손실 큼	저금리 시대에는 저수익	주식시장 약세 시 손실 가능
운용적기	주식시장 활황기	고금리 안정화기	시장 예측이 불확실할 때

출처 : 변액보험 판매관리사 표준교재, 생명보험협회

㉠ 채권형 펀드는 크게 2종류 내외로 운용되고 있다.

ⓐ 일반적인 의미의 채권형 펀드: 국·공채, 투자적격 우량 회사채 등에 투자

ⓑ 단기채권형 펀드(혹은 MMF): 콜, CD, CP 등 단기현금성자산에 투자

※ 단기채권형 펀드(MMF)는 유동성 확보를 중시하여 안전한 단기현금성자산 위주로 운용되므로 일반채권형 펀드보다 수익성이 낮은 편이나 원금손실 발생 가능성은 거의 없다고 볼 수 있다.

※ 일부 회사에서는 혼합형 펀드와 일반채권형 펀드의 투자수익률에서 (–)가 발생할 경우 이 펀드로의 펀드변경을 통해 리스크를 헤지할 수 있도록 사용하고 있다. 따라서 MMF는 엄밀히 말하면 투자 펀드라기보다는 리스크헤지용 펀드(또는 피난처 펀드, shelter fund)에 더 가깝다고 할 수 있다.

㉡ 주식형 펀드와 혼합형 펀드는 주식편입 비율에 따라 구분된다.

ⓐ 주식편입 비중이 60% 이상이면 주식형 펀드, 주식편입 비중이 60% 미만이면 혼합형 펀드라고 한다.

※ 변액보험의 혼합형 펀드는 주식 관련 투자 비중을 30% 미만으로 운용하는 것을 원칙으로 한다.

ⓑ 공격적 투자자의 경우 주식형 펀드를, 안정성을 겸비한 투자성향을 가지고 있는 투자자에게는 혼합형 펀드를 권하면 된다.

㉢ 그 외의 구분

ⓐ 개별주식 펀드와 인덱스 펀드 : 전체적인 주식시장의 흐름에 따른 수익률을 추구하는 고객에게는 종합주가지수에 연동하여 운용하는 인덱스 펀드가 적합하다.

※ 인덱스 펀드(Index Fund) : 주로 KOSPI200 지수에 연동하여 포트폴리오를 구성하는데, 펀드의 수익률이 목표지수와 비슷하게 움직이도록 포트폴리오를 구성하여 운용하는 펀드이다.

ⓑ 인덱스 펀드는 개별종목에 대한 투자를 신뢰하지 못하거나, 전체적인 주식시장의 흐름 정도의 수익률(지수수익률) 정도를 목표로 하는 고객에게 적합한 펀드이다.

※ 인덱스 펀드는 일반적으로 주식형 펀드로 분류되지만, 변액보험에서는 실무적으로 주식형 펀드를 제공하지 않으므로 '인덱스혼합형 펀드'로 분류된다.

② 변액보험과 다른 실적배당상품의 비교

구분	변액보험(생보사)	타 실적배당상품(금융투자사)
자산운용상 차이점	• 10년 이상의 장기운용 • 보수 : 안정적 운용에 주력 • middle risk middle return(중도위험 중도수익) • 장기저축 및 보험금의 인플레 위험 방지가 주목적	• 주로 3년 내외의 중ㆍ단기운용 • 고수익을 위한 적극적 운용 • high risk high return(고위험 고수익) • 유가증권시장에서의 단기시세차익 획득이 주목적
상품상 차이점	• 사망보장 제공 • 적립액에 대한 최저보증 있음(변액연금의 경우) • 고객은 자산운용리스크 부담, 회사도 일정 리스크 부담(최저사망보증, 기납입보험료 보증) • 펀드변경 기능 • 자금이 필요할 때 중도인출 가능	• 사망보장 없음 • 적립액에 대한 최저보증 없음 • 고객이 자산운용리스크를 전적으로 부담(회사의 자산운용 리스크는 없음) • 대부분 펀드변경 기능 없음 • 자금이 필요할 때 환매

출처 : 변액보험 판매관리사 표준교재, 생명보험협회

명/품/해/설 펀드변경에서의 변액보험과 일반펀드의 차이

• 변액보험이든 일반펀드이든 '자산운용에 대한 지시권'은 없다. 펀드투자의 본질적 개념은 '2인 이상에게 투자 권유를 하여 모은 자금을 전문가가 투자자의 일상적인 지시를 받지 아니하고 운용하여 그 실적에 따라 투자자에게 배분하는 것'이므로, 투자자의 자산운용지시권은 당연히 없다.

• 그렇지만 변액보험에는 펀드변경 기능을 두고 있다. 처음에 채권형이나 혼합형 펀드에 투자했다가 시장 전망이 좋으면 주식형 펀드로 투자자금을 이동시킬 수 있다. 이를 '펀드변경 기능(fund transfer)'이라 하는데, 이는 장기투자를 고려한 변액보험 고유의 기능이라 할 수 있다.

• 일반펀드에는 원칙적으로 펀드변경 기능이 없다. 펀드는 일반적으로 중ㆍ단기적 투자이므로 펀드를 변경하고 싶으면 전액 환매하고 새롭게 원하는 펀드에 가입하면 된다. 다만 이때 일정한 환매수수료를 부담하는데(보통 3개월이 지나면 환매수수료를 받지 않음), 이러한 환매수수료를 부담하지 않고 펀드전환을 할 수 있는 기능을 둔 펀드가 개발되었고 이를 전환형 펀드(혹은 엄브렐러펀드)라고 한다.

[예제10] 주식형 펀드의 운용보수는 채권형의 운용보수보다 대부분 높다. (O/×)

정답 | ○

해설 | 일반적으로 국내 주식형의 경우 운용보수가 1.5%, 채권형은 1.0% 정도이다. 주식형 펀드가 채권형 펀드보다 운용보수가 높은 이유는 초과이익을 위하여 운용하는 노력이 더 많이 투입되기 때문이다.

[예제11] 채권형 펀드는 일반채권형 펀드와 단기채권형 펀드(MMF)로 구분되는데, 국공채나 투자적격 우량 회사채에 투자하는 펀드는 (   )이다.

정답 | 일반채권형 펀드

해설 | 이와 비교하여 단기채권형 펀드는 콜, CD, CP 등 단기현금성자산에 주로 투자한다.

[예제12] 채권형 펀드의 두 가지 중에서 리스크헤지용 펀드는 (   )이다.

> **정답 ┃** 단기채권형 펀드(MMF)
> **해설 ┃** 피난처 펀드(shelter fund)라고도 한다.

[예제13] 안정성과 수익성을 동시에 추구하는 투자자라면 (   )를 권유하는 것이 적합하다.

> **정답 ┃** 혼합형 펀드

[예제14] 전체적인 시장의 흐름에 따르는 수익률을 추구하고자 한다면 채권형에 가입하면 된다. (ㅇ/×)

> **정답 ┃** ×
> **해설 ┃** 지수 흐름을 추종하는 펀드는 인덱스(index)혼합형 펀드이다.

[예제15] 변액보험은 10년 이상의 장기투자를 전제로 하지만 금융투자사의 일반펀드상품은 주로 3년 내외의 중·단기 운용을 전제로 한다. (ㅇ/×)

> **정답 ┃** ㅇ
> **해설 ┃** 기본적으로 보험은 장기상품이다.

[예제16] 변액보험 특별계정의 운용상의 특성은 일반계정과 투자신탁상품과 비교하면 'middle risk, middle return'이라 할 수 있다. (ㅇ/×)

> **정답 ┃** ㅇ
> **해설 ┃** 일반계정보다는 수익성을 추구하지만, 그 수익성은 장기적으로 인플레이션을 헤지하는 데 그 목적이 있으므로 투자신탁의 고수익 추구와는 다르다.

[예제17] 변액보험도 기본적으로 펀드에 투자하는 것이므로 가입한 후 자금이 필요할 경우 환매요청을 해야 한다. (ㅇ/×)

> **정답 ┃** ×
> **해설 ┃** 투자신탁상품은 자금회수를 위해 환매요청을 하지만 변액보험에서는 환매라는 절차가 없다. 왜냐하면, 대부분 중도인출 기능을 두고 있기 때문이다.

[예제18] 투자신탁의 펀드상품은 변액보험과는 달리 펀드변경 기능이 없는 것이 대부분이나 일부 펀드변경이 가능한 펀드가 있는데 이를 엄브렐러 펀드라고 한다. (O / ×)

정답 | O

해설 | 환매수수료를 부담하지 않고 펀드를 변경할 수 있는 기능을 부가한 것이 엄브렐러 펀드이다.

(4) 변액보험의 적합성 진단

① 변액보험은 원금손실가능성이 있는 금융투자상품에 해당되므로, 변액보험에 가입하기 전에 보험업법과 자본시장법에 따라 '변액보험 가입성향 진단절차(변액보험 적합성 진단절차)'를 이행해야 한다.

② 진단절차 : 계약자 정보 확인 → 보험계약의 성향 분석 → 적합성 진단결과 제공

※ 진단결과에 따라 보험계약자에게 적합한 보험계약의 목록을 제공해야 한다.

③ 진단결과에 따른 보험계약자의 투자성향 구분(예시) : 5단계(위험회피형 – 안정추구형 – 중립형 – 적극형 – 위험선호형)으로 구분하는 것이 일반적이다.

※ 최저연금적립금 보증형 변액연금은 '중립형' 계약자에게, 최저연금적립금 미보증형 변액연금은 '위험선호형' 계약자에게 적합하다.

④ 만일, 적합성 진단결과에 따른 보험계약을 체결하지 않고 본인의 판단에 따라 보험계약을 청약하고자 하는 경우에는 별도의 확인서를 작성한 후 가입할 수 있다.

[예제19] 변액보험은 (   )과 (   )에 따라 변액보험 가입성향 진단절차를 이행해야 한다.

정답 | 보험업법, 자본시장법

[예제20] 변액보험의 가입성향 진단결과를 추정해볼 때, 최저연금적립금에 대한 (보증형/미보증형)이 가장 공격적인 가입성향이라 할 수 있다.

정답 | 미보증형

해설 | 미보증형은 보증이 안 되는 대신 공격적인 운용이 가능하다(주식 비중이 더 높다).

[예제21] 보험계약자는 적합성 진단결과에 부합하는 변액보험을 선택해야 하며, 어떤 상황에서도 본인의 유형보다 위험성이 높은 변액보험을 체결할 수 없다. (O / ×)

정답 | ×

해설 | 적합성 진단결과에 따르지 않고 본인이 임의로 선택하고자 할 경우에는 별도의 확인서를 작성한 후 가입할 수 있다(가입이 불가한 것은 아님).

(1) 기본원칙

① 특별계정의 자산운용은 장기적 수익성 추구를 원칙으로 하고 있다. 동시에 자산운용 결과에 대한 책임이 계약자에게 모두 귀속되므로 안전성, 수익성, 유동성 등에 주의하여 운용하여야 한다.

② 특별계정과 일반계정은 각각 독립해서 운용하며, 각 계정에 속하는 자산을 다른 계정과 상호 매매·교환하는 것은 불가능하다.

③ 특별계정 개설 초기에는 자산규모가 적고 해지율 등의 예측이 곤란하므로 이에 대비하기 위해 일반계정보다는 높은 수준의 유동성을 확보하여야 한다.

④ 변액보험의 계약자는 특별계정의 자산운용지시권은 없으나 펀드변경은 할 수 있다.

⑤ 운용 예시

구분	채권형 펀드	혼합형 펀드
펀드 성격	안정적인 이자수익 획득을 목적으로 하는 펀드	이자소득과 자본소득을 동시에 추구하는 펀드
위험도	저위험	중위험
운용 대상	채권 및 채권 관련 파생상품에 95%를 투자, 나머지 5%는 CD, 콜론, 예금 등 유동성자산에 투자	채권이나 대출상품에 60% 이상을 투자, 30%를 한도로 주식에 투자, 나머지는 CD, 콜론, 예금 등 유동성자산에 투자

명/품/해/설 　투자에 있어서의 시장위험과 개별위험

- 주식시장의 예를 들면, 시장위험은 거시경제지표의 변화에 따라 전체 종목들에 공통적으로 영향을 미치는 위험을 말한다.
- 개별위험은 개별 회사(종목)의 영업환경, 재무상황 및 신용상태의 악화에 따라 발생하는 위험을 말한다.
- 예를 들어, 2008년도 미국의 '서브프라임 모기지 사태'가 부른 글로벌 금융위기 당시 전 세계의 주식시장이 50% 가까이 동반 하락하였다. 이때 삼성전자나 농심이나 모두 동반 하락하였다. 이것이 시장위험에 의한 하락이다.
  반면, 반도체 가격이 급락하면 삼성전자나 하이닉스의 주가는 하락하지만 농심이나 유한양행에는 별 영향을 주지 않는다. 즉 반도체 가격의 하락은 해당 회사, 삼성전자나 하이닉스의 개별위험이 된다.
- 시장위험은 전체위험, 분산불가능위험이라 하고, 개별위험은 고유위험, 분산가능위험이라 한다.

[예제22] 특별계정과 일반계정은 각각 독립해서 운용하며, 각 계정에 속하는 자산을 다른 계정과 상호 매매·교환하는 것은 불가능하다. (O/×)

정답 | ○

해설 | 엄격히 구분되므로 매매·교환은 불가하다.

[예제23] 채권이나 대출상품에 60% 이상을 투자, 30%를 한도로 주식에 투자, 나머지는 CD, 콜론, 예금 등 유동성자산에 투자하는 펀드는 (채권형 펀드/혼합형 펀드)이다.

> **정답 |** 혼합형 펀드
> **해설 |** 실무적으로 혼합형 펀드에서의 주식투자 비중은 30%를 한도로 한다. 비교하여 채권형펀드는 주식을 1주도 편입하지 않는다.

(2) 자산 평가방법

① 평가방법

  ㉠ 특별계정의 자산은 계약자 간의 공평성을 유지하기 위해서 매일 실적배당률을 산출하여 그 성과를 매일 계약자적립금에 반영한다.

  ㉡ 특별계정의 자산평가방법은 '시가평가'가 기본원칙이나, 주식이나 채권과는 달리 객관적인 시세가 형성되지 않는 대출 등의 경우에는 취득원가(장부가)에 해당일의 수입이자를 더한 금액을 해당일의 평가금액으로 본다.

  ㉢ 자산평가방법

운용대상	평가방법
국내외 상장주식	시가평가
국내외 공채, 사채	
단기금융펀드(MMF)	장부가(취득원가) 평가
대출 등	

[예제24] 특별계정 자산은 계약자 간의 공평성을 유지하기 위하여 매월 실적배당률을 산출하여 그 성과를 매월 계약자적립금에 반영한다. (O/×)

> **정답 |** ×
> **해설 |** 매월이 아니라 매일이다.

[예제25] 특별계정의 모든 자산에 대해서는 시가로 평가해야 한다. (O/×)

> **정답 |** ×
> **해설 |** 대출자산은 장부가로 평가한다.

② 자산운용 실적의 적립금 반영방법

　㉠ 특별계정의 운용실적을 적립금에 반영시키는 방법은 국내 금융투자회사에서 이미 사용하고 있는 방법인 좌당 기준가격을 사용한다.

　㉡ 좌당 기준가격 방법은 일정한 거래단위(좌)의 기준가격과 수량(좌수)으로 적립금을 산출하는 것이다.

　㉢ 특별계정(펀드)[주] 최초 개설 시 기준가격은 1,000좌당 1,000.00원(1원 = 1좌)으로 시작하며, 계약자가 납입한 보험료 중 특별계정으로 투입되는 투입보험료는 투입일의 해당 특별계정의 기준가격으로 나누어 계약자의 보유좌수를 산출하게 되고, 특정일의 특별계정의 계약자적립금은 해당일의 기준가격과 계약자가 보유한 좌수를 곱하여 산출한다.

　　※ 주 : 변액보험의 특별계정은 투입되는 펀드별로 관리되므로 '특별계정 개설 = 펀드개설'로 이해할 수 있다.

　㉣ 계약자 보유좌수와 계약자적립금의 산출방법

> • 최초 판매 개시일의 기준가격 : 1,000좌당 1,000.00(원 미만 셋째 자리에서 반올림)
>
> • 계약자 보유좌수 $= \dfrac{\text{특별계정 투입보험료}}{\text{투입일 기준가격}} \times 1,000$
>
> • 계약자적립금 $= \dfrac{\text{계약자 보유좌수} \times \text{해당일 기준가격}}{1,000}$
>
> • 해당일의 기준가격 $= \dfrac{\text{전일말 특별계정 순자산가격}}{\text{특별계정 총좌수}} \times 1,000$

　　참고 '해당일의 기준가격 $= \dfrac{\text{전일말 특별계정 순자산가격}}{\text{특별계정 총좌수}} \times 1,000$'에서 '전일말'의 의미는 아래와 같다.

　　→ 펀드매입 시 입고할 좌수를 계산한다거나 출금 시 좌수를 금액으로 환산할 때 사용하는 기준가격은 전일 발표한 기준가격으로 한다는 것이다(오늘의 기준가격은 오늘 장마감 후에 발표되므로).

　　→ 간혹, '해당일의 기준가격 $= \dfrac{\text{당일 특별계정 순자산가격}}{\text{특별계정 총좌수}} \times 1,000$'으로 사용하기도 하는데(보험업감독규정 시행세칙의 규정), 그 의미는 동일하다. 왜냐하면, 당일 사용하는 기준가격은 전일 장마감 후 확정된 기준가격이기 때문이다.

[예제26] 특별계정의 최초 개설 시 기준가격은 1,000좌당 1,000.00원으로 시작한다. (○ / ×)

정답 | ○
해설 | '1원 = 1좌'이다.

[예제27] '해당일의 기준가격 $= \dfrac{\text{전일말 특별계정 순자산가격}}{\text{특별계정 총좌수}} \times 1000$'이다.

정답 | ○
해설 | 해당일의 기준가격은 '전일말의 순자산가치를 기준으로 한 전일의 기준가격'을 적용한다.
　　[추가설명]

　　1) 기준가격 $= \dfrac{\text{특별계정의 순자산가격}}{\text{특별계정의 총좌수}} \times 1,000$ (→ 매일 장마감 후 발표하는 기준가격)

　　2) 해당일의 기준가격 $= \dfrac{\text{전일말 특별계정 순자산가격}}{\text{특별계정 총좌수}} \times 1,000$ (→ 장중 매매의 기준이 되는 기준가격. 이를 '좌당 기준가격'이라고도 함)

③ 기준가격과 좌수에 대한 개념 이해

　㉠ 기준가격

　　ⓐ 기준가격은 최초로 펀드를 설정한 날을 1,000.00으로 하고 매일의 펀드의 투자실적에 따라 등락하게 된다.

　　ⓑ 최초로 펀드가 설정된 후 기준가격이 1,000.00을 초과하면 특별계정은 (+)수익률을 기록하는 중이며, 기준가격이 1,000.00에 미달하게 되면 특별계정은 (−)수익률을 기록하고 있다는 뜻이다.

　　ⓒ 기준가격의 등락은 주식시장의 종합주가지수 등락과 유사하다. 종합지수가 1,000포인트에서 2,000포인트로 상승하면 수익률이 100% 상승한 것이 된다. 마찬가지로 펀드 투입 시 기준가격이 1,500.00인데 현재 기준가격이 3,000.00이면 특별계정의 수익률이 100% 상승한 것이 된다.

　㉡ 보유좌수

　　ⓐ 계약좌 보유좌수는 주식시장에서 주식매수 후 소유하게 되는 보유주식수와 유사한 개념이다(주가 = 기준가격, 보유주식수 = 보유좌수).

　　　※ A주식의 주가가 50,000원이고 투자금액이 1,000만원이면 200주를 매수, 보유하게 된다. 여기서 1,000만원은 특별계정 투입보험료이고 A회사의 주가 5만원은 기준가격이 된다. 보유주식수 200주는 변액보험의 보유좌수라고 할 수 있다.

　　ⓑ 변액보험의 특별계정 투입보험료는 특별계정 투입일의 좌당 기준가격에 따라 보유좌수로 환산되는데, 동일한 보험료라 하더라도 기준가격이 낮을 경우에 환산되는 보유좌수가 기준가격이 높을 경우에 환산되는 보유좌수보다 많게 된다.

　　　예시 1 특별계정 투입보험료가 1,000만원이고 해당일자의 펀드 기준가격이 1,250.00일 경우 계약자 보유좌수는?

　　　　→ 계약자 보유좌수 $= \dfrac{10{,}000{,}000}{1{,}250} \times 1{,}000 = 8{,}000{,}000$좌

　　　예시 2 그 후 특별계정의 자산운용실적이 좋아져서 펀드 기준가격이 1,400.00으로 증가했다면, 계약자적립금은?

　　　　→ 계약자적립금 $= \dfrac{(8{,}000{,}000 \times 1{,}400)}{1{,}000} = 11{,}200{,}000$원. 즉, 계약자적립금이 120만원 증가하였다.

　　　예시 3 반대로 특별계정의 자산운용실적이 악화되어 펀드 기준가격이 1,100.00으로 감소했다면, 계약자적립금은?

　　　　→ 계약자적립금 $= \dfrac{(8{,}000{,}000 \times 1{,}100)}{1{,}000} = 8{,}800{,}000$원. 즉, 계약자적립금이 120만원 감소하였다.

명/품/해/설 '×1,000'과 '÷1,000'의 이유(원리 설명)

주식의 단위가 1주인 것처럼 펀드의 단위는 1좌이다(1원이 1좌). 그런데 펀드의 기준가격은 1,000.00을 기준으로 하므로,

- 특별계정 투입보험료가 좌수로 환산될 때는 1) 기준가격으로 나누고, 2) 1,000을 다시 곱해야 한다(천 단위로 나누었으므로 천 단위를 다시 곱해야 '1원 = 1좌'가 됨).
- 보유좌수를 적립금액으로 환산할 때는 1) 기준가격으로 곱하고, 2) 1,000을 다시 나누어야 한다(천 단위를 곱했으므로 천 단위를 다시 나누어야 '1좌 = 1원'이 됨).

ⓒ 계약자가 보유한 좌수는 보험료의 납입, 보험계약대출 원리금 상환 등에 의한 금액이 특별계정으로 투입되면 증가하고, 반대로 보험계약대출, 월공제액 차감 등 특별계정에서 일반계정으로 이체되는 금액이 발생하면 감소하게 된다.

ⓓ 기준가격은 특별계정의 자산운용실적이 호전되면 상승하며, 자산운용실적이 악화되면 하락하게 된다.

[예제28] 변액보험의 특별계정 투입보험료가 1,000만원이고 적용 기준가격이 1,250원이라고 하면 보유좌수는 800만 좌수가 된다. (○ / ×)

정답 | ○

해설 | $\dfrac{1{,}000만원}{1{,}250} \times 1{,}000 = 800만$ 좌수

[예제29] 특별계정 투입 시 기준가격이 1,200.00인데 현재 기준가격이 1,440.00이라면 계약자적립금이 (　　　) 증가한 것이다.

정답 | 20%

해설 | 펀드의 기준가격은 주식의 주가와 같다. 기준가격이 상승하면 계약자적립금이 증가하게 된다.

④ 회사별 변액보험공시 확인방법

변액보험을 판매하는 회사는 매일 특별계정의 자산운용 실적을 인터넷상에 공시하도록 되어 있다. 공시하는 곳은 회사별 인터넷 홈페이지 '상품공시실' 내에 있는 '변액보험공시실'이며(회사 홈페이지 → 상품공시실 → 변액보험공시실), 여기서 변액보험 관련 3가지 공시사항을 공시한다.

ⓐ 변액보험 관련 3가지 공시사항
　ⓐ 변액보험 운용설명서 : 변액보험의 주요 특징, 주요 사항, 자산운용방법, 가입안내 등에 대한 자세한 내용을 설명한다.
　ⓑ 변액보험 특별계정 운용현황 : 특별계정의 펀드별 전월말 기준 자산구성내역, 기준가격, 수익률, 순자산가치 등을 공시한다.
　ⓒ 계약관리내용 조회 : 계약자 본인의 보유좌수, 해지환급금, 경과기간별 변동보험금 내역 등을 공시한다.

ⓑ 3가지 사항 중 '변액보험 운용설명서'와 '변액보험 특별계정 운용현황'은 생명보험 홈페이지(www.klia.or.kr)에 접속하면 변액보험을 판매하는 모든 회사의 내용을 일괄적으로 비교·조회 가능하다.

ⓒ '회사의 인터넷 홈페이지 → 상품공시실 → 변액보험공시실 → 변액보험 특별계정 운용현황'을 조회하면 해당 특별계정의 기준가격 및 수익률을 매일 볼 수 있다.

예시 2009. 4. 15 현재, 2001. 7. 9에 개설된 변액보험 특별계정에 대한 운용현황은 다음과 같다.

기준가격	전일 대비	누적수익률	연환산수익률	순자산가치
1,715.42원	3.18	71.54%	9.2%	152,566,951,453원

(1) 2009년 4월 15일에 적용되는 기준가격 1,715.42원은 펀드의 최초개설일 2001년 7월 9일 기준가격 1,000.00으로부터 715.42원이 증가한 것으로 현재 이 특별계정은 (+)수익률을 달성하고 있다.

(2) 전일 대비 3.18은 전날 기준가격 대비 3.180이 증가했다는 것이다.

(3) 누적수익률 71.54%는 펀드 최초 개설일 대비 오늘까지의 특별계정 누적수익률이 71.54%라는 것이다.

(4) 연환산수익률 9.2%는 현재까지의 누적수익률 71.54%(누적일수 2,837일)를 1년(365일)으로 환산한 수익률인데, 이는 비례식을 활용해서 구한다.
   → 경과일수 : 누적수익률 = 365일 : 연환산수익률
   → (2,837일 : 71.54% = 365 : x %), 연환산수익률(x) = $\dfrac{(71.54\% \times 365일)}{2,837}$ = 9.204. 약 9.2%.

> **참고** 공시이율은 (−)금리가 없으나, 변액보험의 연환산수익률은 투자실적이 악화될 경우 (−)수익률이 가능하다.

(5) 순자산가치 152,566,951.453원이라는 것은 해당일 현재 특별계정에 있는 자산총액을 말하며, 이 순자산가치는 매일의 자산운용실적에 따라 증감한다.

[예제30] 보험회사가 공시해야 하는 변액보험 관련 공시는 '변액보험 운용설명서', '변액보험 특별계정 운용현황', '계약관리내용'의 3가지이다. (O / ×)

정답 | ○
해설 | 회사별 인터넷 홈페이지 → 상품공시실 → 변액보험공시실

[예제31] 변액보험 관련 회사가 해야 하는 공시는 '변액보험 운용설명서', '변액보험 특별계정 운용현황', '계약관리내용 조회'의 3가지인데, 이들 모두는 생명보험협회 홈페이지에서 타 회사의 모든 내용과 일괄적으로 비교조회가 가능하다. (O / ×)

정답 | ×
해설 | 3가지 중 '계약관리내용 조회'는 회사만의 공시사항이다. 그 성질상 비교조회가 불가능하다.

(3) 자산운용 옵션

① 펀드변경(fund transfer) 기능
   ㉠ 펀드변경이란 하나의 특별계정 펀드에서 운용되고 있는 적립금의 전부 또는 일부를 계약자의 요청에 의해 다른 특별계정 펀드로 변경시키는 것을 말한다.
   ㉡ 펀드변경은 자산운용에 대한 고객의 간접적인 선택권의 제공으로 계약자에게는 효율적인 포트폴리오 관리 기회를 제공하고, 회사로서는 '해지방지 효과'로 상품 유지율의 제고를 도모할 수 있다는 장점이 있다.
   ㉢ 현재 국내에서 판매되고 있는 변액보험은 계약자가 매년 회사에서 정한 펀드변경 횟수 범위 내에서(현재 판매 중인 변액보험 중 최대 펀드변경 횟수는 12회이며, 회사별로 상이할 수 있음), ⓐ 회사에 문서로 펀드의 변경을 요구하거나 ⓑ 각 회사의 인터넷 홈페이지 내 사이버창구에 접속하여 직접 펀드변경을 신청할 수 있다.
   ㉣ 펀드변경 시 회사는 계약자적립금의 0.1% 범위 이내에서 펀드변경수수료를 청구할 수 있으나, 최근에는 고객서비스의 일환으로 펀드변경수수료를 부과하지 않는 경우도 많다.
   ㉤ 펀드변경은 펀드의 전부변경과 일부변경이 있다.
      ⓐ 계약자적립금이 1천만원이고 이를 전액 채권형 펀드에 투입했다가 전액 인출한 후 혼합형 펀드에 그 전액을 투입하는 경우 이는 전부변경이 된다.

ⓑ 계약자적립금이 1천만원이고 이를 전액 채권형 펀드에 투입했다가 500만원만 인출한 후 혼합형 펀드에 500만원을 투입하면 일부변경이 된다.

② 보험료 분산투입(account allocation) 기능
  ㉠ 보험가입 시 납입보험료를 펀드별로 분산하여 투자할 수 있게 하는 기능이다(펀드의 일부변경을 가능하게 하는 기능).
  ㉡ 계약자는 보험가입 시 청약서상에 납입보험료의 펀드별 배분비율을 선택하여 표기하고, 회사는 선택된 대로 포트폴리오를 구성하여 자산운용을 실시한다.
    ※ 계약자는 리스크의 분산을 도모할 수 있으며, 향후 금융시장의 추세에 따라 펀드변경을 활용하여 간접적으로 효율적인 자산운용을 할 수 있다.
  ㉢ 예를 들어 매월 특별계정 투입보험료가 100만원이고, 청약서상에 채권형 펀드에 50%, 혼합형 펀드에 30%, 주식형 펀드에 20%를 선택하면 각각 50만원, 30만원, 20만원이 매월 각각의 펀드에 투입된다. 이후에 주식시장이 상승할 것으로 예상되어 혼합형 30%, 주식형 70%로 구성하면 각각 30만원, 70만원이 매월 투입되게 된다.

③ 펀드의 자동재배분(auto rebalancing) 기능
  ㉠ 투자성과에 따라 변동된 펀드의 적립액 비율로 고객이 계약체결 시 또는 펀드변경 시 설정한 비율로 자동재배분 하는 기능을 옵션으로 부가하여 안정적 투자전략을 수행할 수 있게 하는 기능이다.
  ㉡ 펀드 자동재배분 기능

구분	최초 분산투입 비율	6개월 후 변경된 비율	re-balancing
채권형 펀드	50% - 500만원	30.8% - 400만원	50% - 650만원
혼합형 펀드	30% - 300만원	30.8% - 400만원	30% - 390만원
주식형 펀드	20% - 200만원	38.4% - 500만원	20% - 260만원
합계	100% - 1,000만원	100% - 1,300만원	100% - 1,300만원

(계약자적립금 1천만원, 6개월마다 최초투입비율로 're-balancing'하는 조건)

  ㉢ 펀드의 자동재배분 기능은 가입 후 일정 기간(매 3개월/6개월/1년 등)마다 적용되며, 고객이 자신의 투자성향에 맞게 정한 최초의 포트폴리오를 지속해서 이어 간다는 의미와 기간별로 차익을 실현할 수 있다는 장점이 있다.

> **참고** 주식형 적립금 자동이전 기능(new auto rebalancing)
> (1) 순수주식형 펀드의 계약자적립금이 주식형 최대편입비율 초과 시, 초과하는 금액을 연계약 해당일의 기준가격을 적용하여 채권형으로 자동이전하는 기능이다.
> (2) 예를 들어, 주식형 펀드의 최대 주식편입비율이 80%라고 할 때, 주식시장의 강세가 지속되어 해당 펀드의 주식편입 비중이 95%가 될 수도 있다. 이 경우 15%를 매도하고 해당 금액을 채권형 펀드에 자동으로 이전하는 것을 말한다.
> (3) 근본적으로 펀드의 'auto rebalancing'과 같으나 순수주식형 펀드에만 해당한다는 차이가 있다.

④ 보험료 정액분할투자(Dollar Cost Averaging, DCA)기능
  ㉠ 일시납보험료와 같이 고액자금을 일시에 납입할 경우 활용할 수 있는 기능으로 자금을 한꺼번에 투입했을 때 그 시점의 시장 상황의 흐름에 수익률이 크게 좌우되는 불안정성을 해결하기 위해 개발된 기능이다.
  ㉡ 일시납보험료는 안전한 단기채권형펀드(MMF)에 투입한 후 원하는 분할납입기간(1년이면 12)으로 나누어 매월 정액의 보험료로 분할 투입된다. 이렇게 할 경우 펀드의 매입가격은 연평균 기준가격이 되어서 일시납의 매입시점에 대한 위험이 크게 완화된다(적립식 투자원리).

ⓔ 이러한 분할투자 기간은 6개월 또는 1년 등으로 다양하다.

ⓜ 월납계약에는 보험료 정액분할투자의 기능이 필요 없다. 왜냐하면, 월납계약은 그 자체로 이미 매월 정액분할투자가 적용되어 있기 때문이다.

[예제32] 펀드변경(fund transfer) 기능은 자산운용에 대한 고객의 직접선택권이다. (○ / ×)

정답 | ×

해설 | 간접선택권이다. 펀드상품은 기본적으로 간접투자이므로 직접 간섭은 할 수 없다.

[예제33] 특별계정의 펀드변경 중 일부변경을 가능하게 하는 기능으로서, 계약자가 보험가입 시 납입보험료를 펀드별로 분산하여 투자를 개시할 수 있게 하는 것을 '보험료 분산투입(account allocation)'이라 한다. (○ / ×)

정답 | ○

해설 | 분산투입 기능에 대한 설명이다.

[예제34] 최초의 포트폴리오를 지속해서 이어간다는 의미와 기간별로 수익을 실현할 수 있다는 장점이 있는 기능을 '펀드 자동재배분(fund auto rebalancing)' 기능이라 한다. (○ / ×)

정답 | ○

해설 | 적립액 기준 또는 적립비율로 보통 3개월이나 6개월 단위로 재배분하는 기능을 말한다.

[예제35] 일시납보험료의 경우 전액 펀드로 바로 투입하지 않고 매월 계약해당일에 분할해서 투입하는 것을 '보험료 정액분할투자(Dollar Cost Averaging) 기능'이라 한다. (○ / ×)

정답 | ○

해설 | 만일 1년 보험료가 일시납되었을 경우, 일단 일반계정에 투입되어 예정이율로 부리하면서 12로 나눈 금액을 매월 해당일에 분할해서 투입한다.

[예제36] 월납계약에도 '보험료 정액분할투자' 옵션을 선택하면 좀 더 안전한 투자를 할 수 있다. (○ / ×)

정답 | ×

해설 | 보험료 정액분할투자를 하는 최소 단위가 월단위이다. 따라서 월납계약은 그 자체로 보험료 정액분할투자 기능이 있는 것이므로 옵션 선택의 의미가 없다.

SECTION 1 | 보험료 납입 관련 약관

(1) 보험료 납입

① 변액종신보험

　㉠ 변액종신보험의 보험료 납입은 일반보험과 동일한 형태로 최적기초율을 적용한 현금흐름을 통한 수익성 가이드라인을 고려하여 산출한다.

　㉡ 보험료는 월납과 일시납만 가능하며, 2개월납 · 3개월납 · 6개월납 · 연납 등의 방법은 운영하지 않는다.

② 변액연금보험

　㉠ 금리연동형 연금보험과 동일한 형태로 계약자가 납입보험료 수준, 납입기간, 납입방법을 선택한다.

　㉡ 변액종신보험과 마찬가지로 월납 및 일시납의 납입방법만 선택할 수 있다.[주]

　※ 주 : 원칙적으로 월납 및 일시납만 가능하나 일부 회사의 경우 3개월납, 6개월납, 연납으로 운영하는 경우도 있다.

③ 변액유니버설보험

　㉠ VUL도 계약자가 납입하는 보험료를 선택하지만, 기본적으로 보험기간과 납입기간은 종신이다.

　㉡ VUL은 의무납입기간이 지나면 계약자가 원하는 때에 보험료를 납입할 수 있고, 계약이 해지되지 않는 한도 내에서 원하는 기간만큼 납입하지 않을 수도 있다(보험료 자유납입 기능).

　※ 의무납입기간 : 원칙적으로 VUL에는 보험료 자유납입 기능이 있지만, 계약 초기부터 자유납입을 허용할 경우 계약의 조기 실효가 발생할 수 있으므로 보험사들은 일정 기간 의무납입기간을 설정하여 적용하고 있다.

　㉢ VUL은 보험료 자유납입 기능이 있는 만큼 보험료를 일정 기간 납입하지 않을 경우 계약이 실효될 가능성이 있고, 이러한 사실을 계약자에게 반드시 알려야 한다.

[예제01] 변액종신보험과 변액연금의 보험료 납입은 원칙적으로 월납, 일시납, 연납으로만 할 수 있다. (○/×)

　　　정답 | ×
　　　해설 | 원칙상 월납과 일시납 두 가지만 가능하다.

[예제02] 변액유니버설보험은 기본적으로 보험기간과 납입기간이 20년 이상이다. (○/×)

　　　정답 | ×
　　　해설 | 기본적으로 보험기간과 납입기간이 종신이다.

[예제03] 변액연금도 계약자가 원할 경우 의무납입기간이 지나면 자유납입을 할 수 있다. (O / ×)

>
> **정답 |** ×
> **해설 |** 변액유니버설보험(VUL)에만 적용할 수 있는 기능이다.

(2) 보험료 추가납입

① 연금 및 저축성상품은 기본보험료의 2배 이내에서 계약체결 당시 납입하기로 한 기본보험료 외에도 추가납입보험료를 허용하고 있다.

② 변액연금은 납입기간 중, 변액유니버설보험은 보험기간 중 수시로 납입할 수 있다.

③ 이는 보험료의 추가납입 허용으로 계약자가 더 많은 수익을 얻을 수 있는 기회를 제공하고, 계약자가 적립금 일부를 인출하였을 경우 향후 보험료 추가납입을 통하여 인출한 금액을 보충할 수 있도록 하기 위함이다.

[예제04] 변액연금이나 VUL 적립형에서는 기본보험료의 2배까지 추가납입이 가능하다. (O / ×)

>
> **정답 |** ×
> **해설 |** 추가납입보험료는 '기본보험료의 2배' 외에 추가로 납입이 가능한 것을 말한다.

[예제05] 보험계약자가 더 많은 수익을 얻을 수 있는 기회를 제공하고 계약자가 적립금 일부를 인출했을 경우 다시 보충할 수 있도록 하기 위한 제도는 '선납보험료'이다. (O / ×)

>
> **정답 |** ×
> **해설 |** 추가납입 기능이다.

(3) 선납보험료

① 보장성보험의 선납보험료는 평균공시이율로 할인하며, 저축성상품은 할인하지 않고 보험료의 배수로 납입한다.

② 변액보험의 선납은 실적배당형상품의 본래 특성의 약화 및 불완전판매 가능성의 증가 등을 사유로 회사 대부분의 운영하고 있지 않지만, 변액연금보험과 VUL(의무납입기간에 한함)은 선납이 허용되기도 한다.

③ 선납보험료는 보험료 납입일로부터 평균공시이율로 적립하고, 월 계약해당일에 당월 특별계정 투입 보험료 해당액(당월 보험료를 평균공시이율로 계산한 이자 포함)을 특별계정으로 투입한다.

④ 선납보험료의 경우 추가납입보험료와는 달리 특별계정에 바로 투입되지 않고, 매월 계약해당일마다 투입됨을 계약자에게 설명해야 한다.

※ 추가납입보험료의 투입일 : 납입일 + 제2영업일, 선납보험료 = 매월 계약해당일

[예제06] 선납보험료는 불완전판매가 우려되어 허용되지 않는 것이 원칙이지만, 변액보험의 경우 보험료의 선납이 가능하되 할인혜택은 주지 않는다. (O / ×)

> **정답 |** ×
>
> **해설 |** 보장성보험의 경우 할인혜택이 있다. 보장성보험의 선납보험료는 평균공시이율로 할인하며, 저축성상품은 할인하지 않고 보험료의 배수로 납입한다.

[예제07] 선납보험료는 추가보험료와 마찬가지로 '납입일 + 제2영업일'에 특별계정에 투입된다. (O / ×)

> **정답 |** ×
>
> **해설 |** 추가납입보험료는 즉시 투입되지만, 선납보험료는 매월 계약해당일마다 투입된다.

[예제08] 보험계약자가 더 많은 수익을 얻을 수 있는 기회를 제공하고 계약자가 적립금의 일부를 인출했을 경우 다시 보충할 수 있도록 하기 위한 제도는 (선납보험료/추가납입보험료)'이다.

> **정답 |** 추가납입보험료

(4) 특별계정 투입보험료

① 변액보험은 영업보험료 전체가 특별계정에서 운용되는 것이 아니고, 일반적으로 납입보험료 중 '계약체결 및 계약관리비용(계약체결비용, 납입 중 계약유지비용, 기타비용)'을 제외한 순보험료가 특별계정으로 투입되며, 보험료를 추가로 내는 경우에도 동일하다.※

※ 주 : 추가납입보험료에도 사업비를 부가하지만 사업비 중에서 가장 큰 신계약비(계약체결비용)는 부가되지 않기 때문에 특별계정에 투입되는 보험료의 비율은 기존의 납입보험료보다는 훨씬 높은 수준이다.

② 또한 계약자적립금에서 매월 위험보험료를 차감하므로 실질적으로 특별계정에서 운용되는 보험료는 특별계정 투입보험료에서 위험보험료를 차감한 금액이다. 단, 특약보험료는 전액 일반계정에서 운용되며 펀드운용과는 무관하다.

③ 특별계정 투입보험료 공식

ㄱ 변액종신보험/변액연금보험 : 영업보험료 − 계약체결 및 계약관리비용(계약체결비용, 납입 중 계약유지비용, 기타비용) → 이는 '순보험료+납입 후 유지비'와 같다.

ㄴ 변액유니버설보험 : 영업보험료(특약보험료 포함) − 기타비용

ⓐ VUL의 특별계정 투입보험료가 '변액종신/변액연금'과 다른 이유는 VUL의 보험료 자유납입 기능 때문이다.

ⓑ VUL의 경우 영업보험료에서 기타비용(수금비)만 차감하여 특별계정으로 투입하는 것은, 계약체결비용(신계약비)과 계약유지비용(유지비)은 보험료납입과 관계없이 위험보험료와 함께 매월 월대체 보험료로 차감하기 때문이다.

[예제09] 변액유니버설보험의 특별계정 투입보험료는 '영업보험료(특약보험료 포함) − 수금비'이다. (O / ×)

정답 | ○

해설 | 특약보험료는 변액연금이나 변액종신에서는 특별계정에 투입되기 전에 일반계정으로 차감되지만 VUL의 경우는 보험료 납입이 안 되는 월도 있으므로 일괄적으로 특별계정으로 투입했다가 월대체보험료로 매월 차감한다.

[예제10] 변액유니버설보험은 특별계정 투입보험료가 변액종신보험이나 변액연금보험과 다르므로, 위험보험료도 특별계정에서 운용된다. (O / ×)

정답 | ×

해설 | VUL 투입보험료는 '영업보험료(특약보험) − 기타비용'이지만, 위험보험료는 월대체보험료라는 항목으로 매월 특별계정에서 차감된다. 즉 특별계정의 운용대상은 변액연금, 변액종신보험, VUL 구분할 것 없이 계약자 적립금을 대상으로 한다.

■■ **SECTION 2**　**보험료의 특별계정 투입**

(1) 제1회 보험료의 특별계정 투입

① 계약자가 납입한 제1회 보험료는 즉시 특별계정으로 투입되지 않고, 이체 사유가 발생한 날을 기준으로 특별계정 투입보험료를 일반계정에서 특별계정으로 이체한다.

② 제1회 보험료의 특별계정 투입(일반적인 경우)

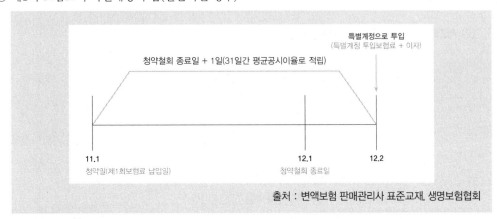

출처 : 변액보험 판매관리사 표준교재, 생명보험협회

㉠ 특별계정 투입일

청약철회기간 내에 승낙된 경우	청약철회기간 후에 승낙된 경우
청약철회기간이 종료된 날의 다음 날 투입	승낙일에 투입

ⓛ 승낙일에 투입하는 경우, 특별계정 투입보험료를 '납입일로부터 청약철회 종료일의 다음 날까지는 평균공시이율로 적립하고 그 이후의 기간에 대해서는 특별계정의 운용실적에 따라 적립하여' 승낙일에 투입한다.

　※ 단, 일부 회사의 변액보험은 특별계정 투입보험료를 보험료 납입일로부터 이체사유발생일까지의 기간 동안 모두 평균공시이율로 적립한 금액으로 한다.

ⓒ 제1회 보험료를 납입 즉시 특별계정으로 투입하지 않고, 이체사유발생일에 특별계정으로 투입하는 이유는 ⓐ 변액보험 계약심사를 위한 일정 소요기간이 필요하며, ⓑ 특별계정으로 즉시 투입할 경우 청약철회기간 동안 투자실적이 악화되면 계약자가 청약철회를 통하여 이미 납입한 보험료를 환급해 가는 '역선택(adverse selection)'을 방지하고자 함이다.

[예제11] 변액보험에서 제1회 보험료는 납입 다음 날에 특별계정에 투입된다. (O/×)

정답 ┃ ×

해설 ┃ 청약철회기간 내에 승낙된 경우에는 '청약철회기간종료일 + 1일'이며, 청약철회기간이 경과한 후에 승낙된 경우에는 '승낙일'에 특별계정에 투입된다.

[예제12] 제1회 보험료의 특별계정 투입금액은 '특별계정 투입보험료를 납입일로부터 청약철회기간 종료일의 다음 날까지는 평균공시이율로 적립하고, 그 이후의 기간에 대해서는 특별계정의 운용실적에 따라 적립'한 금액으로 한다. (O/×)

정답 ┃ ○

해설 ┃ 즉 보험회사가 승낙을 늦게 할 경우 '청약철회기간의 익일 이후부터 승낙일까지의 특별계정의 운용실적에 따라 적립한 금액'이 이체금액이 된다.

(2) 제2회 이후 보험료의 특별계정 투입

① 제2회 이후 보험료(계속보험료)는 납입시점에 따라 아래와 같이 '이체 사유가 발생하는 날'은 차이가 있으며 해당일을 기준으로 특별계정에 투입된다(아래의 설명은 VUL의 경우를 예로 든 것).

ⓐ '계약해당일 – 제2영업일' 이전에 납입한 경우

　ⓐ 이체사유발생일은 '계약해당일'이다.

　ⓑ 이체금액은 계약해당일까지 기본보험료를 평균공시이율로 적립한 금액에서 기타비용을 차감한 금액으로 한다.

ⓛ '계약해당일 – 제1영업일'에 납입한 경우

　ⓐ 이체사유발생일은 '계약해당일 + 제1영업일'이다.

　ⓑ 이체금액은 계약해당일까지 기본보험료를 평균공시이율로 적립한 금액에서 기타비용을 차감한 후, 계약해당일로부터 '계약해당일 + 제1영업일'까지 표준이율로 적립한 금액으로 한다.

ⓒ '계약해당일 이후'에 납입한 경우

　ⓐ 이체사유발생일은 '납입일 + 제2영업일'이다.

ⓑ 이체금액은 기본보험료에서 기타비용을 차감한 후 '납입일 + 제2영업일'까지 평균공시이율로 적립한 금액으로 한다.

※ 단, 일부 보험사에서는 납입시점에 따라 분류하는 상기의 구분방식과 관계없이 '납입일 + 제2영업일'을 이체사유가 발생한 날로 하여 특별계정으로 투입하는 경우도 있다.

명/품/해/설 특별계정 투입일이 납입일로부터 이틀이 걸리는 이유

- 상기 ㉠, ㉡, ㉢의 설명을 보면, 납입일로부터 이틀 후 특별계정에 투입이 된다는 것을 알 수 있다. 이러한 이유는 펀드의 매매방식이 미래가격방식(forward pricing)이기 때문이다.
- 주식시장에서는 실시간으로 가격(주가)을 확인하고 매매할 수 있으나 펀드는 다르다. 오늘 펀드매입을 하면 내일 종가로 기준가격이 적용된다(blind형 매매). 이와 같은 미래가격방식으로 하지 않으면(과거가격방식), 신규가입자가 무위험차익을 얻을 수 있고 이는 기존 펀드가입자의 손실로 이어지기 때문에 이를 방지하기 위해 미래가격방식으로 하는 것이다.
- 특별계정 투입일이 납입일로부터 이틀이 걸리는 이유는 '미래가격방식'에 의해 설명이 된다. 미래가격방식은 오늘(T일) 펀드를 매입하면 내일(T+1일)의 종가가격으로 기준가격이 적용되고, 그다음 날(T + 2일)에 전일(T+1)의 기준가격으로 계산한 좌수를 편입하게 된다. 즉 이틀이 걸리므로 특별계정 투입도 납입일로부터 이틀 후(T+2일)에 투입되는 것이다.

---

(3) 추가납입보험료의 투입

추가납입보험료의 이체사유발생일은 계약자의 추가납입보험료의 '납입일 + 제2영업일'이고, 이체금액은 특별계정 투입보험료로 한다.

[예제13] 제2회 이후 보험료가 '계약해당일 − 제1영업일'에 납입이 되면 이체사유발생일은 '계약해당일 + 제1영업일'이 된다. (O / ×)

정답 | ○

해설 | 특별계정으로의 투입은 기본적으로 '납입일 + 이틀(영업일 기준)'이다. 이는 펀드의 기준가격 적용방식이 미래가격방식이기 때문이다(본문 해설 참조).

[예제14] 제2회 이후 보험료가 '계약해당일 − 제5영업일'에 납입되면 이체사유발생일은 '계약해당일'이 된다. (O / ×)

정답 | ○

해설 | 기본적으로 '납입일 + 이틀(영업일 기준)'이나 해당일이 계약해당일 이전이면 계약해당일로 한다.

[예제15] 추가납입보험료는 예외적으로 납입 당일 특별계정에 투입된다. (O/×)

> **정답 |** ×
>
> **해설 |** 추가납입도 원칙은 동일하다. '추가납입일 + 제2영업일'이 이체사유발생일이 된다(이체사유발생일 = 특별계정 투입일).

SECTION 3 **변액보험약관 관련 기타 사항**

(1) 월대체보험료

① VUL의 가장 큰 특징인 보험료 자유납입 기능으로 계약자는 보험료 납입의 편의성을 갖는 반면, 보험회사는 계약자가 보험료를 납입하지 않을 경우 사업비와 특약보험료를 확보할 수 없게 된다. 따라서 특약보험료와 부가보험료(계약체결비용 및 계약유지비용)를 보험료 납입 시 공제하지 않고 매월 계약해당일에 당월 위험보험료와 함께 차감하는데 이를 월대체보험료라고 한다.

② 월대체보험료는 해당월의 위험보험료와 계약관리비용(계약체결비용과 계약유지비용) 및 특약보험료(특약기타비용 제외)의 합계액이 된다.

※ 계약해당일에 해지환급금(보험계약대출원리금을 차감한 금액 기준)에서 공제한다.

※ 월대체보험료 = 위험보험료 + 계약체결 및 계약관리비용(기타비용 제외) + 특약보험료(특약기타비용 제외[주])

※ 주 : 기타비용(수금비)은 보험료(특약이 부가된 경우 특약보험료 포함) 납입 시에만 발생하는 비용이므로 보험료 납입 시 공제되는 것이다.

[예제16] 변액유니버설보험의 특별계정 투입보험료는 '영업보험료(특약보험료 포함) – 수금비'이다. (O/×)

> **정답 |** ○
>
> **해설 |** 특약보험료는 변액연금이나 변액종신에서 특별계정에 투입되기 전에 일반계정으로 차감되지만 VUL은 보험료 납입이 안 되는 달도 있으므로 일괄적으로 특별계정으로 투입했다가 월대체보험료 공제 시에 같이 차감한다.

[예제17] 월대체보험료는 위험보험료, 계약체결 및 계약관리비용, 기타비용 그리고 선택특약보험료의 합계액이다. (O/×)

> **정답 |** ×
>
> **해설 |** 기타비용(수금비)는 특별계정에 투입되지 않으므로 월대체보험료에 포함되지 않는다.

(2) 특별계정 적립금의 중도인출

① 변액연금보험, 특히 변액유니버설보험의 경우 보험기간 중 해지환급금(보험계약대출원리금을 차감한 금액 기준)의 범위 내에서 보험회사가 정한 기준에 따라 계약자적립금의 인출을 허용하고 있다.

② 따라서 계약자는 은행의 예금과 같이 해지환급금의 일부를 인출하여 자유롭게 활용할 수 있다. 이 경우 인출금액을 특별계정에서 일반계정으로 이체함에 따라 특별계정의 자산이 감소하며 인출 시에는 소정의 수수료를 부과하고 있다(연 4회에 한하여 인출수수료 면제 또는 별도의 수수료를 부과함).

> **명/품/해/설 중도인출의 활용**
>
> • 유동성 부족 시 중도인출을 함으로써, 대출이자나 해지(환매)수수료 등을 부담하지 않고 유동성 부족을 충당할 수 있다(수수료는 매우 낮은 수준). 변액보험은 장기적 상품이므로 더더욱 중도인출 기능의 효과가 크다고 할 수 있다.
>
> • 또한, 중도인출은 특별계정의 수익률을 관리하는 차원, 즉 리스크 회피 차원으로도 활용될 수 있다. 예를 들어 주식형 펀드에 가입하고 주식시장의 전망이 좋지 않다면, ⓐ 펀드변경방법, ⓑ 중도인출방법, ⓒ 계약대출방법 등이 활용될 수 있다.
>
> • 중도인출과 계약대출을 이용해 특별계정의 규모를 축소함으로써 리스크를 줄일 수 있다. 계약대출의 경우 대출이자는 다시 특별계정에 투입되므로 결국 수수료만 부담하는 것과 같다. 다만, 보험회사마다 중도인출이나 계약대출의 한도가 정해져 있어(일반적으로 해지환급금의 50% 이내) 활용의 한계는 있다.

[예제18] 특별계정 적립금의 중도인출은 (계약자적립금/해지환급금)의 범위 내에서 허용된다.

정답 | 해지환급금
해설 | 인출 시 수수료는 연 4회에 한하여 면제하거나 아예 수수료를 부과하지 않는 경우도 있다.

(3) 청약철회

① 변액보험의 청약철회는 일반보험과 동일하게 보험증권을 받은 날로부터 15일 이내에 그 청약을 철회할 수 있다.

② 다만, 청약을 한 날로부터 30일을 초과하였거나 진단계약 또는 전문보험계약자가 체결한 계약은 청약철회가 불가하다.

[예제19] 변액보험은 일반보험과 달리 보험증권을 받은 날로부터 30일 이내에 그 청약을 철회할 수 있다.
(O/×)

정답 | ×
해설 | 일반보험과 동일하다(보험증권을 받은 날로부터 15일 이내에 청약철회 가능).

(4) 사망보험금

① 변액종신보험의 사망보험금은 기본보험금과 변동보험금을 합한 금액을 지급한다.

※ 기본보험금 = 보험가입금액, 변동보험금 = 투자운용실적에 따라 증감하는 금액

② 사망보험금의 지급기준은 두 가지가 있다(사망일과 청구일 기준).

사망일 기준	청구일 기준
• 사망일을 기준으로 보험금 지급[주1] • 청구일을 기준으로 할 경우, 보험금 청구권자가 수익률이 높을 때까지 청구를 유보하는 등의 문제를 방지(역선택 방지)하는 차원임	• 청구일을 기준으로 보험금 지급[주2] • 실제 사망일과 청구일은 차이가 나는 것이 일반적인데, 청구일을 기준으로 할 경우 보험회사의 입장에서는 실제 사망일과 청구일 사이의 가격위험을 회피할 수 있음

※ 주1, 주2 : 사망보험금 지급예시

사망일(2011. 10. 4)	보험금 청구일(2011. 12. 15)
기본보험금 : 1억원 변동보험금 : 5,000만원	기본보험금 : 1억원 변동보험금 : 1,000만원
사망보험금 : 1억 5,000만원	사망보험금 : 1억 1,000만원

↓

실제 사망보험금 지급액은 기본보험금과 기준일의 변동보험금을 합한 금액

출처 : 변액보험 판매관리사 표준교재, 생명보험협회

※ 두 기준에 따라 사망보험금의 차이가 발생할 수 있으므로, 상품별로 정확한 기준에 대해 계약자에게 충분히 설명해야 한다.

[예제20] 변액종신보험에서 사망보험금을 지급하는 기준은 사망일 기준과 청구일 기준의 두 가지가 있는데, (　　　　) 기준은 (　　　　)에 계약 자체가 소멸하기 때문으로 보는 관점이다.

정답 | 사망일, 사망일

해설 | 청구일 기준은 보험회사가 사망일과 청구일 사이의 보험금이 변동할 수 있는 리스크를 회피할 수 있다는 관점에서의 기준이다.

[예제21] (　　　　)을 기준으로 사망보험금을 지급할 경우, 피보험자 입장에서 보험금이 올라가기를 기다리는 역선택이 발생하는 문제점이 있다.

정답 | 청구일

해설 | 사망일 기준으로 할 경우 이러한 역선택을 방지할 수 있으나 사망일과 청구일 간의 보험금변동위험은 보험자가 부담해야 한다.

(5) 해지환급금

① 변액보험의 해지 시 '해지신청일 + 제2영업일'에 특별계정 적립금에서 해지공제금액을 차감한 금액을 해지환급금으로 지급한다.

② 변액보험은 실적배당형상품이므로 원칙적으로 해지환급금에 대한 최저보증은 없으나, 최근에 출시된 일부 상품은 일정 조건을 만족하면 해지환급금을 보증하는 경우도 있다.

③ 해지환급금은 피보험자의 나이, 보험기간, 납입경과기간(보험료 납입횟수), 특별계정 운용실적에 따라 달라지며, 최저보증이 없기 때문에 납입된 보험료보다 적은 금액이 될 수 있다.

④ 특히 계약일로부터 단기간에 해지할 경우에는 미상각신계약비 공제가 추가되어 해지환급금이 전혀 없거나 매우 적을 수 있다.

[예제22] 변액보험에서 해지신청을 하면 '해지신청일 + 2영업일'에 지급한다. (O / ×)

> **정답 |** ○
>
> **해설 |** 추가납입보험료가 '납입일 + 2영업일'에 투입되는 것과 같은 맥락으로 '해지신청일 + 2영업일' 이후에 지급한다.

(6) 만기보험금

① 현재 국내에서 판매되는 변액보험은 모두 종신형 형태로서 정기형 변액보험은 판매되지 않고 있다.

② 다만, 변액연금의 경우 적립기간(연금개시 전 보험기간)과 연금지급기간(연금개시 후 보험기간)이 구분되어 있다.

③ 정기형의 형태가 아니라 정해진 만기보험금은 없고, 실적배당형인 변액보험의 특수성상 인출 가능한 계약자적립금이 곧 만기보험금이라 할 수 있다. 또한, 언제든지(보통 1년 12회 이내) 중도인출로 유동성 부족을 충당할 수 있어서 만기보험금의 의미는 별로 없다.

[예제23] 변액보험에는 정해진 만기환급금이 없다. (O / ×)

> **정답 |** ○
>
> **해설 |** 실적배당형이므로 만기환급금을 정할 수 없고 종신형의 형태(VUL, 변액종신)이므로 정해진 기간 동안의 만기환급금을 정할 수 없다.

(7) 보험료 납입최고기간

① 변액보험 역시 일반보험과 마찬가지로 계약자가 제2회 이후의 기본보험료를 납입기일까지 납입하지 아니하여 보험료 납입이 연체 중인 경우에 회사는 14일(보험기간이 1년 미만인 경우는 7일) 이상의 기간을 납입최고(독촉)기간으로 한다.

※ 만일 납입최고기간의 말일이 토요일 또는 공휴일에 해당한 때에는 최고기간은 그 익일로 한다.

② 단, VUL의 경우 자유납입이 원칙이므로, 의무납입기간 이후에는 보험료 미납에 따른 납입최고는 하지 않는 대신 해지환급금(보험계약대출원리금 차감금액 기준)에서 월대체보험료를 충당할 수 없게 된 경우, 월계약해당일의 다음 날을 기준으로 기본보험료의 미납 시 적용하는 납입최고기간을 적용한다.

[예제24] 변액유니버설보험의 자유납입기간에는 보험료 납입최고기간을 적용할 수 없다. (○/×)

> **정답** | ×
> **해설** | 해지환급금으로 월대체보험료를 충당할 수 없는 경우 월계약해당일의 다음 날을 기준으로 납입최고기간을 적용한다.

(8) 보험료 미납해지

① 변액보험(단, VUL은 의무납입기간 동안)의 경우에도 보험료 미납으로 인한 계약의 해지 처리는 일반보험과 동일하다.

② 계약자의 보험료 납입연체 등의 사유로 해지(실효)된 계약에 대한 특별계정의 계약자적립금은 일반계정으로 이체하여 관리한다.

③ 따라서 변액보험이 해지된 이후에는 계약자적립금이 일반계정에서 관리되기 때문에 특별계정의 운용실적 확보가 불가능하다.

[예제25] 변액보험이 해지될 경우 변액보험의 계약자적립금은 (특별계정/일반계정)에서 관리된다.

> **정답** | 일반계정

(9) 부활(효력회복)

① 변액보험의 부활(효력회복)은 부활기간(3년), 연체보험료 및 연체이자 등을 계산한다는 점에서 일반보험의 부활과 동일하며, 부활 시 일반계정에서 관리하던 적립금을 다시 특별계정으로 투입한다는 점이 일반보험의 부활과 다른 점이다.

② 보험료 미납으로 계약이 해지되었으나 해지환급금을 받지 아니한 경우에 계약자는 해지된 날로부터 3년 이내에 보험회사가 정한 절차에 따라 계약부활을 청약할 수 있다.

③ 보험회사가 부활을 승낙한 때에는 '부활을 청약한 날까지의 연체보험료에 '평균공시이율 + 1%' 범위 내에서 보험회사가 정한 이율로 계산한 금액(연체이자)'을 더하여 납입하여야 한다. VUL의 경우 미납된 월대체보험료를 공제한다.

④ 부활 시 적립금 및 보험금액은 해지된 시점의 계약자적립금, 기본 보험금액 및 변동금액을 기준으로 하며, 보험회사가 부활을 승낙한 경우 계약이 해지된 날로부터 부활 시까지 평균공시이율로 적립한 계약자적립금과 연체보험료 중 특별계정 투입보험료 해당액(연체된 특별계정 투입보험료에 대해 평균공시이율로 계산한 이자 포함) 등을, 이체사유발생일에 일반계정에서 특별계정으로 이체한다.

⑤ 이체사유발생일

부활승낙 후 연체보험료 등 납입완료 시	부활승낙 전 연체보험료 등 납입완료 시
연체보험료 납입완료일 + 제2영업일	부활승낙일 + 제2영업일

※ '연체보험료 등'은 연체이자를 포함한 금액을 말한다.

⑥ 한편, 일부 회사의 VUL의 경우 월대체보험료를 공제할 수 없어 계약이 해지된 경우에는 부활(효력회복)을 허용하지 않는 경우도 있으므로 판매 시 계약자에게 충분한 설명이 필요하다.

[예제26] 변액보험의 부활 시 부활이 승낙된 이후에 연체보험료(연체이자 포함)의 납입이 완료된 경우에는 '연체보험료 납입완료일 + 제2영업일'이 이체사유발생일이 된다. (O / X)

정답 | ○

해설 | 만일 연체보험료 납입이 완료된 후에 부활이 승낙된 경우에는, '부활승낙일 + 제2영업일'이 이체사유발생일이 된다.

(10) 보험계약대출(약관대출)

① 변액보험의 보험계약대출한도, 구비서류, 대출이율 등은 일반보험과 유사하다. 계약자는 보험기간 중 해당 계약의 해지환급금 범위 내에서 보험회사가 정한 방법에 따라 보험계약대출을 받을 수 있다.

② 계약자는 보험계약대출금과 보험계약대출이자를 언제든지 상환할 수 있으며, 이 경우 상환에 해당하는 금액을 '상환일 + 제2영업일'에 일반계정에서 특별계정에 투입한다.

③ 상환하지 아니한 때에는 보험금, 해지환급금 등의 지급사유가 발생한 날에 보험금 또는 해지환급금에서 보험계약대출원리금을 차감할 수 있다.

④ 보험회사는 보험료 미납으로 인하여 계약이 해지되는 때에는 즉시 해지환급금에서 보험계약대출원리금을 차감할 수 있다.

⑤ 변액보험의 보험계약대출 처리 도해

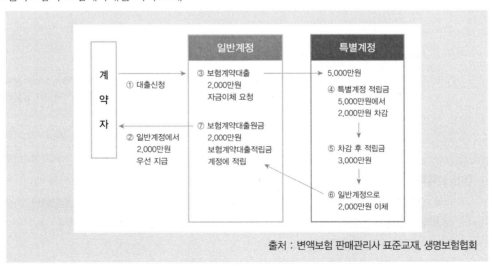

출처 : 변액보험 판매관리사 표준교재, 생명보험협회

⊙ 변액보험의 보험계약대출원금 처리

현재 계약자에게서 보험계약대출 신청을 받았을 경우 회사가 이를 처리하는 방법은 크게 두 가지 형태가 있다.

ⓐ 보험계약대출을 일반계정에서 먼저 지급하고 특별계정의 계약자적립금에서 그 금액만큼 차감하여 일반계정으로 이체한 후 일반계정의 보험계약대출금적립금계정에 적립하는 형태이다.

  ※ 이 경우 변액보험에서 보험계약대출을 받으면 대출원금을 상환하기 전까지 특별계정의 계약자적립금에서 보험계약대출금액만큼이 운용되지 않는다.
  ※ 추후 보험계약대출원금 상환 시 소정의 이자(= '보험계약대출이율 − 1.5%')를 더한 금액이 특별계정으로 재투입되어 운용된다.
  ※ 결국, 보험계약대출금액은 특별계정에서 운용되지 않으므로 그만큼 기회손실이 발생한다(이를 역으로 리스크헤지 차원에서 이용하기도 한다).

ⓑ 계약자가 보험계약대출을 신청할 경우 보험계약대출금액에 해당하는 금액만큼 일반계정에서 신용대출(혹은 담보대출)로 처리하는 형태이다.

  ※ 대출금액을 일반계정에서 처리하므로 특별계정 계약자적립금의 변동이 없다는 점에서 ⓐ의 방식과 차이가 있다.
  ※ 만일 대출상환 전에 계약을 해지하거나 보험금지급사유가 발생하는 경우, 해지환급금이나 보험금에서 보험계약대출원리금을 차감한다.

⊙ 변액보험의 보험계약대출이자의 처리

ⓐ 변액보험의 계약자대출금을 보험계약대출형태로 처리하는 경우(상기 ⊙−ⓐ의 경우), 보험계약대출이자는 보험회사에서 정한 보험계약대출수수료를 차감한 나머지 금액이 특별계정으로 투입되어 운용된다.

  예시 보험계약대출이율이 6%(보험계약대출수수료 1.5% 포함 시)일 경우, 계약자가 보험계약대출이자(6%) 납입 시 수수료(1.5%)를 제외한 4.5%에 해당하는 금액이 특별계정으로 투입되어 계약자적립금에 더해지므로, 실제 계약자가 부담하는 이자는 보험계약대출수수료(1.5%)에 불과하다.

ⓑ 계약자가 신청한 보험계약대출을 일반계정 신용대출(혹은 담보대출)로 처리한 경우(상기 ⊙−ⓑ의 경우), 특별계정은 계약자적립금 차감 없이 운용되고 대출은 일반계정에서 이루어진 것이므로 계약자가 납부한 이자는 일반보험과 동일하게 전액 일반계정의 이익으로 처리된다.

[예제27] 변액보험에서 약관대출을 할 경우 계약자가 지급하는 약관대출이자는 보험회사의 운영수익에 포함된다. (O / ×)

정답 | ×

해설 | 일반계정에서 약관대출을 받는 경우 이자는 보험회사의 운영수익에 포함되나 변액보험의 경우 약관대출이자가 다시 계약자의 적립금에 투입된다. 즉 변액보험은 약관대출을 받을 경우 계약자가 실질적으로 부담하는 비용은 '대출수수료'에 국한된다고 할 수 있다.

(11) 선택특약

변액보험에 추가된 선택특약은 일반보험과 동일한 방법으로 처리된다. 즉, 선택특약의 보험료는 특별계정에 투입되지 않으며, 일반계정에서 해당 특약의 산출이율로 적립하는 것이다.

(12) 계약내용의 변경

계약자의 신청에 따라 계약내용을 변경하는 것으로서 일반보험의 경우 보험계약의 변경 대상은 보험종목, 보험기간, 보험가입금액, 계약자 또는 수익자 등이다. 그러나 변액보험의 경우는 특별계정과 일반계정과의 자금이체라는 특성이 있기 때문에 극히 일부분의 계약내용 변경만 허용하고 있다. 대표적인 것이 보험가입금액의 감액, 변액보험에서 일반보험으로의 전환, 정정 등이다.

① 보험가입금액 변경(감액)

ㄱ 보험가입금액의 변경을 원할 경우 증액은 불가능하나 감액은 가능하다.

ㄴ 보험가입금액, 즉 기본보험금액을 감액하면 같은 비율로 변동보험금액도 감액된다. 즉 기본보험금액만의 혹은 변동보험금액만의 감액은 불가능하다.

ㄷ 감액하면 감액된 부분은 해지된 것으로 본다(예를 들어 2억의 기본보험금액을 5천만원으로 감액하면 1억 5천만원은 해지된 것으로 봄). 따라서 해지환급금이 발생할 경우 계약자에게 해지환급금을 지급한다.

ㄹ 한번 감액된 계약은 감액 전으로 회복이 불가능하다.

② 변액보험에서 유사한 일반보험으로의 전환

ㄱ 계약자의 변액보험 불완전가입에 따른 리스크를 줄이고자 변액종신에 한하여 계약자가 일반보험으로 전환해줄 것을 보험회사에 서면으로 신청할 경우 일반종신보험으로의 전환을 허용하고 있다.

ㄴ 단, 한번 전환된 계약은 다시 변액보험으로 환원시키는 것이 불가능하기 때문에 계약자는 신중히 선택해야 한다.

ㄷ 변액종신의 일반종신으로의 전환은 변액보험 판매 초기에는 대다수가 허용하였으나, 현재는 허용하지 않는 보험사도 있으므로 판매 시 잘 확인할 필요가 있다.

③ 정정

정정이란 계약자의 청약서 작성 시 오류(성별, 나이), 보험회사 측의 청약서 전산입력 과정에서의 착오 등을 바로 고치는 것으로서 보험종류, 보험기간, 납입주기, 피보험자의 성별, 나이 등 모든 사항의 정정이 가능하다.

④ 자산운용옵션 변경

펀드변경(fund transfer), 보험료 분산투입 기능(account allocation), 펀드자동재배분(auto-rebalancing, 혼합형 펀드에 적용), 주식형적립금자동이전 기능(new-auto-rebalancing, 순수주식형 펀드에 적용), 보험료 정액분할투자 기능(Dollar Cost Averaging, DCA) 등 자산운용옵션을 계약자선택에 따라 자유롭게 변경하는 것을 말한다.

[예제28] 변액종신보험과 일반종신보험은 상호 전환이 가능하다. (○/×)

정답 | ×

해설 | 변액종신에서 일반종신으로의 전환만 가능하다(반대의 경우는 위험이 더 커지므로 허용이 안 됨). 또한, 한번 전환하면 환원이 불가하므로 신중히 선택해야 한다.

(13) 초기 투자자금

① 변액보험은 계약자가 납입하는 보험료를 모아서 특별계정의 펀드를 만들고 운용하기 때문에 판매 초기에는 자산 규모가 상당히 적어 효율적인 운용이 어려울 때가 많다.

② 이러한 문제점을 해결하고 특별계정의 원활한 운영을 위하여, 보험회사가 특별계정 펀드의 최초 개설 시 회사 자산의 일부를 초기 투자자금으로 펀드에 투입하여 초기 펀드의 자산이 일정 규모 이상을 유지할 수 있도록 한다.

※ 초기 투자자금을 일반계정에서 특별계정으로 이체하여 초기 펀드 규모를 설정한다.

(14) 특별계정 펀드의 증설 및 폐지

① 보험회사는 변액보험의 특별계정 펀드를 증설 또는 폐지할 수 있으며, 아래와 같은 사유가 발생할 경우에는 특별계정 펀드를 폐지할 수 있다.

    ㉠ 당해 각 특별계정 펀드의 자산이 급격하게 감소하거나, 자산가치 변화로 인해 효율적인 자산운용이 곤란해진 경우

    ㉡ 1개월간 계속하여 특별계정 펀드의 순자산가치가 50억원에 미달하는 경우 또는 1년이 지난 후 1개월간 계속하여 원본액이 50억원 미만인 경우

    ㉢ 당해 각 특별계정 펀드의 운용대상이 소멸할 경우

    ㉣ 상기 ㉠~㉢의 사유에 준하는 경우

② 보험회사는 특별계정 펀드를 폐지하는 경우 계약자에게 폐지사유, 폐지일까지의 계약자적립금과 함께 펀드변경 선택에 관한 안내문 등을 작성하여 서면으로 통지함으로써 계약자에게 불이익이 없도록 해야 한다.

※ 만일 계약자가 펀드변경을 별도로 신청하지 않으면 보험회사가 유사한 펀드로 이동시킬 수 있다.

③ 보험회사는 상기 ㉠~㉢에서 정한 사유로 계약자가 펀드변경을 요구할 경우에는 펀드변경에 따른 수수료를 청구하지 않으며, 연간 펀드변경 횟수에서도 제외한다.

[예제29] 특별계정의 순자산가치가 1개월간 계속하여 50억원에 미달하는 경우 보험회사는 해당 특별계정을 폐지할 수 있다. (O/×)

정답 | ○
해설 | 옳은 내용이며 금액 기준은 종전 100억원에서 50억원으로 변경되었다.

(1) 투자수익률 가정을 '–1%, 2.5%, 3.75%'로 하는 이유는 무엇인가? 그리고 상품안내자료와 보험회사 홈페이지의 실제 수익률의 의미가 다른 이유는 무엇인가?

[설명] 변액상품은 장기상품이므로 설명을 위해서는 투자수익률의 가정이 필요하다. 그렇다고 지나치게 높은 수익률을 가정하면 안 되므로 '–1%, 평균공시이율, 평균공시이율×1.5'로 수익률[주]을 예시하도록 한다.

※ 주 : 상품안내서에는 '–1%, 2.5%, 3.75%'로 투자수익률이 안내되나 실제 공시되는 수익률은 제반비용을 차감한 순수익률로 한다. 순수익률이란 '특별계정의 운용ㆍ수탁보수, 기초펀드의 보수ㆍ비용 등 운용 관련 비용과 최저보증비용 등'의 제비용을 차감한 수익률을 말한다(2009년 4월부터 저축성보험의 경우 투자수익률과 순수익률을 병기하도록 하고 있다).

(2) 특별계정 운용비용에는 어떤 것들이 있는가?

[설명] 특별계정 운용보수, 기타비용, 증권거래비용, 기초 펀드의 보수ㆍ비용 등이 있다.

- 특별계정 운용보수 : 운영보수, 투자일임보수, 수탁보수, 사무관리보수
- 기타비용 : 증권의 예탁ㆍ결제비용 등 특별계정에서 경상적ㆍ반복적으로 지출되는 비용
- 증권거래비용 : 특별계정에서 증권의 매매수수료 및 금융비용으로 지출되는 비용
- 기초 펀드의 보수ㆍ비용 : 특별계정이 타운용사의 펀드에 투자할 때 해당 펀드(이를 '기초 펀드'라고 함)에서 발생하는 운용보수ㆍ수탁보수, 기타비용 등의 비용을 말함

(3) 저축성보험의 수수료안내표는 무엇인가?

[설명] 2009년 4월부터 저축성 변액보험에 대해 가입설계서, 상품설명서 및 개인별 변액보험 계약관리 내용 조회에, 변액보험에서 발생되는 모든 비용을 한눈에 알아볼 수 있는 수수료안내표를 첨부하여 계약자에게 제공하고 있다. 수수료안내표에 기재되는 내용은 다음과 같다.

- 보험관계비용 : 신계약비, 유지비, 위험보험료를 기본보험료의 일정 비율 및 금액으로 기재함
- 특별계정운용비용 : 펀드별 특별계정 운용보수, 기타비용, 증권거래비용, 기초펀드의 보수ㆍ비용 등의 비율 및 연간 비율을 기재함
- 기타비용, 추가비용 및 수수료 : 변액보험의 최저보증비용, 추가납입보험료의 계약 유지ㆍ관리비용, 펀드변경수수료, 중도인출수수료, 해약공제비용 등 보험가입 후 발생할 수 있는 모든 비용을 기재함

(4) 변액종신보험의 변동보험금은 언제 발생하는가?

[설명] 특별계정의 계약자적립금이 비교시점(매월 계약해당일)의 예정책임준비금보다 많을 경우 발생한다. 즉, 펀드수익률에 따라 변동보험금이 (+)가 될 수도 있고 (–)가 될 수도 있다. 펀드수익률이 지속적으로 예정이율보다 낮다고 해도 기본보험금에 대해서는 최저보증이 된다.

(5) 변액종신보험의 가장 큰 장점은 무엇인가?

[설명] 모든 변액보험처럼 투자수익률에 따른 이익을 얻을 수 있다. 동시에 실적이 악화된다 하더라도 최저사망보험금의 지급을 보장받을 수 있다. 즉, 중도에 해지하지 않는다면 일반종신보험의 보험금보다 같거나 많이 받을 수 있다.

(6) 변액종신보험에서 펀드에 투입되는 보험료는 무엇인가?

[설명] 특별계정 투입보험료 = 순보험료 + 납입 후 계약유지비용

※ 특별계정 투입보험료 중 매월 계약해당일에 해당월의 위험보험료와 납입 후 계약유지비용을 특별계정에서 일반계정으로 차감하게 된다.

(7) 변액연금보험의 가장 큰 장점은 무엇인가?

[설명] 투자수익률에 따른 높은 이익을 얻을 수 있는 동시에, 연금개시 시점에서 납입원금보전이 가능하다는 것이 가장 큰 장점이다. 그리고 변액종신보험보다는 사망보험금의 규모가 작지만 최저사망보험금에 대한 지급보증도 받을 수 있다.

(8) 변액유니버설(VUL)보험이 보험과 은행, 투신을 포함하는 종합금융상품이라는 것은 어떤 의미인가?

[설명] VUL은 사망보장이나 질병보장(특약을 통해) 등 일단 보험(life insurance)의 기능을 갖추고 있다. 또한, 일반 보험과 달리 자유납입 기능과 중도인출 기능 등 은행(universal)의 기능도 있다. 그리고 펀드에 투자되어 실적배당을 받게 되는 투신(variable)의 기능을 갖추고 있다. 따라서 보험, 은행, 투신을 포함하는 종합금융상품이라고 한다.

(9) 변액유니버설보험에서 월대체보험료의 개념은 무엇인가?

[설명] 고객이 월보험료를 납입하지 않았을 경우 보험계약의 유지를 위해 계약자적립금에서 자동으로 대체되는 보험료를 말한다.

※ 월대체보험료 = 위험보험료 + 계약체결 및 계약관리비용(기타비용 제외) + 특약보험료(특약 기타비용 제외)

※ 일반적인 보험에 적용되는 2개월 보험료 미납 시 실효는 의무납입기간이 지난 VUL의 경우 적용되지 않는다.

(10) 주식시장의 변화에 따라 어떻게 펀드변경을 하는 것이 바람직한가?

[설명] • 주식시장의 상승이 예상된다면 '주식형(성장형) > 혼합형 > 채권형'의 순으로 비중을 조절한다면 수익률 제고에 유리할 것이며,

• 주식시장이 불안하다면 '채권형 > 혼합형 > 주식형(성장형)'의 순으로 비중을 조절한다면 위험의 경감이 가능할 것이다.

• 또한 금융시장이 매우 불안정할 때는 단기채권형 펀드(MMF)와 같은 '피난 펀드(shelter fund)'를 이용하는 것도 한 방법이다.

• 펀드의 변경은 어느 정도 시간이 지나야 효과를 달성하는 경우가 많아서 장기적인 관점에서 판단해야 한다. 단기적인 성과를 노려 자주 펀드를 변경하는 것은 수수료가 있는 경우 수익률 악화의 직접적 요인이 되고, 효과 달성도 쉽지 않아 바람직하지 않다.

(11) 펀드분산투입 및 펀드자동재배분(auto rebalancing) 선택 시 어떠한 효과를 기대할 수 있는가?

[설명] 최초의 분산투입비율이 유지되도록 하는 기능이 펀드자동재배분 기능이다. 주식형, 혼합형, 채권형에 동일하게 분산 투입했다고 가정하고,

- 주식시장 상승으로 주식형 펀드의 수익률이 상승했다면 주식형 펀드에서 채권형으로 적립금을 이전하게 된다. 이때 주식시장의 이익을 실현하는 효과가 있다.
- 주식시장 하락으로 주식형 펀드의 수익률이 하락했다면 채권형 펀드에서 주식형으로 적립금을 이전하게 된다. 이때는 편입대상 주식을 좀 더 저가에 매수하는 효과가 있다.

필수이해문제

001 다음 중 변액보험을 상업화하여 최초로 판매한 국가는?

① 네덜란드　　　　　　　　　　　② 영국

③ 캐나다　　　　　　　　　　　　④ 미국

정답 | ①

해설 | 1956년 네덜란드의 바르다유 사가 판매한 '프랙션(fraction) 보험'이 최초의 변액보험이다. 변액보험을 판매한 순서는 '네덜란드-영국-캐나다-미국-일본'이다.

002 다음 미국의 변액보험 도입 배경에 대한 설명 중 적절하지 않은 것은?

① 1970년대 유가파동으로 인한 물가 상승으로 정액보장형의 생명보험상품은 시간이 지날수록 보험금의 실질가치가 하락하면서 경쟁력을 상실하였다.

② 1970년대에 금리자유화와 고금리 현상이 진전되면서 금융업계가 수익률 경쟁을 하게 되었는데, 금리규제를 받지 않고 고수익을 실현할 수 있는 투자형상품이 인기를 끌게 되었다.

③ 기존의 보험상품은 예정이율을 사용하여 보험회사가 모든 투자상의 위험을 부담하게 되는데 특히 1970년대의 저금리 상황하에서는 더욱 위험이 컸으므로 변액보험을 통해 투자위험을 회피할 필요가 있었다.

④ 세대당 평균 자녀수의 감소와 맞벌이 증가 등으로 가계소득이 향상됨에 따라 소비자들의 다양한 투자니즈가 발생하였고 이에 맞는 보험상품 개발이 필요하게 되었다.

정답 | ③

해설 | 예정이율방식을 택할 경우 저금리 상황이 아닌 고금리 상황하에서 더욱 위험하다. 왜냐하면, 예정이율은 한번 정하면 변경이 되지 않기 때문에 주변 상품과 고금리 경쟁을 할 수 없어서 경쟁력이 약화될 수 있고, 만일 고금리에서 저금리로 전환된다면 고금리로 결정된 예정이율을 낮출 수 없으므로 보험회사의 경영부담이 장기적으로 가중되기 때문이다.

003 다음 상황에서 보험회사에 가장 큰 부담이 되는 경우는?

> 공시이율이 10%이었는데 시중금리가 점차 하락하여 공시이율이 5%가 되었다.

① 공시이율이 10%일 때 예정이율을 10%로 정한 경우

② 공시이율이 7%일 때 예정이율을 7%로 정한 경우

③ 공시이율이 5%일 때 예정이율을 5%로 정한 경우

④ 공시이율이 10%일 때 변액보험의 특별계정으로 운용한 경우

정답 | ①

해설 | 예정이율은 한번 정하면 바뀌지 않기 때문에 ①번의 경우 보험회사의 역마진이 가장 크다.

004 미국의 변액보험 판매의 성공 사유로 적절하지 않은 것은?

① 시중금리의 하락 및 주식시장의 지속적 활황

② 뮤추얼 펀드의 대중화 및 실적배당형 보험에 대한 인지도 개선

③ 변액보험상품의 뛰어난 유연성 및 다양한 투자옵션과 자산운용지시권의 부여

④ 변액보험을 통한 과세이연의 가능

정답 | ③

해설 | VUL의 경우 보험료 자유납입(flexible), 중도인출(free partial withdraw) 등이 가능하고 상품구조도 단순하였으므로 고객에게 쉽게 접근할 수 있었다. 또한, 회사별로 10~30개의 다양한 펀드가 있어 펀드선택의 폭이 넓었고, 펀드변경 등 다양한 자산운용 옵션이 부가되었으나 펀드변경은 자산운용에 대한 '간접적인 선택권' 이지 직접적인 '자산운용지시권'이 아니다.

005 미국에서 변액보험이 성공할 수 있었던 하나의 요인으로 평가받는 '과세이연(tax deferred)'에 대한 설명으로 적절하지 않은 것은?(단, 소득세 과세체계는 누진세)

① 미국에서 보험상품은 보험유지기간에 발생한 이자에 대해 과세를 하지 않고 해지 또는 만기시 등 자금인출시점에서 이자소득세를 부과하기 때문에 '과세이연'이 가능하다.

② 일반적으로 30~40대에서 소득이 가장 높으므로 과세율도 가장 높다. 따라서 보험을 장기 유지한 다음에 인출하면 상대적으로 낮은 세율이 적용되는데 이를 '과세이연 효과'라고 한다.

③ 보험유지기간에 발생한 소득에 대해서 과세가 이연되므로 지출했어야 할 세금에 대해서도 추가로 이자소득이 발생하게 되어 절세효과는 크다고 할 수 있다.

④ 과세이연은 절세 측면에서 매우 효과적이지만 장기 유지한 후에 인출해야 과세이연이 적용되므로 단기적으로 유동성 부족을 충당할 방법이 없다는 것이 단점이다.

정답 | ④

해설 | 단기적으로 과세이연이 적용되지 않는 기간일 경우 유동성이 필요하다면 보험계약대출을 활용하면 된다. 보험계약대출로 인출하면 과세되지 않으므로 과세이연 효과는 계속 누릴 수 있다.

006 다음 중 일본의 변액보험 도입 배경에 대한 설명으로 옳지 않은 것은?

① 일본의 변액보험은 네덜란드, 영국, 캐나다, 미국에 이어 1986년에 판매를 시작하였다.

② 변액보험이 도입된 1980년대 중반의 일본의 경제상황은 경상수지의 지속적인 흑자 등 소득수준의 증가로 고수익을 선호하는 재테크 붐이 전개되었다.

③ 변액보험을 주력상품으로 진출하려는 에퀴타블 사의 판매허용요청과 자유화 · 국제화에 대한 대응 차원으로 변액보험 판매를 허용하였다.

④ 미국과 마찬가지로 당시 고물가 상황이어서 장기적으로 인플레 헤지가 필요했으므로 투자형 보험인 변액보험이 도입되었다.

정답 | ④

해설 | 1980년대 중반 일본에서는 고수익을 선호하는 재테크 붐이 전개됨에 따라, 생보사들도 타 금융기관과의 경쟁차원에서 시중금리보다 높은 예정이율을 이용한 일시납 양로보험을 대량으로 판매하였다. 즉 당시는 고금리의 예정이율이 적용되고 있어서 실질적인 변액보험의 메리트는 없었지만, 에퀴타블의 요청과 국제화 차원에서 변액보험 판매를 허용한 것이다.

007 다음 중 일본의 변액보험 도입 초기의 판매실패 사유로 해당하지 않는 것은?

① 1990년대 일본경제의 버블붕괴로 주식시장이 장기하락세를 보였고 이에 따라 변액보험의 투자수익률이 정액보험의 적립수익률보다 낮아서 메리트가 없었다.

② 일본은 내·외국사를 통틀어 통합형 펀드를 1개만 운용하여 리스크 분산의 방법이 없었다.

③ 대형 생보사인 일본생명, 제일생명 등의 변액보험 부실판매로 인해 소송이 빈발하였고 이에 따라 상품 이미지가 악화되었다.

④ 미국의 초기 변액보험을 도입하다 보니 상품내용이 난해하여 완전판매가 어려웠고 중도인출, 펀드변경 등의 부가금융서비스가 없어 고객을 유인할 수 없었다.

정답 | ②

해설 | 내국사의 경우 통합형 펀드 1개만 허용되었으나 외국사의 경우 주식형, 채권형, 통합형의 3개 펀드가 허용되었다. 펀드변경도 부가하여 내국사의 판매는 부진했지만 외국사의 판매는 일정한 수준을 유지할 수 있었다.
④ 초기 미국의 상품구조도 복잡하였으나 이후 다양한 부가옵션을 가미하고 상품구조도 단순화하여 일본과 달리 고객유인이 많았다.

008 다음 중 미국과 일본의 변액보험 판매자격제도 및 법적 규제에 대한 설명으로 옳지 않은 것은?

① 미국에서 변액보험을 판매하기 위해서는 보험설계사 자격시험 외에 변액보험 판매자격시험 (Series 6)을 통과하여야 한다.

② 미국에서는 변액보험은 생보사에서 판매하므로 기본적으로 보험업의 규제에 따르지만 동시에 증권법과 투자회사법의 엄격한 규제도 적용된다.

③ 일본에서는 생명보험업계 자율운용제도로서 변액보험 판매자격제도를 도입하고 있는데 자격시험을 거치지 않고는 판매자격이 없다는 법적 근거를 두고 있다는 점에서 미국과 같다.

④ 일본에서는 미국과 달리, 보험업법의 규제는 받지만 증권거래법 투자신탁업법 등의 적용은 받지 않는다.

정답 | ③

해설 | 일본에서는 자격시험이 없다고 해서 변액보험을 판매할 수 없다는 법적 근거는 두고 있지 않다. 즉 자율규제사항인데 대신 실효성을 확보하기 위해서 재무성의 행정 지도를 하고 있다(미국과 우리나라의 경우 법정자격제도이다).

009 미국과 일본의 변액보험 사례가 주는 시사점으로 적절하지 않은 것은?

① 모집종사자의 전문성과 도덕성 강화를 통한 건전한 모집질서의 확립이 필요하다.

② 변액보험의 성공적인 판매를 위해서는 고객의 니즈 충족과 금융환경변화에 대응할 수 있도록 펀드변경 기능, 자유납입, 중도인출 등 다양한 옵션의 부가가 필요하다.

③ 판매가 성공하기 위해서는 '고금리 · 고주가'라는 금융시장의 여건이 조성되는 것이 매우 중요하다.

④ 일본의 불완전판매로 인한 부정적 이미지가 지금도 남아 있는 것처럼 불완전판매를 철저히 배제하여 변액보험에 대한 상품 이미지를 개선하는 것이 중요하다.

정답 | ③

해설 | '저금리–고주가'이다. 변액보험 도입 초기에는 미국과 일본 모두 고금리였으나, 미국의 경우 이후 '저금리–고주가' 현상이 지속되면서 변액보험 판매가 크게 확대되었다.

　　※ 변액보험에는 특히 주가의 상승이 중요하고 주가는 금리와 역(−)의 관계이므로 저금리가 지속되면 주가는 장기적 상승 여건이 된다.

010 우리나라의 변액보험 도입 배경과 법적 규제에 대한 설명으로 옳지 않은 것은?

① 우리나라는 2000년 이후 보험가격 자유화, 급격한 금리변동에 대응하고 인플레이션을 헤지하기 위한 차원에서 변액보험의 도입이 본격적으로 추진되었다.

② 우리나라 변액보험의 펀드는 2009년에 시행된 자본시장법의 규제를 받게 되어 집합투자기구의 요건을 준수해야 한다.

③ 2001년 변액유니버설보험이 최초 도입된 후 변액종신보험, 변액연금이 뒤를 이어 판매되었다.

④ 우리나라의 변액보험 판매는 '저금리–고주가'의 금융시장을 바탕으로 지속적으로 성장하고 있으며 생명보험회사의 주력상품으로 자리 잡고 있다.

정답 | ③

해설 | '변액종신보험(2001년) – 변액연금(2002) – 변액유니버설보험(2003년)'의 순이다. 일반적으로 VUL은 가장 늦게 도입되었다(어느 정도 여건이 성숙된 이후에 판매). 참고로 우리나라에서 변액보험 판매는 생보사에만 허용되고 있다.

011 다음 중 우리나라의 변액보험 규제에 대한 설명으로 옳지 않은 것은?

① 변액보험은 생명보험과 집합투자업의 성격을 동시에 지니므로 법적 규제에서도 보험업법과 자본시장법의 규제를 동시에 받는다.

② 변액보험은 생보사의 상품이나 특례로서 손해보험사에서도 취급을 가능하게 하였다.

③ 보험업법에 따라 변액보험은 특별계정을 설정하여 운용하여야 한다.

④ 우리나라에서는 생명보험협회가 주관하는 변액보험 판매관리사 자격시험에 합격해야만 변액보험 모집이 가능하므로 법정 자격시험의 성격을 지닌다.

정답 | ②
해설 | 손보사는 실손 보상의 원칙이므로 변액보험의 취급이 허용되지 않는다.

012 보험 주체별 변액보험 도입의 필요성이 바르게 연결된 것은?

① 보험소비자 측면 – 보험시장의 확대로 수입 증대 및 자격제도에 따른 전문성 제고

② 보험회사 측면 – 물가 상승에 대응하는 보험금의 실질가치 보장

③ 모집종사자 측면 – 역마진 등 금리 리스크의 적정관리

④ 국가경제적 측면 – 주식 · 채권에 대한 투자 증가로 보험시장과 자본시장의 동시발전

정답 | ④
해설 | ① 모집종사자의 측면
② 보험소비자의 측면
③ 보험회사의 측면

013 변액보험의 본질은 계약자가 납입하는 보험료 일부를 펀드에 투자하고 그 투자 실적에 따라 ( )이 변하는 것을 말한다. 빈칸에 들어갈 수 없는 것은?

① 보험료   ② 해지환급금

③ 보험금   ④ 계약자적립금

정답 | ①
해설 | 투자실적에 따라 보험금(사망보험금, 정확하게는 변동보험금), 해지환급금, 계약자적립금이 변한다. 납입보험료는 변하는 것이 아니다.

014 빈칸에 들어갈 내용을 순서대로 바르게 나열한 것은?

> 변액보험은 (   )형 상품으로 투자결과로 발생하는 손익은 전부 (   )에게 귀속된다. 또한,
> 변액보험 자금을 관리할 수 있는 (   )을 설정하여 자산을 운용한다.

① 실적배당 – 보험회사 – 특별계정   ② 확정금리 – 보험회사 – 특별계정
③ 실적배당 – 계약자 – 특별계정   ④ 확정금리 – 계약자 – 일반계정

정답 | ③

해설 | 변액보험은 투자형 상품이므로 손익은 계약자에게 귀속된다. 따라서 분명하게 그 자산을 관리하기 위해 특별계정
으로 관리한다.

015 일반정액보험과 비교되는 변액보험(Variable Life Insurance)의 기본적인 특징에 해당하지 않는 것은?

① 투자실적에 따라 보험금과 해지환급금이 변동한다.
② 특별계정에 의해 자산이 운용된다.
③ 투자결과로 발생하는 손익은 모두 계약자에게 귀속된다.
④ 보험료 자유납입과 중도인출 기능이 있다.

정답 | ④

해설 | ①, ②, ③은 변액보험의 기본적인 특성이나 ④는 변액유니버설보험에 국한되는 특징이다.

016 변액보험과 금융투자회사의 일반펀드를 비교한 것으로 옳지 않은 것은?

	구분	변액보험	일반펀드
①	가입목적	장기적 인플레이션 헤지	간접투자를 통한 고수익 추구
②	펀드투입자금	납입보험료의 일부 제외	납입자금 전부 투입
③	부가비용	사업비, 운용 · 수탁 · 판매보수	운용 · 수탁 · 판매보수
④	세제혜택	10년 이상 유지 시 비과세	10년 이상 유지 시 비과세 없음

정답 | ③

해설 | 부가비용을 보면 변액보험과 일반펀드에서 운용보수와 신탁보수는 모두 동일하게 부과되지만 판매보수는 일반펀
드에만 있고 변액보험에는 없다. 또한, 사업비는 변액보험에만 있고 일반펀드에는 없다.

017 다음 변액보험과 금융투자회사 상품에 대한 설명으로 옳지 않은 것은?

① 변액보험은 장기적 인플레이션 헤지(hedge)를 통해 실질가치가 보전된 보장 제공을 목적으로 한다.

② 변액보험은 보험료 일부를 유가증권 등에 투자하는 반면 금융투자회사 상품은 투자금액 대부분을 투자한다.

③ 변액보험과 금융투자회사 상품 모두 계약자에게 '자기책임의 원칙'이 적용된다.

④ 변액보험과 금융투자회사 상품 모두 계약자는 수익자의 권리를 가지며, 그 권리에는 자금운용지시권 등이 있다.

정답 | ④

해설 | 변액보험이든 금융투자회사 상품이든 모두 간접투자상품이다. 간접투자상품에 투자하면 전문가가 운용하므로 자금운용지시권은 없다. 단, 변액보험에는 펀드변경 기능이 있는데 펀드변경 기능과 자금운용지시권을 혼동하지 않도록 한다.

018 일반계정과 특별계정(변액보험)을 비교한 것으로 옳지 않은 것은?

구분	일반계정	특별계정
① Risk부담	회사부담	계약자부담
② 자산운용목적	안정성	수익성
③ 자산평가시기	매월	매일
④ 결산시기	매년	매월

정답 | ④

해설 | 일반계정은 매월, 특별계정은 매일 자산을 평가하므로 일반계정과 같은 매년 결산이 따로 필요 없다(즉, 특별계정의 결산은 매일).

019 다음 설명 중 옳지 않은 것은?

① 일반계정은 최저보증이율이 있다.

② 특별계정은 리스크부담을 계약자가 전부 부담한다.

③ 일반계정의 자산평가시기는 매월이고 결산시기는 매년이다.

④ 특별계정의 자산평가 시기는 매월이고 결산시기는 매일이다.

정답 | ④

해설 | 특별계정은 자산평가와 결산시기 모두 매일이다.

020 다음의 빈칸에 들어갈 말로 바르게 연결된 것은?

> 변액보험의 사망보험금은 최초 계약한 (㉠)과 투자실적에 따라 증감하는 (㉡)으로 구성된다.

	㉠	㉡		㉠	㉡
①	기본보험금	변동보험금	②	기납입보험료	변동보험금
③	기본보험금	계약자적립금	④	기납입보험료	계약자적립금

정답 | ①

해설 | 기본보험금, 변동보험금이다. 예를 들어 변액종신보험의 최초가입금액(기본보험금)이 1억원인데 향후 사망보험금 지급 시점에서 투자실적이 양호하여 변동보험금이 5천만원 증가했다면 최종 사망보험금 지급액은 1억 5천만원이 된다.

021 다음 중 변액보험의 상품구조에 대한 설명으로 옳지 않은 것은?

① 변액보험의 사망보험금은 기본보험금과 변동보험금의 합으로 계산된다.

② 기본보험계약은 보험료 산출의 기초가 됨과 동시에 최저보증금액 산정의 기초가 된다.

③ 변동보험금액은 운용실적에 따라 추가로 계산되는 보험금으로 변동보험금을 받기 위해서 추가보험료를 부담할 필요가 없다.

④ 변액보험에서 선택하는 특약은 일반보험과는 달리 특별계정에서 운용된다.

정답 | ④

해설 | 변액보험에서도 특약보험료는 일반계정에서 관리된다.

022 우리나라에서 판매되는 변액보험상품은 상품설계의 다양성으로 인해 최저사망보험금을 다양한 방법으로 보장하고 있다. 다음 중 그 연결이 옳지 않은 것은?

① 변액종신보험-기본보험금

② 변액연금보험-기납입보험료

③ 변액유니버설보험(적립형)-기납입보험료

④ 변액유니버설보험(보장형)-변동보험금

정답 | ④

해설 | ④는 기본보험금이다.

※변액보험의 사망보험금 최저지급보증

변액종신보험	VUL(보장형)	VUL(적립형)	변액연금보험
기본보험금		기납입보험료	

023 K씨가 가입한 변액종신보험의 기본보험금은 1억원이다. 사망보험금에 최저지급보증이 설정되어 있고, 사망보험금 지급시점에서 보니 투자실적의 악화로 변동보험금이 −3,000만원이 되었다면 사망보험금 지급액은 얼마인가?

① 3,000만원   ② 7,000만원

③ 1억원   ④ 1억 7천만원

정답 | ③

해설 | 투자실적이 악화되어 사망보험금이 기본보험금(1억원)에 못 미칠 경우 기본보험금을 최저지급한다(사망보험금 최저지급보증옵션에 따라).

---

024 보기에 해당하는 변액연금보험의 사망보험금은 얼마인가?

• 기본사망보험금 1천만원	• 매월 납입보험료 50만원
• 5년 납입 후 사망	• 사망 당시의 계약자적립금 2,500만원

① 1,000만원   ② 2,500만원

③ 3,000만원   ④ 3,500만원

정답 | ④

해설 | 변액연금보험의 사망보험금 = Max(기납입보험료, 사망 당시의 계약자적립금 + 기본사망보험금) = Max(3,000만원, 2,500만원 + 1,000만원) = 3,500만원이다.

---

025 김보험 씨는 보험에 가입 후 장기적으로 유지하고자 한다. 현재의 예정이율이 만족스럽지 않아 투자형을 선택하되 최악의 경우에는 원금이 보장되는 상품을 원한다. 김보험 씨의 니즈(needs)에 맞는 최저지급보증옵션은 무엇인가?

① 변액종신보험의 최저사망보험금 지급보증옵션

② 변액연금보험의 최저사망보험금 지급보증옵션

③ 변액유니버설보험 적립형의 최저사망보험금 지급보증옵션

④ 변액연금보험의 최저연금적립액 지급보증옵션

정답 | ④

해설 | 연금개시 시점까지 투자형을 선택하여 유지해서 고수익이 달성되면 좋고, 최악의 경우라도 기납입보험료를 최저지급보증하는 옵션이 적합하다.

026 '최저사망보험금 보증준비금' 계정에 대한 설명으로 옳지 않은 것은?

① 매일(또는 매월) 계약자적립금의 일정비율로 최저사망보험금 보증비용을 부가하는데 그 비용을 풀(pool)로 구성한 것이 최저사망보험금 보증준비금 계정이다.

② 최저사망보험금 보증준비금은 특별계정에서 보증비용을 차감하여 특별계정에서 관리한다.

③ 만일 계약자적립금에서 가입금액에 대한 위험보험료를 차감할 수 없을 경우 최저사망보험금 보증준비금 계정에서 충당한다.

④ 중도인출을 과도하게 할 경우 최저사망보험금 보증기간이 끝나게 되고 이때 계약의 효력이 없어질 수 있으므로 이에 대한 정확한 설명이 필요하다.

정답 | ②

해설 | 특별계정에서 매일(또는 매월) 차감하여 일반계정에서 관리한다. 그리고 ④에서의 '최저사망보험금 보증기간'이라 함은 '납입최고기간이 끝나는 날부터 예정해지환급금이 제로가 될 때까지의 기간'을 말하는데, 중도인출을 과도하게 할 경우 최저사망보험금 보증기간이 조기에 종료되어 계약이 해지될 수 있다.

027 다음 중 변액연금보험의 최저사망보험금 보증에 해당하는 것은?

① 기본보험금

② 기본보험금 + 변동보험금

③ 기납입보험료

④ 계약자적립금

정답 | ③

해설 | 변액연금보험의 사망보험금은 Max(기납입보험료, 사망 당시의 계약자적립금 + 기본사망보험금)이다. 투자실적이 악화되어 '계약자적립금 + 기본보험금'이 기납입보험료보다 작으면 기납입보험료를 지급하게 된다.

028 최저사망보험금 보증이 보기와 같은 변액보험은?

> Max[기본보험금, 기납입보험료의 일정비율(105~110% 수준), 기납입보험료]

① 변액종신보험

② 변액연금보험

③ 변액유니버셜보장형보험

④ 변액유니버셜적립형보험

정답 | ③

해설 | VUL 보장형에 해당한다.

029 변액유니버셜 적립형 보험의 최저사망보험금 지급보증(GMDB)과 내용과 구조면에서 가장 가까운 것은?

① 변액종신보험의 최저사망보험금 지급보증

② 변액연금보험의 최저사망보험금 지급보증

③ 변액연금보험의 최저연금적립액 지급보증

④ 변액연금보험의 스텝업(step-up)적립액 지급보증

정답 | ②

해설 | 저축성보험으로서 변액연금과 VUL 적립형은 사망보험금이 기납입보험료보다 적을 경우 기납입보험료를 사망보험금으로 지급한다.

030 다음 중 최저보증옵션에 대한 설명으로 옳지 않은 것은?

① 변액종신보험은 투자수익률이 악화되어도 최저사망보험금 보증기간이 끝나지만 않으면 기본사망보험금을 최저지급보증한다.

② 변액연금보험은 사망보험금에 대한 최저지급보증뿐만 아니라 연금개시 시점에서 기납입보험료를 최저지급보증한다.

③ 변액종신보험이든 변액연금보험이든 최저지급보증비용은 특별계정에서 매일(또는 매월) 차감하여 일반계정에서 별도로 관리한다.

④ 변액연금보험의 최저사망보험금 지급보증비용은 만일 연금개시 시점에서 연금재원이 기납입보험료보다 적을 경우 그 부족분을 보완하는 데 사용한다.

정답 | ④

해설 | 최저사망보험금의 보증비용은 위험보험료 충당에 사용되고, 최저연금적립금 보증비용은 연금개시 시점에서의 연금재원이 기납입보험료보다 부족할 경우 이를 충당하는 데 쓰인다.

031 다음 보기에서 설명하는 보증옵션은?

> 연금개시 후 보험기간 중 연금재원을 특별계정에서 운용할 경우 특별계정의 투자성과에 상관없이 연금재원의 일정 수준을 종신 동안 인출할 수 있도록 보증하는 옵션

① GMAB ② GMWB ③ GLWB ④ GMSB

정답 | ③

해설 | GLWB에 대한 설명이다. 비교하여 GMWB는 연금개시 후 보험기간 중 연금재원을 특별계정으로 운용할 경우 특별계정의 투자성과에 관계없이 일정한 수준의 연금을 인출할 수 있도록 보증하는 옵션이다.

032 다음 보기에서 설명하는 보증옵션은?

> 특별계정의 성과와 관련 없이 step-up 시점마다 적립액을 최소금액 이상 보증하는 옵션

① GMAB   ② GMWB

③ GLWB   ④ GMSB

정답 | ④

해설 | GMSB를 말한다.

033 다음 변액보험의 보증옵션 중 연금개시 후에 작동되는 옵션이 아닌 것은?

① GMAB   ② GMWB

③ GLWB   ④ GMIB

정답 | ①

해설 | GMAB는 연금개시시점에서 기납입보험료를 보증하는 옵션이다.

034 다음 변액종신보험에 대한 설명으로 옳은 것은?

① 보장성이라는 본질을 유지하기 위해 투자실적이 악화되어도 기본보험금과 변동보험금을 최저지급보증하는 보증 기능을 둔다.

② 변액종신보험의 변동보험금은 일시납추가가입(증액)방식으로 계산된다.

③ 변액종신보험의 사망보험금은 매일 변동한다.

④ 변액종신보험의 사망보험금은 합산 장해율이 80% 이상일 때는 지급되지 않고 오로지 사망 시에만 지급된다.

정답 | ④

해설 | 종전에는 80% 이상 장해율이면 사망보험금이 지급되었으나, 2011년 4월 감독규정 개정에 따라, 80% 이상 장해 시 생존보장이 지급되며 사망보험금은 사망 시 지급된다.

① 변동보험금을 제외한 기본보험금만 최저지급보증을 한다.

③ 매일이 아니라 매월 변동한다. 일시납추가가입(증액)방식은 매월 계약해당일마다 변동보험금을 재계산하므로 매월 변동한다(변액보험의 특별계정은 매일 평가되지만, 변동보험금 계산은 매월이라는 점에 주의).

035 변액종신보험의 변동보험금 계산방법인 일시납추가가입(증액)방식에 대한 설명으로 옳지 않은 것은?

① 기본보험계약의 예정책임준비금을 초과하는 금액(초과적립금)을 일시납보험료로 하여 잔여 기간에 해당하는 보험을 추가가입(증액)하는 방식이다.

② 전통형 연금보험에 있어서 연금개시 이후 계약자배당금으로 일시납보험을 추가가입(증액)하여 연금액을 증액시키는 형태와 유사한 구조라 할 수 있다.

③ 투자수익률이 높을 경우 가산지급방식보다 상대적으로 변동보험금이 크게 증액될 수 있으나, 투자수익률이 높지 않은 경우에는 반대로 변동보험금이 크게 감액되어 기본사망보험금 이하로 하락할 수 있는 위험이 있는 방식이다.

④ 변동보험금의 변동 시기는 계산 주기에 따라 월 1회, 연 1회로 하는데, 현재 국내에서는 변액종신보험에서 사용 중이며 변동 주기는 월 1회로 하고 있다.

정답 | ③

해설 | 투자수익률이 높지 않으면 이론적으로 변동보험금이 기본사망보험금 이하로 내려갈 수 있다. 그러나 기본사망보험금을 보장하는 최저지급보증옵션이 있으므로 기본사망보험금 수준 이하로 내려가지 않는다는 장점이 있다.

036 다음은 변액종신보험의 보장구조에 대한 설명이다. 빈칸에 들어갈 내용으로 바르게 연결된 것은?

(ⓒ)으로 계산
사망보험금 = 기본보험금 + 변동보험금
(㉠)변동　　　(㉡)을/를 사망보험금으로 최저보증

① 매일 – 보험가입금액(기본보험계약) – 가산지급방식

② 매월 – 보험가입금액(기본보험계약) – 일시납보험 추가가입(증액)방식

③ 매월 – 기납입보험료 – 가산지급방식

④ 매일 – 기납입보험료 – 가산지급방식

정답 | ②

해설 | 일시납보험 추가가입(증액)방식이고 매월 평가된다.

037 다음 중 변액종신보험과 일반종신보험을 비교한 것으로 옳지 않은 것은?

	비교항목	변액종신	일반종신
①	사망보험금	기본보험금 + 변동보험금	보험가입금액
②	자산운용	특별계정	일반계정
③	예금자보호법 적용	보호대상에서 제외	보호대상
④	보험변경	일반종신으로 변경 불가	변액종신으로 변경 가능

정답 | ④

해설 | 일반종신보험에서 변액종신보험으로의 변경은 불가능하다. 보험계약의 변경은 기존의 위험을 줄이는 방향(감액, 보험기간 축소 등)은 가능하나 그 반대로는 불가하다.

038 다음 중 일반종신보험과 다른 변액종신보험의 특징에 해당하지 않는 것은?

① 펀드운용실적에 따라 사망보험금과 해지환급금이 변동한다.

② 사망보험금에 대해 최저지급보증을 한다.

③ 펀드변경을 할 수 있다.

④ 다양한 선택특약을 자유롭게 조립하여 설계할 수 있다.

정답 | ④

해설 | 선택특약의 자유설계는 일반, 변액 모두 가능하다.
　　　③ 계약자가 직접 자산운용 형태를 선택한다는 것은 '자산운용을 지시'하는 것이 아니라 '펀드변경의 지시'를 할 수 있다는 것이다.

039 다음 중 일반종신보험과 변액종신보험의 공통점에 해당하지 않는 것은?

① 적립금에 대한 최저보증이율이 있다.

② 기본보험금(보험가입금액)을 지급보증한다.

③ 연금전환특약을 활용할 수 있다.

④ 해지환급금에 대한 최저지급보증이 없다.

정답 | ①

해설 | 변액보험은 실적배당형으로 적립금에 대한 최저보증이율이 없다.

040 다음 중 변액종신보험에 대한 설명으로 옳지 않은 것은?

① 변액종신보험의 사망보험금은 펀드의 운용실적에 따라 변동된다.

② 변액종신보험은 인플레이션을 일정 부분 헤지할 수 있는 기능을 갖추고 있다.

③ 변액종신보험의 해지환급금은 최저보증이율이 없다.

④ 변액종신보험은 일반종신보험과 달리 세액공제 혜택이 주어지지 않는다.

정답 | ④

해설 | 연간 한도 100만원까지, 보장성보험료에 대한 세액공제 혜택은 일반보험이나 변액보험 구분 없이 동일하다.

041 다음 중 변액연금보험에 대한 설명으로 가장 거리가 먼 것은?

① 연금지급 개시 전까지는 일반 변액보험처럼 펀드에 투자하여 운용된다.

② 연금지급 개시 전에 사망 시 지급되는 사망보험금은 기본보험금에 투자실적에 따른 계약자 적립금을 더하여 계산된다.

③ 연금개시 이후에도 적립금운용방법은 특별계정에서 계속 운용되므로 변액연금형이 아닌 정액연금형은 선택할 수 없다.

④ 변액연금은 기본적으로 투자형이나 연금 본래의 취지를 고려하여 최저사망보험금 지급보증과 최저연금적립액 지급보증 등 일반적으로 2가지의 최저보증옵션을 도입하고 있다.

정답 | ③

해설 | 변액연금보험은 연금개시 전에는 특별계정에서 운용되고 연금개시 후에는 일반계정에서 운용된다(대부분). 정액연금형 또는 공시이율연금형이 대부분이나 최근 변액연금형(실적배당형)도 선택하는 상품이 나오고 있는데 이 경우 투자실적에 따라 연금지급액이 줄어들 수도 있다.

042 다음 중 변액연금보험에 대한 설명으로 적절하지 않은 것은?

① GMAB, GMSB 등의 기능으로 연금개시 시점에서 기납입보험료 이상의 보증을 받을 수 있다.

② 최근 변액연금은 생존 시 계약자적립금 재원을 더 확보하기 위해 최저연금적립금에 대하여 보증하지 않는 미보증형 변액연금보험도 판매되고 있다.

③ 변액연금보험에서 연금개시가 되면 일반연금과 마찬가지로 종신연금, 확정연금, 상속연금 등 세 가지의 형태로 연금을 받을 수 있다.

④ 변액연금은 2002년 10월 판매한 이후 성장세가 지속적으로 증가하고 있다.

정답 | ④

해설 | 판매 이후 방카슈랑스 도입 등으로 성장세가 양호하였으나, 2008년 미국발 글로벌 금융위기 당시 그 성장세가 둔화되었다. 장기적으로는 100세 시대의 도래로 판매활성화가 기대된다.

043 다음 변액연금의 연금액 예시에 관련한 설명으로 옳지 않은 것은?

① 사망보험금, 해지환급률, 연금액을 예시할 경우 3가지 투자수익률(2019년 현재, -1%, 2.5%, 3.75%)을 가정하여 예시할 수 있다.

② 변액연금뿐만 아니라 타 금융기관의 상품도 고객에게 미래수익률을 예시할 때 3가지 투자수익률(-1%, 2.5%, 3.75%)로만 예시해야 한다.

③ 2009년 4월 1일부터 저축성 변액보험의 경우 투자수익률과 함께 순수익률도 예시하도록 하고 있다.

④ 순수익률은 투자수익률에서 최저보증비용과 펀드 관련 비용을 차감한 수익률을 말한다.

정답 | ②

해설 | 변액보험은 장기상품이므로 미래환급금을 예시할 필요가 있다. 따라서 타 금융투자상품에서 미래수익률 제시 자체가 금지된 것과 달리 미래수익률 예시가 가능하다. 다만, 과장된 투자수익률 예시를 방지하기 위해 '-1%, 평균공시이율, 평균공시이율×1.5배'를 기준으로만 예시한다.

044 변액보험에서 미래수익률을 예상할 수 있는 3가지에 해당하지 않는 것은?(2019년 현재 기준)

① -1%   ② 평균공시이율

③ 평균공시이율의 1.5배   ④ 평균공시이율의 2배

정답 | ④

해설 | '-1%, 평균공시이율(현재 2.5%), 평균공시이율의 1.5배(현재 3.75%)'이다.

045 다음 중 변액유니버설보험의 특징으로 옳지 않은 것은?

① 중도인출이 가능하다

② 보험료 납입기간의 자율성을 가지고 있다는 것이다.

③ 기본적인 보험료 납입기간은 전기납으로 설정되어 있다.

④ 자유납입기간에는 납입최고를 하지 않는다.

정답 | ④

해설 | 일반보험은 '계약자가 제2회 이후의 보험료를 납입기일까지 납입하지 아니하여 보험료 납입이 연체 중인 경우에, 회사는 14일(보험기간이 1년 미만이면 7일)의 기간을 납입최고기간(납입독촉기간)'으로 한다. 단, VUL의 경우 의무 납입기간 이후에는 보험료 미납에 따른 납입최고는 하지 않는 대신, 해지환급금에서 월대체보험료를 충당할 수 없게 된 경우 월계약해당일의 다음 날을 기준으로 납입최고기간을 정한다(이 경우 일반보험과 동일한 방식).

046 다음 중 변액유니버설보험만의 특징에 해당되는 것은?

① 펀드의 운용실적에 따라 사망보험금과 해지환급금이 변동한다.

② 펀드의 운용실적이 악화된 경우에도 최저사망보험금을 보장한다.

③ 10년 이상 유지 등 일정 요건 충족 시 보험차익에 대해 비과세혜택이 있다.

④ 보험료 납입기간의 자율성을 가지고 있다.

정답 | ④

해설 | ①, ②는 변액종신보험과 동일하다. ③은 일반정액보험도 세제비적격의 경우 비과세혜택이 있다. ④는 일반적으로 의무납입기간이 지나면 보험료를 자율적으로 납입할 수 있는 것으로 VUL만의 특징이다.

047 다음 중 변액종신과 변액유니버설 적립형을 비교한 것으로 옳지 않은 것은?(보험료 납입면제는 합산 장해율이 50% 이상인 경우 보험료 납입면제 기능의 여부를 말함)

	구분	변액종신보험	변액유니버설적립형
①	최저사망보험금	기본보험금	기납입보험료
②	변동보험금 계산구조	일시납추가가입	투자실적 매일 반영
③	장해 시 보험료 납입면제	납입면제 기능 있음	납입면제 기능 없음
④	특별계정 투입보험료	영업보험료 - 수금비	영업보험료 - 부가보험료

정답 | ④

해설 | VUL의 특별계정 투입보험료가 '영업보험료 – 수금비'이다. 변액종신과 변액연금의 경우 '영업보험료 – 부가보험료 = 순보험료 + 납입 후 유지비'이다.

048 변액유니버설보험 판매 시 적용되는 의무납입기간에 가장 부합하는 것은?(2018년 현재 기준)

① 1년 6개월

② 2년

③ 2~5년

④ 5~12년

정답 | ④

해설 | '5~12년'이다. 종전의 2년에서 대폭 강화되었다(도덕적 위험 방지와 계약의 안정성 강화를 위함).

049 동일한 재해 또는 재해 이외의 동일한 원인으로 여러 신체 부위의 장해지급률을 더하여 50% 이상의 장해상태가 되었을 때 보험료 납입면제가 되는 상품으로 가장 적절하지 않은 것은?

① 변액종신보험

② 변액유니버설보험 적립형

③ 변액유니버설보험 보장형

④ 일반종신보험

정답 | ②

해설 | 보장성보험에는 합산 장해율이 50% 이상 되면 납입면제하는 기능이 있다. 그러나 저축성보험(VUL 적립형, 변액연금)에는 납입면제 기능이 없다(그러나 최근 예외적으로 판촉차원에서 저축성보험에도 납입면제 기능을 두는 일부 보험사도 있음).

050 다음의 빈칸에 들어갈 말을 순서대로 바르게 나열한 것은?

> 변액유니버설보험적립형은 (   )과(와) 달리 납입보험료를 보험가입금액의 일정범위 내에서 계약자가 선택할 수 있다. 그리고 보험료 납입기간은 (   )으로 한다.

① 변액연금보험 – 정기납(定期納)

② 변액종신보험 – 정기납(定期納)

③ 변액종신보험 – 전기납(全期納)

④ 변액연금보험 – 전기납(全期納)

정답 | ③

해설 | 저축성보험은 일정한 범위 내에서 계약자가 납입보험을 선택할 수 있다(cf. 보장성보험인 변액종신과 VUL보장형은 선택이 아니라 보장규모에 맞게 보험료가 산출된다). 그리고 변액유니버설보험의 경우 보험료의 자유납입 기능이 있으므로 모두 전기납으로 한다.

051 다음 중 납입보험료를 계약자가 선택할 수 있는 보험은?

① 변액연금보험　　　　　　　　　② 변액종신보험

③ 변액유니버설보험 보장형　　　　④ 일반종신보험

정답 | ①

해설 | 보장성보험은 변액, 정액을 구분하지 않고 위험보험료를 기준으로 납입보험료가 정해진다. 그러나 저축성보험(일반연금, 변액연금, VUL 적립형)은 납입보험료를 계약자가 선택할 수 있다.

　　※ 참고 : 계약자가 납입보험료를 선택할 수 없는 보험은 신계약비 등 사업비 상각을 전 기간에 걸쳐서 하고, 계약자가 납입보험료를 선택할 수 있는 보험에서는 사업비 상각을 10년까지 할 수 있다.

052 다음 중 특별계정의 필요성에 대한 설명으로 옳지 않은 것은?

① 변액보험은 투자상의 실적과 위험을 모두 회사가 부담하고 정액보험은 계약자가 부담하므로 투자성과에 대한 기여도를 명확히 구별해야 한다.

② 변액보험의 평가는 매일 시가법에 의해 평가하는데 정액보험은 기업회계기준이 정하는 방법에 따라 평가하는 등 평가방법이 상이하므로 분리해야 한다.

③ 변액보험의 자산운용 목적은 수익성 증대이며, 정액보험은 안전성을 중요시한다. 자산운용의 목적이 상이하므로 분리해야 한다.

④ 개인별 적립금의 산출에 있어서 공평성을 유지하기 위해 분리해야 한다.

정답 | ①

해설 | 변액보험의 투자결과는 계약자에게 귀속되고, 정액보험의 운용결과는 회사가 부담한다.

053 다음 중 특별계정에 투입되는 보험료에 관한 설명으로 옳지 않은 것은?

① 특별계정에서 투입되는 보험료는 고객이 납입한 영업보험료 전액이 아니다.

② 영업보험료는 순보험료(위험보험료 + 저축보험료)와 부가보험료로 구성된다.

③ 위험보험료는 처음에 순보험료로 특별계정에 투입되지만 매월 계약자적립금으로부터 차감된다.

④ 기타비용과 계약유지비용은 모두 보험료를 납입하는 기간 이내에만 사용하는 사업비이다.

정답 | ④

해설 | 기타비용(수금비)은 보험료를 납입할 때 발생하는 사업비지만 계약유지비용(유지비)은 계약을 유지할 때 드는 사업비이다. 따라서 보험료 납입 동안 사용하는 '납입 중 계약유지비용'과 보험료 납입기간 후에 사용하는 '납입 후 계약유지비용'으로 구분된다. 보험회사는 '납입 후 계약유지비용'을 계약자가 보험료를 납입할 때 미리 받는다.

054 다음 빈칸에 들어갈 내용을 순서대로 바르게 연결한 것은?

> 특별계정 투입보험료 = 영업보험료 − {계약체결비용 + (㉠   ) + 기타비용}
>
> = (㉡   ) + (㉢   )

① 납입 중 계약유지비용 − 저축보험료 − 위험보험료

② 위험보험료 − 저축보험료 − 계약유지비용

③ 납입 후 계약유지비용 − 저축보험료 − 납입 중 계약유지비용

④ 납입 중 계약유지비용 − 순보험료 − 납입 후 계약유지비용

정답 | ④

해설 | 순보험료와 납입 후 계약유지비용이 특별계정으로 투입된다.

055 다음 빈칸에 들어갈 말을 순서대로 바르게 연결한 것은?

> 특별계정 투입보험료는 특별계정에서 채권, 주식 등 유가증권에 투자되어 매일 실적배당률로 적립되며,
> 매월 계약해당일에 (   )와 (   )를 특별계정에서 일반계정으로 차감한다.

① 자연식보험료 − 납입 중 계약유지비용

② 자연식보험료 − 납입 후 계약유지비용

③ 평준보험료 − 납입 중 계약유지비용

④ 평준보험료 − 납입 후 계약유지비용

정답 | ②

해설 | 변액보험에서는 자연식보험료를 사용한다. 특별계정으로부터 매월 자연식보험료와 납입 후 계약유지비용을 차감한다.

056 변액종신보험의 납입기간 중 특별계정 투입보험료가 가장 적은 것은?

① 일시납 ② 10년납 ③ 15년납 ④ 20년납

정답 | ④

해설 | 특별계정 투입보험료가 많은 순서는 ①, ②, ③, ④이다. 예를 들어 일시납은 84%, 10년납은 76~72%, 15년납은 76~65%, 20년납은 76~50%가 투입된다. 즉 20년 납입으로 해서 20년째에는 납입보험료의 50% 정도만이 펀드에 투자된다는 것인데 이는 연령이 증가할수록 자연식보험료가 증가하기 때문이다.

057 변액보험의 현금흐름에 대한 내용으로 바르게 연결되지 않은 것은?(VUL = 변액유니버설보험, 수금비 = 기타비용, 납입 후 유지비 = 납입 후 계약유지비용, 부가보험료 = 계약체결 및 관리비용)

구분	변액연금	VUL(자유납입기간 중)
① 특별계정 투입보험료	순보험료 + 납입 후 유지비	영업보험료 − 수금비
② 월공제액 차감	자연식위험보험료, 납입 후 유지비, 특약보험료	자연식위험보험료, 부가보험료(수금비 제외), 특약보험료
③ 특별계정 운용·수탁보수	매일	매일
④ 계약자적립금변동	매일	매일

정답 | ②

해설 | 만일 특약이 있다면 변액연금의 경우 **특약보험료는 특별계정에 투입되기 전에 차감된다**(일반계정에서 관리). 따라서 월공제액 차감에는 들어가지 않는다. 변액연금의 경우 월 차감 공제액은 자연식위험보험료와 납입 후 유지비(납입기간 완료 후)의 두 가지이다.

058 다음 중 월대체보험료로 차감되는 항목이 아닌 것은?

① 자연식위험보험료

② 선택특약보험료

③ 기타비용

④ 계약유지비용

정답 | ③

해설 | 월대체보험료의 개념은 VUL에서 의무납입기간이 종료된 후, 즉 자유납입기간에서 월 보험료가 납입되지 않았을 경우 해지환급금에서 차감하는 것인데, 그 항목은 '자연식위험보험료 + 선택특약보험료 + 계약체결 및 계약관리비용(기타비용 제외)'의 세 가지이다. 여기서 주의해야 할 것은 기타비용은 제외된다는 것이다. 왜냐하면 기타비용(과거 수금비)이라는 사업비는 수금할 때에만(즉, 보험료가 납입될 경우에만) 부가되는 사업비이므로 월대체보험료의 항목이 될 수 없다.

059 김보험 씨가 가입한 변액유니버설보험의 월납보험료는 60만원이다. 이 60만원은 자연식위험보험료 15만원, 저축보험료 30만원, 부가보험료 10만원(특약수금비 포함 수금비 3만원), 특약보험료 5만원으로 구성되어 있다. 그렇다면 의무납입기간이 지난 후 이 보험의 특별계정 투입금액은 얼마인가?(수금비 = 기타비용)

① 30만원   ② 45만원   ③ 50만원   ④ 57만원

정답 | ④

해설 | VUL의 자유납입기간에서의 특별계정 투입보험료는 '영업보험료(특약보험료 포함) – 수금비(기타비용)'이다. 따라서 60만원 – 3만원(수금비) = 57만원이다. 그리고 매월 계약해당일에 위험보험료 15만원, 특약보험료 5만원, 부가보험료 7만원(수금비를 제외한 금액)을 계약자적립금으로부터 차감한다(월대체보험료 = 27만원).

※ 즉 이 문제에서는 변액보험가입자가 월납보험료(기본보험료) 60만원을 납부하면 일단 57만원(60만원–3만원)이 특별계정에 투입되고 월대체보험료로 27만원이 특별계정으로부터 차감된다. 따라서 순수하게 투자되는 금액은 30만원(60만원–3만원–27만원)이다.

---

060 다음 중 주식형 펀드와 채권형 펀드를 비교한 것으로 옳지 않은 것은?

	구분	주식형 펀드	채권형 펀드
①	운용대상	주로 주식(60% 이상)에 투자	주로 채권(60% 이상)에 투자
②	운용적기	주식시장 활황기	고금리 안정화기 혹은 주식시장 불황기
③	장점	고수익 가능	원금보전 장치
④	단점	원금손실 가능성	고수익 기대 곤란

정답 | ③

해설 | 채권형도 펀드이므로(실적배당형) 원금보전 기능은 없다. 즉 투자 위험상 채권은 주식보다 매우 안전하여 원금보장의 확률이 매우 높지만 그렇다고 법적으로 원금보전 장치가 있는 것은 아니다. 채권형의 장점은 주식보다 수익성은 낮지만, 안정적으로 수익을 기대할 수 있다는 것이다(원금보전 확률이 높은 것도 포함).

---

061 다음 중 고객의 투자성향에 맞는 펀드를 연결한 것 중 옳은 것은?

> ㉠ 전체적인 주식시장의 흐름에 수익률을 맡겨두고 싶은 고객
> ㉡ 고수익을 기대하기는 어려우나 원금손실 가능성이 거의 없고 언제든지 유동성을 확보하고자 하는 고객

	㉠	㉡		㉠	㉡
①	주식형 펀드	채권형 펀드	②	주식형 펀드	단기채권형 펀드
③	인덱스혼합형 펀드	채권형 펀드	④	인덱스혼합형 펀드	단기채권형 펀드

정답 | ④

해설 | ○은 인덱스(혼합형) 펀드, ○은 단기채권형 펀드이다. 단기채권형 펀드를 흔히 단기금융펀드(MMF)라고 한다. MMF는 단기 현금성 자산에 운용되므로 원금손실 가능성이 거의 없으며 보통예금보다 이자율이 높기 때문에 금융시장이 불안할 경우 피난처로서의 상품이 되기도 하고, 또 언제든지 유동성확보를 하고자 하는 단기부동자금이 몰리는 상품이기도 하다.

062 다음 각 펀드 유형에서 국공채·회사채의 편입비율이 높은 것부터 차례대로 연결된 것은?

① 채권형 펀드 – 채권혼합형 펀드 – 주식혼합형 펀드 – 주식형 펀드

② 주식형 펀드 – 주식혼합형 펀드 – 채권혼합형 펀드 – 채권형 펀드

③ 채권형 펀드 – 주식혼합형 펀드 – 채권혼합형 펀드 – 주식형 펀드

④ 주식형 펀드 – 채권혼합형 펀드 – 주식혼합형 펀드 – 채권형 펀드

정답 | ①

해설 | 국공채와 회사채를 60% 이상 편입할 수 있는 펀드는 채권형 펀드이다. 혼합형은 채권혼합형과 주식혼합형으로 구분하는데 채권혼합형의 채권 편입비율이 더 높다.

063 다음 중 채권의 안정성과 주식의 수익성을 동시에 반영하고 싶다면 어떤 펀드에 가입하는 것이 좋은가?

① 주식형 펀드

② 혼합형 펀드

③ 인덱스형 펀드

④ 채권형 펀드

정답 | ②

064 주식과 채권시장이 모두 침체를 보이거나 시장전망이 불투명하여 대기자금으로 두고 싶을 때 편입할 수 있는 가장 적절한 펀드는 무엇인가?

① 주식형 펀드

② 채권형 펀드

③ 혼합형 펀드

④ MMF(단기채권형 펀드)

정답 | ④

해설 | 단기채권형 펀드 혹은 단기금융 펀드 혹은 MMF(Money Market Fund)라고 한다. MMF는 안전하면서 단기 유동성이 좋은 채권, 어음 등을 편입한 상품으로 보통예금보다 이자율이 높고 수시입출금 기능이 있어 대기성자금이 선호하는 펀드이다. 금융시장 불안기에 피난처의 역할을 한다고 하여 shelter fund라고도 한다.

065 다음 중 변액보험과 타 실적배당상품의 특성을 비교한 것으로 옳지 않은 것은?

구분	변액보험	타 실적배당상품
① 자산운용의 주목적	장기적 인플레이션의 헤지	시세차익의 획득
② 자산운용특징	middle risk middle return	high risk high return
③ 자금운용지시권	있음	없음
④ 자금 필요 시	인출	환매

정답 | ③

해설 | 자금운용지시권은 간접투자상품인 펀드상품에는 있을 수 없다. 다만 변액보험에는 펀드변경 기능이 있어서 펀드운용에 간접적으로 참여할 수 있다. 일반투신상품에서는 펀드변경 기능이 없으나 최근 펀드변경 기능을 갖춘 펀드(엄브렐러 펀드)가 출시되고 있다.

066 인플레이션을 헤지하는 자산으로서 주로 활용되는 자산은 주식이다. 그렇다면 과거의 사례를 통해서 볼 때 인플레이션 헤지에 성공하지 못한 주식은 어떤 기업의 주식인가?

① 현대자동차　　　　② 롯데제과　　　　③ 농심　　　　④ 동서증권

정답 | ④

해설 | 모든 주식이 인플레이션을 헤지할 수 있는 것은 아니다. 시장지배력이 있고 꾸준히 성장하는 기업은 물가의 상승이 주가의 상승으로 연결되지만(①, ②, ③의 주식), 그러나 부실기업은 물가 상승이 주가상승으로 연결되지 못한다(④는 IMF 외환위기 당시 부실기업으로서 퇴출되었다).

067 다음 중 보험회사의 변액보험 운용상의 특징을 설명으로 옳지 않은 것은?

① 변액보험은 고수익성을 추구하고 있으나 운용의 주목적은 장기적 인플레이션 헤지를 통한 실질보험금의 가치보전에 있다.

② 변액보험은 금융투자회사의 펀드상품과는 달리 사망보장이 제공된다.

③ 변액보험에는 펀드변경 기능이 있는데, 이러한 펀드변경 기능이 있는 변액보험 펀드를 엄브렐러 펀드라고 한다.

④ 변액보험이나 금융투자상품의 펀드상품이나 모두 운용실적의 결과는 계약자에게 귀속된다.

정답 | ③

해설 | 엄브렐러 펀드(umbrella fund)는 펀드변경 기능이 있는 전환형 펀드로서 금융투자회사의 상품이다.

068 변액보험의 가입성향 진단(적합성 진단) 결과 가장 위험을 선호하는 계약자에게 권유할 수 있는 보험은?

① 변액연금보험(최저연금적립금 보증형)

② 변액종신보험

③ 변액유니버설보험 보장형

④ 변액연금보험(최저연금적립금 미보증형)

정답 | ④

해설 | '최저연금적립금 미보증형(변액연금)'이 가장 위험도가 높은 상품이다. 적합성 진단 결과상 변액보험을 위험도가 낮은 것부터 나열하면 '① → ②, ③ → ④'이다.

069 변액보험 특별계정 운용의 기본원칙에 대한 설명으로 적절하지 않은 것은?

① 모든 투자상품의 기본원리와 마찬가지로 변액보험의 자산운용 시에도 안정성, 수익성, 환금성에 주의하여 운용하여야 한다.

② 특별계정과 일반계정의 자산은 서로 교환, 매매되는 것이 불가능하다.

③ 특별계정 초기에는 자산규모가 적고 해지율 예측이 곤란하므로 이에 대비하기 위해 일반계정보다 높은 수준의 유동성을 확보해야 한다.

④ 변액보험의 특별계정 펀드 중 주식형 펀드는 혼합형이나 채권형보다 기대수익률이 높은 펀드인데 이를 달성하기 위해 분산투자의 예외가 적용된다.

정답 | ④

해설 | 모든 펀드(공모형 펀드)는 분산투자가 기본 원칙이다. 주식형이 채권형보다 기대수익률이 높은 것은 분산투자의 예외 적용이 아니라 채권보다 주식 자체가 위험이 더 높고 기대수익률이 높기 때문이다.

070 다음 빈칸에 들어갈 말은?

> 특별계정 개설 초기에는 자산규모가 적고 해지율 등의 예측이 곤란하므로 이에 대비하기 위해 일반계정보다는 높은 수준의 (   )을 확보하여야 한다.

① 수익성　　　　　② 유동성　　　　　③ 안전성　　　　　④ 독립성

정답 | ②

071 다음 중 특별계정의 자산 평가 방법으로 적절하지 않은 것은?

① 대출자산　　　　　　　　　　　　② 국내 상장주식

③ 해외 상장주식　　　　　　　　　　④ 국내외 국·공채, 회사채

정답 | ①

해설 | 시가가 형성될 수 있는 자산은 시가로, 그렇지 않으면 장부가로 평가한다. 국내외 상장주식이나 국내외 국채, 지방채, 특수채, 회사채(이를 통틀어 '공사채'라고 함)는 시장에서 거래가 잘 형성되므로(신뢰할 만한 시가의 형성) 시가로 평가한다. 반면 대출자산은 시가로 평가하기 곤란하다.

072 자산 평가방법으로 옳지 않은 것은?

① 최초 1,000좌당 기준가격은 1원이다.

② 계약자 보유좌수 $= \dfrac{\text{특별계정 투입보험료}}{\text{당일 좌당 기준가격}} \times 1{,}000$

③ 계약자적립금 $= \dfrac{\text{당일 좌당 기준가격} \times \text{계약자 보유좌수}}{1{,}000} \times 1{,}000$

④ 당일 좌당 기준가격 $= \dfrac{\text{전일말 특별계정 순자산가치}}{\text{특별계정 총좌수}} \times 1{,}000$

정답 | ①

해설 | 최초 1,000좌당 기준가격 = 1,000.00원이다(1원 = 1좌).
　　　 ※ 펀드가격에는 미래가격방식(forward pricing)이 적용되므로 오늘 적용되는 기준가격은 전일말의 순자산가치를 기준으로 산정된다.

073 특별계정 투입보험료가 1,000만원, 해당 일자의 펀드 기준가격이 1,200.00이라면 계약자 보유좌수를 구하는 산식으로 옳은 것은?

① 계약자 보유좌수 = 1,000,000/1,200

② 계약자 보유좌수 = 10,000,000/1,200 × 1,000

③ 계약자 보유좌수 = 10,000,000/1,000 × 1,200

④ 계약자 보유좌수 = 10,000,000/1,200 ÷ 1,000

정답 | ②

해설 | '계약자 보유좌수 = 투입금액/기준가격 × 1,000'이다. 계산하면 8,333,333.33좌가 되는데 원 미만 절상(좌수 절상)하여 8,333,334좌가 된다.

074 변액보험 특별계정에서 보유하고 있는 펀드의 좌수가 1천만좌이고, 기준가격이 1,400.00이라면 평가금액을 구하는 올바른 산식은?

① 평가금액 = (10,000,000 × 1,400)

② 평가금액 = (10,000,000 × 1,400) × 1,000

③ 평가금액 = (10,000,000 × 1,400) ÷ 1,000

④ 평가금액 = (10,000,000 × 1,000) ÷ 1,400

정답 | ③

해설 | 평가금액 = (보유좌수 × 기준가격)÷1,000 = 1,400만원이 된다. 1,000을 곱하고 나누는 것은 단위를 맞추기 위함이다. '1원 = 1좌'인데 기준가격은 1천 단위로 나와 있으므로 이를 다시 1,000으로 곱하거나 나눠주어야 단위를 맞출 수 있다.

075 계약자 보유좌수는 800만좌고 이때의 기준가격이 1,200.00이었다. 3개월 후 계약자 보유좌수는 그대로 800만좌이고 기준가격이 1,800.00이 되었다면 이 계약자의 수익금은 얼마인가?

① 480만원   ② 800만원

③ 960만원   ④ 1,200만원

정답 | ①

해설 | 수익금 = $\dfrac{\text{계약자 보유좌수} \times \text{기준 가격 상승분}}{1,000}$ = $\dfrac{800만좌 \times 600}{1,000}$ = 480만원

다른 방법으로 계산할 수도 있다. 기준가격이 1,200.00일 때의 평가금액은 960만원이고 기준가격이 1,800.00일 때의 평가금액은 1,440만원이므로, 수익금은 480만원이 된다.

076 변액보험을 판매하는 회사는 매일 특별계정의 자산운용 실적을 인터넷상에 공시하게 되어 있다. 회사가 공시하는 것으로 옳지 않은 것은?

① 변액보험 운용설명서

② 변액보험 특별계정 운용현황

③ 계약관리내용 조회

④ 변액보험을 판매하는 모든 회사의 변액보험 특별계정 운용현황

정답 | ④

해설 | ①, ②, ③은 '회사의 상품공시실 – 변액보험공시실'에서 확인할 수 있다. ④는 생명보험협회 홈페이지에서 일괄적으로 비교조회가 가능하다.

077 특별계정의 운용현황이 다음과 같을 때 이 특별계정의 연환산수익률은?

투입시점 기준가격	현재 기준가격	누적수익률	보유기간
1,000.00	1,450.00	45%	1,095일

① 135% ② 45% ③ 15% ④ 7.5%

정답 | ③

해설 | 경과일수:누적수익률 = 365일:연환산수익률 → 연환산수익률 = (45%×365일)/1,095 = 45%×1/3 = 15%
즉 연환산수익률은 15%이다.

078 다음 펀드변경(fund transfer) 기능에 대한 설명으로 옳지 않은 것은?

① 펀드변경이란 고객에게 자산운용에 대한 간접선택권을 부여하여 고객에게 효율적인 포트폴리오를 관리하는 기회를 제공한다.

② 펀드변경 기능은 해지를 방지하는 효과를 발생시켜 상품의 유지율에 도움이 된다.

③ 현재 국내에서 판매되고 있는 변액보험의 펀드변경 기능은 연 12회인데 회사별로 상이할 수 있다.

④ 변액보험의 투자자는 펀드변경 기능을 통해서 손실위험을 회피하여 원금보장 효과를 누릴 수 있다.

정답 | ④

해설 | 펀드변경을 통해 손실위험을 줄일 수는 있겠지만 원금보장이 되는 것은 아니다. 또한, 펀드변경을 한다고 해서 반드시 결과적으로 수익률에 도움이 된다고 할 수 없다.

079 다음 보기의 설명에 해당하는 것은?

> 이 기능은 가입 후 일정기간(매 3개월, 6개월 등)마다 적용되며, 고객이 자신의 투자성향에 맞게 정한 최초의 포트폴리오를 지속적으로 이어 간다는 의미와 기간별로 수익을 실현할 수 있다는 장점이 있다.

① 특별계정변경(fund transfer)

② 보험료 분산투입(account allocation)

③ 펀드 자동재배분(auto-rebalancing)

④ 보험료 정액분할 투자(Dollar Cost Averaging)

정답 | ③

080 다음 보기의 설명에 해당하는 것은?

> 일시납보험료 또는 추가납입보험료 등 주로 고액자금을 일시에 납입할 경우 활용할 수 있는 기능으로 펀드에 고액자금을 일시에 투입할 경우 그 시점의 주식 등 시장의 흐름에 수익률이 크게 좌우되는 불안정성을 해결하기 위해 개발된 기능이다.

① 특별계정변경(fund transfer)

② 보험료 분산투입(account allocation)

③ 펀드 자동재배분(auto-rebalancing)

④ 보험료 정액분할투자(Dollar Cost Averaging)

정답 | ④

해설 | 해당 설명은 DCA 기능으로 일시납이나 추가납입보험료 등 주로 고액자금을 일시에 납입할 경우 활용할 수 있다.

081 다음 중 보험료 정액분할투자 기능이 적용될 수 없는 것은?

① 일시납보험료

② 추가납입보험료

③ 월납영업보험료

④ 답 없음

정답 | ③

해설 | 월납계약에는 그 자체로 이미 매월 정액분할투자가 적용되어 있기 때문이다.

082 다음 변액보험의 특별계정 운용과 관련한 설명으로 가장 적절한 것은?

① 펀드변경을 하는 것은 펀드변경을 하지 않는 것보다 절대 유리하다.

② 보험료의 추가납입 기능은 리스크의 감소가 아니라 수익기회 제고와 인출된 금액의 보충을 목적으로 한다.

③ 펀드를 자동재배분할 경우 자동재배분하지 않는 것에 비해 장기적인 수익률 제고 측면에서 절대적으로 유리하다.

④ 보험료 정액분할투자는 투자위험을 낮추는 것으로 정액분할투자를 하면 손실을 볼 확률이 거의 없다.

정답 ┃ ②

해설 ┃ ① 펀드변경을 한다고 해서 꼭 시장 방향에 맞게 제대로 한다는 보장이 없다. 즉, 가만히 내버려 두는 것보다 그 결과가 못할 수도 있다.

③ 만일 지수가 장기적으로 지속해서 상승한다면 자동재배분을 할 경우 오히려 불리하다(추가상승하기 전에 매도하는 결과).

④ 정액분할투자를 하는 의미는 장기적으로 매입가격을 평균화하면 위험이 축소된다는 것에 있다. 그러나 지수가 한 방향으로 지속해서 상승하면 점점 더 비싼 가격으로 매입해야 하므로 이 경우 거치식보다 불리하다.

083 변액보험의 특별계정의 투자리스크를 헤지(hedge)하는 방법과 가장 거리가 먼 것은?

① 주식시장이 악화될 것으로 전망될 경우 채권형으로 펀드변경을 한다.

② 투자수익률이 악화될 것으로 전망될 경우 중도인출이나 약관대출을 하여 계약자적립금을 감소시킨다.

③ 보험료 분산투입기능을 이용하여 한 펀드에 집중하지 않고 여러 개의 펀드에 분산시킨다.

④ 주식시장의 매수적기로 판단될 경우 보험료 추가납입을 한다.

정답 ┃ ④

해설 ┃ 추가납입의 기능은 리스크 헤지보다는 수익기회 제고에 있다.

084 보기의 설명은 변액보험의 어떤 기능을 말하는가?

> ㉠ 계약자가 더 많은 수익을 얻을 수 있는 기회의 제공
> ㉡ 계약자가 적립금 일부를 인출했을 경우 해당 보험료를 보충할 기회의 제공

① 보험료의 일시납입 기능
② 보험료의 추가납입 기능
③ 보험료의 분산투입 기능
④ 보험료의 정액분할투자 기능

정답 | ②

085 보험료의 추가납입 한도를 가장 잘 기술한 것은?

① 기본보험료의 1배 이내에서 추가납입이 가능하다.
② 기본보험료의 2배 이내에서 추가납입이 가능하다.
③ 기본보험료의 1배 이내에서 납입하기로 한 기본보험료 이외에 추가로 납입할 수 있다.
④ 기본보험료의 2배 이내에서 납입하기로 한 기본보험료 이외에 추가로 납입할 수 있다.

정답 | ④
해설 | 종전 ②에서 ④로 변경되었다.

086 변액보험의 보험료 납입에 관한 설명으로 옳지 않은 것은?

① 변액종신보험과 변액연금의 보험료 납입은 월납과 일시납만 가능하다.
② 변액유니버설보험의 보험료 납입기간은 종신이며, 일정한 의무납입기간이 지나면 보험료의 자유납입이 가능하다.
③ 변액연금보험에서 추가보험료를 납입하고자 할 경우 연금개시 전의 보험기간에 한해서 납입이 가능하다.
④ 변액보험은 기본보험료의 선 확보를 통한 보험계약유지의 안정성 제고를 위해 선납을 장려하고 있다.

정답 | ④
해설 | 선납은 실적배당형상품의 본래 특성을 약화시키고 불완전판매 가능성을 확대해 선납제도를 이용하지 않는 것이 원칙이나, 실무적으로 인정하고 있다. 선납 시 보장성보험에 대해서는 할인혜택이 있으나 저축성보험에 대해서는 할인혜택이 없다.

087 다음 중 변액종신보험에서 보험료납입방법에 해당하는 것을 모두 고르면?

> 월납, 2개월납, 3개월납, 6개월납, 연납, 일시납

① 월납

② 월납, 일시납

③ 월납, 연납, 일시납

④ 월납, 2개월납, 3개월납, 6개월납, 연납, 일시납

정답 | ②

해설 | 변액종신, 변액연금에서는 월납과 일시납만 가능하다.

088 변액유니버설보험에서 의무납입기간을 두는 이유는?

① 자유납입으로 인한 계약의 조기실효를 방지하기 위하여

② 초기에 특별계정의 운용규모를 늘릴 필요가 있으므로

③ 조기사망 시 사망보험금의 충당을 위하여

④ 보험료 납입의 편의제공을 위하여

정답 | ①

해설 | VUL에는 자유납입 기능이 있다. 자유납입 기능으로 인해 VUL에만 존재하는 것이 '월대체보험료'인데 만일 보험료를 납입하지 않을 경우 월대체보험료가 차감되어서 조기에 보험계약의 실효가 발생할 수 있다(의무납입기간 : 5~12년).

089 다음 중 선납보험료에 관한 설명으로 옳지 않은 것은?

① 선납은 실적배당형상품의 본래 특성의 약화 및 불완전판매 가능성 증가 등을 사유로 대부분의 회사가 이를 운영하지 않는 것이 일반적이어서 제한적으로 허용된다.

② 선납 시에는 보장성, 저축성상품의 구분 없이 평균공시이율로 할인한 보험료를 납입하게 된다.

③ 선납보험료는 특별계정으로 즉시 투입하지 않고, 매월 계약해당일에 투입된다.

④ 선납보험료는 보험료 납입일로부터 평균공시이율로 적립하고, 월계약해당일에 당월 특별계정 투입보험료 해당액(당월 보험료를 평균공시이율로 계산한 이자 포함)을 특별계정으로 투입한다.

정답 | ②

해설 | 선납 시 보장성보험에 대해서는 평균공시이율로 할인한다(저축성보험은 할인하지 않음).

090 다음 중 변액유니버설보험의 특별계정 투입보험료로 옳은 것은?

① 순보험료 + 납입 후 계약유지비용

② 영업보험료 − 계약체결 및 계약관리비용(계약체결비용, 납입 중 계약유지비용, 기타비용)

③ 영업보험료(특약보험료 포함) − 기타비용

④ 영업보험료(특약보험료 제외) − 기타비용

정답 | ③

해설 | ①, ②는 같은 것으로 변액종신, 변액연금의 특별계정 투입보험료이다. VUL의 경우 '영업보험료(특약보험료 포함) − 기타비용'인데 여기서 특약보험료가 포함되는 것은 VUL에서는 매월 보험료 납입이 안 될 수 있으므로 선 차감하기 어렵기 때문이다. 따라서 일단 특약보험료를 포함하여(단, 특약기타비용은 미리 차감) 특별계정으로 먼저 투입된 후 매월 공제되어 일반계정에서 관리된다.

091 다음 빈칸에 들어갈 내용은?

> 월대체보험료는 해당월의 위험보험료와 부가보험료(신계약비 및 유지비) 및 특약이 부가된 경우 특약보험료(수금비 제외)의 합계액으로 월계약해당일에 (   )에서 공제한다.

① 계약자적립금 ② 해지환급금

③ 변동보험금 ④ 기본보험료

정답 | ②

해설 | 계약자적립금이 아니라 해지환급금이다(통상 계약자적립금보다 해지환급금이 적다). 보험료 납입이 안되면 해지환급금에서 월대체보험료가 차감되는데 만일 더 이상 차감할 해지환급금의 재원이 없다면 계약은 해지된다.

092 다음 중 변액보험에서 특별계정에 투입·운용되어 계약자적립금의 재원이 되는 것은?

① 영업보험료 ② 순보험료

③ 저축보험료 ④ 순보험료 + 납입 후 계약유지비용

정답 | ③

해설 | '특별계정 투입보험료(변액종신과 변액연금의 경우) = 순보험료 + 납입 후 계약유지비용'이지만 특별계정에 투입된다고 해서 모두 계약자적립금으로 적립되는 것은 아니다. 순보험료 중 위험보험료와 납입 후 계약유지비용은 일반계정으로 차감된다. 따라서 순수하게 계약자적립금의 대상이 되는 재원은 저축보험료이다.

※ 영업보험료 = 순보험료(위험보험료 + 저축보험료) + 계약체결 및 계약관리비용(계약체결비용, 계약유지비용, 기타비용)

093 11월 1일 변액보험에 가입하여 1회 보험료를 납부하였고, 11월 20일에 승낙이 되었다면 특별계정에 보험료가 투입되는 날은 언제인가?

① 11월 30일 ② 12월 1일

③ 12월 2일 ④ 계약 시 고객이 설정한 일자

정답 | ③

해설 | 청약철회기간 이내에 승낙된 경우에는 청약철회기간이 종료된 날의 다음 날이므로 12월 2일이다(청약철회종료일은 12월 1일이고, 그다음 날은 12월 2일임).

※ 만일 청약철회기간이 경과한 후 승낙된 경우에는 승낙일이 이체사유발생일(특별계정 투입일)이 된다.

094 93번 문제에서 승낙일이 12월 10일이라면 특별계정 투입일은 언제인가?

① 11월 30일 ② 12월 1일 ③ 12월 2일 ④ 12월 10일

정답 | ④

해설 | 청약철회기간 이후 승낙된 경우는 그 승낙일(12월 10일)을 특별계정 투입일로 한다.

095 제1회 보험료를 납입하는 즉시 특별계정에 투입하지 않고 이체사유발생일에 투입하는 가장 큰 이유는 무엇인가?

① 특별계정은 일반계정과는 달리 업무상 절차가 복잡하여 처음부터 특별계정에 투입하기 어려우므로

② 초기에 신계약비 상각의 부담이 큰데 이를 해소하는 차원에서 일반계정에서 관리될 필요가 있으므로

③ 특별계정 투자실적에 따라 고객이 청약철회를 이용하는 역선택이 발생할 수 있으므로

④ 월납보험료와 일시납보험료의 업무처리의 통일성을 위하여

정답 | ③

해설 | 해당 기간에 특별계정의 투자실적이 악화된다면 고객은 청약철회를 통해 원금을 회수할 수 있다. 그렇게 되면 그 차액을 보험사가 부당하게 부담해야 하므로 이를 방지하기 위한 차원이다(역선택 방지).

096 변액보험의 '제2회 이후 보험료'의 이체사유발생일을 상황별로 나열할 때 옳지 않은 것은?

① '계약해당일 − 제2영업일' 이전에 납입한 경우 = 계약해당일

② '계약해당일 − 제1영업일'에 납입한 경우 = 계약해당일 + 제1영업일

③ '계약해당일'에 납입한 경우 = 계약해당일 + 제2영업일

④ '계약해당일' 이후에 납입한 경우 = 실제 납입한 날

정답 | ④

해설 | '납입일 + 제2영업일'이다. 이렇게 납입한 날과 투입한 날(이체사유발생일)이 이틀의 간격이 발생하는 이유는 펀드 기준가격의 적용이 미래가격방식이기 때문이다. 오늘 자금이 투입되면 내일 종가로 기준가격이 결정되고, 따라서 그 다음 날에 실제 자금이 투입되므로 이틀이 소요되는 것이다.

097 추가납입보험료의 이체사유발생일은?

① 계약해당일

② 계약해당일 + 제2영업일

③ 납입일

④ 납입일 + 제2영업일

정답 | ④

해설 | 추가납입보험료는 원하는 경우에 납입하는 것이므로 계약해당일이 존재하지 않으며, 이체사유발생일은 실제 납입 일에서 이틀이 추가된다(즉 납입일 + 제2영업일).

098 다음 중, 계약자의 역선택 방지와 가장 연관이 많은 제도는?

① 제1회 보험료의 특별계정 투입시기

② 제2회 보험료의 특별계정 투입시기

③ 청구일을 기준으로 하는 사망보험금 지급시기

④ 보험료의 추가납입제도

정답 | ①

해설 | 역선택이란 '계약자가 부당한 이익을 취할 수 있는 선택'을 말한다. 청약철회기간이 끝나야 특별계정에 투입하는 것, 실제 사망일을 기준으로 지급하는 것 등이 역선택을 방지하는 차원이라고 할 수 있다.

099 다음 변액종신보험의 경우 총 사망보험금은?(사망일 기준)

사망일(2011. 05. 01)	청구일(2011. 10. 01)
• 기본보험금 : 1억원 • 변동보험금 : −2,000만원	• 기본보험금 : 1억원 • 변동보험금 : 5,000만원

① 8천만원　　　　　　　　　　　　② 1억원

③ 1억 5,000만원　　　　　　　　　④ 2억 5,000만원

정답 | ②

해설 | 기본보험금 1억원은 최저사망보험금 지급보증에 의해 보장된다.

100 다음 변액종신보험의 총 사망보험금은?(청구일 기준)

사망일(2011. 05. 01)	청구일(2011. 10. 01)
• 기본보험금 : 1억원 • 변동보험금 : −2,000만원	• 기본보험금 : 1억원 • 변동보험금 : 1,000만원

① 8,000만원　　　　　　　　　　　② 9,000만원

③ 1억원　　　　　　　　　　　　　④ 1억 1,000만원

정답 | ④

해설 | 청구일을 기준으로 지급할 때는 보험금 청구권자의 역선택 문제가 발생할 수 있지만(유리한 시점까지 사망보험금을 청구하지 않을 수도 있음), 보험자의 가격변동위험이 제거된다는 장점이 있다.

101 변액종신보험 가입자가 2010년 3월 30일 갑자기 교통사고로 사망했다. 이날 기본보험금이 1억원, 변동보험금이 1,000만원이며 2개월 후인 청구일 현재 기본보험금은 1억원, 변동보험금이 4,000만원일 경우 지급될 사망보험금은?(사망일 기준)

① 1억원　　　　　　　　　　　　　② 1억 1,000만원

③ 1억 3,000만원　　　　　　　　　④ 1억 4,000만원

정답 | ②

해설 | 사망일을 기준으로 하면 1억 1,000만원, 청구일을 기준으로 하면 1억 4,000만원이다.

102 해지환급금 지급에 대한 설명으로 옳지 않은 것은?

① 해지환급금의 지급 시기는 '해지신청일 + 제1영업일'이다.

② 해지환급금의 지급 금액은 기준가를 적용한 특별계정 적립금에서 해지공제액을 차감한 금액이다.

③ 단기간 내에 계약을 해지할 경우에는 해지공제금액으로 인해 해지환급금이 없거나 매우 적을 수도 있다.

④ 변액보험의 해지환급금은 사망보험금의 최저지급보증과는 달리 최저지급보증되지 않는다.

정답 | ①

해설 | 신청일로부터 이틀이 걸린다(신청일 + 제2영업일). 신청하면 다음날의 종가로 특별계정의 기준가격이 산정되고, 산정된 가격으로 그다음 날 지급된다.

103 변액보험 부활 시 일반보험과의 적용이 다른 것은 무엇인가?

① 부활 후 적립금의 관리 ② 부활기간

③ 연체보험료 계산 ④ 연체이자 계산

정답 | ①

해설 | 부활기간(3년), 연체보험료 및 연체이자의 계산방법이 같다. 그러나 부활된 후 변액보험은 적립금을 특별계정에 투입하므로 이를 일반계정에서 관리하는 일반보험과 다르다.

※ 연체보험료와 연체이자의 계산 : 보험회사가 부활을 승낙한 경우, 연체보험료에 '평균공시이율 + 1%'의 범위 내에서 보험사가 정한 이율로 계산한 금액을 더하여 납입해야 한다.

104 변액보험 부활 시 이체사유발생일에 대한 설명으로 옳은 것은?(연체보험료는 연체이자를 포함한 금액으로 함)

① 부활 승낙 후 연체보험료가 납입 완료된 경우 : 연체보험료 납입완료일

② 연체보험료가 납입 완료된 후에 부활이 승낙된 경우 : 부활 승낙일

③ 부활 승낙 후 연체보험료가 납입 완료된 경우 : 연체보험료 납입완료일 + 제2영업일

④ 연체보험료가 납입 완료된 후에 부활이 승낙된 경우 : 부활 승낙일 + 제1영업일

정답 | ③

해설 | • 부활 승낙 후 연체보험료 납입 완료 시 → 연체보험료 납입완료일 + 제2영업일

• 연체보험료가 납입 완료된 후에 부활 승낙 시 → '부활 승낙일 + 제2영업일'

105 다음 빈칸에 들어갈 알맞은 것은?

> 계약자는 보험계약대출금과 대출이자를 언제든지 상환할 수 있으며, 이 경우 상환금액에 해당하는 금액을 (   )에 일반계정에서 특별계정으로 투입한다.

① 상환일

② 상환일 + 제1영업일

③ 상환일 + 제2영업일

④ 상환일 - 제2영업일

정답 | ③

106 변액보험의 대출방법 중 '일반계정 신용대출'에 해당하는 것은?

① 계약자가 보험대출을 받게 되면 대출금액만큼 특별계정의 운용금액이 감소한다.

② 계약자가 보험대출을 받고 지불하는 이자금액은 다시 특별계정으로 투입된다.

③ 계약자가 보험대출을 신청하면 특별계정과 관계없이 일반계정에서 보험대출로 처리한다.

④ 보험계약대출금액을 일반계정에서 먼저 지급한 후 특별계정의 계약자적립금에서 그 금액만큼 차감하여 일반계정으로 이체한다.

정답 | ③

해설 | 보험계약대출방법은 두 가지로 하나는 일반계정에서 먼저 지급한 후 특별계정의 계약자적립금에서 그 금액만큼 차감하는 방법이며, 또 하나는 일반계정에서의 신용대출방법이다. ①, ②, ④는 모두 전자의 방법이다.

107 김변액 씨는 가입한 변액보험으로부터 보험계약대출을 받았다. 보험계약대출이율이 8%(보험계약대출수수료율 1.5% 포함)일 경우 김변액 씨가 실질적으로 부담하게 되는 이율은 얼마인가?

① 1.5%

② 6.5%

③ 8%

④ 9.5%

정답 | ①

해설 | 김변액 씨가 부담하는 전체 대출이율은 8%이다. 그런데 변액보험의 보험계약대출의 경우 순 대출이자(6.5%)는 다시 본인의 계약자적립금에 투입된다. 따라서 실질적으로 김변액 씨가 부담하는 이율은 수수료율(1.5%)뿐이다.

108 다음 중 변액보험의 일반보험 전환에 대한 설명으로 옳은 것은?

① 어떤 종류의 일반보험으로도 전환할 수 있다.

② 이 제도는 계약자가 투자수익률 급락 예상 시 손실 헤지 기회를 제공하자는 것이다.

③ 일반보험으로 전환 후 다시 변액보험으로 복귀할 수 있다.

④ 변액종신보험은 유사한 일반보험으로 전환할 수 없으나 변액연금의 경우는 허용한다.

정답 | ②

해설 | 계약자가 투자수익률의 급락이 예상될 때 변액보험을 그대로 유지할 경우 발생할 수 있는 수익률 악화로 인한 손실을 헤지(hedge)할 수 있는 기회를 제공하여 계약자의 선택으로 리스크를 통제할 수 있게 하는 취지이다.
①, ③, ④ 변액보험에서 유사한 일반보험으로 전환이 가능하다(변액종신 → 일반종신). 그러나 한번 전환된 계약은 다시 변액보험으로 환원하는 것이 불가하다.

109 다음 특별계정의 초기투자자금에 대한 설명으로 가장 적절하지 않은 것은?

① 펀드자산의 효율적인 운용을 위해 초기투자자금을 설정할 수 있다.

② 특별계정에서 일반계정으로 이체한다.

③ 특별계정펀드의 최초 개설 시에만 허용된다.

④ 펀드운용의 규모의 경제효과를 위한 것이라고 할 수 있다.

정답 | ②

해설 | 일반계정에서 특별계정으로 이체한다.

110 계약 내용의 변경에 대한 설명 중 가장 적절하지 않은 것은?

① 감액은 가능하나 증액은 원칙상 불가하다.

② 기본보험금액을 감액할 경우 같은 비율로 변동보험금액도 감액된다.

③ 일반보험과 변액보험 간 상호변경이 가능하다.

④ 한번 감액된 금액은 감액 전으로 회복할 수 없다.

정답 | ③

해설 | 변액보험에서 일반보험으로의 전환은 가능하나 그 반대의 경우는 불가하다(위험이 감소하는 방향으로만 변경할 수 있음).

111 변액보험의 특별계정을 증설 및 폐지 가능 사유나 설명으로 옳지 않은 것은?

① 당해 각 특별계정의 자산이 급격히 감소하거나, 자산가치의 변화로 인해 효율적인 자산운용이 곤란해진 경우

② 1년이 지난 후 2개월간 계속하여 특별계정의 순자산가치가 50억원에 미달하는 경우

③ 당해 각 특별계정의 운용대상이 소멸할 경우

④ 상기의 정한 사유로 계약자가 펀드의 변경을 요구한 경우에는 펀드 변경에 따른 수수료를 계약자에게 청구하지 않으며, 연간 펀드의 변경 횟수에 포함하지 아니한다.

정답 ┃ ②

해설 ┃ 1년이 지난 후 1개월간 계속하여 특별계정의 순자산가치가 50억원에 미달할 경우이다. 그리고 폐지대상이 된 펀드에 가입해 있는 계약자가 별도의 펀드변경을 신청하지 않을 경우 보험회사가 유사한 펀드로 이동시킬 수 있다.

112 다음 중 특별계정 관련 비용이라고 할 수 없는 것은?

① 특별계정의 운용비용　　② 증권거래비용(수수료와 증권거래세 등)
③ 기초펀드의 보수비용　　④ 펀드판매수수료

정답 ┃ ④

해설 ┃ 펀드판매수수료는 일반펀드에서 발생하는 비용이며, 변액보험에서는 발생하지 않는다(판매수수료 대신 사업비를 부과함).

※ 기초펀드의 보수비용 : 특별계정이 타 펀드에 투자할 경우 해당 펀드에서 발생하는 운용보수 · 수탁보수 · 기타비용 등

113 다음 중 특별계정 운용보수에 속하지 않는 것은?

① 운영보수　　② 투자일임보수
③ 수탁보수　　④ 증권거래비용

정답 ┃ ④

해설 ┃ 표를 참조하여 각 비용의 범주를 잘 구분해야 한다.

특별계정운용보수	기타비용	증권거래비용	기초펀드 보수비용
• 운영보수 • 투자일임보수 • 수탁보수 • 사무관리보수	증권예탁, 결제비용 등	매매수수료, 증권거래세 등	타 펀드에 투자 시 타 펀드 자체에서 발생하는 운용보수, 기타비용 등

PART 04
보험공시 및
예금보호제도

보험공시 및 예금보호제도

2장과 마찬가지로 출제비중은 약 10%정도이다. 출제비중이 낮지만, 완전판매와 관련한 실무와 관련된 내용이 많다는 점이 특징이다.

변액보험판매시의 적합성원칙 준수, 판매 시 금지사항, 상품설명서 등 보험안내자료 사용 시의 유의점, 판매 후 고객관리를 위해 필요한 내용인 판매 시 제반비용, 상품의 비교공시 등의 내용이 모두 실무와 연관도가 높은 편이다.

분량에 비해서는 암기부담이 높은 편이라고 할 수 있는데, 보험모집인으로서 실제 판매과정을 연상하면서 학습을 한다면 암기에 도움이 될 수 있다.

SECTION 1 | 공시(公示, disclosure)의 개념

(1) 정의

주주 · 채권자 · 소비자 등 이해관계자에게 기업에 관련된 정보(재무상황, 경영 관련 정보 등)를 제공함으로써 이들이 기업 가치를 평가하고 판단할 수 있게 하는 제도를 말한다.

※ 상장기업이나 공개기업은 투자자로부터 쉽게 자금을 조달하므로 이에 대한 반대급부적 의무로서 기업 내용을 투명하게 공시해야 하는 의무를 지닌다.

(2) 주목적

'기업정보를 공정하게, 신속하고, 적시에 공시'함으로써 투자자가 불의의 손실을 입지 않게 하는 투자자 보호에 있다. 또한, 기업의 사회적 책임을 수행하기 위해 직접적인 이해관계자 외의 일반소비자 등에게도 그 내용을 공시하도록 하고 있다.

(3) 기능

금융회사의 공시는 금융시장의 이해관계자들이 각자의 필요에 따라 시장 감시와 영향력을 행사하는 시장규율(market discipline)의 기능을 수행한다.

[예제01] 기업의 공시는 주주나 채권자, 투자자 등 이해관계자만을 대상으로 한다. (O / ×)

> **정답** | ×
>
> **해설** | 기업공시는 이해관계자뿐 아니라 일반소비자 등에게도 그 내용을 공시하도록 하고 있다(사회적 책임의 수행 차원).

SECTION 2 | 보험정보 공시의 의의와 내용

(1) 개요

① 보험은 장기의 상품이므로 상품 선택 시 보험회사의 재무건전성 등도 함께 살펴보아야 한다. 따라서 보험정보 공시를 통해 보험회사의 경영 상태나 타사상품과의 비교 가능한 정보를 제공함으로써 소비자의 합리적 판단과 상품선택에 도움을 주고자 하는 것이다.

② 보험 공시 정보는 보험상품의 가격자유화, 방카슈랑스의 정착, 공급자 중심에서 수요자 중심으로 이동하는 금융정책, 인터넷이용자의 증가, 금융감독당국의 소비자 보호정책 강화 등에 따라 그 내용이 계속 확대되었다.

※ 최근에는 필요한 정보를 충분하게 전달하는 공시의 질적 측면이 더욱 중요시되고 있다(참고 : 양적 측면–공시 정보의 양)

③ 현재 우리나라 보험정보 공시는 크게 '경영공시와 상품공시, 보험상품 비교공시'의 3가지로 분류되며, 기타로 '금융기관 보험대리점 모집수수료율 공시, 금융감독원 공시' 등이 추가된다.

ㄱ 경영공시 : 회사의 각종 경영지표 및 경영활동을 공시

ㄴ 상품공시 : 소비자가 상품 내용, 보험료 등을 더욱 쉽게 알 수 있도록 안내하는 공시

ㄷ 보험상품 비교공시 : 상품 내용의 비교를 통해 상품 선택에 도움을 주는 공시

ㄹ 기타공시 : 금융기관 보험대리점(방카슈랑스)에 지급하는 모집수수료율을 공시하는 '금융기관 보험대리점 모집수수료율 공시', 분쟁처리결과와 보험회사에 대한 경영실태평가 등을 공시하는 '금융감독원 공시' 등이 있다.

[예제02] 최근에는 꼭 필요한 정보를 충분하게 전달하는 공시의 (양적 측면/질적 측면)이 더욱 중요시되고 있다.

정답 | 질적 측면

[예제03] 우리나라 보험 공시 정보는 크게 3가지로 분류되는데, 3가지는 (   ), (   ), (   ) 이다.

정답 | 경영공시, 상품공시, 보험상품 비교공시

해설 | 이 3가지 외에는 보험대리점 모집수수료율 공시, 금융감독원 공시가 있다.

(2) 공시의 종류와 내용

① 경영공시(經營公示) : 회사의 경영 상태를 보험소비자 및 이해관계자에게 공시함으로써 회사의 책임경영 체재를 확립하고 경영투명성 제고 및 이해관계자에 의한 시장규율 강화에 기여하고 있다.

ㄱ 정기공시

• 보험회사는 사업연도 말 결산일(3월 말)로부터 3개월 이내에 정기공시의 내용을 경영공시실에서 3년간 공시하여야 한다(연도결산자료는 3개월 이내, 분기결산자료는 2개월 이내).

• 결산공시 자료는 주주, 보험계약자 및 기타 이해관계자가 쉽게 확인할 수 있도록 본 · 지점에 비치하고 인터넷 접속을 통해 확인이 가능하도록 해야 한다.

• 정기공시 항목 : 일반현황(대주주현황 등), 경영실적(당기순이익 등), 재무상황(책임준비금 등), 경영지표(자산건전성 지표 등), 재무제표(재무상태표 등), 기타(민원발생현황 등)

ㄴ 수시공시

• 적기시정조치, 거액의 손실 등 경영상의 중대한 영향을 미치는 사항, 법령에 의한 조치사항 등이 발생하는 경우 즉시 금융감독원과 생명보험협회에 사실을 보고하고 회사 인터넷 홈페이지의 '경영공시실'에 공시하여야 한다.

• 수시공시 항목
– 적기시정조치(경영개선권고, 경영개선요구, 경영개선명령)
– 부실채권, 금융사고, 소송, 파생상품거래로 인한 거액의 손실
– 재무구조 및 경영환경에 중대한 변경을 초래하는 사항
– 재산, 채권채무관계, 투자와 출자관계 등 손익구조의 중대한 변동 사항
– 기타 경영상 중대한 영향을 미칠 수 있는 사항 등

② 상품공시(商品公示) : 상품공시는 보험에 가입하려는 일반소비자에게 생명보험상품에 대한 정확한 이해를 도모하고 올바른 상품 선택에 도움을 주기 위해 시행하고 있다. 보험회사는 보험소비자에게 필요한 설명을 위하여 '보험안내자료'를 제작, 사용하고 있다.

㉠ 보험안내자료는 보험업법 및 시행령에서 정하고 있는 필수기재사항과 기재금지사항을 준수하여 명료하고 알기 쉽게 제작하여야 한다.

㉡ 보험회사는 보험안내자료의 관리를 전담하는 부서를 지정하고 자체 제작하거나 모집종사자가 제작한 보험안내자료를 심사하여 관리번호를 부여한 후 사용하여야 하며, 안내자료 심사 시 보험계리사 또는 상품계리부서를 참여시켜야 한다.

㉢ 저축성보험의 사업비 등의 공제항목과 보장성보험의 보험가격지수 항목에 대해서 공시확인업무계리사로부터 검증을 받아야 한다.

㉣ 보험안내자료의 기재사항

필수기재사항(보험업법 제95조)	기재금지사항(시행령 제42조)
• 보험회사의 상호나 명칭 또는 모집종사자의 성명, 상호 및 명칭 • 보험가입에 따른 권리, 의무 • 보험약관에서 정하는 보장내용 • 해지환급금에 관한 사항 • 예금자보호에 관한 사항 • 보험금 변동에 관한 사항 및 보험금 지급제한 조건 • 원금손실 발생 가능, 손실의 계약자 귀속 등의 중요 고지내용 • 보험상담 및 분쟁의 해결에 관한 사항	• 공정거래법에서 정한 불공정거래행위에 해당하는 사항 • 보험계약의 내용과 다른 사항 • 보험계약자에게 유리한 내용만을 골라 안내 혹은 타 보험사 상품과 비교한 사항 • 확정되지 아니한 사항·사실에 근거하지 않은 사항을 기초로 타 보험사 상품에 비하여 유리하게 비교한 사항

㉤ 보험안내자료의 종류와 작성방법

• 종류 : 상품설명서·상품요약서·가입설계서·변액보험운용설명서·보험계약관리내용 등(생명보험협회가 생명보험 상품공시 시행세칙 등을 통해 작성방법을 정하고 있음)

• 보험안내자료의 종류와 작성방법

종류	세부내용
상품설명서[주1, 주2]	• 보험계약의 개요(보험사, 모집자, 보험기간, 납입기간, 납입주기 등) • 보험가입자의 권리·의무(청약철회, 계약취소, 계약 전 알릴 의무, 부활 등) • 주요 보장내용(주보험, 특약 등의 보장내용) • 기타 유의사항(보험금 지급 관련 유의사항 등)
상품요약서	• 상품의 특이사항, 보험가입 자격요건, 보험료 산출기초, 계약자배당, 해지환급금에 관한 사항, 보장성보험의 보험가격지수, 저축성보험의 모집수수료율 등

※ 주1 : 상품설명서는 중요성이 크므로, 그 교부 및 설명을 받았다는 사실을 확인받고 있다.

주2 : 변액보험과 금리연동형 저축성보험 및 연금저축보험에 대해서는 상품의 구조 및 주요 내용을 요약 정리한 핵심 상품설명서를 추가로 제공하고 있다.

㉥ 상품공시실 : 보험회사는 인터넷홈페이지 '상품공시실'에서 상품요약서, 약관 및 사업방법서를 보험소비자들이 이용하기 쉽게 공시하고 있다.

• 가입설계서의 공시 : 일반소비자가 생년월일 등 최소한의 정보를 입력한 후 보험 가입조건을 선택하면 해당 조건에 맞는 보험료를 확인할 수 있는 보험가입설계 시스템을 운영 중이다.

[예제04] (경영공시/상품공시)는 회사의 경영상태를 보험소비자 및 이해관계자에게 공시함으로써 회사의 책임경영체제를 확립하고, 경영투명성 제고 및 이해관계자에 의한 시장규율 강화에 기여하고 있다.

> **정답 ┃** 경영공시
> **해설 ┃** 경영공시는 정기공시와 수시공시로 구분된다.

[예제05] 정기공시는 결산공시와 분기공시로 나뉘는데, 결산공시의 경우 사업연도 말 결산일로부터 (　　　) 이내에 정해진 공시항목의 내용을 인터넷 홈페이지 경영공시실에 (　　)간 공시해야 한다.

> **정답 ┃** 3개월, 3년
> **해설 ┃** 참고로 분기공시는 분기결산일로부터 2개월 이내이다.

[예제06] 금융기관이 재무건전성이 저하되어 적기시정조치를 받을 경우 (정기공시/수시공시)를 해야 한다.

> **정답 ┃** 수시공시
> **해설 ┃** '적기시정조치, 거액의 금융손실, 기타 경영상 중대한 영향을 미칠 수 있는 사항'이 발생할 경우 수시공시를 해야 한다.

[예제07] (　　　　　)는 보험가입을 하려는 일반소비자에게 생명보험상품에 대한 정확한 이해를 도모하고 올바른 상품 선택에 도움을 주기 위해 시행하고 있으며, 이를 위해 보험안내자료가 사용된다.

> **정답 ┃** 상품공시

[예제08] 보험회사는 보험안내자료의 관리를 전담하는 부서를 지정하고 자체 제작하거나 모집종사자가 제작한 보험안내자료를 심사하여 (　　　　　)를 부여한 후 사용하여야 하며, 안내자료 심사 시 (　　　　　) 또는 상품계리부서를 참여시켜야 한다.

> **정답 ┃** 관리번호, 보험계리사

[예제09] 상품공시를 위해 저축성보험의 사업비 등의 공제항목과 보장성보험의 (　　　　　　) 항목에 대해서 (　　　　　　　　)로부터 검증을 받아야 한다.

> **정답 ┃** 보험가격지수, 공시확인업무계리사

[예제10] 보험안내자료 중 상품설명서, 상품요약성, 변액보험운용설명서, 보험계약관리 내용, 갱신형상품의 자동갱신안내장, 연금저축수익률 보고서 등에 대한 구체적인 작성기준 및 작성방법은 (   )가 기준 및 시행세칙을 통해 정하고 있다.

정답 ❘ 생명보험협회

해설 ❘ 생보협회가 생명보험 상품통일 공시기준 및 생명보험 상품공시 시행세칙을 통해 정하고 있다.

[예제11] 보험안내자료에서 '보험가입에 따른 권리 · 의무에 관한 주요사항' 등은 (   )이며, '공정거래법에서 정한 불공정거래행위에 해당하는 사항' 등은 (   )이다.

정답 ❘ 필수기재 사항, 기재금지 사항

[예제12] (   )에는 '보험회사, 모집자, 보험상품명, 주계약 보험기간, 예금자보호제도' 등이 기재되어야 하며, 보험회사는 보험계약자에게 이를 교부하고 설명받았다는 사실을 확인받아야 한다.

정답 ❘ 상품설명서

[예제13] 변액보험과 금리연동형 저축성보험 및 연금저축보험에 대해서는 상품의 구조 및 주요 내용을 요약 정리한 (   )를 추가로 제공하고 있다.

정답 ❘ 핵심 상품설명서

[예제14] (   )에는 '상품의 특이사항 및 보험가입 자격요건, 보험금 지급사유 및 지급제한 사항, 보험료 산출기초, 계약자배당에 관한 사항 등'을 기재한다.

정답 ❘ 상품요약서

(3) 상품의 비교 · 공시

① 생명보험협회(www.klia.or.kr)에서는 자사 홈페이지를 통해 회사별 동일유형 상품 간의 비교 가능성을 높이고 보험소비자들이 보험상품을 선택할 때 도움을 주고자 보험회사별 상품정보를 비교할 수 있도록 하였다.

② 상품 비교공시 내용 : 회사별 상품명, 보장내용, 보험료 및 해지환급금, 운용이율(공시이율) 등의 주요 정보를 공통된 기준으로 공시한다(아래는 대상 상품).

   ㉠ 보장성보험 9종 : 종신, 정기, 질병, 암, CI, 상해, 어린이, 실손의료비, 기타 보장성보험 등

   ㉡ 저축성보험 5종 : 연금저축보험(세제적격), 연금보험(세제비적격), 유니버설보험, 교육보험, 기타 저축보험

③ 변액보험 및 실손의료보험, 연금저축ㆍ퇴직보험ㆍ퇴직연금사업자의 운용실적 비교공시
  ㉠ 변액보험의 비교공시 : 특별계정의 매일 기준가격 및 기간별 수익률, 수수료율(운영보수, 투자일임보수, 수탁보수, 사무관리보수 등), 매월 말 자산구성내역 및 주요편입자산현황 등
  ㉡ 주의 : 여기에 공시되는 '수익률'은 펀드설정일로부터 계산한 특별계정 전체의 수익률이다. 즉, 개별계약자의 납입보험료 대비 수익률이 아니며, 실제 납입보험료 대비 수익률도 아닌 점(사업비 등을 공제한 특별계정 투입금액에 대한 수익률)을 보험계약자에게 충분히 설명해야 한다.
  ㉢ 실손의료보험의 비교공시 : 직전 3년간의 보험료 인상률을 전체 보험사(생보 및 손보)를 대상으로 비교 공시한다.
  ㉣ 연금저축보험 : 수익률, 수수료율, 유지율을 별도로 비교 공시한다.
    ※ 보험다모아(온라인 보험슈퍼마켓, www.e-insmarket.or.kr)
      ⑴ 생보협회, 손보협회 공동으로 '보험다모아'를 운영, 온라인전용보험과 단독실손의료보험, 자동차보험의 보험료 및 보장내용을 비교 공시함
      ⑵ 보험소비자가 원하는 보험 종목을 효율적으로 가입할 수 있는 가입경로를 안내함
④ 금융기관보험대리점 모집수수료율 공시
  ㉠ 금융기관보험대리점(은행, 증권사 등)은 당해 금융기관에 적용되는 모집수수료율을 해당 점포의 창구 및 회사의 인터넷 홈페이지에 공시하여야 한다.
  ㉡ 보험회사는 각 금융기관보험대리점 모집수수료율을 공시하여야 한다.
  ㉢ 생보협회는 모든 보험사의 전체 금융기관대리점 모집수수료율을 비교ㆍ공시하여야 한다.
⑤ 금융감독원에 의한 공시
  ㉠ 분쟁처리결과 및 보험회사에 대한 경영실태평가 등을 포함한 보험회사의 경영실적 등을 공시할 수 있다.
  ㉡ 금감원 홈페이지(www.fss.or.kr) → '업무자료/보험업무/보험회사종합공시' 코너 → 보험회사의 재무현황, 보험계약관리, 민원발생현황 등 보험회사 전반에 대한 유의성 있는 정보를 공시하고 있다.

[예제15] 생명보험상품의 비교공시 주체는 (보험회사/생명보험협회)이다.

정답 | 생명보험협회

[예제16] 비교공시에서 공시되는 변액보험의 수익률은 (특별계정 전체 수익률/계약자의 납입보험료 대비 수익률)을 의미한다.

정답 | 특별계정 전체 수익률
해설 | 납입보험료에서 사업비, 특약보험료 등을 제외하고 특별계정에 투입한 금액 대비 수익률을 공시한다. 즉, 계약자별 납입보험료 대비 수익률이 아닌 점에 유의해야 한다.

[예제17] 실손의료보험의 경우 직전 (   )간 보험료인상률 및 손해율을 전체보험사 대상으로 비교하여 확인할 수 있다.

정답 | 3년
해설 | 이때 전체보험사라고 함은 '생명보험사, 손해보험사'를 모두 합한 개념이다.

[예제18] 온라인 보험슈퍼마켓인 '보험다모아'는 생명보험협회가 보험업감독규정에 근거해서 대상 보험상품에 대한 보험료와 보장내용에 대해서 비교 공시하는 것을 말한다. (○ / ×)

정답 | ×
해설 | 생명보험협회와 손해보험협회가 공동으로 운영한다.

[예제19] 금융기관보험대리점의 모집수수료율을 공시하는 주체는 (   ), (   ), (   )이다.

정답 | 금융기관보험대리점, 보험회사(원수사), 생명보험협회
해설 | 생명보험협회는 금융기관보험대리점의 모집수수료율을 상품별, 회사별, 은행별로 비교 공시한다.

CHAPTER 02 변액보험 공시

SECTION 1 회사별 변액보험 공시실

(1) 공시방법

보험사는 '인터넷 홈페이지 → 상품공시실 → 변액보험공시실' 코너를 마련하여 다음 사항을 공시해야 한다.

① 변액보험 운용설명서 : 상품의 개요, 계약 유의사항 등

② 보험계약 관리내용 : 개인별 계약자적립금, 사망보험금, 펀드변경 등

③ 특별계정 운용현황 : 기준가격, 누적수익률 및 연환산수익률, 매월 말 자산구성내역, 운용·수탁 보수 등

[예제01] 변액보험은 일반상품 공시에 덧붙여 더욱 강화된 공시기준을 적용하고 있다. (○/×)

정답 | ○

해설 | 변액보험은 원금손실이 가능하므로 더욱 강화된 공시기준이 적용된다.

SECTION 2 변액보험 공시의 종류

(1) 회사별 변액보험공시실

① 특별계정 운용현황

기준일자	2012-04-01			
총좌수(좌)	10,956,710,454	35,215,210,460	64,613,885,989	340,055,262,074
기준가격(원)	1,390.99	1,442.38	23,328.85	2,934.06
전일 대비(원)	0.11	0.13	0.07	−0.06
기간수익률(%)	39.10	44.24	132.88	193.41
연환산수익률(%)	4.49	5.08	15.26	22.21
수수료율(%)	0.5	0.5	0.8	0.8
순자산가치(백만원)	15,240.68	50,793.69	150,475.83	997,741.69
펀드 설정일	2003-07-18			

※ M보험사의 변액유니버설보험 특별계정 운용현황 공시내용으로 펀드설정일(2003. 7. 18.)로부터 현재(2012. 4. 1.)까지 누적수익률은 193.41%를 달성하고 있다(연환산수익률은 22.21%).

② 변액보험 운용설명서

  ㉠ 변액보험은 일반계정과 분리하여 특별계정으로 운용되며, 그 운용실적이 계약자에게 직접 귀속되므로 보험계약자가 보험계약을 청약한 경우 변액보험 운용설명서를 교부하고 그 중요한 내용을 반드시 설명하도록 하고 있다.

  ㉡ 변액보험 운용설명서의 내용 : 변액보험 계약 시 유의사항, 변액보험 상품의 특징 및 개요, 용어 정의, 보험료납입, 계약의 해지 등 약관 주의사항, 상품구조 및 운용 흐름, 특별계정펀드의 유형 및 포트폴리오, 특별계정의 이체 및 평가, 운용수수료, 과거 운용실적(최근 3년), 변액보험 판매가능자 등

③ 보험계약 관리내용

  ㉠ 일반보험계약은 사업연도 만료일을 기준으로 1년 이상 유지된 계약에 대하여 보험계약 관리내용을 문서로 통보해 주는데, 변액보험의 경우 분기별 1회 이상 보험계약 관리내용을 통보해야 한다.

   • 보험계약자는 인터넷 홈페이지를 통해서 수시로 운용실적의 변동내용을 확인할 수 있도록 하고 있다.

   • 특히, 저축성 변액보험의 보험계약 관리내용에는 이미 납입한 보험료 대비 적립금 및 해지환급금 비율을 제공하고 있다.

  ㉡ 변액보험의 특별계정은 자본시장법상 투자신탁으로 간주되고 있으므로 자산운용보고서를 작성하여 (3개월마다 1회 이상) 신탁업자의 확인을 받아 투자자 즉, 보험계약자에게 교부해야 한다.

(2) 생명보험협회 변액보험 비교공시의 '변액보험 운영현황'

'생보협회 홈페이지 → 보험상품 비교공시 → 변액보험 운영현황'에서 변액보험 펀드별 매일의 기준가격 및 수익률, 매월 말 자산구성 현황, 특별계정 보수 및 비용, 운용회사 등을 비교·확인할 수 있다.

※ 저축성 변액보험 : 상품마다 사업비율과 위험보장비용, 최저보증비용 등을 매달 공시한다.

(3) 저축성 보험의 수수료 안내표 제공

① 수수료 안내표의 주요 내용 : 저축성 변액보험의 계약자가 부담하는 보수·비용을 명확히 알 수 있도록 가입자에게 보험계약 체결과정에서 수수료안내표를 제공하고 있다.

  ※ 주요 내용 : 보험계약 체결비용, 보험계약 관리비용, 위험보험료, 특별계정 운용비용(운영보수, 투자일임보수, 수탁보수, 사무관리보수), 증권거래비용 및 기타비용, 기초펀드 보수

② 저축성 변액보험 수수료안내표 확인방법

보험가입 전		보험가입 후		공통
상품설명서		보험사 홈페이지		협회 홈페이지 공시실
보험 관계 비용 내역을 담은 수수료안내표 제공	⇒	로그인 후 개별계약 조회란에서 수수료안내표 확인	⇒	상품비교 공시화면에서 '공제금액 구분공시'로 확인 가능

[예제02] 회사별 변액보험공시실에는 (　　　　　　　), (　　　　　　　), (　　　　　　)을 공시하고 있다.

    정답 | 특별계정 운용현황, 변액보험 운용설명서, 계약보험관리내용

[예제03] 변액보험은 일반계정과 분리하여 특별계정으로 운용되며, 그 운용실적이 계약자에게 직접 귀속되므로 보험계약자가 보험계약을 청약한 경우에 (   )를 교부하고 그 중요한 내용을 반드시 설명하도록 하고 있다.

정답 | 변액보험 운용설명서

[예제04] 일반보험계약은 사업연도 만료일을 기준으로 (   ) 이상 유지된 계약에 대하여 보험계약 관리내용을 문서로 통보해 주는데, 변액보험의 경우 (   )별 1회 이상 보험계약 관리내용을 통보해야 한다.

정답 | 1년, 분기
해설 | 회사별 변액보험공시실 내의 '보험계약 관리내용'의 내용이다.

[예제05] 저축성 변액보험의 보험계약 관리내용에서는 이미 납입한 보험료 대비 적립금 및 해지환급금 비율을 제공하고 있다. (O / ×)

정답 | ○
해설 | 생명보험협회의 변액보험 비교공시에서는 '특별계정 투입금에 대한 수익률'이지만, 회사별 변액공시실의 보험계약 관리내용 공시에서는 계약자별 이미 납입한 보험료 대비 수익률을 제공한다.

[예제06] 변액보험의 특별계정은 자본시장법상 투자신탁으로 간주되고 있으므로 자산운용보고서를 작성하여 (   )마다 1회 이상 계약자에게 교부해야 한다.

정답 | 3개월 또는 분기
해설 | 즉, 변액보험의 경우 보험계약 관리내용을 분기별 1회 이상(보험업법상), 자산운용보고서도 3개월에 1회 이상 교부해야 한다(자본시장법상).

[예제07] 모든 변액보험의 계약자가 부담하는 보수ㆍ비용을 명확히 알 수 있도록 가입자에게 보험계약 체결 과정에서 수수료안내표를 제공하고 있다. (O / ×)

정답 | ×
해설 | 모든 변액보험이 아니라 '저축성 변액보험'에 한해 수수료안내표를 제공한다.

CHAPTER 03

변액보험 판매 시 준수사항

SECTION 1 | **변액보험 판매관리사의 도입 및 육성**

(1) 개요

① 변액보험은 특별계정의 운용결과에 따라 원금손실이 발생할 수도 있으므로 보험가입자의 피해 방지를 위해 완전판매를 하는 것이 매우 중요하다.

② '변액보험 표준계약 권유준칙'과 '변액보험 모범판매규준' : 변액보험계약 권유 시 적용하는 적합성의 일환으로 금융감독당국과 생명보험협회에서 제정 · 시행하고 있다.

변액보험 표준계약 권유준칙	변액보험 모범판매규준
일반 보험계약자에게 변액보험을 판매하기 위해서는 계약 체결 전에 적합성진단을 해야 한다(보험업법 제95조).	변액보험 판매자는 변액보험 모범판매규준에 따라 변액보험 판매 시 계약자에게 주요내용을 설명하고 '변액보험 주요내용 확인서'를 교부해야 한다. 그리고 회사는 완전판매를 위한 별도의 모니터링을 실시해야 한다.

(2) 변액보험 판매관리사의 도입 및 육성

① 생명보험협회가 실시하는 변액보험 판매자격시험에 합격해야 하며, 상품 판매 시 자격증을 보험소비자에게 제시해야 한다.

② 변액보험 자격시험에 합격한 후에는 변액보험상품 및 특별계정펀드에 대한 컨설팅 능력을 강화하기 위해 4시간 이상 판매 전 교육과 매년 1회 4시간 이상 보수교육을 이수하여야 한다.

[예제01] 금융감독당국과 생명보험협회가 적합성의 일환으로 제정 · 시행하고 있는 것은 (   ), (   )이다.

> **정답 |** 변액보험 표준계약 권유준칙, 변액보험 모범판매규준

[예제02] 변액보험 표준계약 권유준칙에 따르면, 모든 보험계약자에게 변액보험을 판매하기 위해서는 계약 체결 전에 적합성 진단을 해야 한다. (O / ×)

> **정답 |** ×
>
> **해설 |** 모든 보험계약자를 대상으로 하는 것이 아니라 일반 보험계약자를 대상으로 한다(즉, 전문 보험계약자는 제외).

[예제03] 변액보험 판매자는 변액보험 모범판매규준에 따라 변액보험 판매 시 계약자에게 주요내용을 설명하고 (   )를 교부해야 한다.

> **정답** | 변액보험 주요내용 확인서
>
> **해설** | 또한, 회사는 완전판매를 위한 별도의 모니터링을 해야 한다.

[예제04] 변액보험 자격시험에 합격한 후에는 변액보험상품 및 특별계정펀드에 대한 컨설팅 능력을 강화하기 위해 (   ) 이상 판매 전 교육을 이수하여야 하며, 매년 1회 (   ) 이상 보수교육을 이수하여야 한다.

> **정답** | 4시간, 4시간
>
> **해설** | 보수교육은 매년 1회, 4시간 이상 이수해야 한다.

SECTION 2 　적합성 진단

(1) 정의

적합성 진단이란, 보험회사 또는 모집종사자가 보험계약자의 변액보험계약 체결 전에 면담 또는 질문을 통해 보험계약자로부터 파악한 정보를 바탕으로 보험계약 성향 분석을 하고, 보험계약자에게 적합한 보험계약 목록을 제공하는 것을 말한다.

※ **파악해야 할 내용** : 보험계약자의 연령, 월 소득 및 월 소득에서 보험료 지출이 차지하는 비중, 보험가입 목적, 변액보험계약 및 자본시장법에 따른 집합투자증권의 가입 경험 여부가 반드시 포함되어야 한다.

(2) 적합성 진단에 따른 보험가입 권유절차

① 적합성 진단을 실시하는 목적에 대해 충분히 설명한다(단, 본인이 적합성 진단을 원치 않는 경우 적합성 진단 불원확인서에 서명, 녹취 등의 방법으로 확인받아야 한다).

② 보험회사 또는 모집종사자는 적합성 진단 결과에 근거하여 보험계약자에게 적합하지 않다고 인정되는 보험계약의 체결을 권유할 수 없다.

③ 보험계약자가 적합성 진단 절차에 따라 보험계약 체결 의사를 표명한 경우 후속 보험계약 체결단계(가입설계서 제공 등)를 진행할 수 있다.

④ 보험계약자가 적합성 진단 결과를 통해 권유받은 보험계약을 체결하지 않고 본인의 판단에 따라 보험계약을 청약하고자 하는 경우, 보험회사 또는 모집종사자는 부적합 보험계약 체결확인서의 내용을 설명하고, 서명 등의 방법으로 확인받은 후에 보험계약 체결 권유 등 후속 보험계약 체결단계를 진행할 수 있다.

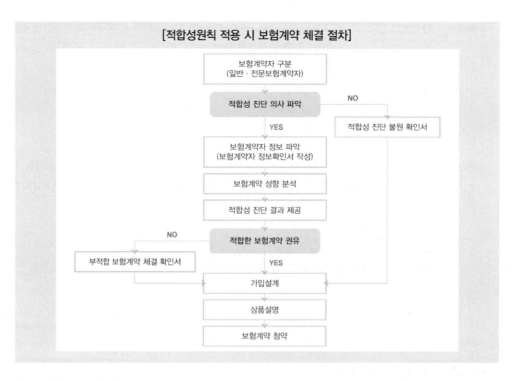

[적합성원칙 적용 시 보험계약 체결 절차]

(3) 적합성 진단 내용의 유지·관리

보험회사 및 모집종사자는 적합성 진단과 관련하여 보험계약자로부터 확인받은 내용을 보험계약 체결 이후 종료일로부터 2년까지 유지·관리해야 한다.

[예제05] 보험회사 및 모집종사자는 적합성 진단을 실시하기 전에 실시 목적에 대해 충분히 설명해야 한다. 다만, 보험계약자가 적합성 진단을 받지 않고 본인이 원하는 보험계약을 체결하고자 하는 경우, 보험업법에 따른 의무를 보험회사가 부담하지 않아도 무방하다는 의사를 (적합성 진단 불원확인서/부적합 보험계약체결확인서)에 서명 등의 방법으로 확인받아야 한다.

정답 ❘ 적합성 진단 불원확인서

[예제06] 보험계약자가 적합성 진단 결과를 통해 권유받은 보험계약을 체결하지 않고 본인의 판단에 따라 보험계약을 청약하고자 하는 경우, 보험회사 또는 모집종사자는 (적합성 진단 불원확인서/부적합 보험계약체결확인서)의 내용을 설명하고 서명 등의 방법으로 확인받아야 한다.

정답 ❘ 부적합 보험계약 체결확인서

[예제07] 적합성 진단과 관련하여 보험계약자로부터 확인받은 내용을 보험계약 체결 이후 종료일로부터 (   )까지 유지, 관리해야 한다.

정답 ❘ 2년
해설 ❘ 참고로 증권 등 금융투자상품의 적합성 진단 자료는 10년간 유지·관리해야 한다.

(1) 확인서 교부

보험계약자가 변액보험계약을 청약한 경우에, 변액보험 판매관리사는 보험계약자에게 '변액보험 주요내용 확인서'를 교부하여 변액보험의 원금손실 가능성 및 예금자보호법 미적용 등 중요 내용을 설명해야 한다.

(2) 변액보험 주요내용 확인서 내용

① 특별계정의 운용에 따른 이익과 손실이 계약자에게 귀속되며, 사망보험금과 해지환급금이 매일 변동된다는 사실

② 납입한 보험료 중 일부만이 특별계정에 투입되며, 해지환급금이 납입보험료에 이르기까지 장기간 소요된다는 내용('표준이율'을 기준으로 투자수익률을 가정하여 최초 원금도달기간 표시)

③ 원금손실 가능성과 예금자보호법 적용 제외 사실

④ 상품설명서, 변액보험 운용설명서 등의 교부 및 설명 여부 확인

⑤ VUL의 월 대체보험료 차감에 따른 해지환급금 감소 및 적립금 부족 시 해지될 수도 있다는 사실

[예제08] 변액보험 판매관리사는 보험계약자가 변액보험계약을 청약한 경우 보험계약자에게 (   ) 를 교부하고 변액보험의 원금손실가능성 및 예금자보호법 미적용 등 중요 내용을 설명해야 한다.

정답 | 변액보험 주요내용 확인서

---- SECTION 4 ---- **판매 후 모니터링(monitoring)**

보험회사는 변액보험계약의 승낙 이전에 변액보험 필수 안내사항에 대한 설명 여부를 확인하고, 변액보험 공시실 이용에 대한 안내 등을 위하여 완전판매 모니터링을 하여야 한다(일명 '해피콜' 제도).

---- SECTION 5 ---- **변액보험 판매시 필수 안내사항**

(1) 운용실적에 따른 사망보험금 및 해지환급금의 변동

(2) 원금손실 가능성

(3) 예금자보호법 적용 제외

※ 단, 특별계정과 관련 없는 특약 및 보험회사의 최저보증보험금은 예금자보호가 된다.

(4) 특별계정 투입보험료

변액보험은 계약자의 납입보험료 전액이 펀드에 투입되는 것이 아니라 미리 정해진 사업비 및 특약보험료를 제외한 금액만 특별계정에 투입되며, 특별계정적립금에서 운용보수 및 최저보증비용 등이 차감된다는 것을 설명하여야 한다.

※ 펀드에서 차감되는 제반비용

제반비용의 종류	내용
특별계정 운용수수료(적립금 비례)	매일 공제, 펀드별 차등 예 주식형 > 채권형
최저사망보험금 보증비용(적립금 비례)	매일(매월) 공제, 펀드별 동일
최저연금적립금 보증비용(적립금 비례)	매일(매월) 공제, 펀드별 동일
위험보험료(가입금액 비례)	매월 공제, 펀드와 무관
납입 후 유지비(가입금액 또는 보험료 비례)	완납 후 매월 공제, 펀드와 무관

명/품/해/설 **펀드의 제반비용 구분**

- 특별계정의 운용보수는 펀드별로 차등 부과된다.
  - → 주식형의 운용보수가 채권형의 운용보수보다 비싸다.
- 최저보증비용(사망, 연금)은 펀드별 차등 없이 동일하게 부과된다.
  - → 최저보증비용은 기본보험금이나 연금적립 규모에 따라 보증비용이 부과되는 것이며 주식형 또는 채권형을 구분하지 않는다.
- 위험보험료나 납입 후 유지비는 영업보험료에서 차감한다(펀드와 무관함).
  - → 운용보수나 최저보증비용은 펀드의 적립금에 대해 일정 비율로 부과하지만, 위험보험료나 납입 후 유지비는 애초의 영업보험료에서 차감하는 것이므로 펀드와 무관하다.

---

(5) 펀드의 종류, 펀드별 주식편입비율 등에 대한 설명

채권형펀드와 혼합형펀드 등 펀드별로 상이한 특징이 있으므로 그에 대한 자세한 정보도 반드시 설명해야 한다.

예 주요 펀드별 특징

펀드의 종류		내용
채권형	일반 채권형 펀드	• 안정성 추구(투자위험 최소화), 상대적으로 낮은 수익률
	단기채권형 펀드	• 리스크 헤지용 펀드, 안정성 높으나 낮은 수익률
혼합형 펀드		• 안정성/수익성 동시추구(투자위험 일부 수용해야 함)
인덱스혼합형 펀드		• 안정성/수익성 동시추구, 주식부문은 KOSPI200 추종(투자위험 일부 수용해야 함)
성장형(주식형) 펀드		• 최대한의 수익성 추구, 상대적으로 높은 투자위험

(6) 변액보험공시실 사용방법 등 설명

보험회사 및 생보협회 홈페이지의 변액보험공시실을 사용하는 방법 및 개별 보험계약관리내용, 특별계정 운용 관련 공시내용에 대해 설명해야 한다. 또한, 지속해서 공시자료를 받을 수 있고, 각종 공시정보를 수시로 조회할 수 있음을 정확히 알려주어야 한다.

(7) 펀드변경 절차 및 필요성

펀드 가입 시 선택한 펀드는 1년에 12번 이내에서 다른 유형으로 변경할 수 있으므로 어떤 절차를 거쳐야 하며 그 필요성이 무엇인지에 대해서 설명해야 한다. 또한, 펀드 변경 시 이에 따른 수수료가 부과된다는 사실도 함께 설명해야 한다.

[예제09] 변액보험 판매 시 필수 안내사항으로는 '운용실적에 따른 사망보험금 및 해지환급금의 변동, (   ), 예금자보호법의 적용 제외, 특별계정 투입보험료, 펀드의 종류 및 주식편입비율에 대한 설명, 변액보험공시실 사용방법 등 설명, 펀드변경 절차 및 필요성'이 있다.

정답 | 원금손실 가능성

[예제10] 펀드에서 차감되는 제반비용 중에서 특별계정의 펀드종류별로 그 비용이 다르게 부과되는 것은 운용 관련 수수료뿐이다. (O / X)

정답 | ○
해설 | 운용보수는 주식형펀드와 인덱스형펀드, 채권형펀드별로 다르므로 차등 부과된다.

[예제11] 펀드에서 차감되는 제반비용 중에서 위험보험료는 특별계정에서 매월 차감하는데 계약자적립금의 일정 비율로 부과된다. (O / X)

정답 | ×
해설 | 위험보험료는 보험가입금액의 비율로 부과된다(위험보험료와 완납 후 유지비는 펀드에 투자되는 것이 아니므로 계약자적립금과는 상관없다).

[예제12] 펀드에서 차감되는 제반비용 중에서 최저보증옵션 비용은 (계약자적립금 / 보험가입금액)의 일정 비율로 부과되며 펀드별로 (동일 / 차등)하다.

정답 | 계약자적립금, 동일
해설 | 보험가입금액의 일정비율로 부과되는 것은 '위험보험료와 납입 후 유지비'가 있다. 그리고 '위험보험료와 납입 휴 유지비'는 펀드별로는 동일하게 부과된다(운용보수만 차등하게 부과).
[TIP] '최동일' → 최저보증옵션은 펀드별로 동일하다.

[예제13] 변액보험에서 사용하는 펀드의 종류로는 '(   ) 펀드, 혼합형 펀드, (   )혼합형 펀드, 성장형 펀드'가 있다.

정답 | 채권형, 인덱스

[예제14] 안정성과 수익성을 동시에 추구하되 주식 부분은 KOSPI의 성과를 추종하도록 운용하는 것은 (   ) 펀드이다.

정답 | 인덱스혼합형

[예제15] 변액보험은 가입 시 펀드를 선택하게 되는데, 선택한 펀드는 1년에 (   ) 이내에서 다른 유형으로 변경할 수 있다.

정답 ┃ 12번(12회)

해설 ┃ 펀드변경 시 수수료 부과가 원칙이나 실무적으로 수수료를 면제하기도 한다.

SECTION 6 **변액보험 판매 시 금지사항**

(1) 변액보험을 타 금융상품으로 오인(誤認)하게 하는 행위

투자수익률은 '-1%, 평균공시이율(2.5%), 평균공시이율×1.5배(3.75%)'의 세 가지만을 가정하여 설명해야 하며, 임의로 높은 수익률을 가정하여 해지환급금 또는 연금액을 많이 받을 수 있는 것으로 기대치를 높이는 행위는 절대 금지된다.

※ 최저연금적립금 무보증형의 경우 해지환급금 예시를 생략할 수 있으며, 수익률 예시는 '-평균공시이율'을 포함하고 '-1%, 평균공시이율, 평균공시이율×1.5배' 중 2개를 추가하여 총 3가지로 제시할 수 있다.

(2) 장래의 운용성과에 대한 단정적 판단

예를 들어 'O%로 운용됩니다', 'O% 이상은 보장할 수 있습니다', '만기에는 납입보험료의 O배가 보장됩니다'라고 말하며 권유하는 행위 등을 들 수 있다.

(3) 자사에 유리하게 특정 회사 또는 특정 기간만을 비교하는 행위

(4) 보험금, 해지환급금을 보증하는 행위

(5) 특별이익의 제공

변액보험 가입 권유 시 금품이나 기초서류에서 정한 사유 이외의 보험료 할인, 기초서류에서 정한 보험금액보다 많은 보험금액의 지급 약속, 보험료 및 대출금이자의 대납, 그 외의 규정되지 않은 금전적 이익을 제공하거나 제공할 것을 약속하는 행위의 금지

(6) 허위, 과장된 설명

'항상 납입보험료 이상의 수익률이 보장됩니다', '계약하면 즉시 대출이 가능합니다' 등

(7) 손실에 대한 보상 약속

(8) 중요사항에 대한 불충분한 설명

판매 시에는 계약자, 피보험자를 반드시 면접한 후 가입설계서, 상품설명서, 변액보험 운용설명서 등을 활용하여 고객이 충분히 이해하도록 설명하여야 한다.

(9) 계약의 부당한 대체행위

계약자에게 불이익이 되는 사실을 알리지 않고 기계약을 소멸(해지 또는 품질보증청구)시킨 후에 신규로 변액보험에 가입하도록 하는 행위 등이다.

※ 불완전판매 주요 사례 : 해지환급금, 만기환급금 등에 대한 부실 또는 과장설명, 계약자적립금 운용 등과 관련한 사실 왜곡, 변액보험 수수료에 대한 미설명, 투자기능만을 중점적으로 설명하는 것 등이 있다.

[예제16] 모든 변액보험은 미래 투자수익률을 예시할 경우 '-1%, 평균공시이율, 평균공시이율의 1.5배'를 사용해야 한다. (○/×)

정답 | ×

해설 | 최저연금적립금 무보증형의 경우는 해지환급금의 예시를 생략할 수 있다. 또한 (-)평균공시이율, -1%, 평균공시이율, 평균공시이율의 1.5배 중 3가지를 선택하여 예시할 수 있다. 그리고 수익률 예시를 할 경우에는, 3가지로 제시하되 '-평균공시이율'을 반드시 포함해야 하며 '-1%, 평균공시이율, 평균공시이율×1.5배' 중 2가지를 선택하여 제시해야 한다.

CHAPTER 04 예금자보호제도

SECTION 1 예금자보험제도

(1) 개요

금융기관이 영업정지나 파산 등으로 고객의 예금을 지급하지 못하게 될 경우 해당 예금자는 물론 금융시스템의 안정성에 큰 타격을 입게 된다. 이러한 사태를 방지하기 위하여 예금자보호법을 제정하여 고객들의 예금을 보호하는 제도이다.

(2) 시행

① 예금보험은 보험의 원리를 이용하여 예금자를 보호하는 제도이다. 예금보험공사가 평소에 금융기관으로부터 보험료(예금보험료)를 받아 기금(예금보호기금)을 적립한 후 금융기관이 예금을 지급할 수 없게 되면 금융기관을 대신하여 예금을 지급하게 된다.

② 예금보험은 예금자를 보호하기 위한 목적으로 법에 따라 운용되는 공적보험이기 때문에 예금을 대신 지급할 재원이 부족할 경우에는(예금보호기금만으로 부족한 경우) 예금보험공사가 직접 채권을 발행하는 등의 방법을 통해 재원을 조성한다.

[예제01] 예금보험은 보험의 원리를 이용하여 예금자를 보호하는 제도로 공적보험에 해당한다. (O/×)

> **정답 |** ○
> **해설 |** 보험의 원리가 이용되며, 예금자를 보호하기 위한 목적으로 법에 의해 운용되므로 공적보험이 된다.

SECTION 2 보호대상 금융기관 및 금융상품

(1) 예금보험 가입금융기관(혹은 부보금융기관)

은행, 투자매매 · 투자중개업자, 보험회사, 종합금융회사, 상호저축은행 등 5개 금융권이다.
※ 농 · 수협중앙회는 특수은행으로서 은행에, 외국은행 국내지점도 은행에 속하므로 부보금융기관이다.

(2) 보호대상 금융상품

① 부보금융기관이 취급하는 예금만을 보호하지만 부보금융기관의 모든 금융상품이 보호대상 예금에 해당하는 것은 아니다.

② 예금자보호법에 의한 보호대상 금융상품

구분	보호금융상품	비보호금융상품
은행	• 보통예금, 기업자유예금, 별단예금, 당좌예금 등 요구불예금 • 정기예금, 저축예금, 주택청약예금, 표지어음 등 저축성예금 • 정기적금, 주택청약부금, 상호부금 등 적립식 예금 • 외화예금 • 예금보호대상 금융상품으로 운용되는 확정기여형 퇴직연금제도 및 개인형퇴직연금제도의 적립금 • 개인종합자산관리계좌(ISA)에 편입된 금융상품 중 예금보호대상으로 운용되는 금융상품 • 원본이 보전되는 금전신탁 등	• 양도성예금증서(CD), 환매조건부채권(RP) • 금융투자상품(수익증권, 뮤추얼펀드, MMF 등) • 특정금전신탁 등 실적배당형 신탁 • 은행 발행채권 • 주택청약저축, 주택청약종합저축 등
투자 매매업자 · 투자 중개업자	• 증권의 매수 등에 사용되지 않고 고객계좌에 현금으로 남아 있는 금액 • 자기신용대주담보금, 신용거래계좌 설정보증금, 신용공여담보금 등의 현금 잔액 • 예금보호대상 금융상품으로 운용되는 확정기여형 퇴직연금제도 및 개인형퇴직연금제도의 적립금 • 개인종합자산관리계좌(ISA)에 편입된 금융상품 중 예금보호대상으로 운용되는 금융상품 • 원본이 보전되는 금전신탁 등	• 금융투자상품(수익증권, 뮤추얼펀드, MMF 등) • 선물 · 옵션거래예수금, 청약자예수금, 제세금예수금, 유통금융대주담보금 • 환매조건부채권(RP), 증권사 발행채권 • 종합자산관리계좌(CMA), 랩어카운트, 주가지수연계증권(ELS), 주식워런트증권(ELW) • 금현물거래예탁금등
보험회사	• 개인이 가입한 보험계약 • 퇴직보험 • 변액보험계약 특약 • 변액보험계약 최저사망보험금 · 최저연금적립금 · 최저중도인출금 · 최저종신중도인출금 등 최저보증 • 예금보호대상 금융상품으로 운용되는 확정기여형 퇴직연금제도 및 개인형퇴직연금제도의 적립금 • 개인종합자산관리계좌(ISA)에 편입된 금융상품 중 예금보호 대상으로 운용되는 금융상품 • 원본이 보전되는 금전신탁 등	• 보험계약자 및 보험료납부자가 법인인 보험계약 • 보증보험계약, 재보험계약 • 변액보험계약 주계약(최저사망보험금 · 최저연금적립금 · 최저중도인출금 · 최저종신중도인출금 등 최저보증 제외) 등
종합금융회사	• 발행어음, 표지어음, 어음관리계좌(CMA) 등	• 금융투자상품(수익증권, 뮤추얼펀드, MMF 등) • 환매조건부채권(RP), 양도성예금증서(CD), 기업어음(CP), 종금사 발행채권 등
상호저축은행 및 상호저축 은행중앙회	• 보통예금, 저축예금, 정기예금, 정기적금, 신용부금, 표지어음 • 상호저축은행중앙회 발행 자기앞수표 등	• 저축은행 발행채권(후순위채권 등) 등

※ 정부 · 지자체(국 · 공립학교 포함), 한국은행, 금융감독원, 예금보호공사, 부보금융회사의 예금은 보호대상에서 제외된다.

> **명/품/해/설** 금융투자상품의 예금자보호 여부
>
> - CD와 RP는 2001년부터 비보호되었다.
> - 신탁상품은 본질적으로 실적배당형으로서 원금보전이 불가하다. 그러나 연금·퇴직신탁 등 원금보전신탁은 그 특성상 예금자보호가 된다.
> - 증권사 상품은 대부분 투자형으로서 비보호이나, 투자 후 계좌에 남아있는 금액(위탁자예수금, 수익자예수금 등)은 보호대상이다. 그러나 선물옵션거래예수금과 청약자예수금, 제세금예수금은 제외된다. 그리고 투자와 관련이 없는 신용공여담보금도 예금자보호가 된다.
> - 보험사의 경우 보증보험, 재보험은 개인고객이 아니라 보험사가 계약자인 보험이므로 비보호이다.
> - 보험사의 경우 법인계약과 보증보험, 재보험, 변액보험 주계약은 비보호이다.
> - 단기금융상품을 주로 취급하는 종금사의 경우 발행어음, 표지어음 등은 보호대상이나, 기업어음(CP) 등은 비보호이다. 또한, 종금사 CMA는 보호대상이나 증권사 CMA는 비보호이다.

(3) 변액보험의 최저보증보험금에 대한 예금자보호(2016.6.23.~)

GMDB에 의한 최저사망보험금, GMAB에 의한 최저연금적립금, GMWB에 의한 최저연금지급액, GLWB에 의한 최저종신연금지급액은 예금자보호대상이다(단, GMIB와 GMSB는 보호대상이 아님).

※ '최저연금적립금 무보증형' 변액보험은 최저연금적립금에 대한 예금자보호가 되지 않는다.

[예제02] 예금보험 적용대상 금융기관은 ( ), ( ), ( ), ( ), ( ) 이다.

> **정답 |** 은행, 보험회사, 투자매매·투자중개업자, 종금사, 상호저축은행

[예제03] 농·수협 지역조합은 예금보험 가입 금융기관이다. (O/×)

> **정답 |** ×
>
> **해설 |** 농·수협 중앙회는 부보금융기관이지만, 농·수협 지역조합(상호금융)은 신용협동기구에 속하며 신용협동기구(새마을금고, 신협, 상호금융)는 부보금융기관이 아니다.

[예제04] 양도성예금증서와 환매조건부채권은 예금자보호상품이다. (O/×)

> **정답 |** ×
>
> **해설 |** CD와 RP는 2001년부터 예금자보호대상에서 제외되었다.

[예제05] 은행에서 운용하는 연금저축신탁은 실적배당형상품이므로 예금자보호대상이 아니다. (○ / ×)

      정답 | ×

      해설 | 실적배당형이지만 연금의 특수성을 감안하여 연금개시 시점에서 원금을 보장한다. 따라서 예금자보호대상
             이다.

[예제06] 변액보험의 주계약은 예금자비보호이지만, 변액보험의 특약은 예금자보호이다. (○ / ×)

      정답 | ○

[예제07] 변액보험의 주계약 중 최저보증지급대상은 예금자보호가 된다. (○ / ×)

      정답 | ○

      해설 | 2016. 6. 23. 이후부터 적용되었다.

[예제08] 개인이 가입한 보험계약은 예금자보호대상이지만, 법인의 보험계약자인 보험계약은 예금자보호대상이
아니다. (○ / ×)

      정답 | ○

      해설 | 법인계약은 보호하지 않는다.

[예제09] '퇴직보험, 연금저축보험, 재보험, 보증보험' 중 예금자보호대상이 아닌 것은 (   ), (   )이다.

      정답 | 재보험, 보증보험

SECTION 3   보험금이 지급되는 경우

(1) 개요

예금의 지급정지, 인허가의 취소, 해산 또는 파산 등으로 인한 예금보험사고 발생 시 예금보험위원회의
보험금 지급 결정을 거쳐 예금자에게 보험금, 가지급금, 개산지급금을 지급하게 된다.

(2) 보험금 · 가지급금 · 개산지급금

구분	내용
보험금	예금보험사고 시 예금보험공사가 해당 금융회사를 대신하여 지급하는 금전
가지급금	예금보험사고가 발생한 금융회사의 장기간 금융거래 중단에 따른 경제적 불편을 최소화하기 위해 보험금 지급한도 내에서 예금자의 신청에 따라 미리 지급하는 금전
개산지급금	장기간의 금융회사 파산절차로 인한 예금자의 불편을 해소하기 위해, 예금자가 향후 파산배당으로 받게 될 예상배당률을 고려하여 예금자 보호 한도 초과예금 등에 대해 예금자에게 지급하는 금전

(3) 1·2종 보험사고

1종 보험사고 (예금이 지급정지된 경우)	2종 보험사고 (인가 취소, 해산, 파산의 경우)
금융기관 재무상황 악화 → 예금지급 정지명령 → 금융기관 재산실사로 정상화 가능성 판단 → 정상화 불능 시 제3자 매각 추진 → 매각이 어려워 파산 불가피 시 → 보험금 지급	금융기관의 인허가 취소, 해산 또는 파산의 경우, 예금자 청구로 예금보험공사가 보험금 지급

[예제10] 예금보험사고가 발생하여 예금보험공사가 지급하는 보험금의 종류는 (　　　), (　　　), (　　　)의 3가지가 있다.

　　　정답 | 보험금, 가지급금, 개산지급금

[예제11] 예금이 지급정지된 경우는 (1종/2종) 보험사고에 해당하며, 이 경우 정상화 가능성을 판단하며 정상화가 어려울 때 제3자 매각을 추진하고 이도 어려워 파산이 불가피할 경우 예금보험공사가 보험금을 지급한다.

　　　정답 | 1종
　　　해설 | 2종 보험사고(인가취소, 해산, 파산)의 경우 예금보험공사가 예금자의 보험금 청구 시 바로 보험금을 지급한다.

SECTION 4　예금보호 한도

(1) 개요

① 예금보호제도는 다수의 소액예금자를 우선 보호하되, 부실 금융기관을 선택한 예금자도 일정 부분 책임을 분담한다는 차원에서 예금의 전액을 보호하지 않고 일정액만을 보호하고 있다(부분보장제도).

② 2001년부터 부보금융기관이 보험사고(영업정지, 인가 취소 등) 발생으로 파산할 경우 원금과 소정의 이자를 합하여 1인당 최고 5천만원까지 예금을 보호한다.

　　※ 보호금액 5천만원은 동일한 금융기관 내에서 예금자 1인이 받을 수 있는 총 금액이며, 개인뿐만 아니라 법인도 보호대상이다.

③ 예보공사로부터 보호받지 못한 나머지 예금은 파산한 금융기관이 선순위채권을 변제하고 남은 재산이 있는 경우 이를 다른 채권자들과 함께 채권액에 비례하여 분배받음으로써 그 전부 또는 일부를 돌려받을 수 있다.

[예제12] 우리나라의 예금자보호제도는 원금과 (소정의 이자/약정한 이자)를 합하여 1인당 5천만원까지의 예금을 보호하는 부분보장제도이다.

정답 ｜ 소정의 이자
해설 ｜ 소정의 이자는 약정이자와 공시결정이자 중 적은 금액을 말한다.

[예제13] 예금자 1인이라 함은 개인뿐만 아니라 법인도 대상이 된다. (○/×)

정답 ｜ ○
해설 ｜ 법인도 대상이 된다. 비교하여, 보험계약에 있어서 법인이 계약자인 보험은 예금자보호가 되지 않는다.

[예제14] 원리금 합계 5천만원을 초과하는 예금은 전혀 받을 수 없다. (○/×)

정답 ｜ ×
해설 ｜ 파산금융기관의 청산 상황에 따라 분배받을 재산이 남아있는 경우는 일부 또는 전부를 받을 수 있다.

SECTION 5 ｜ **예금자보호법이 적용되지 않는 금융기관의 예금자보호**

(1) 신용협동기구

신용협동기구(신용협동조합, 새마을금고, 농·수협 단위조합)는 자체적으로 설치, 운영하는 '상호금융예금자보호기금'을 통하여 예금자를 보호하고 있다.

(2) 우체국

우체국은 정부가 운영하므로 원리금 전액에 대해서 지급보증이 된다.

[예제15] '농협중앙회(농협은행), 수협중앙회, 농·수협지역조합, 새마을금고, 신협, 우체국예금' 중 예금보험 가입 금융기관이 아닌 것은 (   ), (   ), (   ), (   )이다.

정답 ｜ 농·수협지역조합(상호금융), 새마을금고, 신협, 우체국예금
해설 ｜ 신용협동기구(새마을금고, 신협, 상호금융)은 자체 기금을 통해서 예금자보호를 하며, 우체국예금은 정부가 전액 원리금의 지급보증을 한다.

필수이해문제

001 다음 빈칸에 들어갈 말로 알맞은 것은?

> 우리나라 보험정보 공시는 회사의 각종 경영지표 및 경영활동을 공시하는 (㉠)와 소비자가 상품의 내용과 보험료 등을 보다 쉽게 알 수 있도록 안내하는 (㉡)가 시행되고 있다.

	㉠	㉡		㉠	㉡
①	정기공시	수시공시	②	수시공시	정기공시
③	경영공시	상품공시	④	상품공시	경영공시

정답 | ③

해설 | 경영공시 – 상품공시이다. 경영공시 내에 정기공시, 수시공시가 포함된다.

002 우리나라 '보험정보 공시' 중에서 보험회사가 직접 공시하는 것이 아닌 것은?

① 경영공시
② 상품공시
③ 금융감독원 공시
④ 금융기관 보험대리점 모집수수료율 공시

정답 | ③

해설 | 금융감독원 공시는 금융감독원이 각 보험회사에 대한 실태평가 등을 공시하는 것이므로, 보험회사가 직접 공시하는 것이 아니다.

003 다음 중 경영공시 사항에 속하지 않는 것은?

① 감사보고서
② 재무상태표
③ 보험가입에 따른 권리와 의무
④ 적기시정조치 등의 사항 발생 시

정답 | ③

해설 | ①, ②는 경영공시 중의 정기공시, ④는 경영공시 중의 수시공시(중대한 사항이 발생할 경우 수시로 하는 공시), ③은 '보험안내자료'에 포함되는 것으로 상품공시에 속한다.

004 다음 빈칸에 들어갈 수 없는 것은?

> • 보험회사는 사업연도 말 결산일로부터 (　　　) 이내에 정기공시 항목의 내용을 공시하여야 한다.
> • 분기별 결산 시에는 분기결산일로부터 (　　　) 이내에 임시결산 공시자료를 작성하여 공시하여야 한다.
> • 변액보험은 (　　　)별 1회 이상 보험계약 관리내용을 통보해야 한다.
> • 변액보험의 자산운용보고서는 (　　　)마다 1회 투자자에게 제공한다.

① 1개월   ② 2개월   ③ 3개월   ④ 분기

정답 ┃ ①

해설 ┃ 차례대로 '3개월 – 2개월 – 분기 – 3개월'이다.

005 다음 중 수시공시를 해야 하는 경우에 포함되지 않는 것은?

① 적기시정조치 등 법령에 의한 주요조치 사항 발생 시

② 결산일부터 3개월 이내에 재무상태표를 공시해야 하는 경우

③ 부실채권, 금융사고, 소송 등으로 인한 거액의 손실

④ 재무구조 및 채권채무관계 등 손익구조에 중대한 변동이 발생한 경우

정답 ┃ ②

해설 ┃ ②는 정기공시 사항이다. 참고로 정기공시 사항에서 연도결산서류는 3개월 이내, 분기결산서류는 분기결산일로부터 2개월 이내에 공시해야 한다.
　　　　①, ③, ④는 모두 수시공시 사항이다.

006 다음 중 보험안내자료 작성원칙에 대한 설명으로 적절하지 않은 것은?

① 보험업법 및 시행령에서 시행하고 있는 필수기재사항과 기재금지사항을 준수하여 명료하고 알기 쉽게 제작하여야 한다.

② 보험회사는 보험안내자료의 관리를 전담하는 부서를 지정하고 자체 제작하거나 모집종사자가 제작한 보험안내자료를 심사하여 관리번호를 부여한 후 사용하여야 한다.

③ 안내자료 심사 시 보험계리사 또는 상품계리부서를 참여시켜야 한다.

④ 저축성보험의 사업비 등 공제금액과 보장성보험의 보험가격지수 항목에 대해서는 작성한 공시자료에 대해 준법감시인으로부터 검증받아야 한다.

정답 | ④
해설 | 준법감시인이 아니라 공시확인업무계리사로부터 검증받아야 한다.

007 다음 중 보험안내자료의 필수기재사항으로 옳지 않은 것은?

① 보험가입에 따른 권리와 의무   ② 보험금의 지급제한 조건

③ 해지환급금에 관한 사항   ④ 보험계약의 내용과 다른 사항

정답 | ④
해설 | ④는 기재금지사항이다. 반면 ①, ②, ③은 필수기재사항이다.

008 다음 중 보험안내자료의 기재금지사항에 속하지 않는 것은?

① 보험가입에 따른 권리와 의무

② 공정거래법에서 정한 불공정거래행위에 해당하는 사항

③ 보험계약의 내용과 다른 사항

④ 보험계약자에게 유리한 내용만을 골라 안내하거나 다른 보험회사 상품과 비교한 사항

정답 | ①
해설 | ①은 보험계약자가 꼭 알아야 할 내용으로서 필수기재사항에 속한다.

009 다음 중 보험안내자료에 해당하지 않는 것은?

① 상품설명서   ② 상품요약서

③ 변액보험운용설명서   ④ 청약서

정답 | ④

해설 | 보험안내자료의 정의는 '보험가입을 하려는 일반소비자가 올바른 보험 선택을 하기 위해 도움이 되는 자료'로 청약서는 해당되지 않는다.

※ ①, ②, ③ 외에도 '보험계약 관리내용, 갱신형상품 자동갱신안내장, 연금저축수익률 보고서' 등이 있다.

010 다음 중 상품설명서에 기재되는 내용이 아닌 것은?

① 보험상품명   ② 보험료산출기초

③ 주계약 보험기간   ④ 계약 전 알릴의무

정답 | ②

해설 | 보험료산출기초는 상품요약서에 기재되는 내용이다.

상품설명서	상품요약서
보험회사, 보험상품명, 모집자, 주계약보험기간, 납입기간 및 주기, 고지의무, 보험가입자의 권리와 의무 등	보험가입 자격요건, 보험금 지급사유 및 지급제한사항, 보험료 산출기초, 해지환급금에 관한 사항, 보험가격지수 등

011 핵심 상품설명서를 추가로 제공하는 대상에 속하지 않는 것은?

① 일반종신보험   ② 금리연동형 저축성보험

③ 연금저축보험   ④ 변액보험

정답 | ①

해설 | 핵심 상품설명서는 ②, ③, ④를 대상으로 한다.

012 다음 중 상품의 비교 · 공시에 대한 설명으로 가장 적절하지 않은 것은?

① 변액보험은 특별계정의 매일의 기준가격 및 기간별 수익률, 수수료율(운용 · 수탁보수) 등을 비교 · 공시하기 위해 해당 자료를 생명보험협회에 제공한다.

② 기간별 수익률이란 1개월, 3개월, 6개월, 1년, 누적수익률을 말한다.

③ 상품의 비교 · 공시에 게재되는 수익률은 개별 계약자의 납입보험료 대비 수익률이다.

④ 상품의 비교 · 공시에서는 회사별 상품명과 보장내용, 보험료 및 해지환급금, 운용이율 등의 주요 정보를 공통된 기준으로 공시하고 있다.

정답 | ③

해설 | 개별 계약자의 납입보험료 대비 수익이 아니라, 사업비 등을 제외한 특별계정 투입금액에 대한 수익률이다.

013 생명보험협회의 홈페이지에서는 보험사별 상품명과 보장내용, 운용이율, 특히 변액보험에서는 특별계정별 수익률을 비교, 확인할 수 있다. 만일 P생보사의 어떤 특별계정의 누적수익률이 25%로 나왔다면, 이에 대한 설명으로 가장 적절한 것은?

① P사의 해당 특별계정이 최초 설정된 날로부터 현재까지의 기간수익률이 25%임을 말한다.

② 해당 특별계정에 투자하고 있는 모든 계약자의 투자수익률이 25%임을 말한다.

③ 해당 특별계정에 투자한 계약자는 25%의 수익률을 본인의 납입보험료 원금 대비 현재까지의 수익률로 이해하면 된다.

④ 25%의 수익률이란 연평균수익률을 말한다.

정답 | ①

해설 | 변액보험 운영현황에서 확인할 수 있는 기간별 수익률(= 누적수익률)은 해당 특별계정이 최초로 설정된 날로부터 현재까지의 누적수익률을 말한다.
②, ③, ④ 최초 설정한 날에 투자했을 경우에만 투자자의 수익률도 25%라고 할 수 있는데 주의할 것은 납입보험료 기준이 아니라 사업비 등을 차감한 '특별계정 투입보험료'에 대한 수익률이라는 것이다.

014 다음 중 금융기관보험대리점 모집수수료율을 공시하지 않는 자는?

① 은행, 증권사 등 해당 금융기관

② 보험대리점 업무(모집업무)를 위탁한 보험회사

③ 금융감독원

④ 생명보험협회

정답 | ③

해설 | 해당 금융기관보험대리점과 원수사(②), 그리고 이를 비교 공시하는 생명보험협회가 있으며 금융감독원은 관계없다.

015 회사별 변액보험공시실에서 알 수 없는 공시는?

① 특별계정 운용현황　　　　　　　　② 변액보험 운용설명서

③ 변액보험 비교공시　　　　　　　　④ 보험계약 관리내용

정답 | ③

해설 | 각 회사의 변액보험공시실에는 3가지의 공시를 한다(①, ②, ④). 비교공시는 생명보험협회 홈페이지에서 확인할 수 있다.

016 '계약자의 개인별 적립금'을 보고 싶다면 변액보험 공시 중 어떤 공시를 보면 되는가?

① 변액보험 특별계정 운용현황　　　　② 보험계약 관리내용

③ 변액보험 운용설명서　　　　　　　④ 변액보험 주요내용 확인서

정답 | ②

해설 | 특별계정 운용현황에서는 펀드 전체의 기준가격, 수익률, 자산구성현황 등을 알 수 있다. 만약 개인별 적립금 내역을 알기 위해서는 보험계약 관리내용을 확인하면 된다.

017 다음 빈칸에 들어갈 알맞은 것으로 올바른 것은?

> 변액보험의 보험계약 관리내용은 (　ⓐ　) 이상 서면으로 제공하며, (　ⓑ　) 대비 적립금 및 해지환급금 비율을 제공하고 있다.

	ⓐ	ⓑ		ⓐ	ⓑ
①	분기별 1회	이미 납입한 보험료	②	반기별 1회	이미 납입한 보험료
③	분기별 1회	특별계정 투입보험료	④	반기별 1회	특별계정 투입보험료

정답 | ①

해설 | 분기별 1회 이상, '이미 납입한 보험료' 대비 비율을 제공한다.

018 다음은 변액보험의 계약자에 대한 통보의무이다. 빈칸에 들어갈 말로 알맞은 것은?

> • 보험계약 관리내용은 (㉠)마다 1회 이상 보험계약자에게 통보해야 한다.
>
> • 자산운용보고서는 (㉡)마다 1회 이상 투자자, 즉 보험계약자에게 통보해야 한다.

	㉠	㉡		㉠	㉡
①	3개월	3개월	②	3개월	6개월
③	6개월	6개월	④	6개월	3개월

정답 | ①

해설 | 둘 다 분기별(3개월) 1회 이상이다.
　　　※ 보험계약 관리내용의 교부는 보험업법상의 의무이고, 자산운용보고서의 교부는 자본시장법상의 의무이다.

019 다음 중 변액보험 운용설명서에 나올 수 없는 내용은?

① 변액보험 계약 시 유의사항　　　　② 변액보험 상품의 특징 및 개요

③ 일반계정의 이체 및 평가　　　　　④ 과거 운용실적(최근 3개년)

정답 | ③

해설 | 일반계정의 평가는 변액보험과 무관하며, '특별계정의 이체 및 평가'는 해당된다. ①, ②, ④ 외에는 운용수수료, 상품구조 및 운용흐름 등에 관한 내용이 운용설명서에 들어 있다.

020 다음 빈칸에 들어갈 알맞은 말은?

> 생명보험업계 및 협회에서는 변액보험 판매관리사의 체계적 육성을 도모하면서 '변액보험 주요내용 확인서' 교부 및 판매 후 모니터링 등에 대한 기준을 마련하고 변액보험 판매 시 준수 및 금지사항을 정하기 위해 (　　　　　　　　　　)을 제정, 시행하고 있다.

① 변액보험 우수판매사례　　　　　② 변액보험 모범판매규준

③ 변액보험 고객확인서　　　　　　④ 변액보험 모니터링

정답 | ②

해설 | 변액보험 모범판매규준이다.

021 변액보험의 완전판매를 위한 법적인 장치에 해당하지 않는 것은?

① 변액보험을 판매하기 위해서는 생명보험협회에서 실시하는 변액보험 판매관리사 자격시험에 합격해야 한다.

② 상품 판매 시 변액보험 판매관리사 자격증을 보험소비자에게 제시하여야 한다.

③ 변액보험 자격시험에 합격한 후에는 4시간 이상의 판매 전 교육을 이수해야 한다.

④ 매년 1회, 10시간 이상 보수교육을 이수해야 한다.

정답 | ④

해설 | 매년 1회, 4시간 이상의 보수교육을 이수해야 한다.

022 다음 적합성 진단에 대한 설명으로 가장 적절하지 않은 것은?

① 변액보험 계약을 권유하기 전 보험계약자로부터 파악한 정보를 바탕으로 적합한 보험계약목록을 제공하는 것을 적합성 진단이라 한다.

② 보험계약자가 적합성 진단을 받지 않고 보험계약을 체결하고자 할 경우 적합성 진단 불원확인서에 고객으로부터 서명 등의 방법으로 확인받아야 한다.

③ 보험회사는 적합성 진단 결과에 근거하여 보험계약자에게 적합하지 않다고 인정되는 보험계약 체결을 권유해서는 안 된다.

④ 보험계약자는 적합성 진단 결과를 통해 권유받은 보험계약 외에는 체결할 수 없다.

정답 | ④

해설 | 보험계약자가 적합성 진단 결과에 맞지 않는 보험계약을 체결하고자 한다면 굳이 말릴 수는 없다. 이 경우 고객에게 '부적합 보험계약 체결확인서'의 내용을 설명하고 서명 등을 통해 확인을 받아야 하는데, 이는 계약 체결을 말릴 수는 없지만 한 번 더 그 부적합성을 주지시켜주는 데 의의가 있다.

023 다음 빈칸에 들어갈 말로 알맞은 것은?

적합성 진단과 관련하여 보험계약자로부터 확인받은 내용을 보험계약 체결 이후 종료일로부터 (   )까지 유지, 관리해야 한다.

① 1년　　　　② 2년　　　　③ 3년　　　　④ 10년

정답 | ②

해설 | 2년이다.

024 다음 변액보험 주요내용 확인서 내용 중 해당하지 않은 것은?

① 특별계정의 운용에 따른 이익과 손실이 계약자에게 귀속되며 사망보험금과 해지환급금이 매일 변동된다는 내용

② 적합성 진단 결과

③ VUL의 월 대체보험료 차감에 따른 해지환급금 감소 및 계약 해지가능성

④ 원금손실가능성

정답 | ②

해설 | 적합성 진단 결과는 해당되지 않는다. 적합성 진단 결과 확인은 변액보험의 체결 전에 이미 완료되는 것이므로 변액보험 주요내용 확인서에는 포함되지 않는다.

025 변액보험 판매 시 필수 안내사항으로 가장 적절하지 않은 것은?

① 변액보험은 실적배당형 상품이므로 보험금 및 해지환급금이 매일 변동되고, 특별계정의 운용실적에 따른 이익과 손실이 계약자에게 귀속된다는 사실

② 최저연금적립금에 대한 최저보증이 있다 하더라도 중도해지할 경우 원금손실이 가능하다는 사실

③ 계약자적립금을 더 확보하기 위한 목적으로서 최저연금적립금에 대한 미보증형 상품도 판매되고 있다는 사실

④ 변액보험은 자기책임의 원칙이 적용되므로 다른 금융기관의 실적배당형과 마찬가지로 예금자보호가 되지 않지만, 변액보험의 특약과 변액보험의 최저지급 보증 보험금에 대해서는 예금자보호가 된다는 사실

정답 | ③

해설 | '최저연금적립금 미보증형의 상품이 판매되고 있으며, 이 상품은 연금개시 시점에서도 최저보증이 되지 않는다는 사실'을 충분히 설명해야 한다.

026 다음 중 펀드에서 차감되는 제반비용과 관련된 설명으로 옳지 않은 것은?

① 특별계정 운용수수료는 적립금에 비례하며, 펀드별로 동일하게 부과된다.

② 최저사망보험금 보증비용은 적립금에 비례하며, 펀드별로 동일하게 부과된다.

③ 최저연금적립금 보증비용은 적립금에 비례하며, 펀드별로 동일하게 부과된다.

④ 위험보험료는 보험가입금액(기본보험금)에 비례하며, 펀드와 무관하게 부과된다.

정답 | ①

해설 | 특별계정 운용수수료는 펀드별로 차등 부과된다(특별계정이 주식형펀드라면 채권형펀드보다 운용수수료가 더 많게 된다). 위험보험료는 특별계정에 일단 투입되나 매월 차감되어 일반계정으로 이체되는데, 펀드에 투입되지 않기 때문에 펀드의 종류와 상관이 없다.

027 다음 중 펀드에서 차감되는 제반비용에 관한 설명으로 옳은 것은?

① 납입 후 유지비는 가입금액 혹은 보험료에 비례하여 부과되며 펀드별로 차등 부과된다.

② 납입 후 유지비는 가입금액 혹은 보험료에 비례하여 부과되며 펀드와는 무관하다.

③ 납입 후 유지비는 계약자적립금에 비례하여 부과되며 펀드별로 차등 부과된다.

④ 납입 후 유지비는 계약자적립금에 비례하여 부과되며 펀드와는 무관하다.

정답 | ②

해설 | 최저보증비용이나 운용수수료는 적립금에 비례하여 비용을 부과하지만, 위험보험료(보험가입금액)나 납입 후 유지비(보험가입금액 혹은 보험료)는 적립금과는 관계없다. 또 펀드에 투자되지 않으므로 펀드와는 무관하다.

028 다음 중 펀드에서 차감되는 제반비용에 대한 설명으로 옳지 않은 것은?

	제반 비용	공제 기간	펀드별 적용 여부
①	특별계정 운용수수료	매일 공제	펀드별 차등
②	최저사망보험금 보증비용	매일 또는 매월 공제	펀드별 동일
③	최저연금적립금 보증비용	매일 또는 매월 공제	펀드별 동일
④	위험보험료	매일 공제	펀드와 무관

정답 | ④

해설 | 위험보험료는 매월 차감한다.

029 다음 주요 펀드별 특징 중 옳지 않은 것은?

	펀드의 종류	특징
①	채권형	안정성 추구, 낮은 투자위험 · 낮은 투자수익률
②	단기채권형	리스크헤지용, 낮은 수익성으로 장기투자 시 불리
③	인덱스혼합형	안정성과 수익성 동시 추구, 투자위험 일부 수용
④	성장형	고수익성 추구, 투자위험 일부 수용

정답 | ④

해설 | 고수익성을 추구하므로 혼합형이나 인덱스혼합형보다 투자위험이 더 높다. 따라서 '수익성 최대 추구, 상대적으로 높은 투자위험'이 옳은 설명이다.

030 변액보험 판매 시 금지사항과 가장 거리가 먼 것은?

① 변액종신보험을 판매하면서 '20년 후에는 최소한 납입보험료의 2배가 보장됩니다'라고 설명하는 행위

② 변액연금보험을 판매하면서 '투자실적이 아무리 나빠도 연금개시시점에서는 납입보험료 원금이 보장됩니다'라고 설명하는 행위

③ 자사의 주식형 펀드와 타사의 채권형 펀드를 비교하여 자사의 주식형 펀드가 월등히 우수하다고 설명하는 행위

④ '만기 시 또는 일정기간 경과 후 해지 시 실제로 지급된 보험금액이 계약시의 설명보다 적을 경우 그 차액을 보전해 드립니다'라고 설명하는 행위

정답 | ②

해설 | ①은 장래의 운용성과에 대해서 단정적인 표현을 하므로 금지사항이 되지만, ②는 변액연금보험의 GDAB의 기능을 정확히 설명하는 것이므로 적법하다. ③은 불공정한 비교로서 금지되며, ④는 변액보험의 상품기능이 아닌 별도의 보증행위이므로 금지된다.

031 다음 중 예금보험가입 금융기관에 속하지 않은 것은?

① 수협중앙회

② 상호저축은행

③ 투자매매업자

④ 신용협동조합

정답 | ④

해설 | 신용협동조합은 새마을금고와 농 · 수협단위조합과 함께 '신용협동기구'라 한다. 이들은 부보금융기관이 아니나, 자체 기금을 조성하여 고객의 예금을 보호한다.

032 다음 중 예금자보호법에 의한 보호대상 상품끼리 짝지어진 것은?

① 보험회사의 개인보험계약, 퇴직보험계약

② 증권회사의 위탁자예수금, 청약예수금

③ 종합금융회사의 발행어음, 새마을금고의 정기예탁금

④ 표지어음, 양도성예금증서(CD)

정답 | ①

해설 | ② 청약예수금은 비보호이다
③ 새마을금고는 예금자보호대상 금융기관이 아니다
④ 양도성예금증서(CD)와 환매조건부채권(RP)은 2001년부터 비보호가 되었다.
※ 신용협동기구의 상품은 자체 기금으로 예금자보호를 한다(예금자보호법에 의한 예금자보호는 아님).

033 다음 예금자보호와 관련한 설명 중 옳지 않은 것은?

① 증권사CMA는 비보호지만 종금사CMA는 보호대상이다.

② 신탁상품은 실적배당상품이므로 증권처럼 예금자보호가 원천적으로 불가능하다.

③ 투자계좌라도 현금으로 남아 있는 금액에 대해서는 예금자보호가 적용된다.

④ 일반개인보험계약은 예금자보호대상이나 보증보험이나 재보험계약은 비보호이다.

정답 | ②

해설 | 원칙적으로 신탁상품은 원금보전이 안 되고 따라서 예금자보호도 되지 않지만, 연금신탁은 연금의 특수성을 고려하여 연금개시 시점에서 원금보장이 되므로 예금자보호가 된다.

034 다음의 보험상품 중 예금자보호상품은?

① 재보험 계약

② 보험계약자 및 보험료납부자가 법인인 보험계약

③ 연금저축계좌의 연금보험

④ 보증보험 계약

정답 | ③

해설 | 원금이 보전되는 신탁, 보험(연금보험)은 예금자보호대상이다.

035 다음 변액보험상품 중 예금자보호가 되지 않는 것은?

① 변액보험의 특약보험료　　　　　　② 변액보험의 주계약보험료

③ 변액보험의 최저사망보험금　　　　④ 변액보험의 최저연금적립금

정답 | ②

해설 | 주계약보험료는 비보호이다. 변액보험의 최저지급보험금에 대해서는 2016년 6월 23일부터 예금자보호가 적용된다.

036 투자자 丁은 K증권에서 위탁계좌를 설정한 후 7천만원의 자금을 입금하고 주식매매를 직접 하였다. 그런데 K증권이 영업정지가 되었고 당시 丁의 계좌에는 주식 4천만원, 나머지 3천만 원은 현금으로 보유 중이었다. 그렇다면 투자자 丁이 예금자보호를 받을 수 있는 금액에 가장 가까운 것은?

① 3,000만원　　　　　　　　　　　② 4,000만원

③ 5,000만원　　　　　　　　　　　④ 0원

정답 | ①

해설 | 투자계좌라도 현금으로 보유 중이면 예금자보호대상이 된다. 이 경우 위탁자예수금 3천만원에 대한 소정의 예탁금 이용료를 합한 금액(3천만원 + 알파)이 보호대상금액이다.

037 다음 중 예금자보호법에 의해 보험금이 지급되는 경우가 아닌 것은?

① 금융기관의 예금이 지급 정지된 경우

② 인가취소, 해산, 파산의 경우

③ 계약이전의 경우에 승계되지 않은 예금이 예금자보호대상일 경우

④ 금융기관이 경영개선요구라는 적기시정조치를 당했을 경우

정답 | ④

해설 | 적기시정조치는 부실화를 방지하기 위한 금융당국의 조치이므로 예금이 지급 정지될 만한 사안은 아니다. 이보다 더 사안이 심각할 경우, 즉 영업정지가 되면 ①처럼 예금이 지급 정지된다.

038 예금자보호에 의해 지급되는 보험금 중 다음 설명에 해당하는 것은?

> 장기간에 걸친 금융회사의 파산절차로 인한 예금자의 불편을 해소하기 위해 예금자가 향후 파산배당으로 받게 될 예상배당률을 고려하여 예금자의 보호 한도 초과예금 등 채권을 예금자의 청구로 예보공사가 매입하고 그 매입의 대가로 예금자에게 지급하는 채권

① 보험금　　　　　② 가지급금　　　　　③ 개산지급금　　　　　④ 긴급보험금

정답 | ③

해설 | 개산지급금에 해당된다. 예금보험공사가 지급하는 보험금의 종류는 ①, ②, ③의 3가지이다.

039 다음 조치가 이루어지는 예금보험사고는?

> 해당 금융기관에 대한 실사를 통해 정상화 가능성을 먼저 판단한다. 정상화가 불가능하다고 판단될 경우 제3자 매각 등을 추진하는데, 이것도 실패하여 파산이 불가피해지면 예금보험공사가 보험금을 지급한다.

① 예금의 지급정지　　② 인허가의 취소　　③ 해산　　　　　④ 파산

정답 | ①

해설 | 보기는 예금이 지급정지된 경우(①)에 취해지는 조치이다. ①은 1종 보험사고, 나머지 ②, ③, ④는 2종 보험사고에 해당하는데 2종 보험사고 발생 시에는 예금보험공사가 바로 보험금을 지급한다.

040 다음 예금자보호제도에 대한 설명으로 옳은 것은?

① 원리금을 합쳐서 5천만원까지 예금자보호를 받을 수 있으며 법인예금은 제외된다.

② 예금자보호대상이 된다 하더라도 예금보험공사의 예금보험기금이 부족하면 보호대상이 되지 않을 수도 있다.

③ 우체국예금의 경우 정부 직영이므로 원리금의 제한 없이 전액 지급보증된다.

④ 예금자보호대상은 원리금을 합쳐서 5천만원까지이므로 5천만원을 초과하는 예금에 대해서는 전혀 받을 수가 없다.

정답 | ③

해설 | ① 법인예금도 포함된다.
　　　　② 예금보험기금이 부족하면 예금보험기금채권을 발행하여 예금자보호금액을 지급하게 된다(예금보험은 공적 보험임).
　　　　④ 5천만원을 초과하는 금액은 해당 파산금융기관의 청산 상황에 따라 전부 혹은 일부를 받을 수 있고 혹은 전혀 못 받을 수도 있다.

PART 05
최종모의고사

01 전자단기사채는 발행한도 및 만기제한이 없는 기업어음(CP)과는 다르게, 발행금액 최소 1억원 이상, 만기 1년 이내로 발행해야 한다. (O/×)

02 우리나라 생명보험회사는 2019년 4월부터 제9회 국민생명표를 사용하고 있다. (O/×)

03 변액종신보험에서 최저사망보험금 보증기간은 납입최고기간이 끝나는 날의 다음 날부터 예정해지환급금이 '0'이 될 때까지의 기간을 말하며, 최저사망보험기간이 끝나는 경우 계약의 효력은 없어진다. (O/×)

04 적합성 진단결과에 따른 보험계약을 체결하지 않고 계약자 본인의 판단에 따라 보험계약을 청약하고자 할 경우에는 별도의 '부적합보험계약 체결확인서'를 작성해야 한다. (O/×)

05 다음 설명은 금융시장의 어떤 기능을 말하는가?

> 다른 기업을 인수·합병 또는 사업을 급속히 확장하려는 경우 금융시장에서 이를 불건전하게 여긴다면 주가는 하락하고 해당 기업의 자금조달이 어렵게 된다.

① 금융자산가격결정 기능　　　　② 거래비용절감 기능
③ 위험관리 기능　　　　　　　　④ 시장규율 기능

06 양도성예금증서시장과 관련된 내용으로 옳지 않은 것은?

① 은행의 정기예금에 양도성을 부여한 증서가 거래되는 시장이다.
② 최단만기가 30일 이상으로 제한되어 있으나 실제로는 3개월 및 6개월 만기가 주종을 이룬다.
③ 만기 전에 중도환매가 허용된다.
④ 시중은행이 CD를 발행하고 일반개인, 법인 및 금융기관이 매입한다.

07 다음 설명 중 가장 적절하지 않은 것은?

① 표지어음은 최장만기의 제한 없이 원어음의 잔여만기 이내로 발행되며, 3개월 만기가 대부분을 차지한다.

② 한국은행이 통화량을 조절하기 위해 금융기관 또는 일반인을 대상으로 발행하는 것을 통화안정증권이라 한다.

③ 외환시장에서 현물환거래란 일반적으로 외환거래 계약일로부터 2영업일 이내에 결제가 이루어지는 거래를 말한다.

④ 파생상품은 거래 형태에 따라서 장내파생상품과 장외파생상품으로 구분된다.

08 다음 빈칸에 들어갈 말을 순서대로 나열한 것은?

겉으로 나타난 금리를 ( )라고 하며, 실제로 지급하거나 부담하는 금리를 ( )라고 한다.

① 표면금리, 실효금리   ② 명목금리, 실질금리

③ 명목금리, 실효금리   ④ 표면금리, 실질금리

09 월납입액이 100만원이고 연이율이 10%인 적립형정기적금을 2년(24개월) 동안 유지하였을 경우 만기총수령액은?(단, 이자소득세는 없다고 가정한다)

① 2,640만원   ② 2,650만원

③ 2,880만원   ④ 2,904만원

10 외부로부터 자본이 유입되는 기업의 재무활동은?

① 유상증자   ② 무상증자

③ 주식배당   ④ 감자

11 기업공개와 상장에 대한 설명으로 옳지 않은 것은?

① 기업공개는 주식 소유를 특정의 주주에게 집중하는 경영권 강화 과정이다.

② 자본시장법의 규정에 따라 주식회사는 기업공개 시 신주공모, 구주매출 또는 이 두 가지를 혼합하여 불특정 다수의 일반 대중으로부터 청약을 받아 주식소유 집중을 완화시키고 있다.

③ 기업공개가 되었다 하더라도 상장을 반드시 해야 할 필요는 없다.

④ 기업공개는 기업단위로, 상장은 유가증권 종목단위로 이루어진다.

12 다음 중 주식시장의 상승신호와 가장 거리가 먼 것은?

① 증권시장의 고객예탁금 증가

② 순상품교역조건의 호전

③ BSI지수가 100 아래에서 100 위로 상승

④ 생산자제품재고지수의 호전

13 채권의 표면이율(표면수익률)에 대한 설명으로 옳은 것은?

① 발행시장에서 채권이 발행되어 처음 매출될 때 매출가액으로 매입하는 경우 이 매입가격으로 산출된 채권수익률

② 채권시장에서 대표되는 수익률로서 발행된 채권이 유통시장에서 계속 매매되면서 시장의 여건에 따라 형성되는 수익률

③ 만기까지의 총수익을 원금으로 나눈 후 단순히 해당 연수로 나눈 단리수익률

④ 채권의 표면에 기재된 수익률로 재투자 개념이 없고 단리로 총 수령하는 이자의 연 이자율

14 산업금융채권 복리 5년채의 발행조건이 아래와 같을 때 연평균수익률은?

• 표면이율 : 11.7%
• 매출가액 : 10,000원
• 만기상환액 : 17,800원

① 11.7%   ② 12.2%

③ 27.8%   ④ 35.6%

15 다음 교환사채와 전환사채를 비교한 것으로 옳지 않은 것은?

	구분	교환사채	전환사채
①	실질자금 유입	실질자금 유입이 없음	실질자금 유입이 있음
②	권리행사 후 사채권자의 지위	다른 회사 주주의 지위 획득	발행회사 주주의 지위 획득
③	주식의 취득가격	교환가격	전환가격
④	기존채권의 소멸 여부	기존채권 소멸	기존채권 소멸

16 다음 중 완전포괄주의 과세와 가장 거리가 먼 것은?

① 양도소득세 ② 법인세

③ 상속세 ④ 증여세

17 A씨의 2017년도 귀속소득 중 금융소득이 5천만원이라면, 금융소득종합과세의 적용을 가장 정확히 설명한 것은?(원천징수세율은 15.4%)

① 5천만원에 대해서 15.4%의 분리과세로 과세를 종결한다.

② 5천만원을 다른 종합소득에 합산하고 기본세율(6~40%)의 세율을 적용하여 과세한다.

③ 2천만원까지는 15.4%로 분리과세를 하며, 2천만원 초과분인 3천만원에 대해서는 타 종합소득에 합산하여 종합과세를 한다.

④ 4천만원까지는 15.4%로 분리과세를 하며, 4천만원 초과분인 1천만원에 대해서는 타 종합소득에 합산하여 종합과세를 한다.

18 1개월 이내의 기간에서만 자금을 운용하고자 할 때의 금융상품으로 적절하지 않은 것은?

① MMDA ② MMF

③ CD ④ RP

19 다음 중 예정기초율을 따른다고 가정할 때 보험료가 올라가는 경우는?

① 예정사망률이 하락할 때의 종신보험의 보험료

② 예정사업비율이 하락할 때의 연금보험의 보험료

③ 예정이율이 하락할 때의 연금보험의 보험료

④ 예정사망률이 상승할 때의 연금보험의 보험료

20 다음 계약에서 사망보험금이 발생할 때 증여세를 부담하게 되는 경우는 무엇인가?

	계약자	피보험자	수익자	실질납입자
①	본인	본인	상속인	본인
②	본인	부모	본인	본인
③	모	부	모	모
④	본인	부	본인	조부

21 다음 중 미국의 변액보험상품 판매 성공 사유가 아닌 것은?

① 시중금리의 하락 및 주식시장의 지속적 활황

② 뮤추얼 펀드의 대중화

③ 펀드변경 등 다양한 자산운용 옵션을 부가하여 고객에게 투자리스크를 경감할 수 있는 간접 선택권을 많이 제공한 것

④ 변액보험의 수익에 대한 비과세 도입

22 다음 중 연결이 바르지 않은 것은?

	비교 항목	일반계정	특별계정
①	리스크 부담	회사 부담	계약자 부담
②	최저보증이율	있음	없음
③	평가시기	매월	매일
④	결산시기	매월	매일

23 다음은 최저보증옵션에 대한 내용이다. 빈칸에 들어갈 말을 순서대로 나열한 것은?

> 연금개시 후 보험기간 중 연금재원을 특별계정에서 운용할 경우 특별계정의 투자성과에 관계없이, 연금재원의 일정 수준을 종신 동안 인출할 수 있도록 보증하는 옵션은 (   )이며, 보험기간 동안 연금재원의 일정 수준을 보증하는 옵션은 (   )이다.

① GMDB, GMAB

② GLWB, GMWB

③ GMWB, GLWB

④ GMWB, GMIB

24 월납 100만원, 기본보험금 500만원인 변액연금보험에 가입하고 5년 동안 납입한 보험계약자가 사망하였다(사망 당시 계약자적립금은 5,000만원으로 가정). 이 경우 사망보험금은?

① 5,000만원

② 5,500만원

③ 6,000만원

④ 6,500만원

25 다음 변액종신보험에 대한 설명으로 옳지 않은 것은?

① 변액종신보험의 사망보험금은 펀드의 운용실적에 따라 변동된다.

② 변액종신보험은 인플레이션을 일정 부분 헤지할 수 있는 기능을 갖추고 있다.

③ 변액종신보험의 해지환급금은 최저보증이율이 없다.

④ 일반종신보험은 세액공제가 가능하나 변액종신보험은 세액공제 혜택이 주어지지 않는다.

26 다음 변액보험과 금융투자회사 상품을 비교한 것으로 옳지 않은 것은?

	비교 항목	변액보험	금융투자사 상품
①	운용 기간	10년 이상 장기운용	주로 3년 내외 중·단기운용
②	주목적	장기저축 및 인플레이션 헤지 기능	단기실적 호전에 따른 시세차익 획득
③	최저보증	사망보험금 최저보증	최저보증 없음
④	자금 필요 시	환매	인출

27 변액연금보험에 대한 설명 중 가장 거리가 먼 것은?

① 연금개시 전 사망 시에는 투자실적이 아무리 악화되더라도 기납입보험료를 최저보증한다.

② 투자실적이 아무리 악화되더라도 연금개시 시점까지 계약을 유지하면 펀드의 투자실적과 무관하게 최저연금적립금을 보증한다.

③ 모든 변액연금보험은 연금개시 후 적립금 운용의 안정성을 고려하여 공시이율로만 운용해야 한다.

④ 2016년 4월부터 판매된 최저연금적립금 미보증형 변액연금보험은 GMAB에 대한 보증비용을 절감하고 연금개시 시점에서 더 많은 적립금을 원할 경우 선택할 수 있다.

28 다음 빈칸에 들어갈 내용을 순서대로 바르게 연결한 것은?

특별계정 투입보험료 = 영업보험료 - (계약체결비용 + (가) + 기타비용) = (나) + (다)

	가	나	다
①	납입 중 계약유지비용	저축보험료	위험보험료
②	위험보험료	저축보험료	계약유지비용
③	납입 후 계약유지비용	순보험료	납입 중 계약유지비용
④	납입 중 계약유지비용	순보험료	납입 후 계약유지비용

29 변액종신보험의 특별계정 투입보험료가 가장 낮은 경우는?(피보험자는 30세 남자)

① 일시납 ② 20년납

③ 15년납 ④ 10년납

30 특별계정의 운용현황이 다음과 같을 때 이 특별계정의 연환산수익률은?(운용기간은 1,095일이다.)

투입시점 기준가격	현재 기준가격	누적수익률	투입시점	현재시점
1,000원	1,450원	45%	2004.01.02	2007.01.01

① 135% ② 45%

③ 15% ④ 알 수 없음

31 다음은 자산운용 옵션 중 어느 것에 해당하는가?

> 일시납보험료 또는 추가납입보험료 등 주로 고액자금을 일시에 납입할 경우 활용할 수 있는 기능으로, 펀드에 자금을 한 번에 투입할 때 그 시점의 주식 등 시장의 흐름에 수익률이 크게 좌우되는 불안정성을 해결하기 위해 개발된 기능이다.

① 특별계정 변경(fund transfer)

② 보험료 분산투입(account allocation)

③ 펀드 자동재배분(auto-rebalancing)

④ 보험료 정액분할 투자(Dollar Cost Averaging)

32 변액종신보험에서 보험료 납입방법에 해당하는 것은?

① 월납

② 월납, 일시납

③ 월납, 연납, 일시납

④ 월납, 2개월납, 3개월납, 6개월납, 연납, 일시납

33 A씨는 6월 10일에 변액보험에 가입하였고(초회보험료 납입일 6월 10일), 회사의 승낙은 6월 30일에 이루어졌다. 그렇다면 초회보험료의 특별계정 이체사유발생일은 언제인가?

① 6월 26일   ② 7월 10일

③ 7월 11일   ④ 8월 10일

34 제2회 이후 보험료의 특별계정 투입에 관한 설명으로 옳지 않은 것은?(계약해당일 = 납입응당일)

① '계약해당일−제2영업일' 이전에 납입한 경우는 '계약해당일'이 이체사유발생일이 된다.

② '계약해당일−제1영업일'에 납입한 경우는 '계약해당일+제1영업일'이 이체사유발생일이 된다.

③ '계약해당일'에 납입한 경우는 '계약해당일+제2영업일'이 이체사유발생일이 된다.

④ '계약해당일+제2영업일'에 납입한 경우는 '계약해당일+제2영업일' 당일이 이체사유발생일이 된다.

35 다음 중 월대체보험료로 공제되는 것이 아닌 것은?

① 위험보험료   ② 기타비용

③ 특약보험료   ④ 계약유지비용

36 변액보험 특별계정의 증설 및 폐지 가능 사유에 해당하지 않는 것은?

① 당해 각 특별계정의 자산이 급격히 감소하거나 자산가치의 변화로 인해 효율적인 자산운용이 곤란해진 경우

② 설정한 후 1년이 지난 후 3개월간 계속하여 특별계정의 순자산가치가 50억원에 미달하는 경우

③ 설정한 후 1년이 되는 날에 투자신탁의 원본액이 50억원 미만인 경우

④ 당해 각 특별계정의 운용대상이 소멸할 경우

37 빈칸에 들어갈 말을 순서대로 나열한 것은?

> - 일반보험계약은 (   ) 1회 이상 보험계약 관리내용을 보험계약자에게 통보해야 한다.
> - 변액보험계약은 (   ) 1회 이상 보험계약 관리내용을 보험계약자에게 통보해야 한다.
> - 변액보험의 특별계정은 (   )상 증권으로 간주하고 있으므로 자산운용보고서를 (   ) 1회 이상 보험계약자에게 제공하여야 한다.

① 분기별, 분기별, 보험업법, 반기별 ② 연, 분기별, 자본시장법, 분기별

③ 연, 연, 자본시장법, 반기별   ④ 연, 반기별, 자본시장법, 분기별

38 상품설명서에서 확인할 수 없는 내용은?

① 보험회사, 모집자, 주계약 보험기간, 보험료 납입기간 및 납입주기 등 보험계약의 개요

② 청약철회, 계약취소, 계약 전 알릴 의무, 보험료 납입 연체에 따른 해지 및 부활 등 보험가입자의 권리와 의무

③ 보험계약의 주요 보장 내용, 보험계약 및 보험금 지급 관련 유의사항

④ 상품의 특이사항, 보험가입 자격요건, 보험료 산출내역, 계약자배당에 관한 사항, 해지환급금에 관한 사항 등

39 펀드에서 차감되는 제반비용에 대한 설명으로 옳지 않은 것은?

	제반비용	공제 기간	펀드별 적용 여부
①	특별계정 운용수수료	매일 공제	펀드별 차등
②	최저사망보험금 보증비용	매일 또는 매월 공제	펀드별 동일
③	최저연금적립금 보증비용	매일 또는 매월 공제	펀드별 동일
④	위험보험료	매월 공제	펀드별 차등

40 IMF가 1969년 달러와 금(金)의 문제점 보완을 위해 도입하고 1970년에 정식 채택한 가상통화는 무엇인가?

① 비트코인(Bitcoin)   ② SDR

③ 이더리움(Ethereum)   ④ 라이트코인(Litecoin)

01 예금은행의 자금조달비용을 반영하여 산출된 지수로 2010년 2월 이후 금융기관 주택담보대출의 기준금리로 사용되고 있는 금리지수는 CD금리이다. (O / ×)

02 2013년 4월부터 생명보험의 보험료는 현금흐름방식에 따라 산출하고 있는데, 보험기간 1년 이하인 단기상품은 3이원 방식으로 산출할 수 있다. (O / ×)

03 변액보험에서 최저보증보험금은 예금자보호법에 따라 예금자보호를 받게 된다. (O / ×)

04 변액보험의 가입성향 진단 결과에 따라 위험성향을 '위험회피형, 안정추구형, 중립형, 적극형, 위험선호형'으로 구분할 때, 최저연금적립금 미보증형은 '위험선호형'으로 구분된다. (O / ×)

05 직접금융과 가장 거리가 먼 것은?

① 자금의 공급자와 수요자가 서로 자금을 융통한다.
② 중개기관은 은행이다.
③ 주식발행을 통해 자금을 조달하는 방법이다.
④ 채권발행을 통해 자금을 조달하는 방법이다.

06 협의의 금융시장에 포함되지 않는 것은?

① 예대시장   ② 화폐시장
③ 자본시장   ④ 외환시장

07 중앙은행의 금리정책에 대한 설명 중 가장 적절하지 않은 것은?

① 한국은행 금융통화위원회는 연 8회 물가동향, 국내외 경제상황, 금융시장 여건 등을 종합적으로 고려하여 기준금리를 결정하고 있다.

② 한국은행의 기준금리는 콜금리이다.

③ 기준금리정책이 실물경제에까지 파급되는 데는 6~12개월 정도의 시차가 있다고 본다.

④ 경기가 과열되고 물가 상승이 예상되는 경우에는 기준금리를 인상한다.

08 금융투자업의 6가지 고유업무 중에서 고객의 자산을 대신 운용하는 업무가 아닌 것은?

① 투자매매업   ② 집합투자업

③ 신탁업   ④ 투자일임업

09 다음 설명에 해당하는 금융기관은?

> 일정 행정구역 내에 소재하는 서민 및 영세상공인에게 금융편의를 제공하도록 설립된 대표적인 지역밀착형 서민금융기관이다.

① 농협중앙회   ② 상호저축은행

③ 신용협동기구   ④ 한국주택금융공사

10 다음 중 실적배당상품에 속하지 않는 것은?

① CMA(현금관리계좌)   ② MMF(단기채권형 펀드)

③ CD(양도성예금증서)   ④ 특정금전신탁

11 상장에 따른 부작용으로 볼 수 없는 것은?

① 적정배당에 대한 압력   ② 기업비밀의 노출

③ 자사주 매입   ④ 외부로부터의 경영권 위협

12 PER(주가수익비율)에 대한 설명으로 옳지 않은 것은?

① 주식의 현금창출능력과 현재가격을 비교하는 잣대이다.

② 현재 주가가 10만원이고 주당순이익(EPS)이 8천원이라면 PER는 8배이다.

③ PER가 20배라는 것은 향후 20년 동안의 이익으로 투자원금을 회수할 수 있다는 의미이다.

④ PER에는 과거, 현재, 미래의 모든 시간에 걸쳐 주가와 기업수익을 결정하는 모든 요소들이 반영된 것이므로 정확하게 적정 배수를 규명하기 어렵다.

13 매매계약체결원칙 4가지에 대한 설명으로 옳지 않은 것은?

① 매도자의 경우 싸게 팔려는 사람에게 우선권을 주고 매수자의 경우 비싸게 사려는 사람에게 우선권을 준다.

② 같은 값으로 매수 또는 매도하는 주문이 여러 개일 때는 먼저 주문한 사람이 우선권을 갖는다.

③ 동시호가인 경우에 금융투자업자의 상품거래인 자기매매가 고객의 주문인 위탁매매보다 우선권을 갖는다.

④ 나머지 세 가지 원칙으로 매매계약의 우선순위가 정해지지 않은 경우에는 수량이 많은 주문이 우선체결이 되도록 한다.

14 주당 가격이 과도하게 높거나 유통 물량이 너무 적어 소액투자가 어려울 경우, 일반적으로 실시하는 것은 무엇인가?

① 유상증자   ② 액면분할

③ 액면병합   ④ 전환사채 발행

15 주가를 변동시키는 요인 중 기업의 개별 요인에 속하는 것은?

① 경기   ② 국내정세

③ 차익거래 규모   ④ 증자

16 다음 중 지급이자가 가장 높을 것으로 평가되는 것은?

① 보증채   ② 담보채

③ 후순위채   ④ 특수채

17 채권에 대한 설명으로 가장 거리가 먼 것은?

① 채권은 주식과 달리 장외시장의 거래 비중이 훨씬 높다.

② 채권은 이자를 안정적으로 수취할 수 있으나, 시세차익을 얻을 수 없다는 것이 단점이다.

③ 발행된 채권이 유통시장에서 계속 매매되면서 시장의 여건에 따라 형성되는 수익률을 유통수익률 또는 만기수익률, 시장수익률이라 한다.

④ 채권가격은 채권수요와 채권공급으로 결정되는데 채권가격에 영향을 더 많이 미치는 것은 채권수요이다.

18 생명보험에 대한 설명 중 가장 적절한 것은?

① 수지상등의 원칙이라 함은 보험료 총액과 보험금 총액이 같아지도록 보험료를 산출하는 것을 말한다.

② 현재 우리나라 생명보험에서는 2019년 4월부터 제9회 국민생명표를 사용하고 있다.

③ 현금흐름방식으로 보험료 산출방식을 변경할 경우 기초율을 더욱 보수적으로 책정하게 된다.

④ 책임준비금의 대부분은 보험료적립금이다.

19 현금흐름방식(CFP)의 보험료 산출과 가장 거리가 먼 것은?

① 3이원에 해지율, 옵션 등을 추가 반영하여 산출한다.

② 보수적인 표준기초율에 의거하여 산출한다.

③ 새로운 원가요소를 반영하기가 용이하다.

④ 보험기간이 3년 이하인 단기상품은 3이원방식으로 보험료를 산출할 수 있다.

20 기본공제대상자(장애인)를 피보험자로 하여 일반보장성보험을 연간 100만원, 장애인전용 보장성보험료를 연간 100만원 납부하였을 경우, 세액공제 총액은 얼마인가?(지방소득세 포함)

① 297,000원   ② 270,000원

③ 165,000원   ④ 132,000원

21 2018년 현재 저축성보험의 보험차익에 대한 비과세 요건으로 가장 적절하지 않은 것은?

① 55세 이후에 연금이 개시된 후 연금의 형태로만 연금을 받으며 사망 시에 보험계약 및 연금재원이 소멸하는 종신형 연금보험일 것

② 보험계약의 유지기간이 10년 이상이면서, 납입기간이 5년 이상인 월적립식 보험계약일 것, 매월 납입하는 기본보험료가 균등하고 기본보험료의 선납기간이 6개월 이내이며 매월 납입보험료가 150만원 이하일 것

③ 보험계약의 유지기간이 10년 이상이면서, 납입보험료의 합계액이 1억원 이하일 것

④ 위의 ① · ② · ③을 모두 충족할 것

22 다음은 우리나라의 변액보험 도입 배경 중 하나이다. 이는 어떤 측면에 해당하는가?

> 역마진 등 금리리스크의 적정 관리로 보험경영의 안정성 증가 및 선진상품 도입에 따른 국제경쟁력의 제고

① 보험소비자 측면 　　　　　　　　② 모집종사자 측면

③ 보험회사 측면 　　　　　　　　　④ 국가경제적 측면

23 변액보험 판매자격제도에 대한 설명으로 옳지 않은 것은?

① 우리나라의 변액보험 판매자격시험 제도는 보험업감독규정 등에 근거해서 법정자격시험의 성격을 띤다.

② 우리나라의 경우 보험회사의 임원이나 보험중개사는 변액보험 자격시험에 합격하지 않아도 변액보험을 모집할 수 있다.

③ 미국의 경우 변액보험을 판매하기 위해서는 기본적인 보험설계사 자격시험 외에 전미증권업협회에서 주관하는 판매자격시험(Series 6)에 합격해야 한다.

④ 일본도 변액보험 판매자격제도를 도입하고 있지만, 미국과 한국과는 달리 법정자격시험의 성격은 없다.

24 변액보험의 상품구조에 대한 설명으로 가장 거리가 먼 것은?

① 보험료 산출의 기초가 되는 계약이며, 최저보증금액 산정의 기초가 되는 것을 기본보험계약이라 한다.

② 특별계정의 운용실적에 따라 추가로 계산되는 금액을 변동보험계약이라 한다.

③ 변액보험에서의 선택특약은 일반보험과는 달리 특별계정에서 운용한다.

④ 변동보험계약에 대한 추가보험료 부담은 없다.

25 아래 그림은 어떤 옵션을 말하는가?(A부분을 지급보증함)

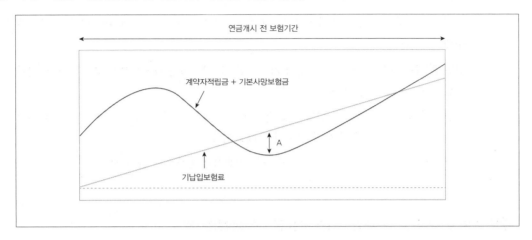

① 변액종신보험의 최저사망보험금 보증옵션

② 변액연금보험의 최저사망보험금 보증옵션

③ 변액연금보험의 최저연금적립금 보증옵션

④ 변액유니버설보험의 최저사망보험금 보증옵션

26 변액유니버설보험 적립형에 대한 설명 중 옳은 것을 모두 고른 것은?

> ㉠ 보험기간과 납입기간이 종신이다.
> ㉡ 계약자가 매월 납입하고자 하는 보험료를 선택한다.
> ㉢ 최저사망보험금을 기납입보험료로 지급보증한다.
> ㉣ 계약이 해지되지 않는 한도 내에서 원하는 기간만큼 납입하지 않을 수도 있다.

① ㉠   ② ㉠, ㉡

③ ㉠, ㉡, ㉢   ④ ㉠, ㉡ ㉢, ㉣

27 특별계정의 투입보험료가 다음과 같이 연결된 것은?

영업보험료(특약보험료 포함) – 기타비용

① 변액종신 – 변액연금

② 변액종신 – 변액유니버설 보장형

③ 변액연금 – 변액유니버설 적립형

④ 변액유니버설 보장형 – 변액유니버설 적립형

28 변액보험을 특별계정으로 운용하는 이유로 가장 거리가 먼 것은?

① 변액보험은 투자성과와 위험을 모두 계약자가 부담하므로 투자성과에 대한 기여도를 명확히 구별해야 한다.

② 일반계정은 결산시점에서 자산을 평가하지만, 특별계정은 매일매일의 시가법에서 평가하는 등 자산의 평가방법이 상이하기 때문이다.

③ 안전한 운용이 주목적인 일반계정과 달리 변액보험은 장기적 인플레 헤지를 위한 수익성을 중시하는 등 자산의 운용 목적이 상이하기 때문이다.

④ 보험금이나 해지환급금 등 지급의 편리를 위해 특별계정으로 관리한다.

29 기본 포트폴리오가 아래와 같다면 어떤 펀드에 해당하는가?

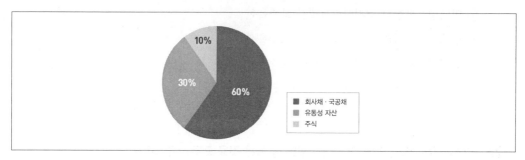

① 단기채권형 펀드　　　　　　　　　　② 일반채권형 펀드

③ 혼합형 펀드　　　　　　　　　　　　④ 성장형 펀드

30 다음 설명에 해당하는 기능은?

> 순수주식형 펀드의 계약자적립금이 주식형 최대편입비율을 초과 시, 초과하는 금액을 연계약 해당일의 기준가격을 적용하여 채권형으로 자동이전하는 기능을 말한다.

① 보험료의 분산투입 기능　　　　　　　② 펀드변경 기능

③ 펀드의 자동재배분 기능　　　　　　　④ 주식형적립금의 자동이전 기능

31 빈칸에 들어갈 말을 순서대로 나열한 것은?

> • KOSPI지수는 1980년 1월 4일을 기준일로 하고 (　　　　)을 기준지수로 한다.
> • 최초로 펀드를 설정한 날의 기준가격을 (　　　　)으로 한다.

① 100, 100　　　　　　　　　　　　② 100, 1,000

③ 1,000, 1,000　　　　　　　　　　④ 1,000, 2,000

32 특별계정 투입보험료가 1,000만원이고 기준가격이 1,250.00일 경우 보유좌수를 구하는 공식은?

① $\dfrac{1{,}000만원 \times 1{,}250}{1{,}000}$

② $\dfrac{1{,}000만원 \times 1{,}000}{1{,}250}$

③ $\dfrac{1{,}000만원}{1{,}250}$

④ $\dfrac{1{,}000만원 \times 1{,}250}{1{,}250}$

33 특별계정 투입일이 틀린 것은?(모두 영업일로 가정함)

① 10월 1일에 청약하고 11월 10일에 승낙이 되어 초회보험료를 11월 10일에 투입한다.

② 매월 20일이 계약해당일인데 계약해당일 하루 전에 보험료가 납입되어 같은 달 20일에 투입한다.

③ 매월 20일이 계약해당일인데 계약해당일에 보험료가 납입되어 22일에 투입한다.

④ 매월 20일이 계약해당일인데 하루가 지난 21일에 보험료가 납입되어 같은 달 23일에 투입한다.

34 변액보험의 보험료 추가납입 기능에 대한 설명으로 적절하지 않은 것은?

① 변액보험은 기본보험료의 2배 이내에서 계약체결 시 납입하기로 한 기본보험료 이외에 추가납입을 할 수 있다.

② 변액유니버설보험은 보험기간 중 수시로, 변액연금은 연금개시 전 보험기간 중에만 추가납입이 가능하다.

③ 추가납입보험료는 월계약해당일에 특별계정에 투입한다.

④ 추가납입은 계약자가 더 많은 수익을 얻을 수 있는 기회를 제공하고 인출한 금액을 보충할 수 있도록 하기 위함이다.

35 다음 중 보험계약 내용의 변경이 가능하지 않은 것은?

① 보험가입금액의 감액

② 일반보험에서 유사한 변액보험으로의 전환

③ 보험기간의 단축

④ 계약자 또는 수익자의 변경

36 특별계정 운용비용 중 다음 설명에 해당하는 것은?

> 다른 운용사에 투자일임 형태로 위탁운용하거나, 다른 집합투자기구에 투자할 수 있으며 이 경우 기초펀드에서 별도로 발생하는 운용보수 및 수탁보수, 기타비용 등의 비용을 부담하게 된다.

① 운영보수　　　　　　　　　　　② 투자일임보수
③ 기타비용　　　　　　　　　　　④ 기초 펀드의 보수비용

37 다음 내용은 보험정보 공시사항 중 어디에 해당하는가?

> • 적기시정조치 등 법령에 의한 주요 조치사항
> • 부실채권, 금융사고, 소송 등으로 인한 거액의 손실
> • 재무구조 및 경영환경에 중대한 변경을 초래하는 사항

① 정기공시　　　　　　　　　　　② 수시공시
③ 상품공시　　　　　　　　　　　④ 금융감독원에 의한 공시

38 펀드에서 차감되는 제반비용 중 적립금에 비례하여 부과되는 것이 아닌 것은?

① 특별계정 운용수수료　　　　　　② 최저사망보험금 지급보증비용
③ 최저연금적립금 지급보증비용　　④ 위험보험료

39 예금자보호제도에 대한 설명으로 옳은 것은?

① 우리나라의 예금자보호제도는 전액보장제도이다.
② 원금과 약정이자를 합하여 1인당 최고 5천만원까지 보호받을 수 있다.
③ 예금자보호제도는 보험의 원리를 이용하므로 예금보험기금이 부족할 경우는 예금자보호가 안될 수도 있다.
④ 예금자 1인이라 함은 개인뿐만 아니라 법인도 대상이 된다.

40 '브렉시트(Brexit)'라는 용어와 가장 관련이 깊은 나라는?

① 영국　　　　　　　　　　　　　② 벨기에
③ 브라질　　　　　　　　　　　　④ 불가리아

01 2018년 1월 현재 유가증권과 코스닥시장의 가격제한폭은 전일종가대비 15%이다. (O/×)

02 2018년 현재 생명보험의 책임준비금 항목은 '보험료적립금, 미경과보험료적립금, 지급준비금, 계약자배당준비금, 계약자이익배당준비금, 배당보험손실보전준비금'으로 구성되어 있다. (O/×)

03 일시납추가가입방식으로 변동보험금을 계산하는 방식은 현재 우리나라에서는 변액종신보험, 변액유니버설(보장형)에서 사용하고 있으며, 변동보험금의 계산 주기는 연 1회로 하고 있다. (O/×)

04 변액유니버설보험에서 추가납입보험료는 기본보험료의 2배 이내에서 납입이 허용된다. (O/×)

05 다음 중 단기금융시장에서 거래되는 금융상품이 아닌 것은?

① 기업어음
② 표지어음
③ 환매조건부채권
④ 자산유동화증권

06 원금 1,000만원, 2년 만기, 연이율 10%, 6개월 복리 일시납 정기예금의 만기수령액 계산식은?

① $1,000만원 \times (1 + 0.1 \times 2)$
② $1,000만원 \times (1 + 0.1)^2$
③ $1,000만원 \times (1 + 0.1)^{2 \times 2}$
④ $1,000만원 \times (1 + \dfrac{0.1}{2})^{2 \times 2}$

07 다음 중 은행의 고유업무에 해당하지 않는 것은?

① 채무증서의 발행
② 어음의 인수
③ 내·외국환 업무
④ 예금·적금의 수입

08 다음 중 수익증권과 뮤추얼 펀드를 비교한 것으로 옳지 않은 것은?

구분	수익증권	뮤추얼 펀드
① 법적 형태	신탁계약	주식회사
② 투자자 법적 지위	수익자	주주
③ 통제제도	감독기관의 감독	주주의 자율규제
④ 환매	판매사를 통해 환매 청구	• 폐쇄형 : 판매회사를 통해 환매 청구 • 개방형 : 주식 매도로 투자자금 회수

09 다음 중 수시입출금 기능이 있는 상품은?

㉠ 저축예금	㉡ MMDA
㉢ 양도성예금증서(CD)	㉣ 환매조건부채권(RP)

① ㉠

② ㉠, ㉡

③ ㉠, ㉡, ㉢

④ ㉠, ㉡, ㉢, ㉣

10 유상증자방식 중 다음 설명에 해당하는 것은?

신주를 모집할 때 주주에게 우선청약의 기회를 부여하고 그 주주 등이 청약하지 아니한 주식은 불특정다수인을 대상으로 모집한다.

① 주주배정방식

② 주주우선공모방식

③ 제3자배정방식

④ 일반공모방식

11 다음 설명 중 가장 적절하지 않은 것은?

① 기업공개는 반드시 기업 단위로 이루어진다.

② 코스닥시장과 코넥스시장의 상장요건은 유가증권시장보다 완화된 기준을 적용하고 있다.

③ 기존 주주의 보유지분에 비례하여 주식인수권이 부여되는 방법으로써, 유상증자의 종류 중에서 가장 일반적인 형태라고 할 수 있는 것은 주주배정방식이다.

④ 매매거래의 단위는 호가라고 하는데, 유가증권시장의 최고호가는 100원(5단계)이며, 코스닥시장의 최고호가는 1,000원(7단계)이다.

12 매매거래중단제도(Circuit Breakers)에 대한 설명으로 가장 적절하지 않은 것은?

① KOSPI가 직전거래일의 종가보다 8%, 15%, 20% 이상 하락한 경우 매매거래중단의 발동을 예고할 수 있으며, 이 상태가 1분간 지속되는 경우 주식시장의 모든 종목의 매매거래를 중단한다.

② 1, 2단계의 매매거래중단이 발동되면 20분 동안 매매거래를 중단한다.

③ 1, 2, 3단계의 각 단계는 1일 1회 발동으로 한정되고, 장종료 40분 전 이후로는 발동되지 않는다.

④ 3단계 매매거래중단이 발동되면 당일 발동시점을 기준으로 유가증권시장의 모든 매매거래를 종료한다.

13 다음 중 주가 상승 요인이 아닌 것은?(일반적인 경우)

① 완만한 물가 상승

② 금리 하락

③ 원자재가격 하락

④ 수출주력기업에 있어서의 환율 하락(원화가치 상승)

14 빈칸에 들어갈 수 없는 날짜는?(모두 영업일로 가정함)

> 12월 결산법인인 경우, 12월 28일이 마지막 거래일이라고 한다면 배당기준일은 (   )이고, 배당을 받기 위해서는 (   )까지 매수해야 하며, 배당락은 (   )에 취해진다.

① 12월 26일

② 12월 27일

③ 12월 28일

④ 다음 해 첫 영업일

15 채권의 분류에 있어서, 발행 주체에 따른 분류에 해당하지 않는 것은?

① 국채

② 복리채

③ 특수채

④ 회사채

16 합성채권 중에서 주식을 인수하기 위해 신규자금의 납입이 필요한 것은?

① 전환사채   ② 신주인수권부사채

③ 교환사채   ④ 국채

17 다음 중 분류과세의 대상은?

① 금융소득   ② 양도소득

③ 사업소득   ④ 부동산임대소득

18 다음에 해당하는 금융상품은?

수익률/리스크	투자자책임	금융기관책임
중	중	중

① 정기적금   ② CD금리연동형 정기예금

③ 실적배당형 신탁   ④ 변액보험

19 3이원방식의 보험료 산출방식에서 예정기초율로 옳은 것은?

영업보험료 = 순보험료(위험보험료 + 저축보험료) + 부가보험료
(가)   (나)   (다)

	가	나	다
①	예정이율	예정위험률	예정사업비율
②	예정이율	예정사업비율	예정위험률
③	예정위험률	예정사업비율	예정이율
④	예정위험률	예정이율	예정사업비율

20 다음은 무엇에 대한 설명인가?

> 보험계약의 특성상 보험계약 초년도에 신계약비 지출이 많아 부가보험료만으로는 절대액이 부족하게 된다. 이때 추가로 필요한 신계약비를 순보험료 부분에서 대체하여 사용하고 차년도 이후의 부가보험료로 이를 대체하는 책임준비금 적립방식이다.

① 순보험료식 책임준비금   ② 질멜식 책임준비금

③ 평준보험료방식   ④ 자연보험료 방식

21 생명보험계약의 특성으로 적절하지 않은 것은?

① 보험계약이 성립되면 보험계약자는 보험료 납입의무를 지며, 보험자는 보험사고 발생 시 보험금 지급의무를 지닌다.

② 보험계약은 당사자 쌍방의 의사합치만으로 계약이 성립하며, 그 계약의 성립 요건으로 특별한 요식행위를 요구하지 않는다.

③ 보험계약은 보험회사에 의해 미리 작성된 보험약관을 통해 체결되는데, 보험계약자는 그 약관을 전체로서 승인하거나 거절해야 한다.

④ 보험계약은 타 계약보다 더욱 선의가 요구되는데, 이러한 선의의 요구는 보험계약자를 대상으로 한다.

22 다음의 경우 연금계좌에 대한 세액공제총액은 얼마인가?(지방소득세 포함)

> 총급여 5,700만원인 근로소득자, 연금저축계좌 연 500만원 납입, 퇴직연금(DC형) 연 400만원 납입

① 528,000원   ② 924,000원

③ 1,155,000원   ④ 1,188,000원

23 일본의 변액보험 도입 초기의 판매 실패 사유와 가장 거리가 먼 것은?

① 주식시장의 침체로 인한 수익률 저하

② 특별계정의 펀드운용 미숙(내국사의 경우 통합형 펀드 1개만 운용)

③ 부실판매로 인한 소송 빈발 및 상품 이미지 악화

④ 단순한 상품구조

24 빈칸에 들어갈 말을 순서대로 나열한 것은?

> 변액보험은 생명보험과 ( )의 성격을 동시에 지니므로 법적 규제에서도 ( )과
> ( )의 일부 규정이 동시에 적용된다.

① 집합투자, 보험업법, 자본시장법

② 직접투자, 보험업법, 자본시장법

③ 집합투자, 보험업법, 상법

④ 간접투자, 보험감독법, 상법

25 다음 중 변액보험과 일반 펀드를 비교한 것으로 옳지 않은 것은?

	비교 항목	변액보험	일반 펀드
①	리스크 부담	전적으로 계약자가 부담	전적으로 투자자가 부담
②	투자자 지위	계약자의 권리	수익자 또는 주주의 권리
③	부가 비용	판매보수, 자산운용보수, 수탁보수	사업비, 자산운용보수, 수탁보수
④	세제 혜택	요건충족 시 보험차익 비과세	해당 없음

26 다음 중 옳은 것을 모두 묶은 것은?

> ㉠ 일반계정은 최저보증이율이 있다.
> ㉡ 일반계정은 안정성 위주로 자산을 운용한다.
> ㉢ 일반계정의 자산평가시기는 매월이다.
> ㉣ 일반계정의 결산시기는 매년이다.

① ㉠

② ㉠, ㉡

③ ㉠, ㉡, ㉢

④ ㉠, ㉡, ㉢, ㉣

27 다음은 변액종신보험의 보장구조에 대한 설명이다. 빈칸에 들어갈 내용으로 바르게 연결된 것은?

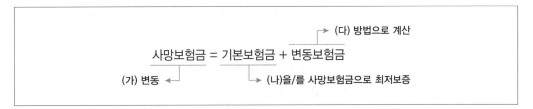

	가	나	다
①	매일	기본보험계약	일시납보험 추가 가입
②	매월	기본보험계약	일시납보험 추가 가입
③	매월	기납입보험료	실적에 따라 가산
④	매일	기납입보험료	실적에 따라 가산

28 변액연금보험에 대한 설명으로 옳지 않은 것은?

① 연금지급개시 전까지는 투자실적을 반영하며, 연금지급개시 후에는 정액연금 또는 변액연금으로 운영할 수도 있다.

② 변액연금보험은 최저사망보험금보증과 최저연금적립금보증이 있는 것이 특징이다.

③ 변액연금보험의 2가지 최저보증 중 최저사망보험금보증은 기본보험금으로, 최저연금적립금보증은 기납입보험료로 보증해 준다.

④ 변액연금보험은 세액공제는 되지 않아도 10년 이상 유지 시 보험차익에 대해서 비과세 대상이 될 수 있다.

29 최저연금적립금을 미보증하는 상품의 경우 미래투자수익률에 대한 예시로 사용할 수 없는 것은?(현재 평균공시이율은 3.0%라고 가정함)

① -3.0%, -1.0%, +2.5%

② -3.0%, -1.0%, +2.5%

③ -1.0%, +2.5%, +3.75%

④ -3.0%, +2.5%, +3.75%

30 다음 중 채권형 펀드와 혼합형 펀드를 비교한 것으로 가장 적절하지 않은 것은?

	비교 항목	채권형 펀드	혼합형 펀드
①	운용 대상	채권, 단기채권, 주식(5% 미만)	채권, 단기자금, 주식
②	장점	장기 안정적인 수익 확보	주식시장 활황 시 고수익 획득 가능
③	단점	저금리 시대에는 고수익 기대 곤란	주식시장 폭락 시 원금 보전 곤란
④	운용 적기	고금리 안정화기	저금리 및 주식시장 활황기

31 다음 중 계약자의 특별계정 총좌수가 감소하는 경우가 아닌 것은?

① 특별계정의 자산운용실적이 악화된 경우

② 월대체보험료가 공제된 경우

③ 보험계약대출을 일반계정으로부터 받은 경우

④ 중도인출을 한 경우

32 다음 설명은 어떤 자산운용 옵션 기능을 말하는가?

> 이 기능은 가입 후 일정 기간(매 3개월, 6개월 등)마다 적용되며, 고객이 자신의 투자성향에 맞게 정한 최초의 포트폴리오를 지속적으로 이어 간다는 의미와 기간별로 수익을 실현할 수 있다는 장점이 있다.

① 특별계정 변경(fund transfer) 기능

② 보험료 분산투입(account allocation) 기능

③ 펀드 자동재배분(auto rebalancing) 기능

④ 보험료 정액분할 투자(dollar cost averaging) 기능

33 다음 중 선납보험료에 관한 설명으로 가장 거리가 먼 것은?

① 선납은 실적배당형상품의 본래 특성의 약화 및 불완전판매 가능성 증가 등을 사유로 대부분의 회사가 이를 운영하지 않는다.

② 보장성상품의 경우 평균공시이율로 할인하며, 저축성상품은 할인하지 않고 보험료의 배수로 납입한다.

③ 변액유니버설보험의 경우 의무납입기간 내에 한하여 선납을 운용한다.

④ 선납보험료는 '납입일+제2영업일'에 특별계정에 투입된다.

34 다음 조건에서 지급되는 사망보험금은 얼마인가?(변액종신보험, 사망보험금은 사망일을 기준으로 함)

사망일(2017.05.11)	청구일(2017.10.12)
• 기본보험금 : 1억원 • 변동보험금 : −2천만원	• 기본보험금 : 1억원 • 변동보험금 : 1천만원 중

① 8천만원

② 1억원

③ 1억 1천만원

④ 1억 2억만원

35 변액보험의 보험계약대출에 관한 설명으로 옳지 않은 것은?

① 보험계약대출을 받았을 경우 보험계약대출금액은 일반계정에서 먼저 지급한 후 대출일을 기준으로 특별계정에서 일반계정으로 이체한다.

② 계약자가 대출금을 상환한 경우에는 '상환일+제2영업일'에 일반계정에서 특별계정으로 투입된다.

③ 계약자가 대출금을 상환하지 않을 경우는 지급사유가 발생한 날에 보험금 또는 계약자적립금에서 보험계약 대출원리금을 차감할 수 있다.

④ 계약자가 보험계약대출을 상환하면 보험계약대출수수료를 차감한 나머지 금액 전부가 즉시 특별계정으로 재투입되어 운용되게 된다.

36 펀드에서 차감되는 제반비용이다. 틀린 것은?

	제반 비용	공제 기간	펀드별 적용 여부
①	특별계정 운용수수료	매일 공제	펀드별 차등
②	최저사망보험금 보증비용	매일 공제	펀드별 동일
③	최저연금적립금 보증비용	매일 공제	펀드별 동일
④	위험보험료	매일 공제	펀드와 무관

37 보험안내자료의 기재금지사항에 해당하지 않는 것은?

① 공정거래법에서 정한 불공정거래행위에 해당하는 사항

② 보험계약의 내용과 다른 사항

③ 보험계약자에게 유리한 내용만을 골라 안내하는 사항

④ 보험금 지급제한 조건

38 변액보험 판매 시 금지사항이 아닌 것은?

① 해지환급금 등을 설명할 때 가장 높은 예시율만 보여주어 고객의 기대수익률을 높이게 하는 행위

② 특정 기간만을 들어서 "뛰어난 운용실적을 올리고 있습니다."라고 말하며 권유하는 행위

③ 해지환급금 또는 만기보험금 등을 보증하는 것처럼 설명하는 행위

④ 고객이 손실을 입은 경우에 손실은 고객에게 귀속된다고 설명하는 행위

39 다음 중 예금자보호가 되지 않는 상품을 모두 고른 것은?

> ㉠ 보증보험계약
> ㉡ 재보험계약
> ㉢ 보험계약자 및 보험료납부자가 법인인 보험계약
> ㉣ 변액보험의 최저사망보험금

① ㉠ 　　　　　　　　　　　② ㉠, ㉡

③ ㉠, ㉡, ㉢ 　　　　　　　④ ㉠, ㉡, ㉢, ㉣

40 세계 IT(정보기술) 시장에서 TGIF 시대가 저물고 FANG 시대가 열렸다고 한다. 'FANG'에 속하는 회사가 아닌 것은?

① 페이스북 　　　　　　　　② 애플

③ 넷플릭스 　　　　　　　　④ 구글

회사명	지점명	수험번호	성명	점수	채점
					문항당 2.5점

01 금융투자회사가 매매거래의 위탁을 받고 고객의 주문이 진실하다는 증표로 고객에게 징수하는 것을 위탁수수료라고 한다. (O/×)

02 보험자가 약관의 교부 · 설명의무 위반 시 보험계약자는 청약일로부터 3개월 이내에 그 계약을 취소할 수 있다. (O/×)

03 모든 변액연금은 최저연금적립금에 대한 보증 기능이 내재되어 판매된다. (O/×)

04 변액보험에서 선납보험료는 보장성상품의 경우 일반적으로 평균공시이율로 할인하며, 저축성상품의 경우 할인하지 않고 보험료의 배수로 납입한다. (O/×)

05 다음 중 금융기관의 역할과 가장 거리가 먼 것은?

① 유동성 제고를 통한 자산전환

② 거래비용 절감 및 위험분산

③ 지급결제제도 등 금융서비스 제공

④ 금융자산가격의 결정

06 다음 중 여 · 수신 업무 중 하나라도 가능하지 않은 금융기관만을 묶은 것은?

㉠ 우체국예금	㉡ 신용카드회사
㉢ 할부금융회사	㉣ 리스회사

① ㉠

② ㉠, ㉡

③ ㉠, ㉡, ㉢

④ ㉠, ㉡, ㉢, ㉣

07 다음 중 비은행금융기관의 예수금으로 볼 수 없는 것은?

① 양도성예금증서(CD)　　　　　　② 상호저축은행의 예·적금

③ 우체국예금　　　　　　　　　　④ 발행어음

08 다음 설명은 어떤 금융상품을 말하는가?

> 기존 인덱스 펀드가 가진 단점인 유동성 문제를 해결한 상품이며, 소액으로도 탁월한 분산투자 효과를 누
> 릴 수 있다.

① 뮤추얼 펀드(Mutual Fund)　　　② 상장지수 펀드(ETF)

③ 부동산투자신탁(REITs)　　　　　④ 주가연계증권(ELS)

09 유상증자에 대한 설명 중 가장 거리가 먼 것은?

① 직접금융이다.

② 모든 유상증자의 경우 외부로부터 자금이 유입된다.

③ 모든 유상증자는 기존 주주에게 우선배정권이 부여된다.

④ 유상증자로 조달한 자금에 대해서는 이자를 지급할 필요가 없다.

10 9월 5일에 상장주식을 매입하였다면 결제일은 언제인가?(모두 영업일로 가정함)

① 9월 5일　　　　　　　　　　　② 9월 6일

③ 9월 7일　　　　　　　　　　　④ 9월 8일

11 다음 중 연간 투자수익률이 가장 높은 것은?

① 은행에 1년 만기 4% 이자의 정기예금에 가입하였다.

② 액면 1억원, 만기 1년의 할인채를 9,000만원에 매입하여 1년 만기에 원금을 상환받았다.

③ 주식을 1만원에 매수하여 1년 후 10,800원에 매도하였다(배당수익은 없음).

④ 배당을 목적으로 주식투자를 하였는데(매입가 10만원), 결산배당으로 주당 5천원을 수령하
　였다.

12 보기는 무엇을 말하는가?

> • 기업가들의 경기에 대한 판단, 투자 확대, 장래 전망 등을 설문을 통해 조사한 것으로 중요한 경기예측지표로 사용된다.
> • 이 지수가 100 이상이면 경기호황을 의미한다.

① 종합주가지수(KOSPI) 　　　② 배당지수(KODI)

③ 기업경기실사지수(BSI) 　　　④ 소비자기대지수

13 채권 관련 용어에 대한 설명으로 옳지 않은 것은?

① 액면 : 채권 1장마다 권면에 표시된 금액을 지칭하며 이자금액 산출을 위한 기본단위가 된다.

② 표면이율 : 액면에 대한 1년당 이자율(연이율)을 말하며 발행금리(CR)라고도 한다.

③ 채권수익률 : 통상 만기수익률을 말하며, 투자 원본에 대한 수익의 비율을 의미한다.

④ 경과기간 : 기 발행된 채권을 중도매매할 경우 매매일로부터 만기일까지의 기간을 의미한다.

14 다음 설명 중 옳은 것은?

① 채권가격과 채권수익률은 정(+)의 관계이다.

② 채권의 잔존만기가 길수록 채권수익률은 낮아진다.

③ 채권의 수급 관계에서 채권가격에 영향을 미치는 정도는 수요보다 공급이 더 크다.

④ 채권은 장외거래의 비중이 훨씬 높다.

15 다음 중 전환사채(CB)에 대한 설명으로 옳지 않은 것은?

① 발행 당시에는 이자가 확정된 보통사채로 발행되지만 미리 정해진 일정 조건이 충족되면 일정 시점에서 일정한 수의 발행기업 주식으로 전환할 수 있는 권리가 부여된 사채이다.

② 채권의 안정성과 주식의 가격 상승으로 인한 자본이득을 함께 기대할 수 있다.

③ 통상 발행 후 3개월부터 만기 1개월 전까지로 정해지는 전환 기간에 전환권을 사용하면 기존의 채권의 효력은 없어진다.

④ 발행자의 입장에서 전환사채는 주식전환권이 부여되어 있으므로 그 권리에 대한 프리미엄만큼 금리를 높게 발행할 수 있다.

16 다음의 경우 과세방법으로 가장 적절한 것은?(저축성보험은 10년 이상 계약유지 등의 '보험차익 비과세요건'을 충족한다고 가정함)

구분	계약자	피보험자	수익자	유지기간
저축성보험	법인	대표이사	법인	10년 이상

① 세금의 종류와 관계없이 과세되지 않는다.

② 법인계약이므로 대표이사에게 이자소득세가 부과된다.

③ 법인이 계약자이며 수익자이므로 순자산증가설에 의해 법인세가 부과된다.

④ 법인이 계약자이며 수익자이므로 순자산증가설에 의해 이자소득세가 부과된다.

17 다음 금융상품 중에서 '금융기관 책임은 크고 투자자 책임은 작은 것'에 해당하지 않은 것은?

① 공시이율적용 보험상품

② 정기예금

③ 정기적금

④ 전통형 보험

18 책임준비금의 세부 항목에 대한 설명으로 옳지 않은 것은?

① 매 회계연도 말 현재 유지되고 있는 계약에 대한 장래의 보험금 등의 지급을 위해 적립하는 금액을 보험료적립금이라 한다.

② 납입기일이 당해 사업연도에 속하는 수입보험료 중에서 사업연도 말 현재 위험보장기간이 경과하지 않은 보험료를 미경과보험료적립금이라 한다.

③ 사업연도 말 현재 보험금 등의 지급사유가 발생한 계약에 대하여 지급하여야 하거나 지급하여야 할 것으로 추정되는 금액 중 아직 지급하지 않은 금액을 지급준비금이라 한다.

④ 장래에 계약자배당에 충당할 목적으로 계약자배당준비금 외에 추가적으로 적립하는 것으로서 영업성과에 따라 총액으로 적립하는 금액을 배당보험손실준비금이라 한다.

19 다음 설명 중 가장 적절하지 않은 것은?

① 보험계약의 법적 성질 중 선의계약성은 보험계약자뿐 아니라 보험회사에도 요구되는 상호원칙이다.

② 고지의무위반을 했더라도 보험계약 체결 후 3년이 경과하였다면 보험자는 어떤 이유로도 보험계약을 해지할 수 없다.

③ 보험기간이 1년 미만인 계약은 청약철회권리가 인정되지 않는다.

④ 약관의 교부설명의무를 위반한 경우 보험계약자는 보험계약의 성립일로부터 3개월 이내에 보험계약을 해지할 수 있다.

20 다음 빈칸을 바르게 채운 것은?

> 보험계약자가 진단서를 위조 · 변조하거나 청약일 이전에 암 진단 확정을 받은 후에 보험에 가입하였고 보험자가 이를 입증한다면, 보장개시일로부터 (　　　) 이내 또는 해당사실을 안 날로부터 (　　　) 이내에 계약을 (　　　)할 수 있다.

① 3년, 1개월, 취소　　　　　　　　　　② 3년, 1개월, 해지

③ 5년, 1개월, 취소　　　　　　　　　　④ 5년, 3개월, 해지

21 부모인 김보험 씨의 사망으로 아들 김생명 씨는 사망보험금 3억원을 수령하였다. 피보험자의 사망 시까지 총납입보험료는 1천만원이며, 이 중 수익자인 김생명 씨가 납입한 금액은 4백만원이었다면, 김생명 씨가 부담하는 상속세 과세가액은 얼마인가?

① 없음　　　　　　　　　　　　　　　② 1억 2천만원

③ 1억 8천만원　　　　　　　　　　　　④ 3억원

22 미국의 변액보험 도입 배경이 아닌 것은?

① 저물가 · 저금리 시대의 돌입

② 가계소득 상승에 따른 금리 선호 의식의 증가

③ 고수익 투자형 상품의 등장

④ 생명보험회사의 경영위험 회피 필요성 증가

23 우리나라의 변액보험 판매순서로 옳은 것은?

① 변액종신 → 변액연금 → 변액유니버셜　　② 변액연금 → 변액종신 → 변액유니버셜

③ 변액유니버셜 → 변액연금 → 변액종신　　④ 변액종신 → 변액유니버셜 → 변액연금

24 변액연금의 보증옵션에 관한 설명으로 옳지 않은 것은?

① GMDB는 최저사망보험금보증으로, 실적이 악화되더라도 기본사망보험금을 최저지급보증한다.

② GMAB는 최저연금적립금보증으로, 연금개시 시점에서 펀드의 계약자적립금과 기납입보험료를 비교하여 큰 금액을 연금재원으로 보증한다.

③ GMWB는 제2보험기간 중 연금재원을 특별계정에서 운용할 경우 특별계정의 투자성과와 관계 없이 연금재원의 일정 수준을 보증하는 옵션이다.

④ GMIB는 연금개시 후 보증된 연금현가에 기초해서 산출된 최저연금을 지급보증한다.

25 다음 중 변액종신보험과 일반종신보험을 비교한 것으로 옳지 않은 것은?

	구분	변액종신	일반종신
①	사망보험금	변동	확정
②	납입보험료	변동	확정
③	최저보증이율	없음	있음
④	예금자보호 여부	비보호	보호

26 변동보험금 계산 방식인 '일시납추가가입방법'에 대한 설명으로 가장 적절하지 않은 것은?

① 기본보험계약의 예정책임준비금을 초과하는 금액(초과적립금)을 일시납보험료로 하여 잔여기간에 해당하는 보험을 추가가입(증액)한다.

② 변동보험금의 변동시기는 계산 주기에 따라 월 1회, 연 1회로 구분하는데, 우리나라의 변액보험실무에서는 월 1회로 한다.

③ 다른 방법에 비해 변동보험금이 크게 증가할 수 있어서 저축성 변액보험에 주로 이용된다.

④ 계산 방법이 복잡하여 고객이 상품을 이해하기 어려우므로 완전판매를 위해 상품 설명을 충분히 해야 한다.

27 보기는 어떤 보험의 보장구조인가?

사망보험금 = MAX [기본보험금, 계약자 적립금의 일정비율(105~110% 수준), 기납입 보험료]

└▸ 매월 변동 └▸ 기본보험금을 사망보험금으로 최저보증

① 변액종신보험
② 변액연금보험
③ 변액유니버설 적립형 보험
④ 변액유니버설 보장형 보험

28 변액유니버설보험에 대한 특징으로 가장 거리가 먼 것은?

① 실적배당과 입출금을 결합한 상품이다.

② 일정 기간이 지나면 보험료 납입중지 및 추가납입 등 보험료 납입이 자유롭다.

③ 계약자적립금의 일정 범위 내에서 중도인출이 가능하다.

④ 수익률이 아무리 악화되더라도 사망보험금은 최저보증한다.

29 다음 중 변액유니버설 적립형 보험의 적립금에서 차감하는 항목과 가장 거리가 먼 것은?

① 월대체보험료   ② 최저사망보험금 보증비용

③ 최저연금적립금 보증비용   ④ 특별계정 운용보수·수탁보수

30 다음 중 변액보험 특별계정 투입보험료에 대한 설명으로 가장 적절한 것은?

① 고객이 납입한 보험료의 전액이 특별계정에 투입된다.

② 특별계정 투입보험료는 특별계정에서 주식, 채권 등에 투자되어 그 운용 실적이 매월 적립된다.

③ 변액종신보험의 특별계정 투입보험료는 연령이 증가할수록 무조건 줄어들게 된다.

④ 변액연금보험의 특별계정 투입보험료는 연령이 증가할수록 무조건 줄어들게 된다.

31 계약체결비용에 대한 상각방법이 다음 경우와 같은 보험은?

> 계약체결비용에 대해서 '납입기간 또는 10년 중 적은 기간 동안' 상각한다.

① 변액종신보험, 변액유니버설보험 보장형

② 변액연금보험, 변액유니버설보험 적립형

③ 변액종신보험, 변액연금보험

④ 변액유니버설보험 보장형, 적립형

32 3월 20일에 펀드 기준가격 1,250원에 2천만원이 특별계정에 투입되었고, 이후 4월 20일에 펀드 기준가격이 1,500원으로 증가하였다. 그렇다면 4월 20일 계약자적립금은 얼마인가?

① 1,600만원   ② 2,000만원

③ 2,400만원   ④ 2,500만원

33 다음 설명에 해당하는 특별계정의 자산운용 옵션은?

> 자산운용에 대한 고객의 간접선택권 제공으로 계약자에게는 효율적인 포트폴리오 관리 기회를 제공하고, 회사로서는 보험계약의 해지를 방지하여 유지율을 제고할 수 있는 장점이 있다.

① 펀드변경 기능   ② 보험료 분산투입 기능

③ 펀드 자동재배분 기능   ④ 보험료 정액분할투자 기능

34 다음 중 '해당일 + 제2영업일'에 특별계정에 투입되는 것이 아닌 것은?

① 선납 시 선납보험료   ② 추가납입 시 추가납입보험료

③ 계약해지 시 해지환급금   ④ 계약대출상환 시 대출상환금액

35 초회보험료의 특별계정 투입에 대한 설명으로 가장 거리가 먼 것은?

① 청약철회기간 이내에 승낙된 경우에는 청약철회기간이 종료된 날의 다음 날을 이체사유발생일로 한다.

② 청약철회기간 이후에 승낙된 경우에는 승낙일을 이체사유발생일로 한다.

③ 이체사유발생일에는 초회보험료가 납입된 날로부터 특별계정 투입일까지의 특별계정 운용실적을 추가로 적립해야 한다.

④ 초회보험료를 납입 즉시 특별계정으로 투입하지 않는 이유는 보험계약자의 역선택을 방지하고자 함이다.

36 변액보험의 부활에 대한 설명으로 옳지 않은 것은?

① 부활 시 일반계정에 있던 적립금을 특별계정으로 다시 투입하게 된다.

② 부활청약일까지의 연체보험료에 '평균공시이율 + 1%' 범위 내에서 보험회사가 정한 이율로 계산한 연체이자를 더하여 납입해야 한다.

③ 부활 시 다시 적립되는 적립금은 부활청약일의 기준가격으로 적립된다.

④ 부활승낙 후 연체보험료 및 연체이자의 납입이 완료된 경우, 이체사유발생일은 '납입완료일+제2영업일'이다.

37 보험안내자료 제작 시 주의사항으로 옳지 않은 것은?

① 보험안내자료는 보험업법 및 시행령에서 정하고 있는 필수기재 사항과 기재금지 사항을 준수하여 명료하고 알기 쉽게 제작해야 한다.

② 보험회사별로 제작하는 보험안내자료는 보험업법에 따라 모두 동일해야 한다.

③ 보험회사는 보험안내자료의 관리를 전담하는 부서를 지정해야 하고, 보험안내자료의 심사 시에는 보험계리사 또는 상품계리 부서를 참여시켜야 한다.

④ 보험안내자료는 심사한 후 관리번호를 부여한 다음 사용해야 한다.

38 빈칸에 들어갈 말을 순서대로 나열한 것은?

> 변액보험 자격시험에 합격한 후에는 변액보험상품 등에 대해 (　　　)시간 이상 판매 전 교육을 이수해야 하며, 매년 1회 (　　　)시간 이상 보수교육을 이수해야 한다.

① 2, 4 　　　　　　　　　　　　② 4, 4

③ 4, 8 　　　　　　　　　　　　④ 8, 8

39 다음 중 예금자보호대상이 아닌 것은?

① 변액연금보험의 최저보증 사망보험금(GMDB)

② 변액연금보험의 최저보증 연금적립금(GMAB)

③ 변액연금보험의 최저중도인출금 보증(GMWB)

④ 변액연금보험의 최저스텝업 보증(GMSB)

40 온라인과 오프라인을 연결한 정보기술서비스나 마케팅을 말하며, 스마트폰을 통한 음식배달, 택시승차요청, 숙박예약 등이 대표적인 사례인 이것은?

① B2B 　　　　　　　　　　　　② B2C

③ O2O 　　　　　　　　　　　　④ P2P

01 비과세, 분리과세를 제외한 금융소득이 2천만원을 초과할 경우 다른 종합소득과 합산하여 종합과세를 하는데, 이때의 기본세율은 6~42%가 적용된다. (O/×)

02 근로소득자가 기본공제대상자 중 장애인을 피보험자 또는 수익자로 하는 장애인전용보험에 가입한 경우에는, 해당 연도에 납입한 보험료(100만원 한도)의 12%(지방소득세 별도)에 해당하는 금액을 세액공제받을 수 있다. (O/×)

03 2019년 1월 1일부터 판매되는 변액연금은 3가지의 투자수익률을 예시할 수 있는데, 그 3가지는 −1%, 2.5%, 3.75%이다. (O/×)

04 변액보험에서 최저지급하는 사망보험금이나 최저연금적립금은 예금자보호법에 따른 예금자보호대상이다. (O/×)

05 다음 중 금융시장의 기능이 아닌 것은?

① 자금의 조달
② 유동성 제공
③ 거래비용 감소
④ 시장규율

06 다음 중 시장성상품에 속하지 않는 것은?

① 양도성예금증서(CD)
② 환매조건부매매채권(RP)
③ 표지어음
④ ELS(주가연계증권)

07 단기금융시장 금융상품의 만기제한을 잘못 나열한 것은?

① 콜 : 최장만기 90일 이내

② 양도성예금증서 : 최단만기 90일 이상

③ 전자단기사채 : 최장만기 1년 이내

④ 표지어음 : 최장만기 1년 이내

08 은행에 대한 설명으로 가장 적절하지 않은 것은?

① 은행은 은행법에 의해 설립되는 은행과 개별 특수은행법에 의해 설립되는 특수은행으로 구분된다.

② 단기로 자금을 빌려주고 싶은 사람들로부터 자금을 받아 장기로 자금을 빌리고 싶은 경제 주체들에게 자금을 공급하는 역할을 하는데, 이를 만기전환 기능이라 한다.

③ 어음할인, 채무보증, 팩토링, 보호예수업무는 은행의 부수업무에 해당된다.

④ 신용카드업, 펀드판매업, 신탁업, 투자자문업, 투자일임업(ISA에 국한), 보험판매업 등은 은행의 겸영업무에 속한다.

09 자본시장통합법의 기본 방향과 거리가 먼 것은?

① 포괄주의 규율체제

② 기관별 규율체제

③ 업무범위의 확대

④ 투자자 보호제도의 선진화

10 단기 실적배당상품에 대한 설명 중 가장 적절하지 않은 것은?

① MMF는 투자자가 원활하게 환매할 수 있도록 포트폴리오의 가중평균잔존만기를 75일 이내로 제한한다.

② CMA는 자동투자되는 대상에 따라 RP형 CMA, MMF형 CMA로 구분된다.

③ CMA는 증권사 CMA와 종금사 CMA로 구분되는데, 종금사 CMA는 예금자보호가 된다.

④ MMF는 펀드, CMA는 예금으로 분류된다.

11 빈칸에 들어갈 말로 옳은 것은?

> 회계연도의 배당이 정해진 배당률에 미치지 못하는 경우, 그 부족액을 다음 회계연도에 추가로 우선 배당을 받을 수 있는지에 따라 (   )와 (   )로 구분된다.

① 참가적 우선주 – 비참가적 우선주   ② 누적적 우선주 – 비누적적 우선주

③ 보통주 – 우선주   ④ 우선주 – 후배주

12 주식회사가 발행한 주식을 일반인에게 공모하여 주식을 분산시키고 재무내용을 공시함으로써 명실상부한 주식회사의 명실상부한 주식회사의 체계를 갖추는 것을 무엇이라 하는가?

① 기업공개   ② 증자

③ 감자   ④ 상장

13 다음은 한 기업의 유상증자 공시내용이다. 어떤 유상증자방식에 해당하는가?

> • 신주배정비율 : 20%   • 신주배정기준일 : 2013. 5. 10.
> • 신주배정가액 : 25,000원   • 실권주 발생 시 일반공모함

① 주주배정방식   ② 주주우선공모

③ 일반공모   ④ 제3자배정방식

14 다음 중 가격제한폭이 적용되지 않는 증권이 아닌 것은?

① 정리매매종목   ② 주식워런트증권(ELW)

③ 신주인수권증서   ④ 상장지수증권(ETF)

15 액면가 5,000원에 1년간 총 지급이자가 300원인 채권의 표면수익률은 얼마인가?

① 3%   ② 4%

③ 5%   ④ 6%

16 다음 중 채권수익률의 상승 요인에 속하지 않는 것은?

① 물가 상승   ② 시중자금사정의 호전

③ 경기 상승   ④ 채무불이행 위험의 상승

17 종합소득의 과세표준이 1억원일 때 산출세액은?

① 600만원

② 1,500만원

③ 2,010만원

④ 3,500만원

18 다음 중 보험계약의 특성을 모두 고른 것은?

㉠ 유상 · 쌍무계약	㉡ 불요식 · 낙성계약
㉢ 부합계약	㉣ 사행계약

① ㉠

② ㉠, ㉡

③ ㉠, ㉡, ㉢

④ ㉠, ㉡, ㉢, ㉣

19 보험사의 '계약 전 알릴 의무 위반으로 계약을 해지할 수 없는 요건'에 해당하지 않는 것은?

① 보험사가 계약 당시 계약 전 알릴 의무 위반 사실을 알았을 경우

② 보험회사가 계약 전 알릴 의무 위반 사실을 안 날로부터 1개월이 지난 경우

③ 진단계약의 경우 보장개시일로부터 보험금 지급사유가 발생하지 않고 2년이 지났을 때

④ 계약체결일로부터 3년이 지난 경우

20 연금저축계좌의 연금과세에 대한 설명으로 옳지 않은 것은?(세율은 지방소득세가 포함된 세율로 함)

① 연금소득은 타 종합소득과 합산하여 종합과세하는 것이 원칙이다.

② 연금저축계좌, 퇴직연금계좌, 기타 사적연금을 포함한 합계액이 연 1,200만원 이하일 경우 분리과세를 선택할 수 있다.

③ 75세에 연금을 수령하고 분리과세가 적용된다면, 이때 적용되는 분리과세율은 4.4%이다.

④ 연금저축계좌에서 연금 외 수령을 할 경우 연금소득이 아닌 기타소득으로서 22%의 기타소득세율로 과세한다.

21 다음의 경우 세액공제 총액은?

종합소득 1억 1천만원, 연금저축계좌에 400만원 납입, 퇴직연금계좌 300만원 납입

① 792,000원

② 924,000원

③ 990,000원

④ 1,155,000원

22 다음 중 변액보험을 최초로 상품화하여 최초로 판매한 국가는?

① 프랑스   ② 네덜란드   ③ 영국   ④ 미국

23 표에 대한 설명으로 가장 적절하지 않은 것은?

구분	1975	1977	1979	1981	1983
공금리	5.8%	5.3%	10.0%	11.5%	9.2%
물가	7.0%	6.8%	13.3%	8.9%	3.8%

① 1970년대에는 물가가 금리보다 높아서 보험금의 실질가치하락 보전이 어려운 상황이므로, 보험금의 실질가치를 보전하기 위해 변액보험이 필요한 상황으로 이해할 수 있다.

② 1979년의 상황을 보면 고물가·고금리의 상황이 심화되고 있어, 보험가입의 입장에서는 보장성보험은 정기보험으로 납입보험료를 최소화하고 나머지는 수익성이 높은 금융투자상품에 투자하려는 경향이 나타날 수 있다.

③ 1981년 금리는 11.5%(가장 높은 수준)인데, 만일 이 금리를 예정이율로 한 보험상품을 판매한다면, 판매량의 급증으로 보험사의 수익성이 향상될 가능성이 크다.

④ 미국의 변액보험의 도입배경을 설명할 수 있는 고물가, 고금리 상황이다.

24 일반계정과 특별계정을 비교한 것으로 옳지 않은 것은?

① 자산평가 시기는 일반계정은 매월, 특별계정은 매일이다.

② 최저보증이율이 일반계정은 있으며 특별계정은 없다.

③ 자산운용목적은 일반계정은 안정성 위주이며 특별계정은 수익성 위주이다.

④ 결산 시기는 일반계정은 매년이며 특별계정은 매월이다.

25 변액종신보험과 일반종신보험의 공통점이 아닌 것은?

① 다양한 선택특약을 자유롭게 조립할 수 있다.

② 연금전환특약을 활용할 수 있다.

③ 최저보증이율이 있다.

④ 비흡연자 및 건강상태가 양호할 경우 보험료 할인 혜택을 받을 수 있다.

26 설명에 해당하는 최저보증옵션은 무엇인가?

> 연금개시 후 보험기간 중 보증된 연금의 현가에 기초해서 산출된 최저연금을 보증한다.

① GMAB   ② GMWB   ③ GLWB   ④ GMIB

27 보험계약자가 다음과 같이 변액연금보험을 유지하다가 사망했다면 사망보험금은 얼마인가?

> • 10년간 매월 주계약보험금 30만원과 특약보험료 20만원씩 납입
> • 계약자적립금 : 5,000만원
> • 기본사망보험금 : 500만원

① 3,600만원   ② 4,100만원
③ 5,500만원   ④ 6,000만원

28 변액유니버설보험에 대한 특징 중 옳지 않은 것은?

① 중도인출이 가능하다.
② 변액유니버설보험의 기본적인 납입기간은 전기납이다.
③ VUL 적립형의 경우 보험계약자가 납입보험료를 선택할 수 있다.
④ VUL 적립형의 경우 기본보험금을 최저사망보험금으로 보증한다.

29 빈칸에 들어갈 수 없는 것은?

> 변액연금의 특별계정 투입보험료 = 영업보험료 − (   )

① 납입 중 계약유지비용   ② 계약체결비용
③ 납입 후 계약유지비용   ④ 기타비용

30 변액종신보험에서 영업보험료에 별도로 추가되는 비용을 모두 고른 것은?

> ㉠ 최저사망보험금 보증비용   ㉡ 특별계정 운용보수 및 수탁보수
> ㉢ 일반 사업비   ㉣ 최저연금적립금 보증비용

① ㉠   ② ㉠, ㉡
③ ㉠, ㉡, ㉢   ④ ㉠, ㉡, ㉢, ㉣

31 다음 중 변액보험의 특별계정 보유좌수를 감소시키는 요인이 아닌 것은?

① 특별약관의 미가입(특약보험료 감소)   ② 월대체보험료 차감
③ 특별계정을 통한 보험계약대출   ④ 중도인출

32 다음 중 'Low risk Low return'에 해당하는 펀드로 가장 적절한 것은?

① 일반채권형 펀드　　　　　　　　　② 단기채권형 펀드
③ 혼합형 펀드　　　　　　　　　　　④ 인덱스 펀드

33 다음은 생명보험회사의 변액공시실에 공시된 특별계정 운용현황이다. 빈칸에 들어갈 적합한 것은?

기준가격	전일대비	누적수익률	연환산수익률
1,715.40	3.18	(　　　)	9.20

(펀드개시시점의 기준가격 : 1,000.00)

① 3.18%　　　　　　　　　　　　② 9.2%
③ 71.54%　　　　　　　　　　　④ 171.54%

34 초회보험료는 9월 5일에 납입하였고, 계약승낙일은 10월 10일이라면 이 특별계정 투입일은 언제인가?(모두 영업일로 가정함)

① 10월 5일　　　　　　　　　　　② 10월 6일
③ 10월 10일　　　　　　　　　　④ 10월 12일

35 매월 20일 월납보험료를 납입하는 변액연금보험에서 제3회 보험료가 9월 15일에 납입되었다면 3회 보험료의 이체사유발생일은?(모두 영업일로 가정함)

① 9월 17일　　　　　　　　　　　② 9월 20일
③ 9월 21일　　　　　　　　　　　④ 9월 22일

36 자산운용 옵션 중 혼합형 펀드를 전제로 성과를 기대할 수 있는 옵션은?

① 보험료 분산투입(account allocation) 기능
② 펀드 자동재배분(auto rebalancing) 기능
③ 보험료 정액분할투자(Dollar Cost Averaging) 기능
④ 펀드변경(fund transfer) 기능

37 적합성 진단 시 반드시 포함되어야 하는 것으로 가장 거리가 먼 것은?

① 보험계약자의 연령

② 보험계약자의 월소득에서 보험료가 차지하는 비중

③ 보험 가입 목적

④ 집합투자증권 보유 현황

38 다음 중 변액보험의 필수 안내사항에 속하지 않는 것은?

① 운용실적에 따른 사망보험금 및 해지환급금의 변동

② 원금손실 가능성

③ 특별계정 펀드의 예상수익률

④ 특별계정 투입보험료

39 불완전판매의 주요 사례 중 보기는 어떤 형태에 해당하는가?

> • 납입보험료 전체가 특별계정으로 투입, 운용되는 것처럼 설명하는 것
> • 입출금 기능을 지나치게 강조하여 은행의 예·적금과 동일하다고 설명하는 것

① 해지환급금, 만기환급률에 대한 부실, 과장설명

② 계약자적립금 운용 등과 관련한 사실 왜곡

③ 변액보험 수수료 미설명

④ 투자기능만을 중점적으로 설명

40 해외에 나가 있는 자국 기업에 각종 세제 지원, 규제 완화 등의 혜택을 제공하여 자국으로 돌아오게 하는 정책 또는 현상에 해당하는 말은?

① 리쇼어링   ② 리커플링

③ 리파이낸싱   ④ 리디노미네이션

1	2	3	4	5	6	7	8	9	10
○	×	○	×	④	③	④	①	②	①

11	12	13	14	15	16	17	18	19	20
①	④	④	④	①	①	③	③	③	④

21	22	23	24	25	26	27	28	29	30
④	④	④	③	④	④	③	④	②	③

31	32	33	34	35	36	37	38	39	40
④	②	③	④	②	②	②	④	④	②

01 전자단기사채는 발행금액(1억원)과 만기(1년 이내)의 제한이 있다(CP의 단점을 보완, 2013.1 도입).

02 국민생명표가 아니라 경험생명표이다.

03 과도한 중도인출을 할 경우 최저사망보험기간이 끝나서 계약이 해지될 수 있으므로 유의해야 한다.

04 부적합보험계약 체결확인서가 아니라 적합성 진단 불원확인서이다('부적합보험계약 체결확인서'는 본인의 위험성향보다 높은 상품을 계약할 때 필요함).

05 제시된 설명은 시장규율 기능이다. 금융시장은 시장에 참가하는 기업과 정부를 감시하고 평가하는 규율 기능을 제공한다. 이는 최근에 금융시장의 중요한 역할로서 부각되고 있다.

06 CD는 중도환매가 허용되지 않으나 유통시장에서의 유동성이 풍부하므로 언제든지 매도하여 환금할 수 있다.

07 거래 장소에 따라 '장내파생상품, 장외파생상품'으로 구분되며, 거래 형태에 따라 '선도 · 선물, 옵션, 스왑'으로 구분된다.

08 순서대로 표면금리, 실효금리이다(명목금리와 실질금리의 구분은 물가의 반영 여부이다).

09 월납적금 이자 $= 월납입금 \times \dfrac{n(n+1)}{2} \times \dfrac{r}{12}$

$$= 100만원 \times \frac{24 \times 25}{2} \times \frac{0.1}{12} = 250만원$$

따라서, 만기수령금액은 원금 2,400만원 + 이자 250만원 = 2,650만원이다.

10 유상증자는 외부로부터 자금이 유입되지만, 무상증자는 잉여금의 자본전입이므로 실질적 자금유입이 없다. 주식배당과 감자는 외부로부터의 현금 유입과는 거리가 멀다.

※ 현금배당 vs 주식배당 : 현금배당은 내부유보금이 외부로 유출되지만, 주식배당은 주식으로 배당하는 것이므로 내부유보금이 외부로 유출되지 않는다.

※ 증자 vs 감자 : 증자는 자본금을 늘리는 행위이며, 감자는 자본금을 줄이는 행위이다.

11 기업공개란 신규공모 또는 구주매출을 통하여 주식을 분산시키고 재무내용을 공시함으로써 명실상부한 주식회사의 체계를 갖추는 것을 말한다.

12 생산자제품재고지수는 후행지수이다. 주식은 경기를 미리 반영하므로 선행지수의 상승이 있을 때 주가상승을 기대할 수 있다.

13 ① 발행수익률, ② 유통수익률, ③ 연평균수익률

14 총수익률은 $\dfrac{17,800}{10,000} \times 100 \times \dfrac{1}{5} = 35.6\%$(연간). 표면이율 11.7%는 문제풀이 과정에 직접적인 연관이 없다.

15 실질자금유입은 BW에만 있다.

16 양도소득세는 전형적인 열거주의 과세이다. 상속세, 증여세는 완전포괄주의로 과세한다. 법인세는 순자산증가설(소득세는 소득원천설)에 따르는데 완전포괄주의와 효과가 동일하다.

17 금융소득종합과세의 기준금액은 2천만원이다(개정 전 4천만원). 따라서 ③처럼 과세하며, 이때 산출세액 계산 시에는 비교과세 방식을 적용한다.

※ 비교과세 방식 : Max(종합과세 방식으로 산출한 세액, 분리과세로 산출한 세액)

18 CD는 최단만기가 30일 이상인 상품이므로 1개월 이내로 운용하기에는 적합하지 않다. 만기 1개월 이내로 운용하고자 할 경우 수시입출금 기능이 있는 MMDA, MMF, CMA, 저축예금이 적합하다. 그리고 RP는 만기를 매우 짧게 할 수 있으므로 1개월 이내도 운용할 수 있다.

19 예정이율이 하락하면 보장성, 저축성보험을 구분하지 않고 모두 보험료가 상승하게 된다.

※ 보험료 $= \dfrac{만기환급금}{(1+예정이율)^n}$ (예정이율과 보험료의 관계는 역의 관계)

20 ①은 상속인에게 상속세가 부과된다. ②와 ③은 '계약자 = 실질납입자 = 수익자'이므로 과세할 것이 없다. ④는 조부가 보험료를 대납하여 본인에게 증여하는 것이 되므로 증여세가 부과된다.

21 비과세가 아니라 '세금이연(tax transfer)'으로 절세효과를 거둘 수 있었기 때문이다.

22 일반계정은 매월 평가하고 매년 결산한다. 반면 특별계정은 매일 평가한다(매일 평가하므로 매일 결산하는 것과 동일).

23 차례대로 'GLWB(최저중도인출금 종신보증), GMWB(최저중도인출금 보증)'이다. 종신보증이 들어가면 GLWB이다.

24 변액연금의 사망보험금 = Max(기본보험금 + 계약자적립금, 기납입보험료)이다. 따라서 Max(500만원 + 5천만원, 6천만원) = 6천만원.
※ 기납입보험료 = 1,200만원×5년 = 6천만원

25 일반종신과 변액종신의 세제혜택은 동일하다. 세액공제라 함은 보장성보험료에 대한 납입보험료(연간 100만원 한도)에 대해서 13.2%의 세액공제를 받을 수 있음을 말한다.

26 변액보험 = 중도인출, 일반펀드 = 환매

27 연금개시 후의 기간(제2보험기간)을 공시이율로 운용하는 것이 일반적이나, 최근 특별계정으로 운용하는 경우가 증가하고 있다.
[참고] 제2보험기간을 특별계정으로 운용함에 따른 최저보증 옵션의 종류 : GMWB, GLWB

28 계약유지비용(유지비)은 '납입 중 계약유지비'와 '납입 후 계약유지비'로 구분된다. '납입 후 계약유지비용'은 당장 사용되는 것이 아니므로 특별계정에 먼저 투입되며 납입기간이 완료되면 그때 비용으로 차감된다.

29 변액종신보험은 사망보장이 저축성보험에 비해서 크고, 사망보험금에 대한 위험보험료는 자연식보험료로 산출이 되므로, 납입기간이 길어질수록 위험보험료가 많아진다. 즉, 납입기간이 길어질수록 특별계정 투입보험료가 적어진다.
[예시] 30세 남자, 납입기간별 투입보험료

일시납	10년납	15년납	20년납
84%	75~74%	74~70%	72~64%

30 연환산수익률 문제는 비례식으로 풀면 된다. 3년 동안 45% 수익률이 났다면 연 환산 시 얼마인지를 구하는 문제이다. 즉 3년 : 45% = 1년 : x, x = 15%
※ 일수가 주어진다면, 즉 '1,095일(3년, 운용기간) : 45% = 365(연) : x'로 풀면 된다.

31 제시된 글은 정액분할 투자 기능이다. 참고로 월납보험료에는 정액분할 기능이 필요 없다(그 자체로 정액분할 투자이므로).

32 변액종신보험에서는 월납과 일시납만 가능하다. 변액연금의 경우는 월납과 일시납이 원칙이나, 일부 회사의 경우 3개월, 6개월, 연납을 운영하는 경우도 있다.

33 승낙이 청약철회종료일 이내에 이뤄진 경우는 '청약철회종료일(7월 10일)의 다음 날(7월 11일)'에 투입된다. 만일 승낙일이 7월 20일(청약철회기간 이후)인 경우는 해당 승낙일이 투입일(7월 20일)이 된다.

34 보험료가 계약해당일(납입응당일) 이후에 납입되면, '납입일 + 제2영업일'에 특별계정에 투입된다.
※ 이체사유발생일 = 특별계정 투입일

35 기타비용(구 기준 : 수금비)은 보험료를 납입할 때에만 발생하기 때문에 월대체보험료와는 관계없다.

36 1개월간 계속하여 특별계정의 순자산가치가 50억원에 미달하는 경우 변액보험 특별계정의 증설 및 폐지 사유에 해당하지 않는다.

37 일반보험계약은 연간 1회, 변액보험은 보험업법상 보험계약관리내용을 분기별 1회, 자본시장법상 자산운용보고서를 3개월마다 1회 이상 제공해야 한다.

38 ④는 상품요약서의 내용이다. 상품설명서는 교부 및 설명을 받았다는 사실을 계약자에게 확인받고 있으며, 변액보험이나 금리연동형, 연금저축보험에 대해서는 핵심 상품설명서를 추가로 제공해야 한다.

39 위험보험료는 가입금액 또는 보험료에 비례하여 매월 공제하는데, 공제의 성격은 펀드와 무관하다(특별계정 운용수수료 – 펀드별 차등, GMDB와 GMAB의 보증비용 – 펀드별 동일, 위험보험료 – 펀드와 무관).

40 ①, ③, ④는 중앙은행과 관계없이 민간에서 발행되고 유통되는 가상화폐이다. 반면, SDR(특별인출권)은 국제통화기금(IMF)에서 채택한 가상통화이자 보조적인 준비자산으로 인정된다. 즉, 각국이 외환위기 등을 겪을 때 담보없이 특별인출권에 해당하는 통화를 인출할 수 있는 권리를 말한다.

최종모의고사 [2회] 정답 및 해설

1	2	3	4	5	6	7	8	9	10
×	×	○	○	②	①	②	①	②	③

11	12	13	14	15	16	17	18	19	20
③	②	③	②	④	③	②	④	②	①

21	22	23	24	25	26	27	28	29	30
④	③	②	③	④	②	④	④	③	④

31	32	33	34	35	36	37	38	39	40
②	②	②	③	②	④	②	④	④	①

01 CD금리가 아니라 COFIX(자금조달지수)이다. 참고로 장기대출상품에 적용되는 변동금리는 COFIX를 기준으로 일정 폭의 가산금리를 더하는 것이 일반적이다.

02 보험기간이 3년 이하인 단기상품은 3이원방식으로 산출할 수 있다.

03 2016. 6. 23.부터 변액보험이 최저보증하는 보험금도 예금자보호대상이 된다.

04 최저연금적립금 미보증형이 가장 공격적인 형태의 투자에 해당하므로 '위험선호형'으로 분류한다.

05 간접금융의 중개기관은 은행, 직접금융의 중개기관은 증권회사(투자매매업자)이다.

06 예대시장은 광의의 금융시장에 속한다.
  ※ 협의의 금융시장 : 전통적 금융시장, 외환시장, 파생금융상품시장
  ※ 전통적 금융시장 : 단기금융시장(자금시장 또는 화폐시장), 장기금융시장(자본시장 또는 증권시장)

07 한국은행의 기준금리는 7일물 RP금리이다(2008. 3~).

08 투자매매업은 '누구의 명의로 하든지 자기의 계산으로 하는 영업'이다.
  [참고] 집합투자업, 신탁업, 투자일임업'은 고객의 자산을 대신 운용하는 업무로 '선량한 관리자로서의 주의의무'가 부과된다.

09 주어진 설명은 상호저축은행의 내용이다. 참고로 신용협동기구는 '조합원에 대한 저축편의제공과 조합원 상호 간 상부상조를 목적으로 조합원에 대한 여·수신 업무를 취급하는 금융기관'이다.

10 확정금리, 연동금리, 실적금리(실적배당형상품)를 구분할 수 있어야 한다. CD는 대표적인 연동금리상품이다.

11 상장이 무조건 좋은 것은 아니다. 자금조달의 용이, 홍보효과, 공신력 제고 등이 상장의 장점이나 적정배당압력, 기업비밀노출, 경영권위협 등의 부작용이 있다. 자사주매입은 상법의 예외로 상장법인의 특례이다.

12 $PER = \dfrac{주가}{주당순이익} = \dfrac{100,000}{8,000} = 12.5배$

13 ①은 가격우선의 원칙, ②는 시간우선의 원칙, ③은 위탁매매우선의 원칙(자기매매보다 위탁매매가 우선권을 갖는다.), ④는 대량우선의 원칙이다.

14 주당 가격이 너무 높으면 소액투자가 어려울 수 있다. 이 경우 액면분할이 가장 적합하다. 우리나라의 경우 액면 5,000원을 액면 500원으로 분할하는 경우가 가장 일반적이다.

15 증자(增資)는 개별기업이 결정할 수 있는 내적 요인이다. 나머지 ①, ②, ③은 외적 요인이다. 외적 요인 중 ①은 경제적 요인, ②는 경제 외적 요인, ③은 주식시장 요인이다.

16 채권은 위험이 높을수록 지급이자가 높다. 보증채나 담보채는 무보증채나 무담보채에 비해 안전하다. 후순위채는 기업 청산 시 선순위채권보다 후순위로, 채권 중에서 가장 위험이 높다. 따라서 수익률(지급이자율)도 높아야 한다.
   ※ 특수채는 한전채나 산금채, 중기채를 말하는 것으로 정부의 간접적 보증이 있기 때문에 일반 회사채보다 매우 안전하다.

17 채권투자에는 만기에 원리금을 수령하는 방법과 중도에 매각하여 시세차익을 노리는 방법 두 가지가 있다. 채권매입 후 시장수익률이 하락하면 매매차익을 올릴 수 있다.

18 ① 보험금 총액 = 보험료 총액 + 경비총액
   ② 국민생명표가 아니라 경험생명표이다.
   ③ 현금흐름방식의 기초율은 보수적이 아닌 최적 가정으로 책정한다.

19 보수적인 표준기초율은 3이원방식의 산출방법이다.

20 (100만원×13.2%) + (100만원×16.5%) = 297,000원

21 ①의 요건을 충족하지 못하나 ② 또는 ③을 충족하면 보험차익에 대해서 비과세된다.

22 보기는 '보험회사 측면'을 말한다.

23 변액보험을 판매하기 위해서는 누구든지 변액보험 판매관리사 자격시험에 합격해야 한다.

24 특약은 일반계정에서 운용한다.

25 변액연금보험의 최저사망보험금 보증옵션이다.

26 모두 옳은 내용이다.

27 보기는 VUL에 해당한다. VUL은 보장형, 적립형에 관계없이 '영업보험료 − 수금비'를 투입한다.
   • 변액연금이나 변액종신보험의 특별계정 투입보험료는 '영업보험료 − (신계약비 + 납입 중 유지비 + 수금비) = 순보험료 + 납입 후 유지비'이다.
   • 납입 후 유지비는 납입 후에 쓰이므로 일단 특별계정에 투입되고, 납입이 끝난 후에 특별계정에서 차감한다.

28 특별계정으로 관리하는 이유는 ①, ②, ③이다.

29 해당 그림은 혼합형 펀드를 말한다(혼합형 펀드의 주식 비중은 일반적으로 30% 미만). 채권형 펀드는 주식을 편입하지 않으며 단기채권형 펀드는 MMF를 말한다(피난 펀드라고도 함).

30 주식형적립금의 자동이전 기능이다(순수주식형 펀드에만 있음).

31 펀드의 최초가격은 1,000.00이다.

32 1천만원을 기준가격(1,250)으로 나누고, 단위를 맞추기 위해 1,000을 곱해주어야 한다.

33 계약해당일 하루 전에 납입된 경우 '계약해당일 + 1일'이 된다. 즉, 21일에 투입이 된다.

34 추가납입보험료는 '납입일 + 제2영업일'에 특별계정에 투입된다.

35 변액보험에서 유사한 일반보험으로의 전환이 가능하다.
   ※ 보험내용의 변경은 위험이 축소되는 방향으로만 가능하다(변액 → 일반, 보험기간은 축소, 보험금액은 감소).

36 해당 설명은 '기초 펀드의 보수비용'을 말한다. 참고로 기타비용은 '증권의 예탁결제비용 등 특별계정에서 경상적, 반복적으로 지출되는 비용'을 말한다.

37 수시공시를 말한다.

38 특별계정 운용수수료나 최저지급보증비용은 적립금에 비례하여 부과된다(전자는 펀드별 차등, 후자는 동일). 반면, 위험보험료는 가입금액에 비례하여 부과하며 납입 후 유지비는 가입금액 비례 또는 보험료 비례로 부과한다.

39 ① 원리금을 합쳐서 1인당 5천만원까지만 보호되는 것이 부분보장제도이다. 부분보장제도는 금융기관을 잘못 선택한 예금자 본인도 일부 책임을 부담한다는 취지이다.
② 약정이자가 아니라 소정의 이자이다. 소정의 이자는 금융기관의 약정이율과 예보공사가 제시하는 이자율 중 낮은 이자율을 말한다.
③ 예금자보호는 보험의 원리를 이용하나 공적으로 운용되기 때문에 기금이 부족할 경우 채권발행 등으로 자금을 확보하여 보험금을 지급한다.

40 브렉시트(Brexit)는 영국이 유럽연합을 탈퇴한다는 의미로 영국(Britain)과 탈퇴(Exit)의 합성어이다.

최종모의고사 [3회] 정답 및 해설

1	2	3	4	5	6	7	8	9	10
×	×	×	×	④	④	②	④	②	②
11	12	13	14	15	16	17	18	19	20
④	③	④	④	④	②	②	②	④	②
21	22	23	24	25	26	27	28	29	30
④	②	④	①	④	②	②	③	③	①
31	32	33	34	35	36	37	38	39	40
③	③	④	②	③	④	④	④	③	②

01 30%이다(2015. 7~).

02 재보험료준비금, 보증준비금도 포함된다.

03 월 1회 또는 연 1회를 선택할 수 있으나, 2018년 기준 우리나라에서는 월 1회로 하고 있다.

04 추가납입보험료는 변액연금의 경우 기본보험의 2배 이내의 기본보험료를 제외하고 추가로 납입하는 보험료를 말한다.

05 자산유동화증권(ABS)은 유동성이 낮은 자산을 유동화시킨 것으로 주식, 채권과 같이 장기금융시장(자본시장)상품으로 분류된다.

06 복리 = 원금×(1 + 이율)^{기간}
복리 단위가 6개월이면 연이율을 2로 나누고 복리 횟수에 2를 곱하면 된다.

07 어음의 할인이 은행의 고유업무이며, 어음의 인수는 부수업무이다.
[참고] 은행의 겸영업무 : 신용카드업, 신탁업, 보험대리점업무, 파생결합증권의 매매업무, 투자일임업(ISA에 한함) 등

08 뮤추얼 펀드의 폐쇄형과 개방형의 내용이 바뀌었다(폐쇄형 – 주식 매도, 개방형 – 환매 청구).

09 수시입출금이 있는 상품으로 요구불예금 중에는 보통예금, 당좌예금이 있으며 저축성예금 중에는 MMDA, 저축예금이 있다. 기타 금융투자회사의 상품 중에는 MMF, CMA가 있다.

10 주주우선공모방식 = 구주주배정방식 + 일반공모방식. 즉, 구주주에게 우선청약권을 주고 남는 실권주에 대해서 일 반공모하는 방식이다.

11 유가증권시장의 호가는 '1원~1천원(7단계)'이며, 코스닥 시장의 호가는 '1원~100원(5단계)'이다.

12 3단계 CB는 장종료 40분 전 이후에도 발동된다.
   ※ 3단계 CB : 단계 매매거래중단이 발동된 이후 KOSPI가 전 일대비 20% 이상 하락하고, 2단계 발동지수대비 1% 이상 추가 하락한 경우 당일 발동시점을 기준으로 유가증권시장 의 모든 매매거래를 종료한다.

13 수출주력기업은 환율 상승(원화가치 하락)이 유리하다.
   ※ 급격한 물가 상승은 주가 하락 요인이나, 완만한 물가 상승 은 기업매출 증가, 주가 상승으로 나타난다.

14 차례대로 '12월 28일 – 12월 26일 – 12월 27일'이다.
   배당기준일의 의미 : 배당기준일에 주식 보유 상태가 되어 야 하므로, 배당을 받기 위해서는 12월 26일까지 매수해 야 한다. 그리고 배당락은 배당을 받을 수 없는 12월 27일 에 배당 폭만큼 주가를 하락시키는 조치를 말한다.

15 발행 주체별 분류 : 국채, 지방채, 특수채(한국은행이 발행 한 통화안정증권 포함), 회사채(금융회사가 발행한 금융채 포함)
   ※ 이자 지급식 분류 : 복리채, 이표채, 할인채

16 신주인수권부사채는 신주대금을 납입해야 신주를 인수할 수 있다(전환사채와 교환사채는 채권을 주식으로 전환하 거나 교환하는 것이다).

17 분류과세의 대상은 양도소득과 퇴직소득이다.

18 '연동금리' 상품(CD금리연동형, 공시이율적용 보험상품)을 말한다. ①은 '투자자책임 – 소, 금융기관책임 – 대'이며, ③ · ④는 '투자자책임 – 대, 금융기관책임 – 소'이다.

19 차례대로 '예정위험률 – 예정이율 – 예정사업비율'이다.

20 해당 설명은 질멜식 책임준비금 적립방식을 말한다.

21 선의에 대한 요구는 보험계약자뿐 아니라 보험자에게도 요구된다(상호적 원칙).
   ① 유상 · 쌍무계약성, ② 불요식 · 낙성계약성, ③ 부합계 약성, ④ 선의계약성

22 • 총급여가 5,500만원을 초과하므로 연간 400만원 한도 (퇴직연금 합산 시 700만원)에 대해 세액공제율 13.2% 가 적용된다.
   • (400만원 + 300만원)×13.2% = 924,000원
   ※ 연금계좌 = 연금저축계좌 + 퇴직연금계좌

23 복잡한 상품구조이다(미국의 초기 변액보험을 그대로 도 입하다 보니 상품내용의 난해로 완전판매가 어려웠음).

24 생명보험과 집합투자의 성격을 동시에 지니므로 보험업법 과 자본시장법의 규제를 동시에 받는다.

25 변액보험은 사업비(펀드는 판매보수)를 부담한다.

26 특별계정은 매일 평가하며, 매일 결산한다. 특별계정에는 최저보증이율이 없으며, 수익성 위주로 자산을 운용한다 (일반계정에 비해).

27 차례대로 '매월 – 기본보험금 – 일시납추가가입'이다.

28 변액연금의 최저보증은 둘 다 기납입보험료로 한다.

29 변액보험에서 미래투자수익률로 제시할 수 있는 것은 '–1%, 평균공시이율, 평균공시이율×1.5배'이다. 그런데 최저연금적립금 미보증형의 경우는 '–평균공시이율을 포 함하여 3개 이상의 수익률'을 제시할 수 있다. 예 –3%, 3%, 4.5%

30 채권형 펀드에는 주식이 들어가지 않는다.

31 보험계약대출은 특별계정으로부터 하면 특별계정총좌수가 감소하지만, 일반계정으로부터 하면(신용대출의 경우) 총 좌수가 감소하지 않는다.

32 제시된 설명은 펀드 자동재배분(auto rebalancing) 기능 이다.

33 선납보험료는 보험료납입일로부터 평균공시이율로 적립하 고(변액연금, VUL 적립형의 경우), 월계약해당일 특별계정 에 투입한다(추가납입보험료의 투입일과 구분할 것).

34 사망일을 기준으로 할 때 변동보험금이 –2천만원이지만, 변액종신보험의 경우 기본보험금을 최저보증하므로 지급 보험금은 1억원이다.

35 지급사유발생일에 보험금 또는 해지환급금에서 차감한다.

36 위험보험료만 매월 공제한다. 그리고 '최저'가 붙는 비용은 펀드별 동일하다('최동일'로 외움).

37 ①, ②, ③은 보험안내자료의 기재금지사항이 맞으며, ④는 보험안내자료의 필수기재사항에 속한다(보험금 변동에 관한 사항 및 보험금 지급제한 조건).

38 '고객이 손실을 입은 경우에 손실은 고객에게 귀속된다고 설명하는 행위'는 반드시 설명해야 하는 사항이다.

39 ㉣은 2016년 6월부터 예금자보호상품으로 변경되었다.

40

TGIF	FANG
• Twitter(트위터)	• Facebook(페이스북)
• Google(구글)	• Amazone(아마존)
• i-phone(애플 아이폰)	• Netflix(넷플릭스)
• Facebook(페이스북)	• Google(구글)

최종모의고사 [4회] 정답 및 해설

1	2	3	4	5	6	7	8	9	10
×	×	×	○	④	④	①	②	③	③
11	**12**	**13**	**14**	**15**	**16**	**17**	**18**	**19**	**20**
②	③	④	④	④	③	①	④	④	③
21	**22**	**23**	**24**	**25**	**26**	**27**	**28**	**29**	**30**
③	①	①	①	②	③	④	③	③	③
31	**32**	**33**	**34**	**35**	**36**	**37**	**38**	**39**	**40**
②	③	①	①	③	③	②	②	④	③

01 위탁수수료가 아니라 위탁증거금이다. 위탁수수료는 '매매 거래가 성립되었을 때 금융투자회사가 투자자로부터 받는 수수료'를 말하며 금융투자회사가 자율적으로 정한다.

02 청약일로부터 → 계약성립일로부터

03 최저연금적립금에 대한 무보증형도 판매되고 있다.

04 변액보험에서 선납은 본래특성의 약화 등을 이유로 허용하지 않는 것이 원칙이지만 변액연금과 VUL에서 선납이 허용된다. 이때 선납보험료의 할인은 보장성보험에 한해서 적용된다.

05 가격 결정은 금융시장의 기능이다.

06 우체국예금은 수신업무만 가능하고 여신업무는 불가하다(대출 불가). 나머지 ㉡, ㉢, ㉣은 여신전문기관으로서 수신이 불가하다.

07 양도성예금증서(CD)는 은행이 발행하는 수신상품이다. 종금사가 발생하는 발행어음, 증권사가 발행하는 CP도 비은행금융기관의 예수금으로 본다.

08 제시된 설명은 ETF이다. ETF는 개별종목을 편입하는 펀드가 아니라 지수를 구성하는 펀드(인덱스 펀드)인데, 장내시장에서 거래되므로 인덱스 펀드보다 유동성이 풍부하다. 또한, 소액으로도 분산투자효과가 탁월한 장점이 있다.
※ 우리나라의 대표적인 ETF : KODEX200(KOSPI200을 추종하는 ETF)

09 유상증자방법 중 일반공모와 제3자배정방식은 기존 주주에게 신주인수권이 부여되지 않는다.

10 보통결제(T+2일 결제 또는 3일 결제)이다. 9월 5일 매입하면 3일째 되는 날(T+2일)인 9월 7일에 결제된다.

11 각각의 투자수익률을 계산하면 ① 4%, ② 11.1%, ③ 8%, ④ 5%이다.
   ※ 할인채의 경우 할인액이 이자이다(선이자로 볼 수 있음).

12 보기는 기업경기실사지수(BSI)로, 0에서 200까지 분포한다.

13 만기 = 경과기간 + 잔존만기. 중도매매 시 남아있는 기간은 잔존만기이다.

14 채권은 표준화가 어려워 주식과 달리 장외거래의 비중이 훨씬 높다.
   ① 채권가격과 채권수익률은 역(−)의 관계이다.
   ② 잔존만기가 길수록 유동성을 포기하는 기간도 길어지므로 당연히 수익률이 올라간다.
   ③ 채권의 공급은 단기적으로 고정되어 있기 때문에 채권수요의 영향이 더 크다.

15 채권을 발행하는 입장(자금을 조달하는 기업의 입장)에서는 전환권의 가치만큼 금리를 낮추어 발행할 수 있다는 것이 장점이다(발행 시 금리가 낮아지면 이자 지급비용이 낮아지게 됨).
   [참고] 예를 들어 일반회사채의 금리가 5%라면 전환사채의 경우 3%에 발행해도 투자자들에게 인기가 좋다. 왜냐하면, 주식전환권이 있어 주가상승 시 높은 추가수익률을 기대할 수 있고, 만일에 주식전환을 하지 않는다 하더라도 원리금(3%)은 보장되기 때문이다.

16 법인계약의 경우 비과세요건을 충족한다 해도 순자산증가설에 의해 법인세가 부과된다.
   ※ 법인계약 : 법인이 계약자이자 수익자인 계약

17

확정금리상품	금리연동상품	실적금리상품
• 금융기관책임 – 대 • 투자자책임 – 소	• 금융기관책임 – 중 • 투자자책임 – 중	• 금융기관책임 – 소 • 투자자책임 – 대
• 정기예금 · 적금 • 전통형 보험	• CD금리연동 정기예금 • 공시이율적용 보험상품	• 실적배당형 신탁, 펀드, 변액보험

18 ④는 계약자이익배당준비금을 말한다.
   [참고] 배당보험손실준비금 : 배당보험계약의 손실을 보전하기 위해 적립하는 준비금으로 배당보험계약에서 손실이 발생할 경우 우선으로 손실보전에 사용한다.

19 보험계약을 '취소'할 수 있다.
   [참고] 해지는 해지 시점 이후에 대해서 효력을 상실시키는 것을 말하며, 취소는 계약 성립 시점까지 소급하여 계약을 소멸시키는 것을 말한다.

20 보기는 '사기계약의 취소'를 말하는 것으로 차례대로 '5년 – 1개월, 취소'이다. 유사한 것으로서 허위로 보험금을 청구하는 경우는 '중대사유로 인한 계약해지'가 되어 보험자는 그 사실을 안 날로부터 1개월 내에 계약을 해지할 수 있다.

21 상속재산보험금 = 3억원 $\times \dfrac{600만원}{1,000만원}$ = 1억 8천만원
   전체 납입보험료 중 수익자가 부담하지 않은 비율만큼 상속재산이 된다.

22 미국변액보험은 '고금리 · 고물가'의 배경에서 도입되었으며 이후 '저금리 · 고주가'가 되면서 크게 성공하였다.

23 '변액보험 → 변액연금 → 변액유니버설보험'의 순서이다.

24 변액연금의 최저사망보험금보증은 기본보험금을 대상으로 하는 것이 아니라 기납입보험료를 대상으로 한다.

25 변액보험은 납입보험료가 변하는 것이 아니라 보험금이 변하는(variable) 것을 말한다.

26 변액종신보험(보장형 변액보험)에 이용되는 방법이다.

27 변액유니버설 보장형의 구조이다(현실적으로 기본보험금을 보장하는 변액종신보험보다 그림 형태의 VUL 보장형으로 대부분 판매된다).

28 변액보험의 중도인출은 일반적으로 해지환급금의 일정 범위(실무적으로 50%) 내에서 허용된다.

29 최저연금적립금 지급보증은 변액연금에만 있다.

30 변액종신보험의 경우 나이가 들수록 자연식보험료가 늘어나는 것은 확실하므로, 연령이 증가할수록 특별계정 투입보험료는 줄어들게 된다.
   ① 보험료 전액 → 보험료의 일부
   ② 매월 → 매일 적립
   ④ 변액연금보험의 경우 신계약비상각기간이 끝나는 10년 후에 투입보험료가 증가할 수 있다. 즉 자연식위험료로 인한 감소 부분은 변액연금의 경우 미미하여 일반적으로 10년 이후에는 특별계정 투입보험료가 더 이상 줄지 않거나 소폭 증가할 수 있다.

31

보험료산출형 변액보험 (변액종신, VUL 보장형)	보험료선택형 변액보험 (변액연금, VUL 적립형)
전체 납입기간에 걸쳐 상각	납입기간과 10년 중 작은 기간 동안에 상각

32 두 가지 계산방식이 있다.

- 투입 시 좌수 $= \dfrac{2,000만원}{1,250} \times 1,000 = 1,600만좌$

  따라서 4월 20일의 계약자적립금은 1,600만좌 $\times$ $\dfrac{1,500}{1,000} = 2,400만원$

- 기준가격이 1,250원에서 1,500원으로 변경하였으므로 (+20%), 계약자적립금은 2,400만원(2천만원에서 20% 증가)

33 펀드변경(fund transfer) 기능이다.

34 선납보험료는 일반계정에서 보유하다가 계약해당일에 특별계정에 투입한다. 나머지는 모두 '추가납입일(계약해지 신청일, 대출금상환일) + 제2영업일'에 특별계정에 투입된다.

35 초회보험료를 특별계정에 투입할 경우 이체금액은 '납입일부터 청약철회기간 종료일의 다음 날까지 평균 공시이율'로 적립하고, 그 이후의 기간에 대해서는 특별계정의 운용실적에 따라 적립한다.

36 부활 시 적립금 및 보험금액은 해지된 시점의 계약자적립금, 기본보험금액 및 변동보험금액을 기준으로 한다(즉, 실효되면 일반계정으로 이체되어 펀드운용이 되지 않음에 유의).

37 보험안내자료는 보험회사별로 필요에 따라 다양하게 제작할 수 있다. 다만, 필수기재 사항과 기재금지 사항을 준수해야 한다.

38 판매 전 교육 4시간과 보수교육을 매년 1회 4시간 이상 받아야 한다.

39 예금자보호대상 최저보증

변액종신보험	변액연금보험	변액유니버설보험
GMDB	GMDB GMAB GMWB GLWB	GMDB

※ GMSB, GMIB는 예금자보호대상이 아니다.

40 온라인과 오프라인을 연결한 마케팅을 가리키는 용어는 O2O(Online to Offline)이다. 예 카카오택시, 우버 등

① B2B(Business to Business) : 기업 간의 전자상거래 또는 기업 간의 마케팅

② B2C(Business to Consumer) : 기업과 소비자 간의 전자상거래. 대 소비자고객을 대상으로 하는 기업의 마케팅

④ P2P(Peer to Peer) : 인터넷상에서의 개인 간의 거래. 파일공유서비스가 대표적이며, 비트코인거래도 P2P에 해당한다.

1	2	3	4	5	6	7	8	9	10
×	×	○	○	①	④	④	③	②	④

11	12	13	14	15	16	17	18	19	20
②	①	②	④	④	②	③	④	③	④

21	22	23	24	25	26	27	28	29	30
①	②	③	④	③	④	③	④	③	②

31	32	33	34	35	36	37	38	39	40
①	②	③	③	②	④	②	④	②	①

01 기본세율은 6~42%이다(2018년 귀속소득부터 적용).

02 장애인전용보험에 대한 세액공제율은 연간 100만원을 한도로 15%(지방소득세 포함 시 16.5%)가 적용된다.

03 −1%, 평균공시이율(현재 2.5%), 평균공시이율의 1.5배(3.75%)이다.

04 GMDB, GMAB, GMWB, GLWB는 예금자보호대상이다(2016년 6월부터 적용).

05 자금의 조달이 아니라 '자금의 중개'이다.

06 시장성상품이라 함은 단기금융시장에서 거래되는 유가증권과 같은 금융상품을 매개로 예금거래가 발생하는 것을 말한다(CD, RP, 표지어음, 발행어음, 기업어음 등). 이들은 만기 전 환매 시 금리상의 손실을 보면서 환매하는 것이 아니라 유통시장에서 언제든 매도로써 자금을 회수할 수 있다(유동성이 풍부하기 때문).

07 표지어음은 최장만기 제한이 없으며 원어음의 잔여만기 이내에서 발행된다(만기 3개월이 대부분). 기업어음(CP)은 만기제한이 없어졌으나, 전자단기사채는 만기 1년으로 제한된다.

08 어음할인은 은행의 고유업무이다(어음의 인수는 부수업무).

09 기관별 규제가 아니라 기능별 규제이다.

10 CMA(Cash Management Account : 현금관리계좌)를 발행하는 증권사는 예금수취기관이 아니므로 예금으로 분류되지 않는다(실적배당형 투자형상품으로 분류됨).

11 '누적적우선주 – 비누적적우선주'이다. 비교하여 우선배당 후 남은 이익에 대해 추가적으로 배당을 받을 수 있는지의 여부에 따라 '참가적–비참가적'우선주로 구분된다.

12 답은 기업공개(IPO)이다. 기업공개는 회사 단위이고, 상장은 종목 단위이다.

13 주주배정방식과 주주우선공모방식은 기존주주에게 우선배정하는 것(여기선 20%)이 동일하나, 실권주를 처리하는 방식이 다르다. 실권주를 이사회결의로 처리하면 주주배정방식, 일반공모를 하면 주주우선공모방식이 된다.

14 ETF(ETF를 포함한 DR, 수익증권 등)는 주권과 동일하게 적용된다.

15 표면수익률(= 표면금리 = 발행금리 = CR)은 1년간 총지급이자/액면가액 = 300/5,000 = 6%

16 시중자금사정이 좋아지면 → 채권수요 증가 → 채권가격 상승 → 채권수익률 하락
※ ①, ③, ④는 금리상승요인이다.

17 1,590만원 + 8,800만원 초과금액의 35% = 1,590만원 + 420만원 = 2,010만원이다.
※ 1억원이 35% 세율의 구간에 있다고 해서 '1억원 × 0.35 = 3,500만원'으로 계산하지 않는다.
※ 종합과세 기본세율은 6~42%이다(2018년 귀속소득부터).

18 사행계약도 포함된다. 적은 보험료를 내고 많은 보험금을 탈 수 있으므로 이는 '사행성'이 있는 것이다. 그렇지만 보험은 제도적 · 사회적으로 유익한 것이므로 사행성이 인정된다.

19 진단계약은 1년이다.

20 연금 외 수령 시(연금수령요건 미충족 시) 적용되는 기타소득세율은 16.5%이다.

21 (300만원 + 300만원)×13.2% = 792,000원
※ 총급여 1억 2천만원(종합소득 1억원) 초과자는 연금저축계좌의 세액공제 대상은 연 300만원이다. 이 경우도 퇴직연금계좌와 합산할 경우 700만원 한도가 적용되는 것은 동일하다(동 문항의 경우 퇴직연금의 납입액이 연 300만원이므로 합산 연 600만원이 됨).

22 네덜란드의 프랙션보험이 최초의 변액보험이다. 그다음 영국 → 캐나다 → 미국 → 일본 순이다.

23 최고 수준의 금리를 예정이율로 한 보험상품을 판매한다면, 이후 저금리가 도래할 경우 보험사는 막대한 역마진 위험에 노출된다(보험사는 보험기간 종료 시까지 높은 예정이율로 고객의 적립금을 적립해야 하지만, 보험사의 운용수익은 저금리로 악화될 수밖에 없다).

24 일반계정은 매년 결산하며 매월 자산을 평가한다(특별계정은 매일 매일 기준가격을 발표하는데 매일 결산하고 평가하는 것과 같다).

25 최저보증이율은 일반종신에만 있다.

26 GMIB(Guaranteed Minimum Income Benefit : 최저연금보증)이다.

27 변액연금의 사망보험금 = Max(기본보험금 + 계약자적립금, 기납입보험료) = Max(500만원 + 5,000만원, 3,600만원) = 5,500만원이다.
※ '기납입보험료'란 주보험의 납입보험료를 말한다(특약보험료는 제외함).

28 VUL 적립형은 기납입보험료를 최저사망보험금으로 보증한다.
※ 보장형에서는 두 가지 방법이 있다. (2)의 방식을 대부분 사용하며, (1)·(2) 모두 기본보험금을 최저보증한다.
(1) 기본보험금 + 변동보험금(변액종신과 동일)
(2) Max { 기본보험금, 계약자적립금의 일정비율 (105~110%), 기납입보험료}

29 납입 후 계약유지비용은 납입 후에 쓰이므로 일단 특별계정에 투입되고, 납입이 끝난 후 특별계정에서 차감한다.

30 ㉠, ㉢이 옳다. 일반사업비는 부가보험료를 말하는데 이는 영업보험료에 포함되는 것이며, 최저연금적립금 보증비용은 변액연금보험에만 부과된다.

31 특약보험료는 일반계정에서 관리되므로 특별계정 보유좌수의 증감 요인이 될 수 없다.

32 단기채권형 펀드(MMF)를 피난 펀드(shelter fund)라고도 한다.

33 누적수익률은 펀드최초개설일 대비 현재까지의 수익률을 말한다. 최초개설 시 기준가격은 1,000.00에서 시작하므로, 이 경우 누적수익률은 71.54%가 된다.

34 청약철회기간 경과 후 승낙이 될 경우 승낙일(10월 10일)이 투입일이 된다.

35 '계약해당일 – 2영업일' 이전에 납입한 경우 → 계약해당일을 이체사유발생일로 한다(여기서는 9월 20일).

36 자동재배분 기능은 혼합형 펀드를 전제로 한다(채권, 주식, 유동성자산 등 상이한 자산이 포함된 혼합형 펀드이어야 소기의 목적을 달성할 수 있음).

37 집합투자증권 보유 현황이 아니라 '집합투자증권의 가입경험 여부'가 포함되어야 한다.

38 예상수익률은 필수 안내사항이 아니다. 필수 안내사항은 위 ①, ②, ④에 '예금자보호법 적용 제외'가 추가된다.
[참고] 투자광고 시 예상수익률을 사용할 경우 '미래에는 이와 다를 수 있습니다'라는 주의 문구를 반드시 기재해야 한다.

39 계약자적립금 운용에 관련한 사실을 왜곡하는 형태이다.

40 인건비 등 각종 비용의 절감을 위해 해외에 나간 기업이 다시 국내로 돌아오는 현상을 Re-shoring이라고 한다(제조업의 본국회귀). 반대말은 Off-shoring이다.
② Re-coupling : 선진국과 신흥국의 경제가 다른 방향으로 움직이는 것을 디커플링(decoupling ; 비동조화)라고 하는데, 디커플링에서 벗어나 다시 재동조화되는 현상을 리커플링이라 한다(미국경제의 영향력확대로 인함).
③ Re-financing : 조달한 자금을 상환하기 위해 다시 자금을 조달하는 것을 말하는데(재융자), 금리하락 등 차입자에게 유리한 환경이 조성될 때 주로 발생한다.
④ Re-denomination : 화폐단위변경 또는 화폐개혁을 말한다. 지하경제 양성화 또는 인플레 해소를 위해 도입될 수 있으나, 화폐교체 등의 막대한 비용을 감수해야 한다.

MEMO

토마토패스
변액보험 판매관리사
FINAL 핵심정리 + 실전모의고사

———

초 판 발 행	2018년 5월 25일
개정1판1쇄	2019년 5월 30일
개정2판1쇄	2021년 2월 25일

편 저 자	유창호
발 행 인	정용수
발 행 처	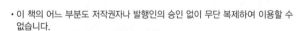예문사
주　　　소	경기도 파주시 직지길 460(출판도시) 도서출판 예문사
T　E　L	031) 955-0550
F　A　X	031) 955-0660

등 록 번 호	11-76호

정　　　가	17,000원

홈페이지 **http://www.yeamoonsa.com**

I S B N 　 978-89-274-3802-1 　 [13320]

이 도서의 국립중앙도서관 출판예정도서목록(CIP)은 서지정보유통지원시스템 홈페이지(http://seoji.nl.go.kr)와 국가자료공동목록시스템(http://www.nl.go.kr/kolisnet)에서 이용하실 수 있습니다.
(CIP제어번호: CIP2020052116)